新编21世纪公共管理系列教材
——行政管理、公共事业管理系列——

领导学

第五版

邱霈恩 著

Leadership

中国人民大学出版社
·北京·

图书在版编目（CIP）数据

领导学/邱霈恩著. --5版. --北京：中国人民大学出版社，2021.9

新编21世纪公共管理系列教材

ISBN 978-7-300-29784-2

Ⅰ.①领… Ⅱ.①邱… Ⅲ.①领导学-高等学校-教材 Ⅳ.①C933

中国版本图书馆CIP数据核字（2021）第168464号

新编21世纪公共管理系列教材

领导学（第五版）

邱霈恩 著

Lingdaoxue

出版发行	中国人民大学出版社		
社　　址	北京中关村大街31号	**邮政编码**	100080
电　　话	010－62511242（总编室）		010－62511770（质管部）
	010－82501766（邮购部）		010－62514148（门市部）
	010－62515195（发行公司）		010－62515275（盗版举报）
网　　址	http://www.crup.com.cn		
经　　销	新华书店		
印　　刷	北京密兴印刷有限公司	**版　　次**	2004年11月第1版
开　　本	787 mm×1092 mm　1/16		2021年9月第5版
印　　张	23.5 插页1	**印　　次**	2025年3月第5次印刷
字　　数	530 000	**定　　价**	58.00元

内容简介

邱霈恩教授的《领导学》一书是一部系统阐述领导学理论与实践的教材。全书分为13章，采用“总—分”结构系统阐述了领导学的基本概念和重要理论。第1章是领导学的总论，介绍了领导学学科的总体理论，旨在帮助读者获得对领导学学科的总体认识。其余12章为领导学的分论，旨在将支撑起领导学学科的重要观点和内容系统完整地展现给读者，使读者获得对领导学理论系统、完整、深入的理解和把握。分论部分每章章末均安排了案例研究材料，可用于课堂案例教学，也可供读者自行学习，以加深对领导学相关理论和知识的理解。

本书可供行政管理、公共事业管理、公共管理硕士（MPA）、工商管理硕士（MBA）及相关专业学生作为领导学入门教材使用，同时也是机关和企事业单位党政领导干部系统学习领导学知识的理想参考书。

作者简介

邱霈恩　中共中央党校（国家行政学院）政治与法律教研部教授、博士生导师。创新中国智库专家、区域特色发展智库研究员，中国行政管理学会理事、中国廉政法制研究会常务理事、中国审计学会理事。长期从事公共管理、公共政策、政治学和领导学等领域的研究和教学工作。在领导学方面著述尤丰，著有《领导学》《新世纪领导学》《现代领导测评：理论、量表及其应用》《领导创新：全球化时代的战略选择》《领导者素质》《领导学原理》《领导艺术案例》《危机博弈与领导权变》《选官与管官》等独著15部、合著50余部。

出版说明

现代意义上的公共行政与公共管理研究和教育始于20世纪初的西方。时至今日，随着公共管理职业化的发展，公共行政与公共管理的研究和教育事业在西方发达国家方兴未艾。自20世纪80年代起，为了适应政府改革与公共管理人才培养的需要，我国的公共行政与公共管理研究和教育在经历了发展的挫折之后，开始了恢复和重建的工作。经过多年的发展，特别是公共管理一级学科的设置和我国公共管理硕士（MPA）教育的启动以及高校公共管理类本科专业的大量开设，公共管理已成为当代中国社会科学和管理科学领域的一个充满生机活力、具有远大发展前景的学科。

为了满足广大高校公共管理类专业的教学需要，在历届教育部高等学校公共管理类学科专业教学指导委员会的指导和支持下，中国人民大学出版社自1999年起，陆续出版了“21世纪公共行政系列教材”“21世纪公共管理系列教材”“21世纪公共事业管理系列教材”“公共管理系列教材”“公共管理核心课程系列教材”“21世纪劳动与社会保障系列教材”“21世纪土地资源管理系列教材”“21世纪城市规划与管理系列教材”等多个本科系列教材。这些教材被国内高校公共管理类专业广泛选用，并得到了公共管理学界的支持和认可，数十种教材被评为“十五”“十一五”“十二五”国家级规划教材，普通高等教育精品教材，以及各省市精品教材，为我国公共管理学科发展和人才培养做出了积极的贡献。

我国高等教育改革的进一步深化，以及新技术和新媒体的不断发展，对高校教材提出了更高的要求。为了回应这种要求，我们在广泛调研的基础上，拟对上述系列教材进行整合和提升，推出“新编21世纪公共管理系列教材”，以满足国内高校公共管理一级学科下设的行政管理、公共事业管理、劳动与社会保障、土地资源管理、城市管理、海关管理、交通管理、海事管理、公共关系学等本科专业的教学需要。

“新编21世纪公共管理系列教材”将秉承中国人民大学出版社“出教材学术精品，育人文社科英才”的宗旨，从本科教育的特点出发，从公共管理教育的特点出发，为广大高校公共管理类专业师生提供一套高质量的本科教材。在教材编写和内容安排上，“新编 21 世纪公共管理系列教材”强调基础知识、基本理论和基本技能，同时，也尽可能地体现创新性和前沿性，反映相关领域理论与实践的最新发展情况。

“新编 21 世纪公共管理系列教材”由中国人民大学、中山大学、北京大学、清华大学、复旦大学、厦门大学、武汉大学、浙江大学、吉林大学、东北大学、北京师范大学、山东大学、四川大学、西北大学等数十所国内著名大学的知名学者领衔著述，我们期望通过这种强强联合、优势互补、资源共享的方式，为国内公共管理学界奉上一套体现系统性、权威性、通用性，并兼具创新性、前沿性、启发性的精品教材。

公共管理的实践是不断发展和变化的。随着公共管理实践的不断发展，公共管理学科研究的范围、主题和内容也在不断地发展和变化。我们将紧跟公共管理学科的发展，与所有作者一起，不断对本套教材进行修订和完善。望广大读者给我们反馈信息，对本套教材提出批评和建议，以使我们能够在所有读者和作者的帮助下，与中国公共管理学科共同成长。

中国人民大学出版社

前言

随着社会生活向社会科学深度不断拓进，人们已经越来越感受到，有一门极为重要但又一直未被正式重视的学问正在越来越强烈地显现出其固有的光芒和魅力。这门学问就是领导学。领导学是一门新兴的学科，是最重要的社会科学门类之一。

领导普遍存在，广泛而深刻地作用于每一个人、每一件事。无论你是一位村民还是一位市民，也无论你是一名学生还是一名教师，更无论你是科学家、作家、医生还是他们的助手，当然也无论你是基层干部、中层官员还是高层领导，总之，无论你在哪个行业、哪个领域、哪个阶层、哪个岗位，只要思维正常、角色正常和社会化正常，那么你就能够极其深切、强烈地感觉到领导的存在和作用。

这是因为，无论是一个村子还是一座城市，无论是一个班集体还是一所学校，无论是一个科研单位或科研小组还是一个作家群，无论是一家医院还是一家企业，也无论是一个基层单位、中层组织还是高层机关，都是相对独立、完整的社会系统或组织群体，都聚集了包括权力、人力、财力、物力等在内的大量资源；都由某种权威来掌握和支配这些资源，开动整个系统或群体。在系统或群体内以人为中心的一切因素都要在此权威的影响下结合在一起，构成一个完整的、有生命力的社会系统或组织群体。

因此，作为具有独立价值能力或责任能力的人，在此系统或群体中就必定要不同程度地受到系统或群体运作的约束、规范和支配，进而强烈地感受到自身之外存在着的约束力、制导力和支配力，感受到自己是生活在权威统领性影响下的不同社会关系之中，由此也进而朦胧感觉到这个权威就是发出如此力量的主导者。

这样的主导者就是活跃在社会生活中的现实权威，在愚昧时代通常被看作上帝神灵及其形形色色的代表人；随着时代的不断变迁和社会的持续昌明，人们逐渐认识到，有如此力量者原来就是在作为构筑完整社会系统或组织群体要件的权威机制作用下必然形成的一个权威中心，这个中心是人、法人和机构，充当着该系统或群体的心脏，集中有效支配资源，维系整个系统或群体，深切关联和影响着系统或群体内所有的人，对系统内进行全方位的管理并承担全方位的责任，只是公正高尚和智慧务实与否必会导致善或恶的行为、带来好或坏的结果而已。

在现实生活中，人们无不生活在社会关系之中，没有一个人是不受社会关系中心部分即权威中心影响的。可以说，领导就在身边，随时都在影响着你；可能是好的，也可能是坏的；对你及你周围的一切都产生着至关重要的影响。即使你已处在某种权威中心，你也因为存在于更大的社会关系范围内而仍然要作为一个被支配因素接受来自更高权威中心的影响。这样的权威中心及其运作影响就是最典型的领导，自古以来就存在，到现代社会就变得更加发达。可以说，现实中的每个人，不管愿不愿意，都与领导存在着不同程度的关系，都必定生活在领导的影响之下，只不过所关联或所接触的领导各不相同而已。

显然，人们是摆脱不了领导的，也是需要领导的，当然也更需要认识和把握领导；领导则尤其需要以更高的自觉性和更多的正能量来确保其正确地存在和发挥作用，确保资源不浪费、权力不任性、责任有担当、目标能达成、内部能和谐、人们会追随。只有这样，才会形成有活力、有效率的社会系统或组织群体，才能有效避免发生系统性错误、故障与失效甚或失败灭亡，进而才能获取和保障更大的公共利益和个体利益。在这个过程中，显示出了一种必然的、客观的社会规律，包含了科学的、艺术的专门学问，诸如案例、经验、教训、知识、规则、要诀、理论等等。这些学问统合起来就是一门领导学，是一门非其他学科所能替代的重要学科。

作为一门学科，领导学在改革开放之初就在我国出现了，在此后的几十年里得到了很大的发展。一批批具有政治学、管理学、法学、社会学等不同学术背景、实践背景和研究基础的学者前赴后继投身于领导学事业，做了大量的引进、消化、传播和探索创新等工作，取得了丰硕的成果，逐渐形成有中国特色、中国气派的领导学理论体系。笔者即以此为基础，努力汲取其中精华集成此书，以为对我国领导学发展所尽的一点心、所出的一点力，亦为学者、学习者，特别是一线实践者多提供一个参考版本。

时代在飞速发展。理论和实践的脚步也在飞快前进。本书初成于 2004 年，至今已历十七载，虽然经过了四次修订，但仍有不健全之处、不适应之处，因而还需要再次修订。本次修订主要是结合当前实际与近期积累进行修正和调整，具体来说做了如下方面的工作：

第一，结合新时代特征进一步端正研究视角。主要是坚持以习近平新时代中国特色社会主义思想为指导，注意紧扣当前时代变化和社会发展的律动及其对领导能力提出的重大需求来审度、把握和实施全稿修订工作。在保持整体框架大体不变的情况下，进行了大大小小 380 多处的修改。

第二，根据中国社会对领导学的认识和既有定位，在第 1 章第 3 节增加了一个关于领导学学科地位的重要信息，即最权威的学科分类系统——中图分类系统完全确认领导学是一门独立的重要学科，把领导学放到了分类系统的第一部分“社会科学总论”序列中，给领导学确定的分类编号是“C933”。

第三，从本书的理论定位着眼，在第 2 章第 1 节特意增加了部分内容作为全书的文眼，由此给全书原理的把握进行方位标定。这部分内容就是关于社会系统的特别说明与强调，旨在引起读者注意，立足中国，提高站位，从正式的公共组织这个角度去理解、把握全书的领导学原理。

第四，进一步结合中国实际，突出两个重点进行修改。一是新时代要求领导干部必须特别具备九项本领，故在第 7 章增加了第 6 节进行专门的系统阐述，回应当前领导能力建设的焦点性需要。二是新时代强调要坚持底线思维防范化解重大风险，加强风险管理实际上是将应急管理的重心前移，故在第 10 章将应急管理内容撤去而以风险管理代之，更凸显危机管理的作用而不再将其纳入应急管理之内，回应当前防范化解重大风险的焦点性需要。

经上述批改增删，成此第五版稿；今奉呈出来，谨作参考。书中尚存不足之处，诚盼大家多加批评指正！

本书已修订至五版。这是一个不断学习、逐步成长的过程，也是一个不断得到各方面关心、支持和帮助的过程。值此结稿之际，首先要感谢广大读者的厚爱！还要深谢当年一起合作研究的良师益友！更要感谢中国人民大学出版社！

邱霈恩

2021 年 1 月

目录

第7章　领导人才

第8章　领导环境

第9章　领导体制

第13章 领导用人与驭人

第1章
绪 论

重点问题

- 领导学的特定内涵、对象与范围
- 领导学的确立与发展、学科地位与作用
- 领导学的现实意义与价值

1.1 领导学的界定

1.1.1 国内外关于领导学界定的一般倾向

什么是领导学？国内外领导学学者的回答和界定各不相同。有的认为，领导学是研究领导活动的一般规律及其应用的科学；有的认为，领导学是研究领导行为的规律、原则和方法的学问；还有的认为，领导学是研究现代领导工作的特点、一般规律、原则和方法的学问。有的专门从领导实践入手，通过研究和制定相关规范和法则来直接揭示领导学的地位和价值；有的专门从领导主体身上寻找解释和控制领导行为的内在渊源；有的专门从思想观念，尤其是价值观念上研究并构成实际的领导学；有的主要从哲学智慧的角度去探究领导学的部分实质内涵；而有的则只是从外部情形如体制、文化背景等方面去研究领导学。如此种种，分歧甚大，不胜枚举。概括起来，这些分歧主要有如下三种基本倾向：

（1）关于领导科学的倾向。这一倾向认为，领导学等于或小于领导科学。具体看法有三种：第一，领导科学和领导学是同一个概念，领导科学就是领导学，领导学不过是领导科学的简称。第二，领导科学是研究领导问题的一系列学科的总称，领导学是领导科学中的概论部分，领导科学包括领导学。第三，领导科学是一个包含一定领导艺术在内的独立学科，是包含领导艺术的领导学。

（2）关于领导艺术的倾向。这种倾向认为，领导学就是研究和回答如何当领导，如何创造性地进行领导，如何在领导过程中最充分地发挥出领导者的个性才干，如何干出一番惊天动地的伟业，成为世人的楷模等问题，而这些是领导艺术的问题，也是领导学的基本内涵。所以，领导学就是领导艺术，领导艺术就是领导学。

（3）关于领导科学和领导艺术的倾向。这种倾向认为，领导学就是领导学，既非领导科学，也非领导艺术，而是一个同时包括了领导科学和领导艺术的学说总称、学科体系和学科群，是一个重要的社会科学领域和社会科学概念。

上述三种倾向表明，对领导学的界定存在分歧主要原因是对领导科学和领导艺术及其与领导学关系的认识存在很大不同。要确切回答领导学是什么，首先必须澄清领导科学与领导艺术的基本理论问题。

1.1.2 领导科学与领导艺术

关于领导科学与领导艺术，要回答的问题主要是：两者各是什么？相互有什么关系？

1. 领导科学与领导艺术有明显的区分，是几乎相反取向的两种概念、两个领域

科学是正确反映自然、社会和思维等方面客观规律的知识体系或理论体系。领导科学是专门研究领导活动的各个因素之间相互联系、相互作用的规律的科学，旨在揭示领导工作中合乎规律的东西，为领导活动提供科学指南，确保领导实践的科学化和规范化。事实是，领导科学主要是对领导实践进行规范性的研究，在反作用于领导实践时则要求领导主体严格按领导规律和原则——它们多表现为科学理性的领导行为标准和领导制度——来办事。领导科学是创造规范性领导实践典范的高度科学化、理性化的知识体系和理论体系。

艺术是高度基于客观情境而在实践或现实表现中发挥出来的主观能动性。领导艺术是领导者在一定的知识、经验、智慧和气质等多种主观范畴的素质基础上形成的主观能动性，是在领导实践过程中更能带来领导成功的经验性和个性化的表现，是经验性地运用领导原理、领导规律和领导方法卓有成效地解决实际问题的领导技艺与能力。作为一门实际学问，领导艺术主要是对领导实践进行非规范性研究，具体来说就是研究领导者在实践中如何依凭经验和智慧等主观条件来创造性地开展领导活动、解决实际问题，并确立自身特有的领导风格和特征。在反作用于领导实践时，领导艺术要求领导主体按实际情况灵活应变，不受陈规陋习、旧思想旧观念或不适时宜的规范约束羁绊，最大限度地发挥出领导个性和领导才干，准确、果断地抓住问题，老练、创造性地解决问题，不断取得新的成功或成绩，确保领导水平不断创新和超越。实际上，领导艺术就是进行非规范性、非确定性领导实践的实用性操作能力与学问。

显然，领导科学与领导艺术是一对在本质上存在重大差异，甚至相互排斥的不同范畴；两者互不包含，也互不统属，更不能强扭在一起或者将一方强行塞进另一方。事实上，两者的差异巨大，以至于越从领导科学的角度界定领导学，就越会突出领导的科学性而排斥领导的艺术性，越从领导艺术的角度界定领导学，就越会突出领导的艺术性而排斥领导的科学性。如果要勉强将某一方强加进另一方，就势必出现基本的逻辑问题并造成领导学的重大扭曲。

2. 领导科学与领导艺术相互影响，存在十分密切的联系

第一，它们都来源于领导实践，并以领导实践为研究对象和服务对象。两者的这种实践基础正是它们得以统一在领导学麾下的现实基础。这决定了它们都是领导学的重要组成部分，也决定了它们必然联系紧密。

第二，它们是互相依存的。一方面，领导艺术要以深厚的领导科学知识为前提，离开了领导科学，领导艺术便没有了根基；另一方面，领导科学要以领导实践为形成和发展的基础，要从领导艺术中吸取精华。机动灵活、形态多样的领导艺术是领导实践经验的结晶，而领导科学正是这种经验结晶的规范化和系统化。在这一点上，两者是统一的。

第三，它们是互相促进的。一方面，由于领导实践是没有穷尽的，所以领导艺术是常新的。这种常新的领导艺术是领导科学发展的不竭源泉，使领导科学能够不断总结、提炼新的领导经验和理论，与时俱进，充满活力。另一方面，领导科学的发展与完善，又为领导艺术的更新与创造提供了丰富的营养，使领导艺术富有时代风采和独特的魅力。这使领导学成为一门博大精深的学问。

第四，它们是可以相互转换、交替上升的。领导艺术作为因时制宜的实践创新，属于认识过程的感性阶段，这些感性知识的积累、分析、总结与概括上升为系统化、规范化的理性知识，就是领导科学。同时，领导科学原理在领导活动中创造性地运用就可转化为指导实践和卓有成效地解决实际问题的能力和技巧，即领导艺术。领导艺术上升为领导科学，领导科学又上升为高水平的领导艺术，高水平的领导艺术再上升为更高水平的领导科学，如此交替上升，无限往复，体现了现代领导活动的生机与活力，也反映了领导学发展的一般规律。

第五，两者都将领导方法作为自身直接反作用于领导实践的途径和出口。无论是领导科学还是领导艺术，二者都是以方法为基础的，在实践上具有相当强的一致性。

1.1.3 领导学的定义与含义

根据对领导科学与领导艺术的分析可知：领导科学就是领导科学，领导艺术就是领导艺术，而领导学就是领导学；三者并非同一范畴、同一理念，但关系却很密切，特别是领导学，可以从作为一门能够兼容领导科学和领导艺术的学问的角度把领导科学和领导艺术统一起来。而这亦表明，领导学可以认为就是关于或者包含领导科学和领导艺术的专门学问。显然，前述关于领导学含义的第三种倾向更站得住脚，也应是正确的主张。

应该说，如果根据学问的来源和取向均为领导实践这个事实，那么领导学就是一个关于领导实践及其相关领域的知识体系和理论体系，是一门融领导的科学性、艺术性和实践性为一体的完全独立的学科，实际是一门全方位研究和反作用于领导主体及其行为和整个领导现象的学问。因此，可以认为领导学就是以领导实践为主线，对领导现象、领导主体、领导客体、领导环境、领导资源、领导行为、领导过程、领导的思想理论体系、领导的知识技能体系、领导政策规制体系、领导体制与机制体系、相关领导主体体系、领导素质体系、领导智慧谋略体系、行为科学与艺术体系等及其相互关系进行全面系统的理论研究和应用研究的专门学科。

准确来说，领导学就是一门关于领导这种在现实社会中最高级、最重大、最核心、最组织化和权威化的社会现象和组织行为，以及对与领导直接或间接相关的各方面知识、技能、思想观念、价值标准、现实体制、行为主体、人文背景、现实利益关系、权力运作机制和客观规律及其现实展现等进行专门理论研究和应用研究的综合性社会科学。

作为一门社会科学，领导学包含了所有科学的和艺术的领导内容，涵盖了领导这种客观现象或事物所包含的各种矛盾、规律、原理、原则、体制、机制、方法、技艺等多方面的内容，而且在这些专门研究的基础上形成诸如领导科学、领导艺术、领导哲学、领导史论等一系列相应的分支学科，内容极其丰富，对领导实践具有全面的指导作用，具有极强的理论性和实践性、价值性和倾向性、阶级性和时代性。

显然，领导学具有自己专门的研究领域和特定的研究对象，具有明确的研究标的和取向，具有巨大的实践价值和现实意义，对事关群体或组织乃至整个社会兴衰成败的领导实践具有越来越重要的作用，是社会科学中最重大的研究领域之一。具体而言，它有以下几层含义：

第一，领导学是一个含义广泛的范畴，囊括了所有关于领导活动的知识体系和理论体系。

第二，领导学既揭示了领导活动中规律性、规范性的科学内容，又总结了领导活动中非规范性、非程序化的领导艺术。

第三，领导学既具体研究领导活动中领导主客体及其行为，又探究领导环境如何影响领导行为，揭示领导实践成败的原因、规律和具有使用价值的经验艺术。

第四，领导学既从纵向去考察和探索领导活动的过去、现在和未来，又从横向去研究领导活动所涉及的社会生活的各个领域，如党政、经济、科技、文教等，形成了党政领导学、经济领导学、科技领导学、文教领导学等分支学科。

作为一门独立的学科，领导学兼具多重充分反映自身特点的个性，但主要包括一般特性和差异特性。领导学的一般特性又包括理论性与实践性、实用性和操作性等，其差异特性则包括价值性、倾向性、阶级性、阶层性、社会性和时代性等。

1.1.4 领导学与领导实践的关系

领导是一种实践活动，而领导学则是关于这种实践活动的系统化的学问。所以，总的说来，领导与领导学的关系属于实践与认识关系的范畴，是一种辩证统一的关系：领导实践对领导学具有决定作用，领导学反作用于领导实践，二者互相依存，不可分割。

第一，领导实践是领导学的来源。首先，领导学是源于领导实践客观需要的。在现代化大生产的条件下，社会活动和生产活动的过程更加复杂，相互影响的因素更多了。领导者要进行有效的领导，仅凭个人经验是不够的，必须掌握与现代化大生产相适应的领导科学理论和领导方法艺术。领导学正是在这种情况下应运而生的。其次，领导学研究的内容也并不取决于研究者的主观框定，而是由领导实践所决定的，是领导实践内容的客观反映。领导学之所以把领导观念、领导体制、领导素质、领导者的权力与职责、领导方法与艺术、领导绩效等列为研究的基本内容，是因为它们涉及领导实践需要解决的许多重要问题。这些问题是领导学不能不研究和解答的。

第二，领导实践是领导学发展的动力。一方面，领导实践为领导学的发展开辟了新天地，提供了新经验。领导实践的发展变化，不断提出需要解决的新课题，推动人们进行新的探索，从而推动领导学的发展；同时领导实践也不断地为人们提供鲜活经验，使人们得以在总结研究新经验的基础上探讨新课题，回答新问题，形成新的领导理论。另一方面，领导实践在其丰富多彩的发展过程中，不断出现与旧理论相冲突和否定旧理论的现象，推动人们去研究和解决这种矛盾、冲突，从而推动领导学向纵深发展。

第三，领导实践是检验领导学的标准。在现实生活中，人们常常会对领导学的研究成果按各自的标准做出或褒或贬的评判，充当领导学的检验者。但实际上，领导学所揭示、总结的领导规律、原则和方法、艺术等是否科学合理、切实可行和正确有效，从根本上说都必须经过领导实践的公正检验。实践是检验真理的唯一标准。领导实践是领导学最权威、最确切的检验师。

第四，领导理论对领导实践起着重大作用。正确的领导理论可以走在具体领导实践活动之前，为领导实践指明正确的道路、方向，指导着领导实践的进程；正确的领导学理论能够为具体的领导实践活动提供科学、有效的指导和帮助，对领导实践的优化直接起到推动作用；正确的领导理论还能在一个具体领导实践活动过程结束之后，对该活动过程做出科学总结，从而为以后的领导实践提供有益的借鉴。反之，错误的领导理论会对领导实践产生消极的阻碍作用，因为错误的领导理论是对领导活动的本质及其规律的歪曲反映，用这种理论指导领导实践，会使领导实践活动遭受挫折和失败。

1.2 领导学的研究对象、范围与构成

毛泽东指出："科学研究的区分，就是根据科学对象所具有的特殊的矛盾性。因此，对于某一现象的领域所特有的某一种矛盾的研究，就构成某一门科学的对象。""如果不研究矛盾的特殊性，就无从确定一事物不同于他事物的特殊的本质，就无从发现事物运动发展的特殊的原因，或特殊的根据，也就无从辨别事物，无从区分科学研究的领域。"① 这就是说，任何一门科学都有自己特定的研究对象。领导学之所以能成为一门科学，就在于其有特定的研究对象、范围与任务。

① 毛泽东. 毛泽东选集：第1卷. 2版. 北京：人民出版社，1991：309.

1.2.1 领导学的研究对象

对于领导学的研究对象，在领导学界和相关学界仍存在不同的看法，其中较有代表性的观点主要如下：

（1）领导活动论。这种观点认为，“领导科学研究现代领导活动的特点及其规律”；“领导科学是研究领导活动的一般规律及其应用”；“领导科学的研究对象是领导活动，其根本任务是揭示领导活动中各种因素之间的内在的、本质的、必然的联系，即领导活动的规律”；“中国领导学的研究对象应是：社会主义领导活动中主体、客体的特征以及互相结合、互相作用的一般规律”；“领导科学的研究对象是指领导者和被领导者及其作用的客观环境的矛盾所揭示的领导活动的一般规律”。

（2）领导行为论。这种观点认为，“领导学就是把领导行为的特殊矛盾及其运动规律作为研究对象”，“领导科学以领导行为为研究对象”。总之，领导学就是研究领导行为的。

（3）领导工作论。这种观点认为，“领导科学研究现代领导工作的规律性及其方法”。

（4）领导要素论。这种观点认为，“领导者、被领导者、客观对象这三项要素互相结合、互相作用的规律性，就是领导科学要研究的对象”；“领导者、被领导者、客观对象相互结合、相互作用的活动规律及其应用就是领导科学的研究对象”。

（5）领导系统论。这种观点认为，“领导学的研究对象就是作为整体的领导系统以及这个系统本身运动的一般规律”；“领导科学的研究对象应当是领导工作系统，具体地说，就是由领导者、被领导者、领导手段和共同作用对象构成的动态系统”。

（6）领导矛盾论。这种观点认为，“领导活动是一个客观过程，具有其特殊的矛盾及其运动的特殊规律，这构成了领导科学的研究对象”；“领导科学的研究对象，就是领导主体与领导客体在一定条件下所构成的矛盾统一体”；“领导科学的研究对象，就是领导者主观与客观的特殊矛盾和领导活动的特殊规律”；“研究领导活动内在的矛盾运动的一般规律，就是领导学的研究对象”。

以上种种看法虽然似乎存在较大的差异，但从这些不同表述中却可以找到一个共同点，即主流意见均把领导学的研究对象聚焦在领导的一般规律之上。这应是明确领导学研究对象的基础。

据此，我们可以把领导学的研究对象与任务确定为“整个领导现象、领导活动以及相关的行为主体、外在环境、内在因素和内在矛盾及其运动规律”。这个研究对象是领导学的特定研究领域，与其他学科或社会科学领域的研究对象明显相区别而不重合，虽有交叉，但也只是正常的内容联系。这就把领导学与其他学科非常清楚地区分开来了，并使领导学得以独立存在和发展。事实上，领导学就是专门为研究它而兴起并发挥重要作用的。

这里要特别指出的是，作为研究对象的运动规律是发生在领导领域、为领导领域所独有、完全有别于其他事物或现象的规律的领导规律中，包括一般规律和特殊规律。它发生在领导者和被领导者、领导主体和领导客体、领导环境和领导过程与领导目标任务之间，是事关群体或组织整体命运走向和结果的一种内在联系及矛盾运动。它构成领导学的科学基础，是规律性、艺术性领导活动的根本因素、根本依据和根本准则；它存在于领导学的各个部分。这样，它就决定了领导学研究必须也必然要时时处处沿着领导规律的主线进行，揭示领导科学和领导艺术两大方面的具体内涵。

1.2.2 领导学的研究范围与任务

1. 领导学的研究范围

从本质上讲，领导学的研究范围就是由领导学研究对象所决定的知识体系和理论体系。对于领导学的研究范围，人们也有不同的看法和界定。

早期学者认为，领导学的研究范围是：(1) 领导观念；(2) 领导体制；(3) 领导职责；(4) 决策科学化；(5) 群众关系①。随着领导学研究的逐步深入和领导学学科的不断发展，领导学的研究范围得到不断拓展。

根据目前的情况，领导学的研究范围概括起来主要包括如下方面：(1) 领导的含义；(2) 领导的本质；(3) 领导原理；(4) 领导原则；(5) 领导规律；(6) 领导方法；(7) 领导主体；(8) 领导客体；(9) 领导环境；(10) 领导体制；(11) 领导关系；(12) 领导职能、职责与作用；(13) 决策用人等领导过程；(14) 领导观念与领导能力；(15) 领导素质与领导人才；(16) 领导班子与领导群体结构；(17) 领导战略；(18) 调查研究；(19) 思想政治工作；(20) 政策活动；(21) 领导活动中的管理；(22) 领导绩效与领导水平；(23) 领导考评；(24) 领导形象；(25) 领导学科的形成和发展。近年来领导学的研究更加深入，领导力、领导纪实、领导史论、领导人物、政治经济等各个具体领域的专业领导也都被纳入领导学的研究范围。显然，领导学研究的内容非常广泛，领导学研究的范围非常广，具有立体纵深的特点。

2. 领导学的研究任务

根据领导学的研究对象来看，领导学的研究任务主要包括以下几个层面：(1) 要研究领导现象产生的原因和条件、现代领导活动的要素与过程，揭示现代领导活动的一般规律和一般原理；(2) 要研究各个领域、各个层面的领导活动的特殊规律和具体内容；(3) 要研究领导主体的内在构成及其变化发展规律，研究直接导致领导实践成败得失的主客观因素，总结领导实践的经验和教训，为领导实践提供有效的指导和帮助。

1.2.3 领导学的学科构成

领导学是一个大型的学科领域，其内部还有许多具体的领域，构成不同的分支学科，并由此形成一个多层次、多行业、多分支、多领域的分支学科体系。该体系包括如下六

---

① 钱学森，等. 现代领导科学与艺术. 北京：军事谊文出版社，1985：30-37.

个层面：

（1）领导学原理性分支学科。这里包括领导科学学、领导素质学、领导人才学、领导职能学、领导体制学、领导权力学、领导决策学、领导行为学、领导绩效学、领导考评学等。

（2）领导学哲学性分支。这里包括领导思想史、领导哲学、领导艺术学、领导关系学、领导方法学、领导创造学、领导谋略学、领导战略学、领导预测学等。

（3）领导学行业性分支学科。这里包括政治领导学、立法领导学、行政领导学、司法领导学、外交领导学、军事领导学、公安领导学、经济领导学、企业领导学、科技领导学、文化领导学、教育领导学、学校领导学、城市领导学、农村领导学、青年领导学、女性领导学、工会领导学、事业单位领导学等。

（4）领导学的层次性分支学科。这里包括国家领导学、省域领导学、地区领导学、县级领导学、乡镇领导学、基层领导学等。

（5）领导学的比较性分支学科。这里包括不同历史时代的领导学、不同国度的领导学、不同区域的领导学、国际公共领域的领导学等。

（6）领导学边缘交叉性分支学科。这里包括领导心理学、领导思维学、领导廉政学、领导监督学、领导法学、领导史学、领导未来学、领导社会学、领导工程学、领导技术学等。

显然，领导学是由上述六大层面的不同具体学科构成的一个大型学科和极其重要的社会科学领域。

1.3 领导学的学科地位、作用及与相关学科的关系

1.3.1 领导学的学科地位与作用

领导学及其构成都属于非常具体、现实而重要的社科领域，领导学完全是一门重大而独立的社会科学，拥有自己独立而重要的学科地位、学术地位和现实作用。这要从以下几方面来进行具体的理解。

（1）领导学是一种帅才理论和高层次学科。所谓帅才，就是善于高瞻远瞩的战略家、统率全局的组织家，具备杰出的组织才能，善于把有才华的仁人志士团结在自己的周围，齐心协力、群策群力，完成共同的事业，实现共同的目标。而领导学就是研究这种人才、这种角色和这种活动的学问。它广泛运用相关学科的理论知识，深入研究领导实践，形成具有解决实际问题能力的独立的理论体系，有助于大幅提高领导实践的质量和水平，培养和优化实际是帅才的领导人员和领导人才。根本而言，它就是一门研究帅才理论和实践的高层次学问，对组织系统的核心部分、竞争对手的关键部分（如竞争的决策者组织者）、进行竞争的关键环节（如决策、指挥等）都有重大的影响。它在社会科学群中是比较特殊的学科。

（2）领导学是领导干部必修的功课。现代化建设的不断深入对领导干部的素质和水

平提出了越来越高的要求。领导者对领导学的掌握和使用程度必定成为衡量一个领导干部的重要标志之一。如果说工程师不懂得科学技术就不能算是工程师，一个不懂农学知识的农艺师就算不上是农艺师，一个不懂军事理论的军事指挥员就称不上是指挥官，那么不懂领导科学的领导者也称不上是领导者。应该说，“情况不明决心大、心中无数办法多”的时代已经过去了，学习和掌握领导科学是从事领导工作的客观要求。作为21世纪的领导者，作为21世纪国家竞争力核心、企业竞争力核心的领导力的直接来源，领导者不研究不学习领导学，就不能极大地提高领导素质，增强国家、企业或其他社会组织的竞争力，就不能更有效地带领群众在新世纪的竞争中取胜。

（3）综合性强，应用性广。领导者处在社会组织的最高点，工作中经常遇到复杂的综合性问题。要解决这类问题，就必须借助多种知识和能力，主要是综合性的理论知识体系。领导学就是这样一门综合性的理论知识体系，是一门适应领导工作现实需要的综合性、交叉性学科。它广泛吸收和应用了哲学、政治学、经济学、思想政治工作学、管理学、心理学、社会学、预测学、决策学、政策学、人才学、战略学、法学、思维科学、人事管理学、信息论、系统论、控制论、模糊论等原理和方法，具有极强的综合性和实用性。但是，领导学并不能代替这些专门学科，而是取长补短地发挥自己的独特优势和作用，以结合和统领诸学科为基本方式，广泛满足具有极大综合性的领导实践的需要，解决经济运行、社会运行当中事关全局的重大问题，推动社会经济不断向前发展。如果说领导学只能解决单学科方面的社会问题，那它就没有存在的必要了，因为单学科方面的社会问题完全可以由相关专门学科解决。显然，领导学就是为领导者提供综合运用相关知识和技能去解决领导工作问题的一门实用学问。

（4）理论指导，优化实践。领导学有助于整个领导过程科学化、规范化和高效化，能够帮助领导者更有效地开展领导活动，尤其有助于领导者正确使用权力，科学进行决策；另外，还有助于建立和完善科学的领导体制，形成健康有活力的领导机制。这对改变传统的领导方式和提高低下的领导效能具有决定性的作用。

总之，领导学能够全方位地为领导服务，对优化领导实践、取得更大的成功具有不可替代的作用和价值。基于以上情况，中国最权威的学科分类系统——中图分类系统将领导学划分和归类为一门独立的学科就可证明，领导学已经是一门相对独立的重要学科，在整个学术体系中有了独立的学科编号，即在中图分类系统第一部分“社会科学总论”序列中排序为“C933”。

1.3.2 领导学发挥作用的方式

1. 结合的方式

领导学是一门“结合”的学问，“结合”是领导学发挥作用的重要方式。

第一，领导学理论与领导实践相结合。领导学理论本来就是领导实践的反映、概括和升华，离开实践或者不与之相结合，就不能发挥出应有的作用。领导学理论要与领导实践相结合，就要做好如下几点：（1）注重领导学理论与领导实践活动的内在联系。这是因为领导学理论源于领导实践，二者具有紧密相关的内在联系。（2）确保以科学的理论创新为领导实践活动的先导。领导学要在理论上进行创新，不断完善领导学理论体系及其实践导向的实质与机制；要根据具体的现实领导实践情况的发展变化，按事物发展的客观规律，研究解决新的领导问题，并进行理论创新，力争以最新最科学的理论为领导实践服务。（3）辩证、科学地看待领导实践，找到和抓住关键环节，使科学的理论能够有效地切入具体的实践。为此，要对具体的领导实践进行科学的分析，找出其发展规律，加以科学的阐释并得出有助于实践的见解、观点和结论，据此确定领导实践活动的目标、方案，并用通俗易懂的语言和形式广泛深入地加以宣传，使之成为广大干部群众的行动实践。

第二，领导理论研究者与实践活动家相结合。仅有理论与实践相结合，还不是完整意义上的结合，还需要有理论研究者与实践活动家的结合。在领导学发挥作用的客观活动中，同样需要有领导学理论专家与各级领导者的结合。这是因为，领导学的理论研究者没有相应的现实条件，不可能去亲自实施或体验领导工作，难以获得关于领导的第一手材料，而做具体工作的领导者也很难花大量时间去做理论思考和学术探索，只有将二者结合起来，才可以互补短长并成就理论与实践的关键结合。因此，专家从其学识和思想理论水平出发去观察和研究领导活动所面临的新情况新问题，把领导者各种零散的领导经验加以系统化、条理化，上升为具有普遍指导意义的理论，而作为实际工作者的领导者则努力学习和掌握领导学理论，并结合自己的工作实践加以灵活运用，在应用中又不断地创造新的领导经验，弥补理论专家的不足，积极配合理论专家不断地完善领导学的理论知识体系。在这种结合的过程中，领导学就能够最充分地发挥作用，做出贡献。

2. 服务的方式

这主要是指领导学通过发挥理论指导实践的作用来进行服务，能够指导和服务于各种重要实践，应是领导学的最大价值所在。这主要有如下三层含义：

第一，为社会实践服务。同其他社会科学一样，领导学也应该为关于领导的社会实践服务。社会实践丰富多样，且很多跟领导有关。领导学只有全方位地为社会实践服务，在服务中充实、丰富和创新自己，才能有所发展、有所前进并逐渐成熟。离开社会实践，领导学理论将会枯竭凋萎而丧失价值。具体而言，其要点是：以社会实践的需要作为其研究取向、任务和动力；确保新理论新成果符合客观实际，能够用来分析、解释和解决社会实践中的各种领导问题；在为社会实践服务的过程中不断丰富和拓展理论的内涵与边际。

第二，为群众服务。群众观点是马克思主义的基本观点，群众路线是领导工作的根本路线。为群众服务是领导者进行领导活动的目的和根本所在。在改革开放和现代化建设过程中，作为社会实践的主体，人民群众中蕴藏着极大的积极性、创造性。实施领导的着眼点和出发点就是充分调动人民群众的积极性、主动性和创造性以创造更高形态和更高水平的文明成果。为此，领导学必须基于群众路线来展开研究，在重要的具体理论内涵中不断吸纳、充实和反映人民群众的意见、要求和最新关切；从维护群众利益的高度，以人民群众的满意与否为标准，完善领导理论并用之以改善和加强领导、提高领导的有效性。

第三，为各级领导者服务。领导学直接为各级领导者服务是其发挥服务作用的最有效方式之一。这主要有两种具体情况：一是为实际领导者提供较完备的领导学的理论知识体系，让他们通过自学掌握领导学理论和方法，不断地提高自己分析问题和解决问题的领导能力，提高驾驭社会主义市场经济的能力。二是培训在岗的领导者，让他们有计划有组织地定期到各级党校、干校学习，通过学习培训使他们比较完整地理解和掌握领导学的理论和知识，为他们迅速提高综合的领导素质和领导能力奠定坚实的领导学理论基础和知识基础。总之，各级领导者是领导学理论的实践者，在学习和掌握领导学理论后即可用于工作实践，并极大地提高领导水平和领导绩效。

1.3.3 领导学与相关学科的关系

领导学具有自己特定的研究对象、研究方向和研究重点，有特定的概念、原理、规律等理论体系，有特定的学科建设体系和学术规范，是在充分吸收、消化了各有关学科，尤其是管理学的理论养分之后形成的一门具有广泛理论基础和实践基础的新兴学科。它与哲学、党建学说、政治学、行政学、管理学、决策学、法学、人才学、心理学、行为科学等众多学科广泛交叉在一起，相互联系，又相互区别，关系密切。其中，领导学与管理学、行政学、哲学和党的领导理论关系最为密切和突出。

1. 领导学与管理学

领导学与管理学是两个相邻的学科。从领导学萌芽发展的历史背景看，它首先为管理学的形成和发展提供了历史基础和学术基础。但是，管理学日益成熟的时候却孕育了作为一门现代学科的领导学。显然，领导学与管理学是近亲，其关系最为密切。但是，两者还是存在非常显著的区别的，具体如下：

（1）研究目的不同。领导学研究的目的是帮助领导主体更好地实施和实现领导，使群体生活或组织生活更有方向性、前景性、期待性、向心性、凝聚性和合作性；管理学的目的则是帮助管理者更好地实施和完成管理活动，以便使投入组织化运作过程的各种资源发挥出最大的效应，使组织化运作过程产生出最高的工作效率和最佳的工作结果。

（2）研究对象不同。领导学研究领导主体及其行为、领导客体和领导环境，研究领导资源利用的科学性和适度性；管理学则研究管理者的心理、行为和管理过程，研究管理资源的最佳配置和最佳利用。

（3）研究范围不同。领导学着眼于整个群体、整个组织、整个企业、整个社会或整个国家，以及涉及整体利益和权力实质的所有创造性、决定性活动，侧重于所有组织群体的核心部分和组织行为的宏观部分，集中于群体或组织的“心脏”及其搏动能量与质量；管理学则着眼于局部和微观的组织化、整体化过程，以及协调性、维持性、效能性的机制和机能，侧重于局部和每一个环节的组织机体和本职业务，集中于群体或组织正常、高效运行的维持方式与质量。

（4）研究层次不同。领导学着眼于群体或组织的高层及其存在状态和运作状态，着眼于全部战略性组织行为和部分战役性组织行为，事关全面、长远的方向、目标和行动纲领，以及根本性重大指导思想和方针政策的确立；管理学着眼于群体或组织的所有非核心部分及其存在状态和运作状态，以及它们与高层的配合与协调，着眼于群体或组织的部分战役性组织行为和全部战术性组织行为，事关计划具体的工作部署和具体落实，以及具体行动规则和工作方法的确定。

（5）研究倾向不同。领导学着重于领导的科学性、艺术性和超前性的研究，传统上倾向于对国家领导或公共权威的研究；管理学则强调处理事情的严谨性、技术性和实在性，传统上倾向于对企业管理或微观组织行为的研究。

显然，两者在理论体系的范围、视野和侧重点上存在明显的不同，领导学是不同于管理学的高层次学科，管理学则是有别于领导学的基础性学科。领导学不是管理学，也不从属于管理学，而是一门独立自在的学科，尽管现代学科意义上的领导学起初是从管理学中孕育出来的，但并不妨碍它们各自在学科上的独立发展。

2. 领导学与行政学

领导学与行政学同样是既有内容上的交叉，又各自有自己的研究领域。领导学研究的覆盖面广，包括政党、行政、军事、企业、教育、科研等各行各业、各个层次的一般性领导和专门性领导。而行政学与之有交叉：相对于整个行政范围和行政对象来说，行政就是对整个经济和社会的公共领导和公共管理，因而，行政学是集公共领导学和公共管理学于一身的大学科。在公共领导学这个部分就与领导学有重合，甚至本来就是领导学在行政领域研究中的一个分支。也可以说，政府的行政领导问题正是领导学研究的重要内容之一，而行政学并不研究政府以外的领导行为。在20世纪初，行政管理在近代资本主义国家中逐渐形成一门独立学科，至今已经比较成熟；而领导学作为一门科学则是20世纪30年代以后的事情了，至今还是一门不够成熟的新兴学科。应该说，两门学科都有很好的发展前景。另外，有一点需要说明的是，人们通常所说的领导学习惯上就是指公共领导学，就是指政府该如何进行领导，以推动社会经济迅速向前发展。

3. 领导学与哲学

哲学研究物质运动和发展的最一般规律和基本原则，揭示自然界和人类社会发展变化的一切现象和过程，它为各门学科的理论研究和实践应用提供世界观和方法论的指导。领导学则是对领导活动这一特定领域、特定现象所进行的专门研究，揭示领导活动这一矛盾运动中的规律，并用来指导领导实践。马克思主义哲学是人们认识世界和改造世界的世界观层次的科学，它覆盖、横跨自然科学和社会科学，而领导学是一项专门研究领导问题的科学。所以，两者的研究对象和范围显然是不同的。领导学要以马克思主义哲学为理论基础，一点也不能离开马克思主义哲学的指导。马克思主义哲学作为最高层次的理论科学必然要指导领导学，但它不应也不能代替领导学。如果认为“马克思主义哲学就是领导科学”，就贬低了马克思主义哲学本身的伟大价值和意义。

4. 领导学与党的领导理论

领导学与党的领导理论既有内在联系，又有各自不同的特点。二者的联系主要表现为以下几点：

（1）同样强调中国特色。中国共产党是执政党，是领导中国各项事业的核心力量。党的领导理论就是将马克思主义的普遍真理同中国实际相结合，以此为依据，实现党的全面领导。凡讲领导，就必然体现党的领导。中国的领导学自然而然地要最充分体现这个基本情况；这是建立社会主义领导学的前提，实际必须体现出中国特色。

（2）内容上相通。一方面，领导学把党的领导和各个领域的各级各类党组织的领导活动看作一个大的领导系统来研究，并且直接从党的领导史实中汲取各种营养。这对于建立和完善领导学具有关键的意义。另一方面，党的领导始终贯穿中国社会主义革命和建设的全过程、各领域，党的领导始终发挥着主要的和关键的作用，成功的经验和失败的教训都非常值得总结和研究；党的领导理论就是对此进行研究的，并且直接为学科化的领导研究即领导学提供现成的理论来源。

（3）研究领域上有重合共同之处。领导学不仅在一般领导理论上与党的领导理论有直接的重合，而且在党的领导研究这一研究领域上也完全重合，因为党的领导研究正是领导学的一个分支。

（4）目的一致。两者都是为了加强和改善党的领导，极大地提高党的领导水平和执政能力，使党的领导在充满竞争和挑战的新世纪中能够带领全国人民夺取新的胜利。

领导学与党的领导理论的区别在于二者的研究对象、范围和着眼点不同，要点如下：

（1）党的领导理论研究无产阶级政党产生、发展及其在无产阶级革命和社会主义建设中的领导目的、领导基础、领导地位、领导作用、领导方式和领导作风等，是研究党的建设发展规律的理论体系；而领导学则着眼于一般的领导活动过程，揭示领导矛盾运动发展的一般规律。

（2）党的领导理论直接着眼于现实的领导工作需要，是实际领导工作的一部分；领导学则着眼于领导理论，并通过领导理论来服务或作用于党的领导实践。

（3）党的领导理论研究党的纲领和路线、党的组织原则、党的组织机构、党的干部、党的思想政治工作、党的作风，是从加强党的建设、更好地发挥无产阶级政党的领导作用的角度去研究的；而领导学则侧重于如何发挥领导的功能和作用。

（4）党的领导理论主要是研究如何保证无产阶级政党强化和优化对国家政权、经济、军事、外交、教育、科技、文化以及群众团体等各个方面的领导；而领导学则把整个领导看作一个大的领导系统，从总体上研究它们共同的领导原理和原则。

综上所述，领导学既不是各学科的拼凑，也不是某一学科（如管理学或组织行为学）的改头换面；各学科既不能涵盖它，也不能代替它。在现代社会科学的学科之林中，领导学有其独特而重大、不可忽视的地位、作用和价值。

1.4 领导学的形成、确立与发展

1.4.1 领导学：一门古老的学问

从实际内容看，领导学早就作为一门非常实际、极为重要的学问而存在了，几乎与人类历史一样久远，是最古老、最具实质意义的社会科学之一。

如果我们认真考察历史上的社会思想理论和人类社会实践的重大主流，那么我们就会发现：真正主导人类社会的是领导而不是管理，领导不仅是最重大的社会实践之一，而且是最重要的社会科学内容之一。大量的社会实践历史和社会思想材料都是围绕领导这个主轴而发生、存在且富有价值的，都充分体现了“领导”这门学问。

先哲们在这方面留下了丰富的可供查证的文献资料，仅就我国的“官箴之作”而言，上自西周，下至明清，历代都有。目前可以查到的有 300 余种共 1 000 多万字。中国古人编写历史一般均着眼于领导，从《尚书》到《战国策》《春秋》《史记》《资治通鉴》，再到《二十四史》（或《二十五史》）以及大量的古代历史读物，均是围绕主要表现为统治的领导这根主线而编纂的。其中，《资治通鉴》是从史学的角度来研究领导学这门实际学问的最杰出代表。中国共产党党史是专门研究和总结中国共产党领导中国革命和建设的经验教训的一门大学问，显然，这也是对作为实际学问的领导学的一种重要研究。

中国古代著名的思想论著或观点都不同程度、不同方式地涉及了领导，或者直接研究领导学内容本身。而这些学问就是关于领导的学问，是古代的领导学，尽管它们常常含有不同程度的哲学意味和色彩。无论是《论语》《曾子》《孟子》《墨子》《韩非子》《孙子兵法》，还是《贞观政要》、《封建论》、宋朝理学、《康熙政要》、《曾国藩家书》等，都是着眼于表现为统治的领导而提出来的实际学问。其中，《论语》的影响最为深远并成为领导封建中国的最主流思想，以至于北宋宰相赵普曾说“半部《论语》治天下”，而《韩非子》则有纯粹的学术意义和实践价值，是古代领导学中更为典型、更为杰出的代表。

西方同样也是围绕领导来编纂人类历史的。从古希腊的历史学到现代丘吉尔的鸿篇历史书稿，从亚里士多德的《政治学》到马基雅维利的《君主论》以及洛克的《政府论》、卢梭的《社会契约论》、孟德斯鸠的《论法的精神》、拿破仑的《拿破仑文选》、约翰·密尔的《论自由》等近代资产阶级思想论著都以领导为中心，分别从史实、理论和哲学的角度对事关社会命运的政府领导进行了多侧面的研究。

这些著作广泛论及领导者的素质修养、领导关系的协调、领导职能、领导方法与技巧等诸多方面，其中不乏有理有据的精彩段落或篇章。它们构成了一个内涵丰富、值得挖掘的领导思想宝库。这些成果虽然未曾冠以“领导学”的字眼，也没有特别进行系统化的现代学科意义上的理论研究，但都以卓越的探索和实践，立体生动、广泛深刻地揭示了领导学极其丰富的内在构成和实质内涵，积累和发展了极为丰富的领导学内容，构成了一门关于领导的博大精深的实际学问，为现代领导学的形成和发展提供了珍贵而完备的学术基础。因此，领导学是积累深厚、源远流长的。

的确，作为一门实际学问，领导学早就独立存在了，自古以来就成为人们关注的理论焦点和现实焦点，历来为人们所重视、研究和应用，至少在人类组织起来形成一定群体或社会共同行动、刚有领导萌芽的历史初期就开始存在并发挥作用了。它对整个人类社会实践发挥着重大而深远的影响，它实际是一种能够将大量精神资源和物质资源加以组织化和社会化而后变成现实文明成果的特定发展力量，在整个人类社会的构造、变革和发展过程中起到了不可替代的作用。从这个角度看，它与人类文明同源同步、同样悠久，是历史长河中的文明主流，是文明进步的一个主导因素，作为实际独立学问的领导学在历史发展上比管理学要早得多，在实际影响和作用上比管理学要大得多。

1.4.2 领导学:时代的需要

任何国家、民族、社会、企业和其他一些组织要在21世纪生存发展下去，就需要下最大的功夫来培育和增强领导力，发展和增强竞争力。而要做到这一点，就需要充分发挥领导学的作用。领导学将给领导实践以理论指导，同时还将不断强化和优化领导实践，不断提高领导者的领导素质和领导质量，由此得以全面增强领导力以及以领导力为核心的竞争力。没有成熟的领导学，就不能首先在理论上、认识上解决增强领导力和以领导力为核心的竞争力的问题。是否重视领导学，将直接影响领导力、竞争力的形成，也决定着能否跟得上时代发展、文明进步的步伐，更重要的是关系到一个国家、民族、社会、企业或其他组织能否参与并赢得21世纪的竞争，在充满压力的21世纪真正得以生存和发展。

其实，领导学的目的和价值就在于研究领导成功与领导失败的因素、原理与规律，研究做哪些基础工作或基本努力、用哪些方式方法、遵循哪些规律规则、抓住什么关键环节、如何集中在道德和智慧中博弈制胜等，以求领导成功而避免领导失败。这也是领导学研究的基本主线。围绕这条主线所涉及的各个理论方面都是高度相关的基础性、前提性的领导科学理论的基本内容，是无法缺少的非应用部分；它和基本主线一起构成完整的领导学，并使之同时具备理论性和实践性、科学性和应用性。

换言之，领导学是事关21世纪竞争成败的最重要、最现实的学问和学科之一。它在21世纪的作用将无与伦比；它必将成为一门完全独立的学科而得到充分的重视、研究和发展。领导学的不断成熟和完善应是新时代社会科学进一步发展的重大任务之一。但是，就目前的状态来看，领导学还远远没有达到应有的学科高度，也没有产生应有的影响。

应该说，时代在呼唤以现代学科形式出现的领导学。尤其是在世界面临前所未有之大变局的今天，更需要一门独立、成熟、完善和科学的领导学。可以相信，在这个信息化、网络化、智慧化的时代，领导学必定会表现出极其强劲的发展势头。

任何一种科学理论的产生都不是偶然的。它产生于人们的实践需要，由实践给予推动，接受实践检验，在实践中不断发展。科学的命运归根结底取决于它是否来源于客观实践，能否满足时代需要、推动社会进步。我们说，理论在一个国家的实现程度，取决于理论满足这个国家需要的程度。领导学就是产生于需要领导学的社会时代。

总之，这一切表明了领导学是一门非常实际、有用、重要且不可替代的学问，是一门事关国家、民族、社会、企业或其他组织生死存亡、强弱盛衰的最重要的社会科学。它不仅有自己特定的研究对象和研究范围，而且有自己完整的理论形态和不可替代的现实价值，具备了成为一门现代学科的应有条件，不仅不应该受到轻视或怀疑，而且还应该得到充分的认可和发展。可以肯定，领导学的兴起是必然的、不可置疑的，其实际学问形态与系统化理论形态必将达到高度的整合和统一，并作为一门独立的学科而得到完全确立和充分发展，在社会学科群中充分显示出其特有的广度、深度、作用和价值。

1.4.3 领导学的形成与确立:学科意义上的源流分析

从学科意义上看，领导学在 20 世纪初即已形成。但从现代学科划分与确立的标准看，领导学正式作为一门独立学科的兴起和发展则是近 30 年的事情。

在市场竞争日益激烈的压力下，20 世纪的西方企业为了榨取更高的利润以便生存发展下去，均不约而同地把重心转向管理。管理学于是应运而生，并以直接提高生产效率为目标导向而不断得到发展。在此过程中，管理学一直定位在企业管理上，也把许多领导学内容都划入其中并加以研究。于是，领导学就在管理学的发展过程中得到孕育。随着管理学的进一步发展，领导学逐步显示出其独有的范围、特点、作用和价值，逐步形成了独立的学科形态，已开始要求独立发展。

但是，在机器大工业出现以前，由于人们活动范围的狭小和社会文化及物质条件的限制，领导的实践活动只能停留在凭借个人的才能和经验进行领导的阶段，关于领导活动的著述也还不能上升为一门独立的、系统的科学理论。随着生产的发展、科技的进步和资本主义固有矛盾的激化，西方学者从 20 世纪初以来，在系统研究管理的同时也开始了对领导学的正式研究。第二次世界大战以后，领导学就开始作为一门重要学科或专门学问得到广泛的重视和研究。这反映了现代社会条件下大工程、大经济、大科学活动依赖于领导而希望认识和把握领导规律的客观要求。

20 世纪 30 年代前后，人们发现管理过程中人的因素越来越重要，管理学的重点就由原来的科学主义转向人本主义，进而主要从特质的角度对作为组织角色的人进行了广泛深入的研究。这个研究主要发生在以美国为中心的西方国家。它实际上导致了人们对领导开始进行现代学科意义上的正式研究，即领导特质研究。这个研究尽管仍被视为管理学的一部分，但却拉开了现代领导学研究的序幕。

20 世纪 50 年代前后，管理学界和领导学研究者的研究重点已由特质研究转移到行为科学上。这个研究仍然主要发生在以美国为中心的西方国家。美国许多著名的领导学者就是从这个时候开始名扬四海的，领导学也因此得到了更广泛的传播。尽管这个行为科学似乎是研究所有的组织行为，包括普通组织角色的行为，但事实上都在不知不觉中聚焦到领导行为的研究上了，因为领导在组织生活中太重要、太突出了，而且显然不同于管理。领导学在这个过程中得到了更好的孕育，许多重要的领导学范畴都在这个时期形成。

20 世纪 70 年代前后，以美国为中心的领导学界又在行为科学的研究基础上进一步深入，把人的行为同环境因素结合起来，提出了著名的权变理论。这个理论由世界著名心理学家弗雷德·菲德勒教授首创，至今仍在世界领导学界颇有影响。由于领导者及其行为在组织系统中总是具有特殊作用，并占有特殊地位，所以这个理论也同行为科学一样实际上主要聚焦于领导，领导理论因此而得到极大的发展。尽管这个理论依旧被纳入管理学中作为管理学的新拓展，但是这时的情况也表明，领导学已经开始具备成形的理论体系了。

20 世纪 80 年代初开始，国内外都有学者纷纷著书立说，正式提出了领导学的学科概念和理论体系，尽管还不够成熟、完善，但是已经形成不同于管理学的理论形态和理论体系，标志着领导学已经诞生并开始独立发展了。

就我国而言，领导学是在20世纪70年代末80年代初作为一门独立学科出现的。当时的情况是，随着全党工作重点的转移和改革开放的全面展开，各级领导干部急切要求更新知识，成为领导现代化建设的行家里手；随着领导班子的调整和新老干部交替的进行，大批新上岗的领导干部迫切需要掌握领导规律，提高领导水平，殷切盼望得到科学的领导理论的指导。我国的领导学就是为适应这种需要而诞生和崛起的。

然而，领导学在形成和发展过程中要真正得到应有的重视和认可却还面临不少困难。首先，因为领导学一开始就从属于管理学，并作为管理学的一部分依托于管理学而后得到发展；管理学不曾也无法将领导的内容同管理区分开来，甚至有人还坚持认为，领导就是一种管理职能，是管理学的一个重要范畴，领导理论是管理理论的一部分。这方面的代表是罗宾斯的《管理学》和哈罗德与海因茨合著的《管理学》。这导致了一种不正常的结果，即只认可管理学而不认同领导学，而事实上两者之间存在明显而重大的差异。其次，由于领导学独立发展还不过近30年，自身还存在不太完善的地方，甚至领导科学与领导艺术之间是什么关系还很不清楚，所以，领导学的学科地位受到一定的怀疑，它在一开始就面临挑战也是十分自然的事情了。尽管如此，我们也断定，领导学作为一门独立学科得以存在和发展是一个不容置疑的事实。

1.4.4 领导学发展的三个阶段和三个形态

领导学作为一门社会科学正式开始得到研究和发展，迄今已经经过三个阶段了。

1. 第一阶段（20世纪初期到40年代）

这个时期是管理科学兴盛的时代。西方许多学者对管理过程中的领导现象产生了极大的好奇，并对此进行了非常有针对性的研究。他们普遍认为：领导是管理过程中的关键环节，而领导者则是管理队伍中的关键角色；领导者及其领导行为对管理成效及整个群体或组织的生存和发展全局都会产生根本性的影响。他们看到，其中有个最奇怪的现象，即领导者千差万别，积极有为者、“糊涂”无为者均有之，而各自的领导成效和结局均不相同：或获得极大成功，备享殊荣；或惨遭失败，身败名裂；或兼而有之，令人啼笑皆非。于是，问题就出来了：是什么东西使然？如何控制和利用这个东西以确保领导成功？

当时的学者们最终发现，这个东西就是领导素质——他们把它称为领导特质。这个特质理论学派就成为当时领导学界最权威的代表。它的创始人是阿尔波特，代表人物是斯托格蒂尔、吉伯和穆恩。他们以领导特质为对象研究领导现象，探究和解释领导现象的发生与变化，使领导素质为主观自觉的领导者谋求成功所用。1904—1947年，他们以领导者的特性为目标，共做了124项关于领导特质理论的研究。结果，他们创立了一门有自己特色的领导学，被后人称为领导发生学。其最大贡献就是开辟了面向领导主体内在构成和原因进行领导学研究的新领域，同时提出了特质理论。

但是，这个特质理论还很不完善，甚至因为其研究方法存在很大问题而陷入泥淖，自此没有更大的发展。比如，阿尔波特带领他的同事在研究领导特质时，只是简单地从词汇里寻找领导特质的内容，他们分析了 17 953 个用来描写人的形容词，试图据此归纳出种种特性，并从中筛选出完备的领导特质内容。显然，这种研究方法过于机械，很快就流于表面化和片面化，其结果当然是理不出头绪，也是没有出路的。这使事实上以领导特质理论为主线的领导学研究走入了死胡同。

2. 第二阶段（20 世纪 40 年代到 60 年代）

在领导特质理论没落的同时，又开始有人进行领导素质理论的探索。这些学者主要以社会心理学家勒温、科奇、小法兰奇和沙特尔为代表。他们从领导行为的角度研究领导存在、作用和发展的现象，创立了新的领导学，即领导形态学。这个学派的贡献是从行为科学的角度对领导现象展开了研究，提出了作风理论和行为理论，区分了领导素质中先天素质和后天素质的不同特性和作用，强调了先天素质的有限性和后天素质的重要性，并围绕如何充分开发素质的潜能，对如何创立和维持有效的激励机制进行了深入的探讨。其不足之处在于仍然未能从更全面、更科学的角度来重新审度领导主体的内在构成。

这个阶段还提出了领导权威理论。这个理论与领导行为理论几乎是同时发展起来的。领导权威的作用、领导权威的构成、领导权威的行使、领导权威的提升等都是该理论研究的主要内容。

但总的来看，这个阶段主要是研究什么样的领导行为、领导风格能提高领导绩效，其最大特点仍是从领导者的角度而非从领导环境与领导活动的角度来研究领导的。

3. 第三阶段（20 世纪 70 年代至今）

这一阶段的基本特点就是深入到领导过程当中研究领导特性以及领导者的种种表现、反应和对策，从活动的领导现象中进行动态的领导素质研究。这使领导学出现了崭新的气象。这时的领导学就被称为领导生态学，实际是组织行为学。这是一个庞大而松散的学派，其中各家学说不一定很相似，有的甚至还相差很大。其最重要的代表有菲德勒提出的“权变理论”、弗罗姆和耶顿的“领导–参与理论”、伯恩斯的“组织结构与动力理论”、豪斯的“途径–目标理论”等。

这一阶段的最大进步和贡献在于：开始有了领导环境的意识，强调应随环境而变来确保正确形成和实施领导；认为当好一个领导者、获得好的领导绩效既不能只靠领导者单方面的能力与素质，也不能只靠特定的领导行为或足够的领导权威，而是取决于领导者与追随者的相互关系，取决于领导工作的性质和难易程度，取决于领导活动所处的具体情境。这些重要观点就是这个阶段最具代表性的权变理论，或者称为情境理论。所以，这个阶段也就被称为权变理论阶段。由此可以看出，领导学研究已经变得越来越全面、越来越深入，也越来越符合领导工作的实际。

美国哈佛大学著名的领导学专家科特提出，仅从研究领导者入手容易引起误解，因为担任领导职务的人未必在做领导工作或发挥领导作用，而可能做的是普通管理者的工作。科特认为，研究领导活动比研究领导者更重要。他把管理与领导区别开来，认为领导活动包含三个方面的职能：一是确定前进方向与决策；二是联合群众；三是激励和鼓舞，使群众战胜各种障碍，朝着正确的既定方向前进。

事实上，在这个阶段领导学已经从领导活动的角度研究领导职能和领导绩效并取得了不少成果，形成了两种领导学理论形态：一是领导科学或领导学的领导理论，比较注重领导的原则、领导活动的特点和规律，其代表有柯维的以领导原则为中心的领导理论等；二是领导艺术的领导理论，比较注重可操作性和实用性，其代表有圣吉的《第五项修炼》、布兰克的《领导能力的九项自然法则》和海菲斯的《没有简单答案的领导艺术》。研究领导艺术的影响要远远超过领导科学的影响，尽管两者是同一理论形态的两个侧面，并没有多少实质上的差异。

曾任美国四位总统顾问的麻省理工学院教授华伦·丹尼士有"领导学大师"之称，他的《领袖：领导的策略》和《潜意识的阴谋：为什么领导者不能领导》明确而通俗地把领导职能概括为"制定未来远景目标"，并动员组织成员"使之转化为行动和成果"。西蒙则是决策论的权威，他著有《管理决策新科学》和《管理行为》，由于他对"决策程序进行了开创性的研究"，瑞典皇家科学院1978年10月授予他诺贝尔奖。这一阶段的研究成果有劳斯托的《哲学家和国王：领导研究》，菲德勒的《领导效能论》，罗伯特·塔克的《政治领导论》，西点军校教材《组织领导》（被中国人民解放军军事科学院译为《军事领导艺术》），埃德加·普里尔的《十九颗星：对美国四位名将的研究》，蒙哥马利的《领导艺术之路》，在美国发行百万册、在其他国家发行300万册的《追求卓越》，其他如《领导学手册》一类的工具书，以及《什么是领导》《领导者读物》一类的通俗小册子，散见于报纸、杂志上的领导学论文、回忆录和评论领袖人物的个人行为的各类论著等。可见，相关研究成果极为丰富。

总之，国外领导科学的研究，包括政治领导、军事领导与企业领导三大分支的研究，无论是基础理论还是应用性研究都有一批影响较大的成果，也有相当规模的研究队伍。

1.4.5 中国领导学的发展概况

我国学科意义上的领导学起步于20世纪70年代末，属于领导学发展的第三阶段。

1978年全国科学大会和党的十一届三中全会的胜利召开，给科学和思想领域吹进了一股强劲的春风。一场"实践是检验真理的唯一标准"的大辩论和思想解放运动进一步解放了人们的思想，使人们敢于探讨和研究过去常人不敢接触的问题，这使领导学的诞生有了历史可能性。一些既有马克思主义理论修养又有现代自然科学基础的学者敏锐地感觉到，现代化建设中领导活动越来越有深度和广度，是综合性极强的社会历史活动，其经济建设内容多属于自然科学范畴，其组织领导属于社会科学范畴，可以而且应当成为交叉科学和综合科学研究的对象。至此，一门新学科的诞生就"万事俱备"了。

1983年5月，我国第一本领导科学理论专著《领导科学基础》出版发行，它的问世标志着我国领导学的诞生。而领导学一出现，就立即受到我国2 000多万名干部的欢迎，也受到老一辈无产阶级革命家和马克思主义理论工作者的支持和扶植。

1986 年，中共中央组织部主持了一次全国范围内的县级党政干部培训需求的问卷调查，要求从 22 门学科中选出 5 门自己认为任职后最需要掌握的学科知识，有 63.5%的问卷选择了领导学。这为中国领导学的不断发展提供了坚实的基础、强大的后盾与动力。

事实上，我国领导学研究的发生发展具有一个鲜明的特色，即以马克思主义、毛泽东思想为指导，结合中国国情，建立一套具有中国特色的领导学理论体系，以满足提高领导水平和执政能力的需要，特别是满足领导干部提高自身素质以适应新时代、新情况的需要。

近十年来，一大批不同题材的领导学专著、译著、教材、丛书相继问世，一大批领导学刊物和领导学学术团体、研究机构如雨后春笋般纷纷出现、不断发展①，大量的关于领导学的学术交流与探讨一直盛行不衰。国民教育系列中的 MBA 和 MPA 教学也都开设了领导学课程。

目前，领导学教学研究和应用队伍迅速壮大，已经形成了一支由自然科学和社会科学方面的专家学者，中央、省、地、市、县、乡各级领导者，党校（行政学院）、干校、高校、科研单位、军队等部门和单位中的老中青理论工作者和实际工作者组成的庞大教学、研究与应用队伍。这支队伍结构合理，特别是广大领导干部参加到研究队伍中来，对领导学的深入研究将产生直接的影响，将为领导学转化为领导力提供捷径，将对领导学理论的建立、应用、推广和深入发展起到极其重要的作用。

1.5 研究和学习领导学的意义、要旨与方法

1.5.1 研究和学习领导学的意义

1. 研究和学习领导学是由领导学固有的价值和重要性所决定的

领导活动对经济和社会的发展历来作用重大。人们知道，领导的知识和能力是事关领导前途、百姓利益、企业命运、社会运作的重大因素。事实上，二战后西方经济得以飞速发展、西方社会的空前繁荣在很大程度上都得益于西方高度重视研究、学习和应用领导学理论。应该说，中国新民主主义革命得以成功，中国社会主义建设取得了辉煌成

---

① 全国各地先后创办了一批领导学报刊，有《领导科学》《现代领导》《领导工作研究》《领导科学论坛》《领导科学报》《领导文萃》《领导广角》《领导工作理论与实践》等。从 1985 年以来，全国性的领导科学学术讨论会已召开多次，研讨的主题涉及学科建设、领导体制改革、干部制度改革、领导决策、毛泽东的领导思想、邓小平的领导思想、现代领导工作的重点与难点等许多方面。这些杂志的创办和学术交流活动有力地推动了领导学的发展。据不完全统计，全国省级领导科学教研机构有 20 多家，分别是：河南省领导科学研究会、湖北省现代领导科学研究会、广西领导科学研究会、辽宁省领导科学学会、湖南省领导科学学会、北京市领导科学学会、山西省领导科学研究会、浙江省党校系统领导科学研究会、黑龙江省党干校领导科学研究会、黑龙江省领导科学研究会、四川省领导科学研究会、山东省领导科学研究会、新疆维吾尔自治区领导科学研究会、江苏省党干校系统领导科学研究会、福建省领导科学研究会、吉林省领导科学研究会、宁夏回族自治区领导科学研究会、天津市领导科学研究会、陕西省党校系统领导科学研究会、上海市党校系统领导科学研究会、湖北省高校领导科学研究会、海南省领导科学研究会、内蒙古自治区领导科学研究会、云南省领导科学研究会。2004 年 1 月，中国领导科学研究会在酝酿了十几年以后正式成立。

就，特别是改革开放以来实现了空前的发展和繁荣，这些都是中国共产党正确领导的结果。我们要实现全面建成小康社会的发展目标，就很有必要进一步确保实施正确的领导。因而，要发展就要研究和学习领导学。

事实上，为了中国在今后的发展中尽量减少曲折和失败而不断取得更多更大的成功，就必须认真研究和学习领导学，继承和发扬传统领导学的精华，总结和丰富中国共产党成功的领导经验与理论，这有助于完善和加强党的领导、优化和强化具体领导者的领导实践、实现更大的繁荣和发展，有助于在竞争较量中越战越强、立于不败之地。因此，从科学的角度研究和学习领导学不仅具有十分重大的意义，而且极其必要。

2. 研究和学习领导学是现代化建设的客观需要

无论在企业生产领域还是在公共生活领域，现代社会都出现了规模庞大、结构复杂、功能综合、因素众多、分工愈细愈专、联系愈广愈密的情况，都越来越走向数字化、信息化、网络化、综合化和全球一体化。政治、经济、社会、科技、文化、军事、外交等各个方面都越来越有机地联系在一起，每个方面的各个环节（如经济上的生产、流通、分配、消费，科技方面的基础研究、应用研究、开发研究等）也都日益紧密地联系在一起。特别是中国加入世界贸易组织以后，国际性的横向联系、信息交流、市场竞争、人才竞争以及法律事务等都空前复杂并交织在一起，对领导工作形成了空前的挑战和压力。

在这种背景下，领导活动变得更加复杂，日益趋向综合化、网络化和多变化，领导的一举一动都会引起一连串的反应，一个局部问题也可能波及全局；领导工作的成功与失误都将产生敏感而重大的现实后果；领导现代化建设就因此而变得复杂和困难，远非靠传统状态下的个人智慧、经验、领导方式和领导过程所能胜任得了的，而是必须懂得现代领导学以及其他相关学科，并把现代领导学的科学原理转化成高水平、高质量的领导实践。

因而，这在客观上就提出了加强研究和学习领导学的任务。全国各级领导干部要适应新形势、新情况，完成新任务，就很有必要结合工作实际，研究和学习领导学。

3. 研究和学习领导学是新老干部交替、培养和使用中青年干部的重要措施

现代领导工作已经成为一个专业，有其自身特定的知识领域和理论架构，不懂得这些专门知识和理论，就不算了解这个专业，就无法胜任这项工作。这就是说，一个领导干部不仅要具备与他所领导的系统有关的专业知识，而且还要具备领导工作的专业知识。领导学是各级领导干部的一门专业理论课，是广大领导干部的工作指南和必修课。

对于新老干部交替来讲，这是一个“传帮带”的过程，也是一个学习老一代领导者成功经验、继承和发扬老一辈领导者优良领导作风的过程；对于培养和使用中青年干部来说，这是一个结合领导实践大力加强马克思列宁主义、毛泽东思想和中国特色社会主义理论体系学习的过程，同时也是一个大力加强研究和学习现代领导学的过程。只有经历这样的过程，中青年领导者才能尽快掌握领导现代化建设所必需的各种知识和能力，极大地提高领导艺术和领导水平，极大地增强适应和赢得21世纪竞争的信心与能力，成为合格的21世纪领导者。

4. 研究和学习领导学是建设高素质干部队伍的一条有效途径

中央多次号召领导干部要学习、学习、再学习，要通过讲学习、讲政治、讲正气来加强领导干部队伍的建设。很明显，学习就是干部队伍建设的重要途径。全体领导干部都必须同时加强政治学习和专业知识、专业理论学习，都必须研究和总结党内外、国内外领导实践成功失败的经验教训，必须系统地学习和掌握现代领导学这门与领导工作直接相关的实际学问。事实上，只有充分进行这样的研究和学习，才能逐步形成优质的现代领导素质，真正胜任21世纪的领导工作，才能有助于整个领导干部队伍的优化和强化，最终把国家、社会和企业的事情办好。

1.5.2 研究和学习领导学的要旨

1. 坚持以马克思列宁主义、毛泽东思想、邓小平理论、“三个代表”重要思想、科学发展观和习近平新时代中国特色社会主义思想为指导，解放思想、大胆创新

马克思列宁主义、毛泽东思想、邓小平理论、“三个代表”重要思想、科学发展观和习近平新时代中国特色社会主义思想是一脉相承的、统一的科学体系，是长期指导中国革命、建设、改革取得重大成功的伟大理论成果；不仅给领导学研究提供了观察和处理问题的立场、观点和方法，而且还包含了极为丰富的关于领导工作的精辟论述，给我们直接提供了充足的可以直接依据和运用的思想精华。一方面，我们创建有中国特色的领导学，无疑要以马克思主义为理论指导；另一方面，我们又不能从本本出发去进行领导学研究。马克思主义理论是领导学研究的指南，不是圈定研究范围的刻板条框，不是提供研究答案的标准题库，而只是领导学研究的思想武器。因此，必须坚持邓小平提出的“三个有利于”标准，贯彻解放思想、实事求是的思想路线，冲破不利于正确看待和把握领导学的学术观念和各种条条框框的束缚，确保领导学研究方向正确、目的明确、方法对头，真正建立起一门成熟的中国特色领导学。

2. 坚持立足当前、面向未来，认真总结历史和现实的经验

在领导学研究过程中，要正确对待过去和未来，正确对待传统的领导经验和领导理论，认真总结以往领导活动的经验教训，注意挖掘、整理、分析和吸收中国传统领导思想的有益成分，做到承前启后、继承发展，避免割断与过去的联系，确保研究体系的完整；要研究中国共产党在领导社会主义革命和建设中形成的领导经验、领导思想、领导理论、领导体制、领导方法和领导艺术，确保21世纪领导学完全扎根在中国的土壤上；要把总结我国社会主义建设中新鲜的领导经验作为领导学研究的重要内容，研究在社会主义市场经济条件下领导活动中出现的新情况新问题，进行相应的理论分析和解答，从实际出发进行探索、提出对策，确保领导学扎根于实践之中；还要以发展的眼光探究领导活动、领导现实与领导未来，超前研究未来领导环境的变迁、未来领导活动的基本特征及其对领导素质的要求，研究未来领导的理论和方法，以指导未来的领导实践，主动

为未来领导实践服务。

3. 坚持发扬马克思主义的学风，做到理论工作者和实际工作者相互结合、优势互补

理论工作者具有学识渊博、理论功底深厚等优势，但又存在较少或未曾参与实际领导工作的局限性；实际工作者（从事领导工作的领导干部）具有亲身参加领导实践、经验丰富的优势，但又存在日常事务缠身，缺少时间把经验上升为理论的局限性。单纯依靠理论工作者或实际工作者都不可能实现创建有中国特色的领导学的目标。要实现这一目标，需要理论工作者和实际工作者优势互补，通力合作。有志于领导学研究的理论工作者，不能满足于坐而论道、纸上谈兵，而要积极创造条件，通过多种形式，亲身体验领导实践，获得第一手的鲜活材料，并努力集中各级领导者的领导智慧，使自己的研究更加贴近现实。各级领导干部也应结合现代领导工作的实践，培养和增强对领导学理论研究的兴趣，充分发挥自己的优势，自觉地对新的实践进行理论总结和升华，形成新的领导学理论。

4. 坚持以我为主，借鉴和吸收国外领导学研究成果，创建更完善的领导学

一方面，要以更加开放的态度去学习和借鉴国外领导学的研究成果；另一方面，要独立自主，结合国情，不断探索创新，保持和发扬中国风格与特色，建构有中国特色的领导学体系。

1.5.3 研究和学习领导学的方法

总的来说，研究和学习领导学的方法是马克思主义世界观与方法论相统一、理论与实践相统一，具体来说主要包括如下几种：

1. 唯物辩证法

这对研究和学习领导学具有根本的方法论意义。按唯物辩证法研究领导学主要关注三个方面：第一，领导者与被领导者的对立统一。在领导活动的诸多矛盾中，领导者与被领导者的矛盾，是一对基本矛盾（在阶级社会里，这种矛盾有阶级性）。从本质上看，被领导者是矛盾的主要方面，但在领导活动过程中的一定阶段，领导者也会从矛盾的次要方面转化为矛盾的主要方面。第二，社会历史形态分析。无论何种领导活动总是处于一定的社会形态之中，其特点必然伴随着社会的变化而变化。在资本主义社会，领导活动表现为一种追求剩余价值的活动，而在社会主义社会，由于领导者是人民的公仆，其活动的根本目的是为人民服务，这就表现出不同社会形态下服务活动的本质差异。第三，特点归类。要按照唯物辩证法去研究领导学，正确认识和区分领导活动的一般性和特殊性、共性和个性及其相互关系，把领导活动在不同社会形态下的共同特点和在某种社会形态下的独有特点区分出来。

2. 理论联系实际的方法

理论联系实际是历史证明最具科学性的马克思主义学风，也是研究领导学的根本方法。它有三层含义：第一，从实际出发，为实践服务，包括从社会主义初级阶段的中国国情、领导环境、领导者自身的实际出发。第二，把运用马克思主义基本理论同总结我党成功的领导经验相结合。第三，把立足于中国实际同吸收、借鉴外国经验相结合，批判地借鉴和吸收一切有效的、有用的外国经验，特别是那些把现代科技成果运用于管理和领导过程中的经验与方法。

3. 历史方法

一切事物都有其产生发展的过程，对研究对象进行历史考察是科学的方法之一。为了解决社会科学问题，为了真正获得正确处理这个问题的本领而不被一大堆细节或各种争执意见所迷惑，为了用科学的眼光观察这个问题，最可靠、最必需、最重要的就是不要忘记基本的历史联系，考察每个问题都要看某种现象在历史上是怎样产生的，在发展中经过了哪些主要阶段，并根据它的这种发展去考察这一事物现在的发展情况。用历史方法研究领导学，就是要从历史发展的角度考察领导工作产生、发展和历史与现实的联系，从而找出领导活动的一般规律，把握历史上领导性质的变化。

4. 案例方法

这是对某一特定典型、真实的领导活动情景（往往是一个组织的人员、行动、事件、背景、环境等）做客观准确的书面描述或介绍，并展开分析研究的一种方法。领导活动案例是确实已发生过的领导工作情景的真实记录，不是杜撰、虚构和主观臆想的产物，它具有典型性、概括性和客观性。这种案例研究的方法：首先，从各种可能渠道搜集到信息，观察者用关切而且公正的态度记录或描述出某一特定的典型，将领导工作情景发生的原因及其全部过程展示出来。所写的材料应力图再创造出该情景的某个（某些）当事人的观点，一般都把材料的重点放在个人的相互影响、政治因素以及决策问题上。其次，分析这一事件的成败得失和经验教训，以增进治事能力，从而学会如何在类似情况下有效地处理问题。这种方法不以预定的结论应付新事件，只是从对案例的分析研究中得出一定的概括性总结，用以指导未来的思想和行动。但是，使用这种方法也有它的局限性，因为案例只是对过去发生情景的描述，而且案例是一个具体的、孤立的、表面的经验或情景，所以要注意避免陷入只见木不见林的片面分析，避免忽视对实际问题进行全盘或整体的考察。

5. 逻辑方法

这其实是指辩证逻辑的思维方法，是人们在认识过程中，借助范畴、概念的逻辑来获取真理的方法。它为研究和学习领导学提供了必要的思维手段。运用逻辑方法，就能够在更高的层次上认识领导活动的规律性。在逻辑方法体系中，用于领导学研究的主要是分析、综合、归纳和演绎。这些方法对研究和学习领导学具有非常重要的作用。

6. 比较方法

这是通过辨认、鉴别、揭示事物之间的相同点和相异点来正确认识事物的一种方法。有比较才能有鉴别。通过对社会主义中国与中国古代的、外国的领导理论和领导实践的属性、特点进行分析比较研究，探索领导活动的最佳模式和一般规律，以达到区别异同、鉴别优劣、博采众长和“古为今用、洋为中用”的目的。通过比较，可以摆脱在狭隘的范围内（如在某一独特现象、某一国家、某一文化背景中）寻求领导工作本质联系的局限性和片面性，而转向更广阔的范围寻求其普遍联系，从而把握其本质的、必然的联系，即规律性。通过比较，还可以帮助我们权衡利弊，择优汰劣，取长补短，探寻适合我国国情的领导工作体制和方法，丰富领导科学的理论体系。运用比较法时，首先要注意对象是否可比的问题，要在同一关系下去比较不同的对象或对象的不同特征；其次要选择与制定精确的、稳定统一的比较根据和比较标准；最后要探求异中之同、同中之异，努力在各类领导工作中找出其本质上的共同点和不同点。

7. 系统方法

这是按照客观事物本身的系统性，把我们所要研究的对象（如领导活动）放在系统的形式中加以考察、分析的一种科学方法。它要求我们将领导活动作为一个由各种要素组成的、合乎规律的有机整体进行考察和研究。领导活动这一整体的性质和规律存在于组成它的各种要素的相互联系、相互作用、相互制约之中。

系统方法还要求我们对领导活动这个系统，从各个角度、各个方面进行全方位的综合考察和研究，即考察构成领导系统的各种要素，考察各要素间的结构、职能、联系方式；从静态的角度考察领导系统的构成；从动态的角度考察领导系统与外部环境的“输入—转换—反馈”的全过程。系统方法还要求我们根据需要和可能，为领导系统定量确定最优目标，并运用一定的技术手段和处理方法，把整个领导系统分成相互关联的不同等级和层次结构，在动态中调整整体与部分的关系，使部分的功能目标符合领导系统总体的最优目标，以达到总体最优。

本章小结

领导学是诞生于并完全区别于管理学的一门新学科，同政治学、法学等许多重要学科都有重要的关联，但又相互区别。其发展至今已经经历了三个阶段。它包含领导科学与领导艺术两大方面，包括很多具体的分支学科和大量丰富的理论与实践内容，对提高领导素质、领导水平和领导绩效具有非常重要而现实的价值和作用。要学习和掌握好领导学，就要注意一系列的领导学学习与研究方法。

关键术语

领导学　领导科学　领导艺术　领导学学科地位　领导学学科构成　领

导学发展阶段　　领导学研究方法

复习思考题

1. 试从领导学与管理学、领导科学与领导艺术相互关系的角度谈谈如何认识领导学。

2. 试述领导学的发展情况。

3. 如何理解领导学的地位和作用？

4. 怎样才能把领导学学得更好？

第2章

领导的本质、基础与作用

重点问题

- 领导的界定、含义与要素
- 领导的本质
- 领导之本
- 领导的基础和依据
- 领导的地位与作用

2.1 领导的界定、含义与要素

2.1.1 什么是领导

领导在现实生活中随处可见。在国家有执政党和政府的领导，在社会有各种公共部门的权威领导，在机关有各级的首长领导，在军队有各级的军官领导，在企业有经理、董事、董事长领导，在轮船上有船长领导，在火车上有列车长领导，在村里有村民委员会和村主任领导，在学校有校长、班主任领导，即使是几个一起做事的朋友或合伙人中也会有一个更权威者在影响或者领导大家。

显然，领导广泛存在。领导总是带着绚丽的光环吸引着人们，也以特别见效的力量影响着现实、影响着人们。事实上，领导是一种普遍存在的日常现象和权威事物，只要有组织群体存在，不管这个组织群体是大还是小、是正式还是非正式，一定会有也必须要有领导的存在。正常情况下，无论在正式还是非正式的群体、组织或社会中，没有一个人不是生活在领导的关系和氛围里，人们每天都在接触它、经受它、体会它和理解它。

那么，什么是领导呢？尽管领导是人们最熟悉的日常现象和常规事物，人们总能也总在感受着它，但却不一定能够确切地说明白它。事实上，不同的人总有不同的回答。

有些是口头性的解释。例如，人们在日常生活中和口头上均把领导理解为是领导者，有的则认为“领导就是引领、带领、率领”或“领导就是决策、用权、用人”等。这些说法尽管都描述了领导的某一部分特征，但其实很随意，既不准确，也不充分注意科学严谨，很大程度上也只是字面上的简单理解和现象上的简单写照，因而不足以为凭。

有些是比较严谨、科学性较强的专业解释，如政治学界、行政学界、管理学界及领导学界对此所做的研究和回答。这些解释具有较高的科学性，但往往观点不同，差异甚大。有的学者从组织行为学的角度对领导进行了界定，如美国的约翰·W. 纽斯特罗姆（John W. Newstrom）和基斯·戴维斯（Keith Davis）就认为：“领导是影响和支持他人为达到目标而富有热情地工作的过程。”“领导就是将潜力变为现实的催化剂。在所有情况下，领导的根本任务是发现、发展、发挥和丰富组织和组织成员中业已存在的潜力。”①

有的则从领导学的角度来界定领导。著名学者巴斯（Bass）根据领导学界的元勋斯托格蒂尔的研究而编撰的《斯托格蒂尔手册》归纳了西方 11 种不同的领导定义：(1) 领导是群体过程的中心。(2) 领导意味着人格及其影响。(3) 领导是劝导服从的艺术。(4) 领导是影响力的运用。(5) 领导就是一种行动或行为。(6) 领导就是一种说服的形式。(7) 领导意味着一种权力关系。(8) 领导就是一种互动中逐渐形成的效果。(9) 领导是一种分化出来的角色。(10) 领导意味着结构的创始。(11) 领导就是一种实现目标的手段。

我国许多学者对领导都进行过大量的界定，比较有代表性的观点主要有如下三类：

第一类是服务论或活动论。有人认为，领导就是服务。有人认为，领导有两层含义：一层意思指对生产过程以及建立在生产活动基础上的社会生活过程的组织、指挥、管理和协调，另一层意思则指通过拥有一定的权力、履行一定职责权限的人为社会的全体成员服务。

第二类是行为论或关系论。有人认为，领导首先是政治行为，其次是确立与实现组织目标的行为，即领导者的职责、艺术与影响力的综合体。有人认为，领导是人民群众的意志和根本利益的集中体现，是引导和率领群众前进的向导，是建立在民主基础上的组织权威。有人认为，领导是社会中人与人之间关系的一种特殊形式，即一定的人和集体通过一定的方式率领并引导另外一些人或集体在向共同的目标前进的过程中体现出来的一种关系。

第三类是过程论。有人认为，领导是领导者运用说服能力使别人心悦诚服的过程。有人认为，领导就是以领导者的声望、影响力或者地位启发、组织和控制社会行为的过程。有人认为，领导是领导者通过一定的方式对被领导者施加影响并共同作用于客体对

① 纽斯特罗姆，戴维斯. 组织行为学. 北京：经济科学出版社，2000：180.

象，以实现某一既定目标的行动过程。有人认为，领导是在一定的社会组织或群体内领导者为了实现预定目标，运用其法定权力和自身影响力，采用一定的形式和方法，率领、引导、组织、协调、控制被领导者，为完成预定的总任务——主要是解放和发展生产力，增强事业的实力，促进事业不断顺利发展的活动过程。

上述三类定义都有一定的深度和真理内核，但也表明对领导的界定还存在很大的差异，还需要做更为全面、系统、科学的界定。这种界定非常重要，是领导学最主要的基石。

2.1.2　领导的界定

对现实稍加考察即可发现，在一个社会系统中总是活跃着两个基本的因素：一个是包括人、群体和组织在内的因素，处于支配和决定的地位，总是在对身外的一切发挥主动的和决定性的影响和作用；另一个是包括人、群体、组织、社会、事情及其他各种需要人为处置的事物和事务在内的因素，处于被支配、被决定的地位，一般地都只作为听从者的角色出现，或作为前一个因素的对象而存在并发挥作用。显然，前者是主动因素，后者是被动因素，两者是矛盾的两面；两者也相互影响、相互作用，但前者对后者的直接作用一般都要更多、更重、更大。事实上，就是这种矛盾运动才使得一个具体的社会系统得以连续不断地变化和发展。

应该说，社会系统中有两个基本因素：一个是实质性、权威性主动因素，也就是领导因素，实际是发挥领导能动性并影响现实对象的责任性动源，叫作领导主体。二是现实的、基数大的被动因素，也就是被领导因素，实质是领导主体施加作用的对象，叫作领导客体。领导就是领导主体对领导客体发挥影响、发生作用的过程；领导现象就是由领导主体和领导客体这两种基本成分不断互动或矛盾运动的直接结果。

任何领导现象都是在一定的时间、地点、背景等条件下以及在领导主客体周围其他实质性因素的有效刺激下才得以发生的。这些条件和刺激直接构成了领导现象的环境依托或外在条件，也就是使领导现象得以发生的现实领导环境。如果没有领导环境，即便已经有了领导主客体，也不会发生领导现象。

显然，领导环境也是产生、形成或制约领导现象的一个基本因素。这就是说，至少要具备四个基本因素即领导主体、领导客体、领导环境和领导过程，才可能发生领导现象，产生领导结果。这些基本因素以领导主体为主导，相互作用，不仅直接产生复杂多样的领导现象，而且产生大量的领导运动，直接影响或造成各种现实因素的现实命运和结局，产生一系列重大的现实社会结果。这样的运动过程蕴含着许多科学原理和客观规律，体现着领导的本来意义，反映着领导的根本性质和大量的规律性领导要义。

因而，领导既是一种现象，也是一种过程，更是一种事物，是一个至少由领导主体、领导客体、领导环境、领导过程和领导结果五个基本因素组合而成的复合概念。这样，着重把握住这五个基本因素及其相互关系和动态过程，更系统、确切地将领导界定如下：

领导就是在某一具体社会系统中处于支配和决定地位的主体，根据该系统的需要和愿望以及现实情境与条件，确定本系统的目标、任务和行动指南，获取和动用各种资源及手段，发动整个系统特别是非居支配与决定地位的群体与组织等力量，致力于完成既定任务、实现既定目标的最权威的行为过程。

对于这个定义，可从以下八个方面来加以理解：

第一，某一具体社会系统是指实在、有形而非抽象、泛指的公共机构、机关、组织、群体，大至政党、政府、国家乃至国际权威机构等，小至行业、企业、工厂、办公室、研究所乃至科研小组等。这实际就是领导得以发生、存在和发挥作用的基本平台，其实质就是组织。作为领导平台的组织种类很多，但归结起来就是两维度下的四大类：一是公共维度下的公共组织与私人组织，二是官方维度下的正式组织和非正式组织。

特别需要说明与强调的是，尽管领导的一般原理在任何组织之间都相通，但是本书却明确定位于公共维度与官方维度交叉下的正式公共组织，并且立足中国，对领导进行一般的界定、把握和阐发。这一视角将贯穿全书。

第二，处于支配和决定地位的主体实际就是领导主体，是领导或最权威行为活动的发出者。确切而言，领导主体指具有决策、组织、用人、指挥、鞭策、督促等权能、地位和职责的个人、群体和组织，包括领导者、领导班子和领导部门。

第三，被领导主体所发动的整个系统，特别是非居支配与决定地位的群体与组织等力量就是领导客体。确切而言，领导客体就是指领导主体直接作用或影响的对象，包括人、财、物、时间、关系等各种因素。其中人是最重要、最关键、最根本的因素，包括两个部分，即单纯受领导影响的被领导者和主动受领导影响的追随者；被领导者占作为领导客体的人的绝大多数，实际就是具有领导权力渊源地位的人民群众。

第四，"该系统的需要和愿望以及现实情境和条件"就是领导环境，既包括系统内的微观环境或内部环境，也包括系统外的周边环境或外部环境，构成领导行动的客观依据或根据，是领导主体所不能超越的客观基础；领导主体的权力和意愿再大也不能超越它，否则就只能使领导变得虚妄浮夸而导致领导失败。

第五，领导就是一种最权威的行为过程。所谓"最权威"是指具有最高地位、最核心作用和最后决定权，在整个具体的社会系统中具有主导性、支配性和决定性，因而能通过行为过程来导致或产生必为系统所接受或承受、使系统内外均深受影响的权威性现实结果（无论结果是好还是坏）；此即通俗而言的"说话算数"。而所谓"最权威的行为过程"就是指领导主体的一系列现实活动在系统内处于最高地位，比其他任何权威活动或权威过程都更具正统性和终极性。实质上，这个过程也就是领导过程，亦即组织内的权威主体正式运用权力实施领导的过程。

第六，"确定本系统的目标、任务和行动指南"，是指领导主体提出和制定组织目标和领导战略、制定方针政策和行动方案、制定和确立组织群体的行为规范。这其实是领导过程的第一阶段、第一职能和第一个实质性内涵。

第七，"获取和动用各种资源及手段，发动整个系统，特别是非居支配与决定地位的群体与组织等力量"，实际就是领导主体对领导客体的制动甚或致变。这里是最集中运用权力的地方，直接触及实际是利益主体的领导客体的利益、意愿与地位，直接的组织性、内部性影响常常要大于泛化的和外部的影响。因此，领导在此是最具实质性和影响性的。这其实是领导过程的第二阶段和第二实质性内涵。

第八，“致力完成既定任务、实现既定目标”，是指领导主体根据领导环境和领导客体的实际情况来调动一切积极因素和力量以具体落实当初的决定，完成所提出的组织目标和共同事业，形成一个具体的、权威的、带来重要（常常是重大）影响的现实结果。这其实是领导过程的第三阶段和最后一个实质性内涵。这里产生的结果就是领导结果，对系统内外都会产生直接和间接的重大影响，对于整个领导的水平和质量都具有最大的确证力和说服力。

总之，领导就是由组织内权威主体发出的、能产生或带来现实结果或后果的权威性社会行为，包括权威的群体行为和组织行为两个方面，始终贯穿于领导权力权威中，对于领导客体具有不可抗拒的强制力、致变力、取予力、影响力和主导力；它不仅是某一具体社会系统或组织群体的最重要公共行为，而且是能够超越该系统发挥出广泛影响和作用的最强效社会因素和最强效社会工具。

2.2　领导的本质

2.2.1　领导本质概述

从理论上说，领导的本质具有双重性：一为中性，一为价值性。这种双重性决定了领导具有纯本质和价值本质两个层次。纯本质就是对领导本义不含价值倾向的科学抽象，是一种自在的中性范畴。价值本质就是让价值色彩“印染”过的纯本质，是在价值取向“印染”下丧失中性特征的领导本质形态，体现着鲜明的社会立场、主观倾向和价值判断，决定着具体的领导性质。人们通常所说的领导本质仅指价值本质，即包含价值倾向的本义抽象。

领导本质一般均有历史阶段和社会制度的特征。但是，直接决定具体的领导本质者却是领导主体。有什么样的领导主体就会有什么样的领导价值，有什么样的领导价值就会有什么样的领导行为和领导手段，进而由此形成领导本质的相应内涵与形态。不同领导主体、不同价值本质将形成不同的领导过程并带来不同的领导结果。

从历史和现实看，主导性、支配性、决定性的社会行为过程和强效社会工具在一个社会系统中主要以统治、服务、影响、权力、权威、社会生活和人类历史等形态存在，并在各个形态下产生现实结果，显示出领导本质的实在性和实效性。因而，领导可以归结为统治、服务、管理、影响、权力、权威、社会生活和人类历史等诸方面。一般而言，统治、服务、管理和影响构成最权威社会行为过程的操作性本质形态，而权力、权威则构成强效社会工具的手段性本质形态，社会生活和人类历史就构成领导的结果性本质形态。

2.2.2　操作性领导本质

操作性领导本质是领导价值的动态表现，是一个社会系统内为了某种领导目的和领导目标在某种领导取向的主导下领导主体的基本行为，包括统治、服务、管理和影响四个方面。

1. 统治

统治是最大的领导，是为维护和巩固领导主体的领导地位和现实利益而在一个社会系统中由领导主体实施的强制性主导过程，是一种暴力性、专政性、政治性的领导，包含领导主体及其所代表的主导阶级、主导阶层或系统中主导组成部分的价值成分。说穿了，统治就是领导意志和领导权力在领导过程中的充分贯彻，就是要确保领导主体得以牢牢把握所辖系统内的所有领导资源，并使之顺从配合地发挥效用。

在阶级社会里，统治被当成巩固阶级地位、维护阶级利益的工具、方式和途径。阶级社会中的领导主体主要就是占主导、支配和决定地位的阶级及其代表。他们掌握了领导工具，并把这种工具当成了强制和管理另一个阶级的专政手段和暴力工具。这时实施的领导就是阶级领导，也就是一个阶级压迫另一个阶级的政治领导。而这就是所有阶级都必然这样做的一种普通的或常规的政治统治。可以说，这种统治就是领导的最重大展现，是领导在更广范围、更高层次上的严肃表现与实现。这里需要指出的是，统治一旦为剥削阶级或腐朽阶层所掌握，就意味着它是少数人对多数人的压迫剥削和作威作福，是一种糜烂腐朽、没落反动的领导，是一种恶性犯罪、没有前途的暴政，人民将把它推翻。而这就是人们通常了解的统治，实际就是国家的领导。这在阶级社会里普遍存在。

但是，统治却绝不只在国家或社会这样的大系统内才可能发生，它在任何社会系统内都有可能发生，即使在非正式的数人利益群体中也可能发生——比如占主导地位的一方通过武力威胁或要挟实施这种具有统治性质的领导以维护更强者或整个群体的利益。事实上，任何领导主体有意无意地都首先在进行统治，然后再进行其他方面的领导活动；不这样做，他们就不可能巩固自己的领导地位，当然也就难以进行下一步的领导活动。统治是实施并实现领导的客观必然和首先需要，是领导的第一本质，体现了领导的强力性、强权性、制裁性、处理性、主宰性等本性。

统治是一种获得资源、分配资源、调节资源、约束行动、强制服从的领导意志和领导权力贯彻的过程。这个过程表现为三个层面：首先是与人打特别交道的过程，主要目的是要使人顺服，要获得支配人的意志、能力、机会、行为等方面的足够的可能性和现实性；其次是与物及其他各种资源打交道的过程，目的是要获取它们并按领导主体的意志支配它们；最后是与所辖系统内外矛盾和关系打交道的过程，目的是要调节和处理由此引起的紧张关系及矛盾，排除障碍，为领导成功打通道路。

在此过程中，不同的领导主体在不同的价值主导下会有不同的统治举动，主要是与人打交道的方式不同、支配资源的目的和范围不同。但是，任何统治都容易存在关系紧张、资源紧缺的问题，都可能因此被弄得“焦头烂额”。任何统治都只是综合上述三个过程的大型组织性、社会性的行为，与诸如做学问搞研究、请客吃饭交朋友、道德判断等其他所有社会行为存在根本的区别。

因此，作为统治的领导虽然可能有高尚廉洁的一面，但是也可能存在庸俗势利的一面。至于高尚为多还是庸俗为多，则完全取决于领导主体的领导素质和现实领导环境。

领导品德高尚，就可能保持光明正大和高风亮节，即使是在腐败堕落成风的环境里也能坚守自我，如中国历史上包拯、海瑞所实施的领导就是这方面的光辉典范。但从现实生活的角度看，历史上很少有不对作为统治的领导深为不满的，因为统治几乎成了压迫剥削的代名词，几乎就是一个欺压百姓、鱼肉百姓、与百姓水火不相容的领导过程。

事实上，领导的统治本质是一把十分锋利的双刃剑。用得好或约束得好，领导就能成为一个有利于社会系统及其中各因素的宝贵工具，就能办成好事；用不好或者不能加以制约，领导就可能不受约束、为所欲为（尽管有时会以欺骗和“打擦边球”的手段加以伪装），就会成为产生腐败堕落的最大温床和滥用职权的罪恶源头。

这就是说，领导就是统治，是处于社会运行最核心的、以利益运动为实质内容的、随时容易触及命运的强力性社会行为；领导就是“领导”，而绝不会是别的什么社会行为。统治既是实施领导、实现社会系统正常运作的客观需要，也是带有利益实质，通常表现为政策的利益获取和分配的自然过程。

所以，一方面，没有统治本质的领导将无法运作而不成其为领导；另一方面，没有不触及利益而存在的领导，以至于在清高者看来领导是带有庸俗的一面的。因此，对于领导的统治本质要有客观、清醒的认识，不能想当然或者以不切实际的眼光来看待和期望领导会是某种理想事物，而要还领导以本来面目，客观正确地看待它，要靠提高领导素质和加强法制建设来保证作为统治的领导按照正确的方向运行和发挥作用。

2. 服务

服务是与统治相对的领导另一面的本质形态。如果说统治是一种主宰性行为，那么就可以说服务是一种回报性行为。一般而言，领导主体提供以领导为内容的服务是以其所代表的那一方的利益需要为价值取向的，在这种利益需要的驱动或促进下提供权威的保护、保障和方便——这就是领导作为服务的实质。也只有这样，领导才变成了服务，领导的本质才是服务。而提供领导这种服务，却主要由领导主体的价值取向、阶级立场、阶层地位、道德水平、能力才干等因素来决定。当然，有关现实制度也在其中起着重要的作用。

首先，统治作为一种强力维持社会系统的权威功能而为任何一个社会系统所需要，尽管统治的形式各有不同，但是实质都一样。提供这种功能、满足社会系统的需要就是领导的最大服务。服务由此成为领导本质最基本的一个方面。

其次，领导是有选择的服务。在企业，领导是为企业的生存发展和职工的利益服务的。在科研部门，领导是为科研提供后勤保障等服务的。在现代国家，领导是为国家各个领域服务的。在阶级社会里，领导是为领导主体所代表的阶级服务的；剥削阶级的领导只是对少数人的服务，也是领导主体对多数人实行的阶级压迫。在社会主义国家，所有领导者都是人民的公仆，因而所有领导都是服务，是为大多数人服务，是全心全意为人民服务。邓小平说：“什么叫领导？领导就是服务。”[①] 这是对无产阶级领导本质的高度概括。

---

① 邓小平. 邓小平文选：第 3 卷. 北京：人民出版社，1993：121.

最后，领导是一种特殊的服务。其特殊性在于：领导能够完全以权力权威为后盾，以政策倾斜和扶持、计划帮助和物质支持为手段，为被服务对象提供比其他任何服务都要多的资源、更好的条件、更大的优势和机会等特别有力的服务，而这正是其他任何服务都无法获得的绝对优势。可以说，它为谁服务，谁就能获得最佳机遇。这种服务是其他所有服务所不可比拟的，是整个服务体系中最强效有力、弥足珍贵而性质特殊的特种服务。很明显，对所有被服务者来说，领导这种服务就是一种关乎命运的最宝贵资源。用好了这种服务，将能集中有效地使某一领域获得最大的发展。

事实上，在所有社会系统中的领导都有服务的一面，只是服务的对象和范围存在很大不同而已。服务不仅是领导的一种本质，而且还是领导的基本内容、基本特征和作用形式。作为服务的领导是一种相对文明进步的领导，反映着社会文明、民主、进步的程度。社会越是民主进步，就越需要以服务为本质内容的领导，领导也就越称得上是服务；否则，就是落后的领导，就是落后的上层建筑，就会成为社会进步的重大障碍。不是服务的领导将只能是脆弱、短暂的专制暴政统治。在社会主义国家，不是服务的领导就只能是为人民所不允许的官僚主义、腐化堕落和渎职犯罪。

现代社会需要能够日益加强服务性质和取向的领导。只有最富有服务精神和服务内容的领导才具备现代社会的特征。现代社会要求必须扩大领导的服务程度和服务范围，让某一社会系统的各组成部分更广泛地得到领导这种服务，让更多的社会成员得到领导这种服务。这是公平和效率的需要。只有这样，领导才是合格的；只有这样，整个社会系统及系统各组成部分才会充满活力，才能实现迅猛发展、高度繁荣。而这正是现代领导所应真正追求的，也正是现代领导真正负责的表现。

3. 管理

领导是对一个社会系统进行主导、组织、指挥、协调、约束、控制、监督的最高组织行为。在这一点上，它涉及整个组织系统的所有内在因素和外在因素，并且必须确保最充分地发挥出这些因素的积极作用而力争取得最大成效，必须尽量排除这些因素的消极作用，并力争最大限度地消除这些因素及其相互之间的种种不协调、内耗、外耗、浪费、低效、无效，由此确保整个组织系统能够完全朝着领导目标顺利、有效地运行，并尽早更好地实现它，而这些内容的全部实质就是管理。

换言之，领导要具体地操作运行起来，就必然要全面触及并处理组织系统所含和所涉及的大量具体因素。而这就决定了领导必然是对这些因素的全面管理。这是领导在具体活动中最具典型意义的操作化表现，也是履行领导职能职责、实现领导目标的最实质过程。没有这一过程，就意味着没有具体、实在的领导，社会系统诸因素就无法有效组合并发挥出正确有效的作用，因而也就意味着整个组织系统的失灵和失效。

这就是说，管理是领导实施或进行的具体表现，是领导维系一个系统的最基本行为举措。只有管理，才能真正兑现领导；脱离管理，领导就完全是一句空话。领导必须通过管理才能具体进行，管理是领导得以具体实现并在过程上基本重合一致的内容。

但是应该说，管理并不等于领导，领导也只是有条件的管理。这是因为：管理在面上比领导更广，在点上比领导更多，有不少的实际面和实际点都超越了领导的范畴；而作为领导的管理本质则主要是受领导性质的界定而集中在履行领导职能职责、实现领导目的和目标上，其最大的特征就是领导表现为管理的操作性。事实上，领导的管理实质仅仅是领导主体为实现领导而实施的管理，而一般的管理则是包含了各种系统的能动主体为履行其职责、达成其目标所实施的管理，其中当然既包括了领导主体实施的管理，也包括了非领导主体所实施的管理，只是这些不同主体所实施的管理在性质、层次、依据、条件、涉及的因素、动及的成本和作用的实质等诸多方面存在显著不同而已。

总之，在操作性上，领导与管理是交叉在一起的，在领导性质的前提下，管理与领导则在表现为组织行为的活动过程上是基本重合一致的。深切理解和把握这一点，对于确切把握领导的实质特别是领导过程具有非常重要的作用。

4. 影响

从领导的能动性来看，领导就是影响，影响就是领导主体运用各种资源和手段，按照其意志去触及、制导、致变领导客体的过程，就是一个社会系统及其内部诸因素受到领导主体意志与权力的触动而发生某种程度的反应和变化的过程。作为领导的影响最经常涉及的是人，主要是为领导主体所属的人，该影响的最重大结果就是引起人的内在和命运以及已为社会系统所明确指向的事物发生显著的变化。

因此可知，影响是领导具体发生作用的过程，是领导的操作内容体现得最集中之处。如果说统治和服务是领导的两个对立性本质，那么影响则是介于这两者之间，实际上是落实这两者行为的具体操作过程。从这个角度来说，影响也有中性的特点，但是由于影响是执行领导价值的领导过程（影响什么、影响到何种程度、影响到什么方向和位置等都是影响必然展现的价值倾向），所以其价值性仍然非常鲜明。

任何发出影响的社会系统行为主体不在乎是否是正式的领导主体，只要其影响足以导致影响对象发生变化，则该影响就是领导，而该主体就是领导主体。相反，如果一个正式的领导主体已经不能发挥影响了，或者其影响的作用和效果已经是强弩之末了，那么其运用权威的组织行为也是没有什么效果的，也就不能算是真正的领导了，其自身也算不上是真正的领导主体。因此，影响是一个检验领导是否真实存在的最显著指标。这是因为影响是一种不以形式为标准的实质性领导，是领导本质最实在的表现形式和存在状态。

上述这个原理解释了为什么领导和领导主体会多种多样、为什么领导不一定就是被认定或被任命的领导主体所发出的权威行为过程等问题。这同样表明，当同一系统内的其他方面的领导在悄然发生作用时，原来具有明确领导地位的领导主体和领导就有可能同时悄然丧失其影响效度和作用价值，即不一定能完整牢固地保持其原有的地位和作用，除非该领导主体对所处系统始终具有最大的代表性和代表能力——而这些代表性和代表能力却不是一厢情愿的事情，主要由领导素质和实际领导水平，以及系统内诸群体和个人的认可所决定。一般来说，领导素质低下的领导主体实际丧失影响的可能性最大。

具体而言，在制动或致变领导客体的过程中，领导主体总是首先以权力、意志、智慧、制度和关系等为领导力量，在适当的时候则有可能以机械力量和其他物质力量为领导力量，并以此来与领导客体发生实质性关系，促使领导客体按照领导意图发生运动或变化。这在领导实践当中最为普遍，是极其普通的作用方式和作用过程。而这就是人人都有过体认的实际影响。它就在我们的日常生活之中，既是一种作用过程，也是一种作用结果。这个过程和结果均以包含在领导意图中的价值取向来形成或确定其实际性质和色彩。

影响在领导主体与领导客体之间已经成为实质的制动关系和致变关系，是领导能量释放和作用的基本状态。它赋予领导影响领导客体的显著特征。

2.2.3 手段性领导本质

既然领导是能够达成许多组织性、社会性目标的强效社会工具，那就表明领导具有一定的手段性和可操纵性，并且在这方面存在一个本质的内涵。如果考察为什么领导主体能够在社会系统内贯彻其意志、发挥其影响、调配资源，那么一般都能得出结论，即由于他们拥有和使用了权力权威。有权力没权威或有权威没权力的领导虽还是领导，但却都是不完全的领导。既无权力又无权威，则完全不是领导。没有权力权威的话，什么领导都不能存在。

的确，权力权威是领导主体实施领导的最主要手段，领导之所以能成为强效社会工具，就是由于有权力权威充当其实质内容。所以，实际上，权力权威构成了领导的手段性本质。甚至说领导就是权力权威也不为过，因为领导就是权力权威的事实凝结和动态表现。权力权威只要发生或存在，就必定表现为领导。

领导行为的主导性、支配性、决定性就是权力权威的根本表现。领导行为的形成和展现过程就是权力权威的作用过程。没有权力权威，就不会有领导行为的发生。权力权威既是一种作为观念力量的静态事物，也是一种表现为关系力量的动态因素。它总是同领导活动结合在一起，因而实际上又表现为一种对领导客体发生作用的过程。这就使领导这种行为获得了完全的权力权威特征，也使权力权威与领导活动得以重合而至一体化，使领导又被赋予了权力权威的实质。

以权力权威为本质的领导在现实生活中通常处在一种变化过程中。这个变化主要表现为特权化和常权化两部分。

特权就是异化的权力，是部分领导主体将领导理解为享受和谋取个人或少数人利益的手段的结果。当领导主体极力谋取这种特权并按照自己的利益要求和价值取向运用它们时，这种领导就特权化了。这是不正常的领导现象，是一种会产生严重后果、产生相当大副作用的畸形领导。

常权就是由合理合法的正常渠道而来的权力权威，是建立在领导客体充分信赖的基础上的一种他赋力量和责任力量。当领导主体获得这种权力权威，并按公共价值取向运用它们时，所发生的领导就是常权化。这是正常的良性领导，是现代社会的最显著特征。只有常权化，才意味着权力权威的正常和稳定，才意味着领导能够正常地发挥重要作用，也才意味着社会的民主和进步。

2.2.4 结果性领导本质

领导既然是一种社会行为过程，那么就必定会有显著社会特性的行为结果，这个结果可能是成功的，也可能是失败的，总之是领导运作之后产生的结局及其留下的印迹。而这种结果主要表现为活生生的当前社会生活和过去、未来的人类历史。事实上，领导行为在酝酿、形成和发出之初，就已经有了相应结果的预期和指望。没有结果或者不以结果为指向的领导是根本不存在的。因此，领导就有了一种在结果形态上的本质，那就是社会生活和人类历史。

1. 社会生活

正如在对领导进行现实考察时所发现的那样，领导普遍存在，不仅在最广泛最深刻地影响着现实社会生活，而且在组织、发动、推进和改变着社会生活，领导历来都是社会生活的主导和源泉。社会生活就是在领导活动的带动下才得以普遍有序地发生，并交织在一起向高级形态不断变化运动的。在这个过程中，不仅领导的社会性直接决定着领导的社会生活性质，而且领导对所有社会生活的参与与影响也促使自己直接成为一种社会生活。所以，应该说社会生活的主流和核心就是领导，领导不仅是“领导”，而且是社会生活，是一种最严肃的社会生活，在整个社会生活中最权威、最主流、最具影响力、最有代表性。其理性成分极大，感性因素极弱。

整个社会就是以领导主体为纲、以群体或组织为目编织而成的关系整体。很明显，领导主体在社会生活中的作用举足轻重。其所发出的信息和行为都会直接透入领导客体的动力系统和利益系统中，并由此进一步引发非常复杂的社会关系和社会互动，直接构成现实的社会生活——这就是具体表现为社会生活的领导。在这个过程中，领导总是朝社会生活演进，并以社会生活为实质内容和终结形式。社会生活性质通常由领导的性质所决定。

应该说，领导不仅仅是一种最重要的社会现象，实际上已经是社会生活本身了，是最重要的社会生活之一。可以说，社会就是在领导的组织、牵引和带动之下方才正式组成和运作的，没有领导就不会有社会生活，就不足以存在社会，不管是正式领导还是非正式领导都是社会的直接维系和主要构成。

事实上，领导是结构社会的最直接因素，是以处置大量社会资源、处分大量社会利益、处理各种社会行为和社会关系等为主要内容的社会主流生活和社会核心运动。它按照一定的价值标准和利益原则进行带有明显价值倾向的资源获取和配置、利益分配和调整，以及行为调节与管理，并由此组建、维持、改革和优化社会系统。所以，社会才因此而变得既主干突出、层次分明，又千丝万缕、纷繁复杂，充满了实际是根植于价值和利益的各种矛盾和斗争。就因为这样，领导才会有最显著的本性即社会性和阶级性。

总之，社会的每一部分都存在领导，并且是在领导的启动和主导下运行的。社会的每一根神经都同领导直接相连，领导本身就是整个社会的中心和火车头，也是社会各个局部的中心和引擎。没有领导，任何组织性社会性的事物或行动都不会存在，当然就不会有相应的成功或失败。领导的地位和作用从根本上决定了任何组织性社会性目标、事物或行动都离不开领导，决定了赢得新世纪这种超大规模的目标和系统工程必然要依靠领导。

2. 人类历史

人类历史是整个人类共同创造的。但是，在这个创造历史的过程中，整个人类又可以分为两个基本部分，即人民群众和人民群众中的领导体系。人民群众是创造历史的主体和基础，领导体系是创造历史的关键和脉络。这两部分缺一不可，共同作用，形成并留下永恒的人类社会运行轨迹和作用结果，进而构成人类历史。

在创造历史的过程中，领导体系的作用就是领导，就是获得和运用社会资源、争取和处置社会利益、掌握和调整社会关系的全过程。这个过程实际就是：领导主体都对领导客体直接实施影响，并引起其变化，造成权威性现实结果，留下具有鲜明时代性的社会烙印或痕迹。这些烙印或痕迹就是以流传的方式和既成事实的形式构成人类的历史。

的确，领导不是孤立存在或发生的，而是由领导主体、领导客体和领导环境等诸因素共同作用而后产生和形成的社会过程和社会结果，当其转变成或表现为历史的时候，它就不再单单是领导主体的活动及其留下的痕迹了，而是还包含了领导客体大量的创造与贡献，也包含了领导环境所提供的有效因素在发挥作用后留下来的结果。

客观地说，领导就是直接创造历史的最重要过程，人民群众发挥作用则是直接创造历史的最主要过程。这两个过程在实际上是绝对不可割裂的辩证统一的整体，但从具体操作上看则是由两种不同的创造功能发挥作用的两种具体过程。这在认识上是可以也必须进行必要的理论区分的。

从社会生活的角度看，已经成为过去的领导是一种过去史，是毁是誉均刻记在历史的石碑上了，不能涂改、编造、抹杀或蒙混；当前正在运作、最终演变成现实社会生活的领导是一种当前史，事关当前人们的命运，是优是劣也将记载于历史；将来发生的领导是一种未来史，事关人类的未来，将给人类带来更为深远的影响，是祸是福将成为最令人关切的历史。抓住领导这种历史可以对许多历史问题做出最好的解释。

大到国家领导，小到企业领导，其运作过程都在创造并构成真实的历史，就是这种历史才构成历史的主干和主要脉络。当然，作为历史的领导实际上是多种因素共同作用的结果。这种历史所反映的或所代表的不仅仅是单纯的领导历程本身，而且还有其他相关因素的作用过程。

这就是说，历史是以领导为主干的、由多种因素共同创造出来的人类社会运行轨迹。领导对整个人类历史具有极大的影响和作用，有什么样的领导轨迹，就会有什么样的历史，领导对人类社会负有重大而永恒的责任。作为历史的领导对当时由领导带来的一切现实要承担全部的责任，当然也应该享有真正做出奉献后所应有的光荣。

以上各层面的领导本质决定了领导现象必然明显区别于其他社会现象，决定了领导具有极大的特殊性，包括权力性、权威性、影响性、服务性、社会性和历史性等。

2.3　领导之本

2.3.1　领导之本的含义

领导之本就是领导的出自之处，它是事关领导的性质和命运的根本因素。这是领导主体和整个领导实践都不能也完全无法回避或忽视的问题。领导为什么是领导，凭什么发生和运作，领导主体凭什么能成为领导主体并不断维持下去和发展起来，凭什么能支配系统资源、影响领导客体的利益乃至命运，领导为什么会失败或者成功等基本问题，都可以也都要从领导之本中去寻找答案。因此，领导之本是极其重要的基本理论问题和实践问题，其实也是一个非常复杂的范畴和概念。从理论上来说，它主要包括三层基本含义：

第一，它是指领导的原本。这种作为领导原本的领导之本是指在领导本质决定下的领导实质和领导真实。这需要领导主体充分注意和重视领导本质的问题并在具体的实践运作中随时、饱满地加以体现出来。其具体内容已在上节有过详述。

第二，它是指领导的资本。这种作为领导资本的领导之本就是指领导主体得以存在、发展、发挥作用、取得成功和追求卓越的资本，包括内在条件和外在条件。其中，内在条件就是领导素质，具有极其丰富、重要而现实的内容（这一点将在后面的"领导素质"一章中专门论述）；外在条件则包括需要基础、群众基础、功绩基础、影响基础、关系基础、体制基础、精神基础、物质基础、资历条件、社会条件、历史条件和时机条件等，具有更加丰富、重要而现实的内容（这一点将在下节"领导的基础和依据"中简要加以论述）。在领导之本这里，能够最全面、具体地回答关于领导主体为什么会成功或失败等问题。所以，领导之本是一个极其实际而重大的现实范畴。

第三，它是指领导的根本。这种作为领导根本的领导之本事实上仅仅是指人，特别是指领导之本中群众基础好的人。这是实质以社会性为最大特征的最权威社会行为过程的领导所自然面对和必须处理好的一个根本性问题。这里出现问题或障碍，即使其他一切条件均好，也难以取得领导的成功。显然，这是所有领导之本中最实质和最重大之处。所以，这里即把领导之本的具体含义缩小定格于此，并将着重展开论述。

上述三个层面的领导之本虽然在理论上定格于第三点，但实际上却必须同时兼具，然后才可能构成一个完整的领导之本，亦使领导完整地成其为领导。

2.3.2　以人为本：领导之本

领导的社会性决定了领导完全是因人而发、因人而用的社会行为过程。它无时无刻不与"人"相关，即使领导特别突出事或物的时候也是如此。这是因为，无论理事还是为物，也都是为了人的需要而进行的领导活动，一切事情都要人来做，特别是领导的事情更要靠大家来做才能成功。做就必须先有人根据客观事实，引出思想、道理、意见，提出计划、方针、政策、战略、战术，方能做得好。

这就是说，领导之本在于人，在于具体社会系统及其中的具体的人。换言之，人乃领导之本，领导必须以人为本，尽管这个“人”有其具体含义和特别所指，但对领导而言，服务于人和做好公仆是相通的。

领导的服务本质承认并确立人的根本地位。如果说为了维持领导的存在而有必要首先发生统治的话，那么就应该说统治仅仅是一种技术上或阶段上的需要，而只有服务才是领导永恒的本义，因为服务的领导是以人为本的。只有以人为本的领导才合乎领导的社会性，才能赢得人心，成为真正为所处社会系统所需要的领导。

但是，领导的统治本质决定了领导必定倾向于以人为末。因为这种领导通常只强调统治而忽视、轻视或拒绝对人的服务，只以统治为本，只以领导主体自身为本，只为他自己及其所代表的极少数社会成分服务。显然，它不是以人为本的领导，而是与众对立、自绝于众而绝不为众所需的领导，也就是一种反社会性亦即反动的领导。

此外，尽管领导之本客观存在且为所有领导的源出之处，但是历来都有领导主体忽视领导之本的问题，甚至有的领导主体把他们自己当成领导之本，因而在领导过程中妄自尊大、专制残暴，甚至还大言不惭、寡廉鲜耻，却不知道自己的那些行为已经在犯罪，已经在损及或危害领导之本。其根本原因就是自私自利、缺乏公心，把领导看成了最佳的谋私工具。

可以说，领导主体及其所施之领导一旦脱离人、忘记人、忽视人、轻慢人、践踏人，就会使领导的性质变味，成为忘本的、无本的乃至反动的领导主体，并出现忘本的、无本的和反动的领导，进而迅速丧失存在的合理性和合法性，这样的领导绝对不能长久下去，更不会有什么作为或价值。事实上，无论忘本的还是无本的领导，都只能是无源之水、无本之木，都必定行而不远，或者迅速枯萎凋敝，或者被果断、迅速地淘汰清除；而反动的领导则只会遭到彻底的反抗，只会身败名裂、遗臭万年、为人所唾弃。

显然，任何领导主体忽视或颠倒领导之本，就必将把领导变成只有统治本质的残暴领导而迅速走向灭亡。如果说领导能够影响社会系统及其中的人的命运，那么就应该说领导之本则是反过来能够影响领导的性质和命运的现实因素。只有重视和维护领导之本的领导主体才能真正实施领导。对于领导之本的重大现实性，不用说历史上的桩桩件件事实，当前活生生的现实、在任何具体社会系统（如具体单位）中的领导常常发生剧烈的变动就是明证。所以，领导主体不能忘本。

事实上，领导主体本来就没有什么奇特或者特别了不起的，而只是为大众所需所选而已；如不以本为本而以末为本，就只能为人所弃而回归为末——这个“末”原本是领导主体的当初出自点。所以，领导主体只有踏踏实实地尊重人、服务人、以人为本，特别是通过每一个具体真实的劳动行为来真正让大众感觉和确认他是真正做到了以人为本，才是胜任领导、确保领导成功的唯一出路。

我国古代许多政治家、思想家早就认识到了领导之本的重要性，并阐发了关于领导之本对于领导成败盛衰的关系和意义的思想。他们总结历史经验教训，提出了一系列“重民”“重本”的正确思想。春秋时期，管仲就提出“夫霸王之所始也，以人为本。本理则国固，本乱则国危”（《管子·霸言》）。孟子则说“民为贵，社稷次之，君为轻”

(《孟子·尽心下》)。《孔子家语·五仪解》则说:“夫君者,舟也;庶人者,水也。水所以载舟,亦所以覆舟。”唐太宗也说道,“民,水也;君,舟也,水能载舟,亦能覆舟”“国以人为本,人以衣食为本;凡营衣食,以不失时为本”“庶民者,国之本”“苟无民,何以有君?”。唐代陆贽在《均节赋税恤百姓第一条》中也把人民作为根本,认为“以人为本,以财为末。人安则财赡,本固则邦宁”。在宋代,朱熹就提出:“国以民为本,社稷亦为民而立。”程颐也在《代吕公著应诏上神宗皇帝书》中说:“为政之道,以顺民心为本,以厚民生为本,以安而不扰为本。”朱元璋也很重视老百姓的历史作用和根本地位,因而奉行重民、爱民、利民、富民、安民、教民的政策。这些民本思想都不同程度地推动了生产力的发展和社会历史的进步。

根据这些思想,哪怕是作为统治的领导也必须以民为本、以人为本,而其他本质的领导就更加需要以民为本、以人为本了。只有这样才是符合历史潮流的,才能取得真正的领导绩效,带来真正的进步。

综上所述,领导之本有必要严肃地提出来,引起所有人的注意和重视。这样才不会在领导过程中本末倒置,才会知道领导是为什么而存在、为什么才有价值的。这就是说,领导之本是一切领导工作的出发点和落脚点,是一切领导价值的起源和本原,是一切领导取向的最终目标。任何有科学头脑的领导主体都应把领导之本真正摆到它本来应处的地位。领导主体一定要明确,在任何一个社会系统中,一切事情都要靠大家来做,一切努力最终都是为了满足群众的需要。人是该系统的中心,也是领导的根本所在。

2.3.3　当代中国的领导之本

对不同的领导主体来说,领导之本的具体所指历来差异甚大。在奴隶主世界里,领导之本仅仅是极少数奴隶主和为数极为有限的平民;在封建主世界里,领导之本主要是地主阶级;在资本主义原始积累阶段的资本家世界里,领导之本却仅仅是资本家的利润而不是人;只有在社会主义的领导群体中,才普遍把人真正作为领导之本,领导的一切都是为了人民,领导主体都是人民的公仆,人民是社会的主人。因此,不同的领导之本实际上也决定着不同领导的不同命运。

世间一切事物中,人是最宝贵的。毛泽东曾指出:“武器是战争的重要的因素,但不是决定的因素,决定的因素是人不是物。力量对比不但是军力和经济力的对比,而且是人力和人心的对比。军力和经济力是要人去掌握的。”所以,党中央一再强调坚持群众路线,提出要“权为民所用,情为民系,利为民所谋”,党的十六届三中全会正式提出了“以人为本”的原则,2004 年宪法修正案则依据这个原则加入了“国家尊重和保障人权”;习近平总书记提出“以人民为中心”“人民至上”“人民就是江山,江山就是人民”等重要思想。

这一切都表明,马克思主义已经为当代中国的领导主体提出了非常明确的领导之本——人民群众。我们的领导必须走群众路线,必须以人民群众为本,每一个领导者,无论职务高低、能力大小,都必须做到以人为本,其实质是都必须真正言行一致地做到全心全意为人民服务。这样既顺乎文明进步的潮流,又符合宪法规定。

对此，历史唯物主义已经做出了最好的说明。人民群众是社会的主体。人民，只有人民，才是创造历史的真正动力。群众是物质文明和精神文明的最主要创造者，是社会经济发展和历史进步的生力军、主力军和决定性力量，当然也是领导权力的渊源、领导动力的源泉、领导存在的依据、领导价值的基础和标准、领导成败的根源和主因，尽管领导在整个历史创造和文明进步的过程中常常起着关键的和核心的作用。领导者与群众、领导集团与群众的舟与水的关系，从根本上决定了领导与人民群众的关系，决定了领导活动必须代表人民群众的利益，决定了领导就是服务的命题及其必然性。

事实上，领导绩效是人民群众支持、参与和作用程度的反映，领导行为和领导活动的结果根本上要由人民群众来打分和决定，领导行为必须受到人民群众的制约。领导活动是否以人民群众为基础，决定了领导活动是正确的还是错误的，是成功的还是失败的，是耻辱的还是光荣的。

这就是说，人民群众是国家的主人，是现实生活中每个具体社会系统的主人，也就是领导主体的主人，是领导之本。领导主体是人民的公仆，领导主体的根本任务就是一切为人民群众着想，全心全意为人民服务。而领导主体自己却没有任何特殊利益，只有时刻放在心上和完全体现到言行上的人民利益，领导主体一切为了人民群众，一切为人民群众谋利益。领导主体在任何时候都要密切联系群众，紧紧依靠群众，做群众的贴心人，时刻不脱离群众，从群众中来，到群众中去，高度重视和发挥群众的积极性、创造性，在领导实践中真正切实走好群众路线，把人民群众放到最重要的位置上。

从党和国家的革命与建设的领导实践过程中也可以看到，什么时候我们能坚持调动人民群众的积极性，制定出科学的方针政策，什么时候革命和建设就能取得胜利和成功，否则就会遭受挫折。所以，我们党制定并坚持群众路线，即要在领导活动中依靠群众，尊重群众的创造精神，从群众中取得领导决策的依据、领导方法和无穷无尽的力量，实现领导目标。

总之，人民群众这个领导之本决定了领导的人民性和社会主义性质，决定了领导必然坚固强大，并有无穷的创造力和制胜力。这个领导之本不仅已经充分反映了我们的领导价值和领导取向，而且还实际表现为我们根本的领导方法和工作方法。在过去，它使我们党赢得了一次又一次的伟大胜利；在今天，它正在使我们党取得更多更大的成功；在今后，它将继续保证我们党更有力地团结和带领全国人民去迎接未来的挑战，不断夺取新的胜利。

2.4 领导的基础和依据

2.4.1 领导的基础

领导的基础是领导扎根生长的地方和得以壮大及成功的起点和依托，也就是领导成败的根基和依据。领导基础越厚实坚固，领导成长、发展和成功的概率与效度就越高。

相反，基础越薄或者没有根基，领导就越没有或者就没有发生、发展的可能，更没有成功或辉煌之说。因此，领导的基础对于任何领导主体来说都是事关成败的根本大事。

如果说领导之本是领导的“根”，那么领导的基础就是那个“根”扎入之处。显然，这不仅说明了领导基础越坚实，领导的根就能扎得越深，而领导的躯干就会长得越粗壮，领导的结果就会越丰硕，而且还说明了领导基础同领导之本之间存在着极为紧密的关系。事实上，领导的基础就是沿领导之本而起的极其重要的理论范畴和实践内容，是领导之所以为领导的现实依凭。这个依凭实际就是领导的根据，具体表现为领导的依托。

领导依托是领导运作的现实基础。领导职能职责的履行就是基于这些现实基础。从实际情况看，领导运作自然要建立在某种现实的基础之上；否则，就只能是空中楼阁或者哗众取宠，甚至忘却和背弃领导之本。事实上，领导依托最主要的就是领导之本。也可以说，领导之本是最主要的领导依托，只不过其实际内涵还要更大一些而已。概略说来，领导依托主要有如下方面：

（1）群众。群众是领导的根本，也正是领导的现实基础。任何领导都是在群众这个根本上产生出来的，是在群众这个基础上形成的上层建筑。没有群众作基础，领导就必将倒台和失败；没有群众的支持，领导就必将坍塌而毁灭。这就是说，群众是领导的根本依托。只有凭借这个依托，领导才能真正开始运作。从这一点上说，群众这个依托对于领导而言就绝对是决定性和根本性的。能够真正以群众为依托的领导是一种能够真正体现原本领导价值的领导，也是一种具有真正正确领导取向的领导，这种领导必定能战无不胜、攻无不克。这是因为群众的力量是无穷的，而这种领导却正是得益于这种力量。

（2）群体组织。这是领导依托的另外一种形态。领导是在群体组织的基础上产生的，群体组织是领导活动的客体，领导者的领导活动实际上就是对自身所属群体组织的领导。失去了群体组织，就失去了领导客体，也就无所谓领导。

（3）领导组织。领导组织是领导系统的核心，是领导的直接依托。它对于实现领导目标、完成既定任务具有最直接的重要作用。这表现在如下诸方面：

第一，领导组织是领导活动的舞台。领导者总是要拥有一定的职位和权力，才能从事领导工作，没有相应的职位和权力，领导者就不能指挥和协调下属去完成某项工作，也就不能实现其领导职能。领导组织作为领导活动的舞台，为完成某领导组织的目标、功能，给领导者设计了一个个不同的角色，领导者只有扮演了某一角色之后，他才有权力去从事领导工作。

第二，领导组织是领导者与被领导者发生作用的媒介。领导活动实际上就是领导者通过制定政策、布置工作、调节控制、检查监督等手段，对下属的行为和思想施加影响，使被领导者齐心协力实现领导者目标的过程。首先，领导者要凭借自己的职位和权力，按照一定的结构和方式，根据目标规划的需要，将被领导者编排起来，确定被领导者的职位和职责，形成一个多层次的网络结构体系，使之成为能产生合力作用的有机整体。其次，将本系统的总体目标进行分解，布置给下属，再以组织的名义去检查和监督，促使被领导者完成既定任务。在进行领导活动的同时，领导者还要凭借领导组织的力量去和被领导者沟通、联系，通过组织下达指令，回收反馈信息。这样，领导组织充当了一种媒介，维系着领导者与被领导者之间的关系。

第三，领导组织是社会群体的核心。社会群体是由许多社会成员组成的，如果不能把他们很好地组织起来，任其各自为战，就会成为一盘散沙，不能有效地改造自然和社会；如果能把他们很好地组织起来，使之处于科学的组织结构之中，就会产生神奇的力量，其总体功能就远远大于个体功能之和。要使单个的社会成员成为一个统一的整体，就必须以领导组织为依托，使社会成员在领导组织周围聚集起来，成为坚强有力的社会群体。

第四，领导组织是领导者与社会发生联系的社会实体。任何领导者从事领导活动，都是在一定的社会环境中进行的。他们无论与组织内部的被领导者发生联系，还是与外部社会的其他组织发生联系，首先必须立足于自身领导组织这一社会实体，以组织的名义去从事领导活动，只有这样，他才能代表自身的领导组织和下属，同外部发生作用。领导者如果不以领导组织为依托，就失去了他的职位和权力，就是普通的社会成员，他所从事的活动只能代表自己，属于个人行为。

总之，领导之本是领导目的和领导目标的起始与归宿，构成领导依据和领导依托的主要内容，而领导的依据和依托实际就是领导运作或履行领导职能职责所必需的凭借，也就是说，领导要有依据才能名正言顺，有依托才能运作起来；否则，领导就没有根据，也没有基础，甚至有可能是不合法的。

2. 4. 2 领导的依据

领导的依据是领导运作的事实依凭、事理依凭和法理依凭。领导运作中展开的领导职能职责履行正是发自于这些领导依据。从大量事实来看，成功的领导都必定是首先有其科学、合理和现实的领导依据的。这些依据就微观而言有很多，但在宏观上却主要有两个方面。

1. 客观事实和客观规律

客观事实和客观规律是领导的根本依据。因此，领导的依据只能是客观事实和客观规律。思想等是主观的东西，做或行动是主观见之于客观的东西，都是人类特殊的能动性。这里涉及领导意识能动作用与客观事实及客观规律的关系问题，对此，必须认清以下几点：

首先，要对领导意识的能动作用有一个恰当的估计。只有恰当地估计，既不夸大也不缩小，才能发挥得充分。过与不及都不利于领导意识的能动作用的发挥。

其次，领导意识的能动作用是否能得到正确的发挥，是以能否遵从事物运动的客观规律为前提的。只有从客观实际出发，建立在客观规律基础上的思想，才是正确的思想；只有在正确思想指导下，符合客观规律的行为，才是正确的行为，才能实现领导的预期目的。如果领导者根本无视事物发展的客观规律，不仅不能发挥自己意识的能动作用，还会受到客观规律的无情惩罚。

最后，领导意识能动作用的发挥，还依赖于一定的物质条件和物质手段。“巧妇难为无米之炊”，领导意识再“巧”，没有必要的物质基础，也不可能取得成功。

总之，要正确发挥领导意识的能动作用，就必须尊重事物发展的客观规律，从实际出发，把领导热情同科学态度结合起来，确保严谨务实、能动而又客观。

2. 党的基本路线

这是马克思主义在领导实践中的具体应用，是领导得以实施并取得成功的主要依据，具体内容如下：

第一，思想路线和正确向导。在领导实践中要坚持实事求是的原则，坚持实践是检验和发展真理的唯一标准，一切从实际出发，理论联系实际，在实践中检验和发展真理，从客观事物的系统整体、系统特点、系统的变化和发展上去考察客观事物，先把事实弄清楚，把问题找确切，从中找出规律性，并以此来决定关于领导的思想和行动，找到解决问题的办法和途径，最后采取措施、解决问题、完成领导工作。

在领导实践过程中，要想实事求是地认识事物并指导实践，就必须要有正确理论作指导，其中，调查研究是做到实事求是的基本环节。由于客观情况复杂多变，我们必须严格区分客观事实与经验事实，善于从整体上把握事实真相和客观规律。只有将正确的理论和领导实际相结合，才能变得真正具有实践价值；只有依据经过实践检验过的“是”来制定工作方针或政策，才能使领导工作真正做到实事求是。

第二，政治路线。政治路线是政党和国家为完成一定历史时期的政治目标而规定的基本方针和政策，是一定阶级利益和要求的集中表现。党的十一届三中全会以来的政治路线即社会主义初级阶段的基本路线是推进现代化建设、提高领导水平和执政水平的最主要依据。

第三，组织路线。组织路线是指一个政党在一定历史时期内根据其政治路线所规定的关于组织工作方面的根本原则和方针，主要包括党的组织原则、干部制度和党员标准等内容。

第四，群众路线。这是领导的根本路线，是“一切为了群众，一切依靠群众，从群众中来，到群众中去”的路线。这是中国共产党把马克思主义关于人民群众是历史的创造者的原理运用于整个领导实践所形成的根本路线，是一个能够保证不断夺取胜利的法宝。

2.5　领导的地位与作用

2.5.1　领导的地位

根据领导的含义和本质可知，领导是一种最重要、最特殊而又最普遍存在的社会行为与社会因素，是任何一个具体社会系统得以正常运转的核心要素之一。领导健康正常或者发生故障，就意味着该社会系统健康或生病；领导光明顺达或者出现病变、梗阻，就意味着该社会系统充满生机与活力或者已经丧失生机、活力和前途；领导的调整、变更或终结，就意味着该社会系统也必定或已经调整、变更或终结。这就是说，领导同整个社会系统的命运息息相关。

在这一点上，没有任何一个社会行为、组织行为或者群体行为可以与领导相比，哪怕是为大家所熟知的管理。只要考察一下历史和现实就可以知道，尽管大多数情况下领导与管理同在，但古今中外的许多历史场合都是只有领导而没有管理。

事实上，领导就是掌握和运用各种资源，动员和调遣各种力量去驾驭复杂形势，有谋略、有步骤地发动所属群体或社会排除风险、破除危难、应战制胜以达到组织群体目标的组织过程、方向过程和动力过程。它处于决定全局的核心地位，对包括管理在内的所有组织性、群体性活动及所属领域和群体的命运都会产生决定性的影响。它通过其水平和质量决定群体行为的结果，决定领导资源在竞争中的效率效用。

领导一旦树立积极的目标，那么它就成为一种具有创造集体业绩、组织成效或社会功绩进而达到集体或社会目标等功能的强效工具。它在国家则是决定国家命运的心脏、动力和专政工具，在企业则是创业营利的关键因素和关键机制，在其他群体或组织中则是获取利益、实现意愿的主宰性工具。总之，它会产生强大的积极的效果，为组织群体或社会造福。相反，如果被滥用或者以私利为取向，那么领导就可能变成专制压迫、欺凌剥夺、腐败享乐的工具，就会给所在组织带来深重的灾难，后果极其严重。

应该说，所有组织性群体性成败得失都能归结于领导，既在于领导环境，又在于领导素质，特别是要视领导的德才而定。领导的一举一动会在整个领导范围内产生不同程度的重大影响，而且必定构成该范围内最主要、最实质的主流性影响，或者成为正导向和正动力——给人们带来鼓舞、激励、光明或福祉，或者成为负导向和负动力——给人们带来压抑、压迫、黑暗或灾祸。人们对此无法不予以关心和注意，无法不将自己的最大关切随时同此联系起来。

显然，领导与社会系统具有绝对的相关性，领导的影响总会随时波及或牵动整个领导范围乃至全社会，领导具有远超于其他所有社会行为或组织行为之上的显著社会性和重大性。

因而可以说，领导是所有社会行为、组织行为和群体行为中最紧要、最重大的核心部分；是某一独立系统中领导主体、领导客体和领导环境相互作用的结果，反映着诸因素之间的相互关系和内在联系；是有关的人和事被有区别地纳入被支配、被影响、被决定的范围，并发生实质变化的最高层次社会过程、社会现象和社会结果；是社会生活中最富能动性的社会主流运动和最高级社会行为——现实中的其他社会运动和社会行为都受其主导和影响，并纳入其有效作用的对象体系之中，尽管对其也有反作用；当然，更是一种广泛存在的、同人们的现实生活息息相关——事关人们当前利益和长远利益的最重要社会现象和最重大客观事物之一；此外，也是一个极其复杂的综合性范畴和最重大社会领域，是社会科学中最重要的基本范畴之一，是领导学这门学科中最重要的基本概念。

总之，领导是一个分层次的重要理论范畴和实践概念，具有相当重要和崇高的社会地位。

2.5.2 领导的作用

有人将领导的作用概括为六个方面：（1）领导是极其重要的生产力；（2）领导能够

发起挑战并引领大家夺取胜利；(3) 领导是保障秩序的力量；(4) 领导是引发变革的力量；(5) 领导能够提供希望和动力；(6) 领导能够展示和弘扬崇高的道德①。这或许较好地表述了领导的作用。但从“领导”二字的实质来看，领导的作用具体可从以下方面来加以理解：

第一，领导由于在某一具体的社会系统中居于主导性、支配性、决定性的地位，是一种最权威的社会行为和社会运作过程，所以对该社会系统整体均有主导性、支配性和决定性的作用。一般而言，领导在任何群体、组织或社会生活中均起到最关键、最主要的作用。

第二，领导主体发出的领导行为从开头到结尾正好是一个完整的领导过程。在这个过程中，领导主体的能量包括意志、品德、才干、智力和权力等，但是实际主要是意志和权力在大量释放，其他各种领导资源如人力、物力、财力等系统中的诸因素都在积极地发挥作用，都在积极地改造或变革由领导目标所确定的领导客体，以期最终达到既定的领导目标。这里包含了充分的科学性和艺术性，是领导科学与领导艺术实践化的过程。这里也表明，领导是一种主观性和个人倾向最为突出的社会行为，其他任何社会行为都远不能与之相比。从某种程度上说，比如在比较落后的组织系统中，领导主要就是领导的意志过程和权力过程，而较少是智慧过程、学识过程或才干过程。因而，领导的民主化和科学化对于进步的、现代的和真正有作为的领导而言是至关重要的。

第三，领导是一种历史范畴，是一个不断变化发展的领域，具有突出的过程性和历史性。历史性要求领导必须是符合历史发展潮流的进步行为和进步过程，而且必须在历史进步中起到火车头的作用。

第四，领导首先是一种强力高效、颇富能动性的社会生活手段，也是一种中性的权威工具。在一定条件下，谁都可以去追求它、掌握它。它一旦被掌握，就立即失去中性而呈现价值性。此即在完全抽象的情况下，领导的实质就是不含主观价值的纯本质。而领导到底会有什么作用、会带来什么结果、具体归属什么社会阶级、具有什么价值和本质，就完全看到底是谁在掌握、控制它了，就看是什么领导主体在发出领导行为了。领导主体的性质和素质对领导的性质和价值具有决定性的影响。

第五，领导通过决策影响每次对挑战和竞争的回应。决策英明将一举赢得挑战，获得成功；决策错误则将错一步输全局，痛失机遇，劳民伤财，贻害无穷。另外，领导通过精神导向或行为示范对组织群体或社会产生着主导性影响。

第六，领导通过行为示范和道德影响来对现实发挥重大作用。如果领导者公道正派、爱惜资源、勤于服务、同甘共苦，就能凝聚人心，激励斗志，激发出无穷的活力、创造力与奉献精神。如果领导者褊狭自私、贪污腐败、欺压群众，就必定会挫伤或摧毁凝聚力、团队精神和多方的积极性创造性，这时士气低落、人心涣散，即使决策高明、潜力优越也无助于搏击制胜，无法挽回失败衰亡的命运。

第七，领导通过形成和发挥领导力来影响全局，从根本上决定现代竞争的得失成败。新世纪的竞争主要是在领导的主导和操作下发生的，因而该竞争根本就是这种主导之间

---

① 刘建军. 领导学原理：科学与艺术. 上海：复旦大学出版社，2001：323-328.

亦即领导之间的较量，本质上是一种大规模组织化的力量角逐，是诸如企业实力、科技实力、综合国力等竞争力的较量。这些竞争力的核心亦即核心竞争力，就是企业领导力、科技领导力、国家领导力等各种领导力，因此这些竞争实际就是领导力的交锋较量，表现为领导质量和领导水平的相互对比与淘汰。哪方领导更高明强效亦即领导力更强大，哪方就能在面临挑战和竞争时赢得胜利，即使其暂时比较弱小、尚有欠缺也能如此。古今以少胜多、以弱胜强的大量领导案例就足以证明这一点，21 世纪的竞争和较量还将继续证明这一点。

这说明领导能全方位地影响组织群体或社会的成败兴衰，与组织群体或社会的命运息息相关，也决定性地影响我们是否能在 21 世纪的竞争中获胜。没有领导上的保证，要取得任何组织性、社会性活动的成功都不可能，也不可想象。如果说抓管理出效益，那么就可以说抓领导出命运，抓领导比抓管理更重要、更关键。企业要抓领导，事业也要抓领导，各行各业都需要抓领导。

总之，只有抓住领导，才能在 21 世纪的竞争中获胜。从大局来说，要靠党和政府的领导；从局部来说，要靠部门、地方和基层的领导以及企业和事业的领导；从性质来说，要靠政治领导、组织领导、思想领导、理论领导、学术领导和业务领导；从水平来说，要靠内行领导、知识领导、能力领导、智慧领导、科学领导和艺术领导；从形式来说，要靠魅力领导、模范领导、权威领导、民主领导、正式领导和非正式领导。这些领导在不同情况下分别发挥着积极作用，就能避免领导失误、领导失范及其他领导问题，就能最大限度地排除各种不利因素，去赢得 21 世纪竞争的胜利。为此，必须大力开发和增强表现为领导质量和领导水平的领导力。这是因为：

第一，领导力是组织群体或社会最重要最核心的组织力、挑战力和制胜力，是主动发挥诸竞争因素效用的组织性动力性因素，构成组织群体或社会竞争实力中最关键的部分，即核心竞争力。其内核是领导者的端正廉洁、才学智慧、见识谋略、勇气胆魄和快速反应性等素质熔铸的整体，其质量则决定着组织群体或社会竞争的实力、质量、效果与结果。

第二，领导力也是生产力，而且是最重要的生产力之一。企业借助它就能创造出更丰富、优质、价廉的物质财富，在市场竞争中就能越战越强；公共部门借助它就能为公众创造和提供满意的公共产品；国家借助它就能赢得政治、经济、军事、科技、文化、教育诸方面挑战和竞争的胜利。它与作为生产力的科技同样重要，同样能够创造丰富的物质财富和精神财富，对人类社会的文明进步影响深远。

第三，开发和增强领导力就是直接增强核心竞争力和另一种生产力，就是在加强创造财富、赢得挑战和竞争胜利的总体实力。而这却正是为赢得 21 世纪的竞争提供领导保障的要害所在。抓住这个要害，就能有效增进竞争力和群体创造力，就是抓住了赢得竞争的关键。

本章小结

领导既是一种现象，也是一种过程，更是一种事物，是一个至少由领导主体、领导客体、领导环境、领导过程和领导结果五个基本因素组合而成的复合概念。本质上，领导是由统治、服务、管理、影响、权力、权威、社会生活和人类历史等实际范畴和内容构成的一个最重大的社会范畴。它必须以群众为基础、为依托，必须以法律制度和领导路线为依据，必须以人为本。领导地位的巩固、领导作用的发挥关键在于领导基础的加强和领导之本的凸显。一切基础薄弱的领导都将丧失合法性而很快衰败和消亡，一切忘本反本的领导都会走向反面而迅速瓦解和破败。只有不断巩固领导基础，培养领导之本，才能确保领导之树常青。

关键术语

领导　领导要素　领导行为　领导现象　领导本质　操作性领导本质　手段性领导本质　结果性领导本质　统治　服务　管理　影响　权力权威　特权与特权化　常权与常权化　社会生活　人类历史　领导之本　以人为本　领导基础　领导依托　群众　群体组织　领导组织　领导的依据　政治路线　群众路线　领导的地位　领导的作用

复习思考题

1. 如何从正式的公共组织角度理解和把握领导的本质?
2. 如何从领导本质的角度理解和解释统治的实质内涵?
3. 如何理解“领导就是服务”?
4. 试分析“以人为本”的实质与基本内涵。
5. 领导凭借什么能产生、存在和生效? 领导合法性和有效性的渊源何在?
6. 试从社会生活和人类历史的角度解读领导的实质、责任和根本要义。

案例研究

案例一

2008年5月12日，汶川发生大地震。噩耗迅速报告到中央。胡锦涛总书记当即做出重要指示：“尽快抢救伤员，保证灾区人民生命安全。”温家宝总理则从外地立即返回北京，随即赶往灾区，在余震不断的现场第一线组织抗震救灾，强调说：“必须举全国之力，把抗震救灾工作做好。”

5月16日，胡锦涛赶往地震灾区指导抗震救灾工作，强调说：“现在虽然已经过了震后72小时的‘黄金救援’时间，但仍然要把挽救人的生命作为当务之急、作为重中之重。”温家宝在青川县木鱼镇，看望受灾群众和参与救援的解放军指战员、消防部队官兵、医护人员，鼓励大家继续努力抢救废墟下被掩埋的群众，在党和政府的帮助下团结一致重建家园；还特别指示：“只要有一线希望，就要尽百倍努力，决不轻言放弃。”在很多救灾现场，温家宝和大家同甘共苦、共克危难，还直接参加救灾，甚至因此负了伤。

领导的意志和行动极大地鼓舞了灾区人民战胜灾害的信心和斗志，极大地动员了全社会的各种力量全力支持乃至亲身参与抗震救灾工作。全国上下出现了一浪高过一浪的抗震救灾支援行动，涌现出大量可歌可泣的感人事迹。这就是一方有难、八方支援。这让全世界都看到了中国人令人感佩的高尚形象。《欧洲时报》发表社论说："世人已经从过去的几天中看到了一个巨大的、越来越清晰的身影——我们称之为'大写的中国人'。全中国人民也更是齐心协力，有言的大爱和无言的大爱都热浪滚滚，或者到灾区去救援，或者在后方支持抗震救灾；人们通过各种媒体发出救援的呼吁，为受困同胞祈福，为救援人员加油鼓劲。"

在整个抗震救灾过程中，温家宝先后共十次前往灾区，不畏风雨，不怕危险，深入一线，了解情况，解决问题，慰问灾民，与大家风雨同舟。他这种亲情为民、勤谨为国的行动，一再感动着全国人民。当时流传着一首感人肺腑的歌，叫作《人民心疼你》，歌词是这样写的："每当风雨来临，你就会来到我们中间。无论再大的风雨，都被你挡在了一边。只要人民需要，你总在第一时间出现。无论再大的危险，你都会义不容辞冲锋在前。你叫孩子们别哭，你自己却泪流满面。你叫我们多保重，你自己却一刻都不得闲。总理啊总理，我们深深懂得你的心。每一刻你都把你的人民惦念。总理啊总理，你太累了人民心疼你，每一刻我们都用心把你牵挂……"这首歌被广大网民称为"史上最感人的歌"。

案例二

在应对台风"海燕"中，发生了这样的情况。2013 年 11 月 10 日，菲律宾总统阿基诺在视察受灾最严重的塔克洛班市时，有商人投诉说，灾区治安混乱，自己曾被人持枪威胁。这个商人的一席话还没讲完，就被阿基诺不胜其烦的讲话打断。阿基诺愤愤地反问说："但是你没死掉，对不对？"此言一出，外界一片哗然。当天，英国《每日电讯报》就发消息称：幸存者非常愤怒，批评菲律宾当局对灾难反应迟缓，对灾民麻木不仁。

▶ 分析与理解

1. 危难之际，最见本性。通过对比分析上述两则案例，从正反两个方面，正确理解和把握本章关于领导的本质和领导之本的有关原理。

2. 就上述两则案例，探析明显不同的两种领导在重大事件和实践中各有什么样的基础？各自发挥着怎样的作用？

3.《人民心疼你》这首歌反映了怎样一种领导基础和领导依据？具有什么样的领导地位和领导作用？试深入剖析它所包含的领导学意义。

第3章

领导的价值、目标、职能与结果

重点问题

- 领导价值与领导取向
- 领导目的与领导目标
- 领导职能与领导职责
- 领导的分类与构成
- 领导过程与领导结果
- 领导绩效
- 领导创新

3.1 领导价值

3.1.1 领导价值的含义

从领导的本质可以看出，领导价值是一个十分活跃的领导因素，不仅参与了领导本质的形成，而且还是直接构成领导本质的一个决定性成分。事实上，它还是一个参与整个领导过程，特别是事关领导决策的最关键因素之一，是领导的灵魂。如果说权力权威是枪管和子弹，那么就可以说领导价值是枪的瞄准器和扳机。

如果说领导是整个社会生活的核心，那么就可以说领导价值是社会生活核心的核心。由此而论，有什么样的领导价值就会有什么样的领导，也就会有什么样的领导结果；社会系统及其组成部分主要是人的命运在紧要时刻都取决于领导价值，至于资源和利益的流向，则更是由领导价值所决定的。领导价值在领导过程中发挥着标准、尺度和最终依据的作用。现实领导过程中发生的问题多数是领导价值出现问题后的必然结果，领导问题在多数情况下都可以溯源到领导价值上来找到症结。

可以说，领导价值是领导现象的主要根源，是领导行为或领导活动的真正主导和本源，是领导本质的核心体现。它是一个双重概念，在现实中通常表现为两种形态：

一方面，领导价值是由促使领导得以发生的利益目标、领导意识、价值观念、价值取向、群体价值倾向和价值定位等组成的观念性动力整体。当然，其起源就是领导客体的需要和愿望。它一旦同人们的现实生活相联系，就会变成发生领导行为和领导现象的强大需要，进而为领导行为和领导现象的发生提供原动力和合理的依据，也为领导活动和领导方向提供指针和尺度。从这个角度来说，领导价值实质是充当领导行为根本来源和动力的领导思想和领导需要。这说明领导是一种思想观念的行为表现，是关于掌握和进行领导的价值思想的作用过程，领导根本上是思想的领导、价值的领导。思想观念和价值内涵是领导最为根本的东西。没有思想、没有价值动力就不会有领导，就不可想象领导为何物。这种观念性动力整体是直接决定领导取向的实质内容。总之，领导价值是领导的根据和动力，说明了为什么会发生领导行为和领导现象。

另一方面，领导价值是上述观念性动力整体的现实呈现，是通过领导过程转变成为现实结果的上述观念性动力整体。这实际是领导价值现实化，是要通过领导行为体现出来的领导成效。这时该整体已经构成了摆在人们面前的现实，通常要由领导客体接受、领导环境容纳，而不管其愿意不愿意、喜欢不喜欢。但是，这种现实却是可以也必须由领导客体来做出最终评价和界定的，可以从领导价值的起源这个角度对领导价值现实化的程度、性质、效果、结局和影响做出最后评估，并据此对领导做出各种民主的反馈。这种评估最终都以所代表的利益实现程度为决断的依据。从这个角度上看，领导价值的实质就是为以利益为实质的公共价值尺度所衡量的领导结果。

显然，领导价值是领导的核心所在，是领导研究和领导实践中最重要的范畴之一。

3.1.2 领导价值的特性

领导价值有两层特性。第一层是领导价值的根本特性，主要有如下四个要点：

（1）利益性。领导价值最核心、最实质的内容体现为特定倾向的实际利益成分和利益关系。价值本身就是利益性质的范畴，没有利益就不会有价值的问题。利益实质构成整个社会价值的核心。领导价值作为整个社会价值的一部分（当然是最重要的部分），显然是以利益为根本的，否则就不会存在，更不可能在社会生活中发挥重要作用。正因为如此，领导价值才能在领导活动中起主导作用，才能为领导过程提供源源不断的、方向明确的动力。利益性是领导价值的最根本特性。

（2）权威能动性。领导价值实际上是以领导权威为后盾的社会价值体系，是能够也必然会转换成为权威行动主导推力的特定领导心理，常常表现为领导行为的欲望、需要、冲动和主观理由。领导主体的一切精神世界的东西要变成行为，亦即存在于领导主体身上的整个意识或行为心理要付诸实践，那就要首先转化为领导价值，再由领导价值转化为领导实践。所以，领导价值是领导行为的直接源泉，是领导主体意识变成实践的承接点和转换器。领导行为发生的秘密就在这里。这里还有一个重要的问题就是，领导价值向领导实践的转化以及由此发生的领导行为都是权威的，对其他社会价值和社会行为均有极其重大的影响。这些情况集中构成领导价值的权威能动性。

（3）权威实践性。基于上述两个特性，可知领导价值是面向实践的，也是必然导致相应实践的，而且能够给所面向的、即将和已经发生的实践带来精神上的相应高度和权威。所以，领导价值本质上就是实践性的，已不再是纯精神范畴了。此即领导价值的权威实践性。

（4）权威结果性。既然领导价值是一种实践的精神范畴，那么它就必然会借助相应的实践带来相应的现实结果。无论是成功还是失败，也无论是正确还是错误，总之不管成效如何，由于均以权力权威作后盾，而且以消耗大量不同的社会资源为代价，所以由领导价值转化为领导实践所带来的现实结果都是最有代表性的。

领导价值的第二层特性是基本特性，主要有如下五个要点：

（1）阶级倾向性。任何领导价值都是代表一定阶级利益、阶级意志的。任何阶级倾向都是这些阶级利益和意志的集中表达，而且最终都是要转变成领导价值的，然后才能证明其在领导主体中的存在，并在社会生活和领导实践中发挥作用。否则，所谓阶级利益和意志或要求之类都只是一种空谈。有无阶级性、是哪种阶级性，均要视领导价值中反映出来的阶级倾向而定。这就是说，领导价值是领导阶级性的落实之处，是贯彻阶级利益原则和阶级意志的具体进行之处。这些就是领导价值的阶级倾向性，也是领导阶级性的直接体现。

（2）阶层倾向性。领导价值不完全是阶级利益和意志的体现，通常还代表着一定阶层的利益和意志，同时是为了实现某一阶层的利益而形成的。这其实是领导社会性的一种体现。

（3）特殊倾向性。领导价值常常兼有特殊社会群体的利益和意志，而且是为了这种利益和意志而形成和运作的。到目前为止，在任何社会几乎都发生过这种情况。事实上，领导价值的特殊倾向性是普遍存在的，其具体性质完全由领导主体的特殊倾向选择所决定。

（4）思想动态性。领导价值实际是现实社会生活中最敏感的精神与实践之间的权威结合部。思想领域发生什么变化要兑现到实践中，就首先或最终集中转变成或凝结为领导价值；来自实践中的各处反馈要成为下一步的现实行动，也首先或最终要集中转变成或凝结为领导价值。而这种精神意识上的变化就构成领导价值的思想动态性。

（5）行为意志性。领导价值是直接形成领导行为的主要领导心理来源。事实是，领导价值在转变为领导行为之前就首先成为一种势在必行的强烈领导倾向，成为准备付出大量资源代价的行动意志，就是在此以后才可能进一步转变成领导实践的实际推力。这样一种基本性状事实上也正是领导价值向领导行为转变的基本机制，是其能动性的内在展现过程。

实际上，领导价值的这些特性均反映了领导行为启动和形成的内在起点以及领导行为的发生机制。从这些特性上可以知道领导之舵是如何运作的，也可以对种种领导现象做出科学的解释。种种领导现象都可以追根溯源到领导价值的这些特性上来加以认识和把握。

3.1.3 领导价值的内容

尽管领导价值有上述许多特性，但是在领导实践中发挥作用的并不是领导价值的这些特性，而是领导价值的具体内容。那些特性只是这些具体内容构成领导价值整体后形成的种种外在表现。所以，对于领导价值不仅要从理论上知道它为何物，而且要从实践的角度知道它里边到底有些什么东西，是什么在掌领导之舵、在直接左右领导。

确切而言，领导价值是一个领导哲学的范畴，在具体内容上包含了人类极其丰富的精神文化成果和千百年来人们不变的渴望、寄托和意愿。显然，领导价值的具体内容是极为丰富多样的，在此简要提示两点：

首先，领导价值的具体内容是具体的精神意志和思想观点，包括政治、道德和人格倾向等。不少已有的研究和表述通常把这些内容概称为文化，具体包括企业文化、机关文化、组织文化、管理文化、行政文化和政治文化等，并指出这些文化是如何影响决策的。而这实际就是领导价值的具体内容方面及其具体发挥作用的方面。

其次，领导价值是看不见摸不着的客观实在，主要以领导素质的形式活生生地存在于领导主体之中，伴随着领导主体的工作，自始至终地参与、影响甚至操纵领导活动，特别是决策活动。当然，这也可以顺便说明为什么领导素质对领导来说那么重要。因此，从部分领导素质如领导主体的政治素质、思想素质、道德素质等，就可以直接了解到不少领导价值的具体内容。此外，在领导取向和领导之本两部分中也可以了解到有关具体内容。

3.1.4 领导价值的作用

领导价值在领导过程中起着根本作用。这些作用概括起来，主要有如下几个要点：

第一，充分吸收和融合各种优秀的精神成果，并有效地将这些成果转化为领导行动的思想起源、内在需要和推力及行动标准，为领导过程的发生做好行为依据上的全部内在准备。

第二，赋予领导主体非常成熟、明确、稳定的精神势能和领导取向，并进一步转化为具体、明确、恒定的领导目标和领导行为纲要或领导行动纲领。这首先促成了在领导主体内部发生一连串的领导行为心理酝酿过程。

第三，直接展开和调节丰富多彩的领导行为，并使之沿着领导价值规定的基本方向和路线进行下去。

第四，作为尺度，衡量和确定领导资源的动用范围、程度和种类，确定所发生的领导行为的最高代价额度。

第五，作为尺度，衡量和确定采用领导方式方法、选择和采用领导途径和手段的可能性及成本。

第六，作为现实结果交付给由领导主体所代表的整个社会系统，接受该系统的评估和审定。由此，使领导价值自身和整个领导行为获得相应的结论和某种特定的具体意义。

总之，领导价值贯穿整个领导过程，在每个环节都起着主线的作用。

3.2 领导取向

3.2.1 领导取向的含义

领导取向是领导主体在实施领导时所直接依凭的价值尺度和价值动力，是领导主体在主观意志上为领导过程所界定的标准和最终向往，是领导价值在领导主体对人对事的领导过程中具体表现出来的倾斜方向。简言之，领导取向就是领导主体的价值取向，也即领导的方向。领导主体有什么样的价值观，就会有什么样的价值取向，也就会有什么样的领导取向。什么样的领导取向就决定着什么性质的领导。也就是说，价值观直接形成领导主体的价值取向，并由此直接构成领导取向的实际内容，而且从根本上决定着领导的作用方向，进而决定着领导的性质。因此，领导取向就是体现着领导本质的领导价值取向。

领导主体为什么而领导？以什么为宗旨而运用领导权力权威和各种资源？为谁、为什么工作和服务？为谁而奋斗？为什么而采取某种态度和措施？这些问题体现着领导价值观的领导取向问题。不同的领导主体会以其不同的价值观而做出不同的回答，并由此形成和确定不同的领导目的和领导性质。

很明显，在领导过程中，以领导主体价值观为内容的领导取向通过直接形成领导目标、调整领导行为来直接主导领导行为，并从根本上决定着必然的领导结果。从这里能够对领导行为进行完全理性的解释，即可以根据领导取向对领导主体为什么要那样做做出科学的解释。形形色色的领导行为都可以从领导取向上找到根本的原因。可见，领导取向是一个非常实际、非常重要的根本问题。任何领导理论和领导实践都不能忽略了它，它是领导主体主观见诸客观的能动核心，是领导学的一个关键。

事实上，领导取向中的价值观是领导主体所有素质的精华汇集，尤其以思想素质、政治素质和道德素质的精华为核心。所以，领导取向实际就是完全基于领导素质的领导运作原动力。因为自有领导以来，领导取向不计其数，所以我们不能一一介绍各种各样的具体领导取向。这里，我们只能着重对中国传统上的主要领导取向和社会主义领导取向做简要介绍。

3.2.2 中国古代的领导取向

中国的领导文化源远流长，其中关于领导取向的思想极其丰富，主要有两大流派：一是以伦理纲常为主轴的领导取向，二是以明智处事为内容的领导取向。

1. 以伦理纲常为主轴的领导取向

第一，待下以礼、以诚、以情。所谓待下以礼，就是要尊重下级，以礼相待，这是团结下属的第一要义。《吕氏春秋·本味》中说："虽有贤者，而无礼以接之，贤奚由尽忠？犹御之不善，骥不自千里也。"所谓待人以诚，就是"推其诚心，施之天下"。

领导者与下属要推心置腹，坦诚相见。领导者要放下架子，平等待人，与下属披肝沥胆，心心相印。《文子》中说："同言而信，信在言前；同令而行，诚在令外也。"这表明，言语之外存在一个信任的问题，命令之外存在一个是否真诚待人的问题。所谓待下以情，就是对待下属要有感情，以情动人，关心体恤他们的疾苦，使其感受到来自领导者的关怀，这样，上下级之间才能休戚与共，同甘共苦，建立起一种以深厚感情为基础的合作关系。显然，待下以礼、以诚、以情的领导取向能够团结下属，与之合力，赢得人心，取得良好的人际效果，极大增强凝聚力。这对领导成功是最重要的支持和人际保障。

第二，做事要"从道不从君"，"和而不同"。在中国封建社会中，封建统治者把忠心事主作为人臣第一大节。而进步的思想家和政治家则认为：君行正道，臣则从君；君不行正道，臣则从道不从君。荀子认为，对君主敬重和忠顺，维护其尊严，不等于曲意逢迎，而必须坚持原则，维护正义。他说："从道不从君。"（《荀子·臣道》）在荀子看来，从道即是"是案曰是，非案曰非"，"君有过谋过事，将危国家，陨社稷之惧也"，就要"进言于君"，君主发布的政令不当，则可"逆命不从"。总之，就是要"忠信而不谀，谏争而不谄"。

此外，还要"和而不同"。这是西周末年的史伯提出的观点。他认为，世间万物都是"和实生物，同则不继"，意指不同质的东西相互结合方能化生万物，相同东西简单相加必定导致事物的灭亡。上下级之间的关系也是如此，君主远离那些与自己思想观点不一致的人，而喜欢接近那些与自己趣味相同的人，国家的事情就要办坏。孔子也说："君子和而不同，小人同而不和。"（《论语·子路》）

这些思想表明，臣与君、下级与上级，如果都是一个思想、一种声音，就不正常了，绝不会是好事。表面看来完全一致、高度统一，实则于政有害，因为这样无法做到相互弥补、相互纠正、相互促进，领导必将变得越来越糊涂、越来越糟糕。

第三，同僚要顾全大局，互相忍让。领导系统的和谐有序，不仅需要纵向上处理好上下级之间的关系，更需要横向上团结同事，同舟共济。除了坚持以礼义诚信为处理同事关系的基本准则以外，还要立政为公，以国事为重，胸怀宽广，顾全大局，不计私怨，宽容忍让。同事之间，如若产生矛盾，要推功揽过，互相谦让，以利团结。

2. 以明智处事为内容的领导取向

这方面最有代表性的是老子"无为而治"的领导思想——"为无为，则无不治"，是高超的领导艺术。这些思想主要有以下几个方面：

第一，因其自然。老子认为："道常无为，而无不为。"这里的"道"就是事物发展变化的自然规律，"道常无为"就是遵循自然变化的规律，"无为"绝不是无所事事，什么也不做，“无为”是“有为”的另一种表现方式。领导工作的无为正是导致有为的一种手段。他反对妄为和强力而为，“为者败之，执者失之”。强力而为，必然导致失败，强力执着，必然丧失所执着的东西。因而，“以辅万物之自然，而不敢为”，即领导工作应辅助万物顺着自然规律而不勉强作为。因其自然，循理而举事，这是老子学说的精华所在，也是领导工作的极致。

第二，致虚守静。老子认为：“我无为，而民自化；我好静，而民自正；我无事，而民自富；我无欲，而民自朴。”这是说，我持无为，老百姓就会自己教化自己；我喜欢清静，老百姓就会自然端正；我无所事事，而老百姓自己富足；我无所欲求，民风自然淳朴。在政治上，在领导工作中，“为无为，事无事”，无为则循理，循理以行，“则无不治”。无事则不扰，政简则民安。

第三，无私寡欲。在老子看来，领导的私心是致乱的一大原因，无为也就应无私。所以老子认为，领导者应当不以私情临物，不以私意处事，而应尽随自然法则，任人民自己去做。循理以举事，因势以导物，各安其生，各得其所。

第四，柔弱廉下，强调“贵柔”。贵柔的主张包含了辩证法的思想。从表面上看，柔弱似乎是消极后退无所作为的意思，但实际上却包含着积极进取的意识。老子用水来说明柔弱胜刚强的道理。“天下莫柔弱于水，而攻坚强者莫之能胜”，意思是说，自然事物中再也没有比水更柔弱的了，但是，滴水穿石，因此，再也没有比水更善于攻坚的了。“天下之至柔，驰骋天下之至坚。”总之，要以柔克刚、以退为进、以屈求伸。

第五，领导者应该像水那样乐意滋长万物而不与万物相争，为人要像水那样安于卑下，心智要像水那样深沉，为政要像水那样有条理，办事要像水那样灵活，待人要像水那样无私。最高明的领导，不炫耀自我，不强制他人，而自己又无所欲求，他的领导意志要像水一样渗透到每一个被领导者那里。领导者要像大海一样容纳群众，虚怀若谷。大海没有高山的雄伟，没有白云的飘逸，但它却能容纳所有的水，容纳所有的混浊与苦涩。

第六，对于什么是领导之道，老子说道：“善行，无辙迹；善言，无瑕谪；善数，不用筹策；善闭，无关楗而不可开；善结，无绳约而不可解。是以圣人常善救人，故无弃人；常善救物，故无弃物。是谓‘袭明’。故善人者，不善人之师；不善人者，善人之资。不贵其师，不爱其资，虽智大迷，是谓‘要妙’。”（《道德经·二十七章》）

以上各方面都是关于领导的价值观，构成了古代明智高超的领导取向。

3.2.3 社会主义的领导取向

社会主义的领导取向是自有领导现象以来最高级的领导取向。概括地说，社会主义的领导取向主要是：以实现社会主义和共产主义为理想，以全心全意为人民服务为宗旨，以为群众多办实事好事、切实当好人民公仆为内容，以大公无私、坚持原则、坚持真理、勤劳奉献、敢于胜利为主要特征。这种领导取向是社会主义社会所有领导主体的基本价值取向。

可以说，这是一种基于高度政治觉悟的、充满正义和力量的、可以带来更多领导成功的领导取向。持有并坚持这种领导取向的任何领导主体都能够创造出丰功伟绩，而忽视或背弃这种领导取向的任何领导主体都会身败名裂。

当前，我国的绝大多数领导主体都是以这种取向为领导取向的。所以，领导主体在领导实践中即使碰到巨大的困难也能够毫不畏惧，勇往直前，也能带领广大人民群众在现代化建设和改革开放的事业中取得更多、更重大、更辉煌的成就。

邓小平在告诫领导干部时，实际上就提出了很具体的领导取向内容。他指出，领导者不要当官做老爷，要做人民的勤务员，一定要关心群众生活，这个问题不是说一句话就可以解决的，要做许多踏踏实实的工作。邓小平强调，“群众关心的实际生活问题和时事政策问题，各级领导一定要经常据实讲解，告诉大家客观的情况以及党和政府所作的努力，并且对群众所反映的不合理现象及时纠正”①。

邓小平还强调，任何时候都要相信群众，依靠群众，密切联系群众，反对官僚主义。领导者不是自封的，要看群众承认不承认，批准不批准。领导作风恶劣，群众就不会服从。他还说，每个地方、每个单位遇到任何问题，都应当主动向群众宣传和解释，做好工作。要注意听取群众的呼声，同群众商量办事，共同克服困难。

总之，领导者都应按照这些思想、理论和要求去做，通过实践来坚持正确的领导取向。

3.3 领导目的与领导目标

3.3.1 领导目的和领导目标的含义

目的是行为主体对活动过程未来结果的打算和期望，是反映其主观愿望的行为取向设想，也是建立目标的依据。领导目的就是领导主体在实施领导之前对领导活动或领导过程的最终成效与结果的预想、打算和期待，是领导目标的起始和来源。

目标是行为主体对活动过程最终结果的明确设定和指向，是目的的明朗化、确定化、具体化和任务化，是约束行动集中指向预期结果的指标以及现实与未来的行为取向规定。领导目标就是领导活动所要达到的明确预期结果，是整个领导活动都必须集中指向的未来愿景。

领导目的和领导目标都是关于领导行为的未来规定，是领导主体的主观见诸领导实践的开始。从领导活动的第一个环节到最后一个环节，它们始终贯穿其中，成为影响领导资源流动和效用、影响领导活动成就和结果、决定领导行为性质和方向的因素。

从内容上看，领导的目的和目标都是领导之本的反映。这就是说，领导的目的和目标均是一切围绕领导之本，一切为了领导之本。在中国的领导实践中，领导的目的和目标均是一切围绕人民群众，一切为了人民群众，因为领导主体就是为人民群众谋福利的，是来自他们中间、代表着他们、为他们服务的，没有其自身任何特殊的利益。

---

① 邓小平. 邓小平文选：第3卷. 北京：人民出版社，1993：144.

领导目的和目标不同于其他任何行为目的或目标，能够非常权威地指导和修正领导行为和每个领导活动，系统地影响大量资源并最重大地影响社会系统命运，非常实际，极其严肃。它们不仅是领导行为的具体取向，而且是领导行为的直接动力，也是领导活动的直接依据，一旦为整个社会系统所公认，就是合法的最具权威的该系统目的目标，通常表现为诸如群体目标、组织目标和社会目标等，实际成为该系统诸因素都必须为之努力的共同行为方案，该系统的所有资源都将集中到这些目的目标上。

一旦领导目的充满幻想，领导目标好高骛远，则一切严重后果必将迅速接踵而至；而如果领导目的中肯而切实，领导目标宏伟而科学，则必定开启光明前景，带来不断的成功和胜利。因此，领导目的和领导目标的内容及其把握和制定都是事关重大的，是必须科学、切实、能够让人放心并给人以鼓舞的。

事实是，领导目的和领导目标从萌动之初、动议之始就同许多资源和命运结果联系在一起了，也同领导的成败直接相关，而且这些目的目标一旦确定，一个社会系统的命运就基本上确定下来了。因此，领导目的和领导目标事关重大，确保领导目的和领导目标的端正、正确和科学就显得极为重要，必须在所有领导主体和领导客体高度关注和参与之下才能最后确定并付诸实施。从某种程度上讲，领导目的和目标的确定已经属于领导决策范围了，也已经算是领导活动开始了。

领导的目的和目标取决于领导价值和领导取向，而领导价值和领导取向则取决于领导之本。因而，领导的目的和目标根本上取决于领导之本，也同时面向领导之本；既可以说是领导价值和领导取向的具体化，也可以说是领导之本的愿望和期待；既是领导决策的价值依据和具体方向，也是整个领导活动和群体活动的总方向。没有这些目的目标，领导主体和社会系统、领导行为和群体行为就都将失去动力和方向，领导不能形成，群体行为也不能形成。

3.3.2 领导目标的种类与制定原则

1. 领导目标的不同种类

由于任何领导活动都要有特定的领导目标，所以领导目标必然丰富多样，并可按照不同标准进行分类。

按领导领域划分，领导目标可以分为经济领导目标、行政领导目标、科技领导目标、教育领导目标、组织人事目标、社会管理目标等。

按领导职能划分，可以分为决策目标、计划目标、组织目标、协调目标等。这几种领导职能目标，从领导活动的过程来看是一致的，具有极大的共性。

按领导层次划分，则有高层领导目标、中层领导目标和基层领导目标。

按领导目标实现期限划分，可以分为长期领导目标、中期领导目标和短期领导目标。通常十年以上为长期领导目标，五年左右为中期领导目标，一年以内为短期领导目标。

实际上，上述这些领导目标在领导活动过程中往往都以综合的形态表现出来。

2. 领导目标的制定原则

领导目标对领导行为具有引导和规范的作用，领导行为必须按时、准确地指向领导目标，才能取得良好的效率效益，确保领导成功。制定领导目标事关领导者工作绩效，也事关领导成败，因而，必须在一定准则和原则指导下，根据当时当地的领导实际进行，才可能制定出切实可行的领导目标。具体说来，这些原则主要有以下几点：

（1）科学性原则。领导目标的制定，一定要有科学的方法和科学的依据，以科学的预测为前提。因为只有进行科学的预测，才能预见领导工作未来的发展趋势，从而为领导目标的制定提供科学而可行的依据。在领导目标的确定中进行科学的预测，不但要进行定性预测，而且要进行定量预测；不但要有良好的主观愿望，而且还要进行深入实际的调查研究，要进行多因素、长时期的定性分析和定量分析，包括对潜在问题的论证与分析。

（2）群众参与原则。领导目标的制定，不应只是领导者个人的事情，还应广泛发动群众共同参与目标的制定。发动群众参与目标的制定，不仅可以听取群众的要求，集中群众的智慧，从而增强领导目标的科学性和可行性，而且能够获得更为重要的群众基础，有利于调动和发挥全体成员的积极性和创造性，有利于领导目标的贯彻执行。这也是民主决策所要求的。

（3）方案选优的原则。领导目标的制定，必须坚持方案选优的原则。这要求在领导目标的制定过程中，首先要制订出多个选择方案，然后通过科学决策和可行性分析，从多个方案中选出一个满意的方案。所谓满意的方案，应符合以下三个标准：第一，要有效益性，既具有经济效益，又具有社会效益；第二，要有先进性，既要有一定的创新，又要有一定的强度；第三，要有可行性，即要切合实际，并通过努力能够实现。

（4）信息反馈的原则。这就是说，要在目标的制定和执行中不断收集反馈信息，及时纠正偏差，不能满足于领导目标一锤定音，一成不变。这是因为：一是人们的认识在一定时期内总是存在一定的局限性，在当时看来，有些认识是科学的、合理的，事后有可能会发现其仍有不科学、不合理的地方；二是实践是检验真理的唯一标准，领导目标的科学性、先进性和可行性如何，最终还是要在领导活动的实践过程中来检验；三是具体的领导对象、领导条件是在不断变化的。所以，必须充分注意及时获取实际信息并直接作用于目标修订或调整，然后才能确保所有的领导目标具有足够的切实性、先进性、科学性和合理性。

3.3.3 领导目标的实现

领导目标的实现是一个费时费力的领导实践过程，涉及方方面面的工作，贯穿领导活动的各个环节。它需要领导主体有团结同心、艰苦奋斗、坚毅果敢、勇往直前和百折不挠的精神，也要求领导主体要反复推敲、仔细思考、周密安排、稳步落实。具体内容如下：

第一，制订周密的实施计划。领导目标虽然包括预期结果和领导措施的内容，但它只是一个纲领性文件。要将纲领性文件付诸实施，落实到各部门及每个人的实际行动，还必须进一步制订周密的实施计划。

第二，根据领导目标本身的要求及目标实施中的主要矛盾，确定目标实施的战略重点。

第三，根据领导目标实施的战略重点及每个时期所可能提供的条件和达到的水平，确定目标实施的战略步骤。把总目标划分为阶段目标，从而使目标的实施时间更加具体化。

第四，将领导目标从内容上分解为各种不同层次的分目标，并对各部门、各单位、各岗位直至每个人应承担的任务和责任进行层层落实，使整个领导系统成为一个既有分工又有协作的目标责任系统，调动各方面的积极因素，为领导目标的总体实现而奋斗。

第五，制定出合理的奖惩激励政策，采取有效的调控手段，保证目标的顺利落实，协调平衡地推进，富有成果地最后实现。

上述五步通常是操作层面上领导战略和策略的要旨。但在具体实施领导的过程中，还需要运用一些目标管理方法。目前，世界上流行一种著名的目标管理方法，简称MBO。它是由美国著名管理学家彼得·德鲁克（Peter F. Drucker）首先提出来的。它强调，要更好地实现目标，就必须以充分开发个人的能力为基础，鼓励每个人都积极参加目标的制定，并在目标的实施过程中实行自我控制，自觉地完成本职工作中所承担的目标任务，以保证总体领导目标的实现。具体方法如下：

第一，进行目标分解。基本方法是将领导目标按单位内部的机构设置和组织层次自上而下依次进行分解。分解的要求是纵向到底，横向到边，即分解到每一个岗位和个人。领导目标自上而下层层分解，自下而上层层保证，互相联系，上下贯通，形成一环套一环、一层接一层的目标体系。

第二，制定相应对策。基本方法是按照层次，通过诊断分析，找出各部门实际情况与目标之间存在的差距，对这些差距进行归纳、整理、分类，找出必须解决的问题与问题点。针对问题点进行研究，制定对策，有的放矢地采取对策，缩短现实与问题点之间的差距，保证领导目标的最终实现。

第三，进行目标协商。在领导工作中，在上下级之间，总是要围绕目标的分解、目标的落实进行思想交流和意见商讨，这就是目标协商。在目标协商中，在维护领导总目标基本内容的前提下，要尽量尊重下级目标执行者的意见，这既有利于目标的统一，又有利于调动各方面的积极性。

第四，明确目标责任。在目标协商得到落实后，还要进一步根据每个人所担负的目标、任务，明确各自所应承担的责任，即明确在领导目标的实现中各自应该干什么，怎么干，干到什么程度，达到什么要求，等等。这样就能在目标实现过程中进行自我控制，充分发挥各自的主观能动性。

第五，编制目标图表。为了使每个人更直观地了解各自的目标和目标责任，要编制目标图表。用图表的形式，将总目标、分目标及目标对策、目标责任等主要内容综合编制在一起，并公之于众，使每个人都能一目了然地明确总目标和自己的分目标，知道与自己有关的其他岗位在做什么，便于相互沟通、互相提醒和互相鼓励等。

第六，重视目标成果评价。目标成果评价是实现领导目标的最后阶段，也是下一个领导目标循环的开始。由于目标管理强调成果，重视评价，所以在实施目标的基础上，必须根据原定目标对实施结果进行客观评价。正确的评价有利于激励先进、教育后进，有利于总结经验，改进工作，有利于下一个循环达到更高的领导目标。

上述六步是以目标为中心的系列化管理方法，比较科学实用，也比较具体可行，在领导工作中得到了较广泛的应用。

3.4 领导职能与领导职责

3.4.1 领导职能

领导职能就是为达成领导目的和领导目标，领导活动所应具备并充分发挥的作用和功能。领导活动的多样性、层次性决定了领导职能是复杂多样的，也是多层面的，具体而言主要表现为如下四个方面。

1. 以领导的共性和个性为标准

领导职能主要有两类：第一类职能，即从社会共同劳动过程中产生的、具有共同特征的运行性职能，包括决策、组织、用人、指挥、协调、控制等。第二类职能，即地位和形态上是概括的和基本的，而内容上则是具体的和历史的职能，包括以下几点：(1) 政治领导职能。这是创造适宜事业发展的政治环境和引导事业为公共政治目标服务的职能。(2) 行政领导职能。这是建立有效的分级指挥系统和职能系统，从而主动地、有步骤地创造人、财、物等外部条件的职能。(3) 业务领导职能。这是按照行业发展规律来解决指挥和管理等问题的职能。(4) 文化领导职能。这是指领导主体在实施领导的过程中有意无意地创造或导致了成文和不成文的组织文化、群体文化乃至更大的文化形态，以便实现更大的或者模式化、自动化的领导影响。

以上两大类职能是最常规最基本的职能，具有一般性和代表性，反映了领导职能的共性和个性。但是，在不同行业、不同时期，领导职能的具体内容会有很大的差别，会有不同的职能要求，存在着“职能个性”。只有认清它们的个性，才能找到合适的领导方式。领导的基本职能是由行业决定的，也有人认为领导的基本职能是行业的函数。具体的领导职能不仅与行业有关，而且还与环境和时间因素相关。

其实，影响领导职能的因素有很多，其中，行业因素对领导职能的个性影响最大。政治职能、行政职能、业务职能在不同行业中有不同的内容，不同行业对领导职能会提出不同的要求。比如，在军队中，为了保证军队的政治素质，军队的政治领导具有任命和授予各种荣誉称号的职能；在科技领域中，不能完全由行政领导而要由学术领导来把握全局。再如，同样是业务职能，经济工作中的领导要以发展经济为中心，要有企业家的眼光和决断；科研工作中的领导则要以学术领导为中心，要有科学的精神和深厚的学识修养。只有这样，才能在业务上“拿得起来”，把领导工作做好。

2. 以被领导者为领导对象时的领导职能

被领导者是指由领导者的直接下属、所有追随者和直接间接受影响者等构成的群体，实际是领导客体中最能动、最活跃的部分。领导主体必须围绕领导的中心工作竭力处理好大量的人际事务，情况非常复杂，难度也最大。这方面的工作就是通常所说的“做人的工作”。领导主体始终都在做人的工作，不管从领导主体存在的基础和依据来看，还是从领导工作的出发点和落脚点以及做好整个领导工作和其他工作的前提来看，这种工作都是第一位的。而这种工作就是以人为对象的领导职能，主要有如下五个方面：

第一，按组织原则处理好人事工作，包括识人、选人、用人、育人和授权等工作。

第二，按公平公正的原则处理好群体或组织内乃至社会范围内的利益关系，包括利益的分配、享有、维护、延续、增加、减少、终止和剥夺等。

第三，按激励原则大力开发和利用人力资源，包括调动一切积极因素，发挥群体或组织内乃至社会范围内所有成员的积极性、主动性和创造性，并把这种力量或能动性彻底引向群体目标、组织目标或社会目标的实现上。

第四，按团结的原则处理好群体或组织内外成员之间的关系，包括大量的沟通、协调、谈心、互助、感情交流、思想交流等工作，要形成并不断扩展群体的向心力、亲和力、凝聚力以及融洽、舒畅的气氛和顺畅、有效的关系。这就是通常所说的搞好团队建设，即把所有成员都团结成一个人，做到同心同德、齐心协力，造就良好的群众基础和强大的集体力量。

第五，按照慎独的原则处理好自身问题，包括自省、自查、自责、自纠、自正，保持良好的自我修养，做好群体的表率，以自身的端正来教育和统率所有成员。

以上五个职能都与领导工作的成败得失息息相关。其中一项职能履行不好，就必定损害领导工作的成效和领导主体的权威，当然也说明这个领导主体并不称职。

3. 以所在群体或组织为领导对象时的领导职能

这是基于以机构为直接领导客体的领导职能，具体有如下七项：

第一，建立和维护群体或组织的合理架构。

第二，调整和理顺机构内部的各种关系。

第三，不断优化和强化组织机构，力争发挥出群体或组织的最大效能。

第四，不断获取和提供各种资源以维持机构的正常运转。

第五，营造、维持和优化具有特色的群体或组织文化以及良好的工作氛围，并以成文和不成文制度的方式加以固定、支持和发展。

第六，透彻了解和掌握整个群体或组织乃至整个社会的基本情况，以及明确不明确反映出来的思想认识、观念意识、愿望、需要、期待、情绪、倾向等。

第七，提出适合群体或组织乃至社会的主导思想，既能充分考虑、照顾和满足领导客体的心理意愿，又能从根本上对领导客体加以引导。

以上职能是领导主体开展和做好领导工作的前提条件。特别是第六、第七两项职能更具有全局意义和根本影响，是最为根本的领导职能，整个领导工作的最大核心和最大要害就在这里。

4. 以所在群体或组织的公共事务为领导对象时的领导职能

这是以事为领导客体的领导职能，主要有如下八项内容：

第一，从群体、组织或社会的整体利益和长远需要出发，提出基本的目标和任务。

第二，围绕基本目标和基本任务，做出一系列决策，制订具体的计划。

第三，组织和动员一切力量与资源去贯彻、落实计划。

第四，为实现计划、达到目标，发挥出全部才智和经验，拿出一系列有效的和高明的具体对策或具体措施，克服一切困难，排除一切障碍，表现出领导行为的有效性和高效性。

第五，不断推动计划的落实并经常检查监督其落实情况，适时调整有关决策和计划，及时发现和处理新矛盾新问题。

第六，最终完成群体或组织的计划和任务，达到既定的目标，向群体、组织或社会交出合格的答卷。

第七，对整个群体或组织乃至社会的公共事务担负全面的责任。

第八，向整个群体或组织乃至社会提供最良好的服务。

以上职能是事务性职能，是实干的职能，是领导主体出成果、出业绩的地方，也是领导主体实现自我发展、推动群体或组织乃至社会发展的切实有为之处。它们可以充分检验和证明领导主体是否有作为、是否具备优良素质。现代领导的真正舞台就在这里。

3.4.2 领导职责

所谓领导职责，就是领导者为实现领导职能而应承担的责任和所要做的工作，是领导者在履行职权的过程中所必须尽的义务。刘少奇曾经提出：领导者与领导机关的职责，就是要实行正确的领导，就是要正确地了解情况，正确地抓住中心，提出任务，决定问题，正确地动员与组织群众来实行自己的决定，正确地组织群众来审查自己决定实行的情形。这从根本上概括了领导职责的实质。从实际情况看，领导的职责可以概括为如下八个方面：

第一，调动一切积极因素，不遗余力地去实现群体或组织目标。

第二，在领导范围内充分、正确、恰当地使用权力权威，不能滥用权力和权威。

第三，恰到好处地利用各种社会资源，不能浪费或荒废这些资源。

第四，建立、健全和维护群体或组织乃至社会的制度或法律。

第五，对群体或组织乃至社会的信任和委托做出令它们满意的回答。

第六，接受群体或组织乃至社会的检查监督。

第七，成为清正廉洁、言行一致、品质高尚的实践者和楷模，做组织的栋梁和轴心，保证群体或组织乃至全社会崇尚真理和正义，营造良好的道德环境。

第八，必须确保整个领导行为都有最充分、最饱满的服务性质。

以上八项职责均事关领导主体的人格、形象、权威、地位和作用，事关领导主体能否真正履行和完成领导职能，当然，更关系到群体或组织的目标能否实现、公共事业能否做好、全体成员的利益能否真正得到实现和保护。

3.5　领导的分类与构成

领导因广阔的范围、广泛的内容决定了其微观职能职责必然丰富多样，进而也决定了其类型必然众多、形式必然多样，而这些多样的领导类型就构成了丰富完整的领导体系。从不同的角度，以不同的标准，都可以发现领导的内在构成。

第一，以行为方式和特征为标准，可以分为五类：（1）自然式领导，即原始、初级、简单的领导；（2）家长式领导，又称集权式领导；（3）民主式领导；（4）公仆式领导；（5）专家式领导。

其中，专家式领导是一种符合现代条件下对内行和高度专业水平提出的客观要求而应运而生的知识型领导。具体是指这样一种情况，领导工作由一批善于谋划决策和管理的、掌握现代领导科学的高级专门人才来进行，使领导工作逐步向科学化方向发展，专家式领导基本趋于完善和成熟。由此，在发达国家出现了所谓的“专家治国论”。

第二，以领导工作的性质和对象为标准，则主要有四类：（1）政治领导；（2）行政领导；（3）业务领导；（4）学术领导。

其中，学术领导是现代科学技术飞速发展的产物，是从政治领导、业务领导中分离出来而又与之密切相关的领导。它是由专家组成的人才群体，通常以智囊团、咨询机构、政策研究等形式出现，决策某一学科的研究方向，组织、协调科研力量，控制科研进程等。学术领导的出现，标志着人们在领导思想观念上的一场重大变革。

第三，以影响来源为标准，则有正式领导和非正式领导两种。其中，“正式领导是指在组织机构中有正式职务、权力和地位的领导者，运用主要功能带领群众完成组织目标的行为过程”①。而非正式领导是指无正式授权的私人对群体或组织所产生的影响，虽然组织并未正式赋予某人职务和权力，但由于其丰富的经验、超群的能力和技术、善于关心他人等方面的优越条件，因而能够通过非正式渠道在群众中发挥影响，形成对其所在的整个系统的实质影响，进而完成该群体或组织一定目标或任务的活动过程。这主要是依靠诸如品德、学识、才干等个人素质和个人成就影响了群体、组织或社会而后自然发生的，虽然没有权力，但是却拥有巨大的权威，通常能成为实际的领导。

第四，以领导层次为标准，可以划分出高层领导、中层领导和基层领导三类，还可划分为直接领导和间接领导。其中，直接领导是领导者通过指示、命令实施的面对面的领导，间接领导是指通过某些中间环节实施领导的行为过程。

第五，以领导关系为标准划分的领导类型能够反映领导的深层内涵，具体包括如下几点：

（1）层次式领导。这种领导又称金字塔式领导。其特点是每个单位只有一个上级机

---

① 孙钱章，等．领导科学知识问答．北京：中国经济出版社，1987：3.

关和几个下级机关，一切事情都通过一条渠道解决，机构简化，权责分明，办事效率高。常见于行政部门、企事业单位，但仅适用于规模较小、工作内容单一的组织或团体。

（2）单线式领导。单线式领导的特点是每个人（除去两端的）与相邻的两个人联系。领导者与被领导者不暴露关系，往往“对面不相识”，防破坏性强。这种领导类型适用于地下工作、特工工作。

（3）星式领导。星式领导的特点是只有一个指挥中心，各单位只能与指挥中心联系，彼此不发生联系，具有较强的保密性和防破坏性。这种领导类型适合情报、谍报部门。

（4）轮式领导。轮式领导的特点是每个单位除了与领导核心联系外，互相之间可以沟通，信息传递快，具有高度的可靠性。这种领导类型多用于政府和职能部门。

（5）网络式领导。网络式领导的特点是各级领导在各自管辖的范围内有权直接指挥下级单位，专业性强，职责明确，但因各单位之间横向联系较少，往往政出多门，不利于统一领导，统一指挥。这种领导适用于政府、企业中各职能部门与下属机构。在一个国家的领导体系构成中，有不同领域、不同层次的领导。从纵向看，有中央、省、市、地、县或部、局、处、科等领导；从横向看，在各个不同层次领导内部平行地设置若干领导部门；从专业领域看，有政治、行政、业务等各方面的领导，其中，业务领导又可分为工业、农业、科技、文化、卫生、教育、军事等不同领导。

第六，以领导手段为标准，可以划分出如下两种类型：

（1）正向领导。所谓正向领导，就是领导者运用激励机制，采取鼓励表扬手段，肯定下属的自我价值，调动下属的积极性和内在动力的一种领导方式。通过正向领导，可以达到以下几个目的：1）使下属认识到自我价值，最大限度地调动积极性；2）通过树立榜样，起到导向作用；3）形成竞争氛围，保证领导目标的实现；4）活跃思想，密切上下级之间的关系。

在采用正向领导方式中，领导者必须掌握以下一些奖励方法：思想政治工作奖励——最高层次的奖励，任务奖励——献身精神和成就感方面的奖励，情绪奖励——有关人际关系和士气方面的奖励，物质奖励——有关经济利益和按劳分配方面的奖励，晋升奖励——选贤任能和在事业上继往开来方面的奖励，荣誉奖励——记功授奖和命名荣誉称号的奖励，智力奖励——推动有关决策问题解决方面的奖励。

（2）负向领导。所谓负向领导，就是领导者运用批评教育的手段，对下属的错误行为进行惩罚的一种领导方式。它也是激励的一种，在管理心理学中，被称为负激励。运用负向领导方式时，领导者首先要有慎重的态度，对下属的批评应该不偏不倚，客观公正。如果批评出现偏差，就会极大地损害下属的自尊心和积极性。所以，领导者使用这种领导方式时一定要慎之又慎。

领导者几乎时时刻刻都在不断地运用正向领导和负向领导这两种领导方式，起主要作用的领导方式会在组织内造成一种风气。领导方式同时与一定的组织行为模式相关，如集权专制型领导方式倾向于采用负向领导，民主型领导方式倾向于采用正向领导。正向领导方式容易获得较高的工作绩效，能够为大多数人所接受。

以上各个层面、各种各样的领导，形成纵横交错、庞大复杂的完整领导体系。其特点是既有所区别，又互相联系、互相制约。对这些领导的种类及其关系进行充分的了解和把握，就可以在对不同领域、不同层次领导职能的特殊性的了解和把握以及提高领导工作的有效性方面起到指导作用，还可以为正确地分析领导群体结构是否合理提供理论和实践上的依据。

3.6　领导过程与领导结果

3.6.1　领导过程

领导过程是领导主体实施领导、履行领导职能职责的具体行为过程，也是领导现象产生、展现并形成事关利益和命运的现实结果的最权威社会运动过程。换言之，领导过程也就是由处于社会中心的关键力量即领导力量发挥作用、释放能量、致变领导客体的权力权威运作过程，是汇集并消耗大量领导资源、团结和发挥相关力量去完成群体或组织乃至整个社会的共同事业的社会过程和历史过程。

从领导的本质看，领导过程就是占主导地位的社会系统（如阶级或阶层）的代表人为其所代表的一方服务并具有明确价值取向的特定活动。它事关领导活动或领导现象的性质、影响及后果，直接关系到大量领导资源开发利用的方向、成果和效率，更直接造成领导主体的功过毁誉和领导客体的福祸兴衰。可以说，群体或组织乃至社会就是在领导行为的影响下走出自己的历史轨迹的。人类的历史也就是这样创造出来的。因而，把握住了领导过程，就可以说把握住了领导。

另外，从领导原理上看，领导过程是领导科学和领导艺术产生、存在和作用的现实活动过程，其中自然包含了许多原理规律。因而，把握了领导过程，就是把握了活生生的领导科学、领导艺术以及其中的原理规律，也就等于掌握了关于领导成败的理论钥匙。但是，这些内容都是实用的领导知识、领导技能、领导智慧或领导经验的总结，具有鲜明的操作性。

只要考察任何一个领导者或领导机构，我们就一定会发现，没有一个领导主体是不决策、不用人的，也没有一个领导主体是不动员人、财、物、关系、权力等资源来落实决策的，因而也就没有一个领导主体不需要在人群中做组织、协调、沟通、团结等工作以把领导决策变成集体行动的。一旦要组织这么多资源，尤其是要组织人群这种最复杂的力量去实现领导目标，就必定有指挥、控制和反馈等实际行为需要。

所以，决策、用人、动员、指挥、组织、沟通、协调、团结、控制和反馈等就是领导过程的各个具体行为方面。因此可知，就是这些领导行为方面构成了具体的领导过程，亦即构成了领导，它们就是领导的真实内容和本来面目。其实，它们也就是领导职能系列中的运行性职能。在这一点上，运行性领导职能也就是构成领导过程的实际依据和具体因素，领导过程就是这些职能的动态表现，两者根通脉连，本质上是同一事物的两个方面。

由于这些领导内容在时空上总是按一定顺序组合在一起的，所以它们实际上是以链条或环节的形式表现出来的系列整体。因此，这些行为方面在实际展现过程中就构成了领导过程的诸环节，它们也就叫作领导环节。这样，我们就可以从领导环节入手认识和把握领导过程。

总之，领导过程既是运行性领导职能运作本身，也是履行所有领导职能职责、产生领导结果的一系列活动。

3.6.2 领导结果与领导成败

领导结果就是诸领导要素经过领导过程之后化合而成的现实形态，或者是结晶，或者是结局。事实上，领导过程之后便是领导结果；只要启动了领导过程，就必定会有一个结果。无论这会是一个什么样的结果，都必定是现实的，因为这都是经过领导权能的运用和领导资源的消耗而后留下的现实印迹。这些结果要说有不同，也只是在结果的内容、形式、性质、影响和晕轮效应上大不相同（甚至相反）而已。

领导结果可以是虚的，也可以是实的；可以是达到预期的和令人满意的，也可以是出乎意料或大失所望的；可能是善的、好的和优的，也可能是恶的、坏的和劣的；也许是成功的和受欢迎的，也许是失败的和遭到反对的。这些结果多种多样，直接构成领导的产出，是领导绩效的直接反映，直接影响甚至决定着领导主体在随后现实生活中的实际命运。

通常，领导结果多以领导成功或领导失败来表示。事实上，领导成功和领导失败正是领导过程的两种最基本结果，也就是领导结果的两种最基本状态。

成功的结果表现为得到实现的领导价值与领导成效。失败的结果说明领导价值与领导目标落空，领导成效为零或为负数。确切地说，领导失败就是在领导活动过程中、在特定的情境下领导者的某一具体领导行为没有或基本没有实现预期的领导目标或组织意图。或者说，领导活动的结果与领导活动的预期目标不一致或根本相反。

当然，衡量和判断领导是成功还是失败，可以从多方面来考察和分析，但领导活动的结果无疑是最重要的一个依据，这也符合马克思主义关于“实践是检验真理的唯一标准”的基本观点。领导活动的结果与领导活动的预期目标相一致，这就说明领导活动是成功的，同时也说明这一领导目标是正确的；否则，就不是成功，而是失败。

领导活动的结果与领导活动的预期目标不一致主要有两种情况：一是预期目标本身制定得就不正确，违反领导规律，因而不可能出现与此相一致的领导结果；二是预期目标本身正确，但具体的领导决策、领导方法、领导措施和领导活动过程有问题，因而也不会出现与预期的领导目标相一致的结果。

3.6.3 领导失败的原因

领导失败的原因有很多，但通常出现的最突出原因则主要有如下诸方面：

第一，观察失误。背景知识方面存在问题，经常造成观察失误。思维习惯不同，导致在观察客观事物时关注的侧重点就不同。或者善于研究和把握事物的细节方面，而对战略问题和根本问题不感兴趣，在观察中就容易抓小放大；或者习惯于从总体上把握问题，而对细节则不大注意，在观察中就容易抓大放小；或者爱畅想爱幻想，常带有理想主义色彩，在观察中难免脱离实际；或者只注意残酷的现实，在观察中难免会丧失信心。

此外，还有情感因素和情绪因素。人们对自己喜欢的人或物往往容易忽略其缺点，甚至对缺点加以淡化和美化；而对不喜欢的人或物则容易过多地看到其缺点和不足。这样，把自己的情感作为选人用人的“过滤器”，合则用，不合则去。

领导者同被领导者间的相互作用所产生的不确定因素也会导致领导者观察失误。领导者的所闻所见与真实的情况可能存在一个不小的差距，在某种程度上可能由被领导者所造成。如领导者向下级了解情况，有的人可能向领导者夸大自己的成绩，希望得到领导者的赞许和肯定；有的人可能会夸大困难以求得到领导者的照顾；有的人可能突出次要问题，淡化主要问题；更有甚者可能弄虚作假，在领导者视察和了解情况时，做事先布置。这些都会导致领导者形成虚假的印象，影响领导的观察力。因此，领导者了解问题如果只停留在直接的表面现象上，而不做深层次的调查研究和多方比较，就会导致观察错误。

第二，判断失误。正确的判断是在正确观察的基础上产生的，如果观察错误，那么在此基础上的判断也是错误的。但也并不是说，观察正确，判断就一定是正确的。造成判断失误的原因也是多方面的，造成观察失误的原因往往也是造成判断失误的原因。

在观察材料完全准确的基础上，也往往会出现判断错误。判断是在材料的基础上，通过逻辑思维的结果；要有正确的判断，就必须要有正确的思维方法。但是，在人们的逻辑思维过程中，通常是逻辑的和非逻辑的因素同时在起作用，在二者一致的时候，形成正确的判断，在二者不一致的时候，就会导致错误的判断。比如，在特殊条件下得到一个特殊结论，或者是在特殊条件下得到一个普遍结论，而认为该结论可以推而广之，那么这个判断就可能是错误的。

逻辑的和非逻辑的思维是影响判断正确与否的内在因素，除此以外，还有一些外在因素也会对判断造成影响。在诸如战争、灾祸等某些紧急情况下，需要立即做出判断时，领导常常只能依靠经验或急中生智，而这也往往可能使其做出错误的判断。

应该说，领导者判断的失误，主要还应从主观方面查找原因，过分地寻求客观方面的因素，对领导者日后工作不会有任何帮助，只会带来更多的错误和失败。

第三，决策失误。决策失误和判断失误是相关联的。判断失误会导致决策失误，但是判断失误并不等于决策失误。如果领导者在决策之前没有根据错误的判断去决策，就有可能避免决策的失误。其实，导致领导者决策失误的因素是多种多样的，除了判断这一因素以外，还有领导机制和领导环境，就领导者个人来说，还有领导者的胆识和领导艺术等。比如，有时候领导者虽然有正确的判断，但受制于领导体制和领导环境，不得不做出违心的决策；有些领导者由于缺乏胆识，在正确决策面前患得患失，采取明哲保身的态度，而选择中庸的决策。这些情况都会导致决策失误。

第四，方式方法不当。在领导过程的各个环节都需要许多科学睿智的方式和途径、方法和措施。其中，在任何一个环节上不当或错误地使用方式方法，都将直接影响领导的质量和水平，并带来严重的后果。

第五，领导目标和领导方向发生了错误。这有智力和方法上的问题，却常常是因为政治素质、思想素质、道德素质等已经出现了严重的问题，主要是偏离了正确的政治方向，忘记和背弃了领导之本，把公仆当成了主人，从心灵到行为都开始偏离正轨。这样的错误完全是主观恶化的结果，与客观原因造成的领导失败相比，其性质和程度都要严重得多。

总之，从根本上说，领导失误、失败的原因包含主观原因和客观原因两个方面。其中，主观原因是根本原因。这个原因归根结底就是缺乏必要的领导素质，是领导素质不完善不全面的结果，因而要由领导主体承担主要责任。

3.7 领导绩效

3.7.1 绩效与领导绩效

绩效在英文中就是“performance”，意指履行、执行、行为、表现、完成等，现在也引申为性能、成绩、成就、成果等。基此而言，绩效就是工作者在实践中的行为表现与工作质量、实际业绩与成效、实际成就与贡献、实际水平和有效性等情况的总和。

而领导绩效在英文里就是“leader's performance”或者“performance of leadership”，显然是绩效的一种。实际上，领导绩效指领导主体特别是领导者的行为表现与工作质量、实际业绩与成效、实际成就与贡献、实际水平和有效性，也就是领导主体在整个领导实干过程中创造或达成的有效性即领导有效性，显然，它也是领导结果的一种。

但是，无论绩效还是领导绩效，都是一个尚无统一定义的概念。至今，它们的界定角度和实际含义都仍然是多种多样的。所以，英国学者理查德·威廉姆斯（Lichard Williams）就说：“不同人都可以根据自己的兴趣和理解来对绩效进行界定，或许正是一种开创性研究所存在的必然现象。”①

无论在理论上还是在实践中，人们对领导绩效都还存在不同的称谓、理解和解释，或叫领导业绩，或叫领导效能，或叫领导成效，或叫领导政绩或领导工作成绩等。有的人认为，领导效能是体现在领导活动过程中为实现领导目标的努力和获得领导效率、效果、效益的系统综合②。而有的人则认为，领导效能是指领导活动及其构成要素所蕴含的有效功能以及这些功能在领导活动中所获取的有效成果或成效③。也有一些学者如庄汉山等就旗帜鲜明地提出，要将这一重要范畴统一称为领导绩效，并且对此展开深入的理论研究和应用研究。为此，他做了专项调查，并根据这个调查的结果提出，“领导政绩或领导工作成绩是领导者履行领导岗位职责的结果，是德、能、勤等素质诸要素在实践终端上的物化反映。这是一个内涵狭小的概念”。“领导绩效是一个更具包容力和可接受性的新概念，但学术上的专门研究并不多。我们认为，领导绩效是指领导者在行使领导职能，对被领导者和领导环境施加影响，组织制定领导目标并推动其实现等过程中的工

① 威廉姆斯．组织绩效管理．北京：清华大学出版社，2002：13.
② 陈国裕，朱法贞．领导学与案例教程．北京：科学出版社，2001.
③ 刘兰芬．领导方法与领导效能．领导科学，2001（7）.

作效率及最终取得的实绩与效益，是领导活动的效率、实绩与效益的有机统一”①，“领导绩效考评具有综合性、透明性、原证性、内涵性四个特征”②。

然而，无论叫法如何不同、如何多样，领导绩效都已经成为人们最为关注的事情了，在领导和管理的实践中已经成为最重要、最流行的概念和范畴之一。

3.7.2　领导绩效的界定

领导绩效是指领导者实施领导的行为能力、工作质量、资源消耗、成本水平和产出回馈等方面的总和，是领导过程中的效能效率和领导结果与领导标的的一致性，集中体现为领导活动带来的直接经济效益和社会效益，实际也是整个具体社会系统所追求的绩效的核心部分，是体现或反映领导过程成效、领导活动质量和领导水平刻度的综合指标。

由于领导绩效是一个综合指标，从不同的角度，以不同的标准，可以将领导绩效分为很多类型。以领导的基本职能为标准，可以分为行政领导绩效、经济领导绩效、军事领导绩效等；以领导层级为标准，可以分为高级领导绩效、中级领导绩效和基层领导绩效。但无论从哪一个角度划分，领导绩效一般都包括以下几个方面的具体内容：

1. 用人成效

用人成效是指领导者对下属的选择、配备、使用等方面的效能。就其实质来说，是如何调动下属积极性的问题。对领导者用人成效的考评，首先看合理用人数与用人总数之间的比例关系。在用人总数中，被合理使用的人员越多，领导的用人成效越好。其次看下属能力的发挥与下属潜能的比例关系。下属潜能发挥得越多，说明下属积极性被调动得越高，领导的用人成效越好，反之则越差。这两种比例关系都能说明领导者用人成效的好坏。

2. 办事效率

领导活动就理论而言主要是发现问题、分析问题和解决问题。虽然领导者处理问题的成效受到各种因素的制约，难以对其精确考评，但是，通过以下几个比例的考评，也可以得出结论。一是已处理和解决问题的件数和应该处理和解决问题件数的比例，比例越高，领导者办事效率就越高；二是已处理和解决问题的件数和处理解决问题失误的件数的比例，这个比例越高，领导者办事效率就越高；三是处理重大问题的件数与处理一般问题件数的比例，这个比例越高，领导者办事效率就越高；四是领导者包揽处理应由下属处理问题的件数同处理问题总件数的比例，这个比例越低，领导者办事效率就越高。在这四个方面中，前两者是衡量领导者办事效率高低的主要标准，后两者是衡量领导者办事效率高低的参照标准。

---

① 庄汉山. 怎样提高领导绩效. 广州：暨南大学出版社，2003：14.

② 同①16-17.

3. 时间效率

马克思说，一切节约归根到底都是时间的节约。时间效率的考评也是领导成效考评的重要方面。有效工作时间和法定工作时间的比例，就是有效时间利用率。在时间效率考评中，首先看领导的时间利用率，其次看下属的时间利用率，最后把二者综合起来，看组织的整体时间利用率。

4. 整体成效

整体成效也叫组织的整体贡献，作为考评内容，主要是指组织运作的成果与消耗之比。这里说的消耗是指在取得成果的过程中，所耗费的人力、物力和财力的总和。成果与消耗的比例越高，组织的整体贡献成效越高；成果与消耗的比例越低，组织的整体贡献成效也越低。同时还要看成果被社会认可的程度，程度越高，成效越高；程度越低，成效也越低。

实际上，领导绩效的内容主要就是两方面的事实：(1) 领导才干在领导实践中发挥作用并得到发展的事实，即领导主体特别是领导者和领导班子的领导才能、领导水平的事实或真实材料。(2) 领导言行的表现与结果等事实，即领导主体特别是领导者和领导班子的真实领导表现及其结果。这些事实就是领导绩效考评的实际材料。

所以应该说，领导绩效以实际业绩和成效为焦点，以所有能够和必将产生领导有效性的相关领导要素为具体内容，以领导主体特别是领导者和领导班子在领导实践过程中所掌握、蕴含或者表现出来的一切为实际材料和依据，具有极其广泛、丰富和复杂的实际内涵。

另外，这里有必要对领导效率、领导目标与领导绩效的关系进行简要辨析。领导效率实质是完成目标过程中资源的利用情况，充当领导绩效的影响要素甚或决定性因素，而且它只有与领导目标一致时才有意义。如果领导活动费时少完成的事情多，或投入小而产出大，但对于实现领导目标毫无益处甚至有害，就无所谓领导业绩了。如果领导目标完全错误，领导效率越高，产出的负效益就越大，不仅谈不上领导绩效，而且只会产生严重的领导后果。从动力的角度看，创造领导业绩而避免领导失败正是一切领导活动所追求的直接目标。

总之，领导绩效就是领导素质在整个领导过程中发挥作用并耗用大量资源的结果，无论优劣成败均是领导影响和活动的现实结晶，不仅直接关系到整个组织乃至领导主体本身的价值、成效、形象与命运，而且关系到所有领导客体特别是被领导者的切身利益和现实命运。

3.7.3 领导绩效的意义

领导绩效能够充分证明领导的过程、质量、结果和实效，对整个绩效具有决定性的影响，也从综合状态上描述、确定着整个领导的结果，或者成功，或者失败，或者成败参半。事实上，它是领导结果的一种精确化表现形式，对于领导的实际成效具有无可辩较的证明力和说服力。

应该说，抓住了领导绩效，就意味着不仅抓住了领导的“牛耳”，而且也抓住了所有绩效中最重要、最关键的部分。忽略了领导绩效，则不仅无从考核和把握领导，领导也将因此而失去意义，这是因为，无论个人绩效还是组织绩效都最主要地取决于领导，领导绩效可以说就是对绩效整体的代表性反映。

所以，领导绩效是一个非常重要也非常现实的领导范畴，是整个现实社会生活中最为严肃、重大的事项之一。古今中外无不对此重视至切，人们对它的关注已经大大超过了对领导素质的关注。它不仅是领导主体最关心的问题，也是组织人事、纪检监督以及其他重要部门最关注的问题，当然更是人民群众最关心和重视的问题。

对于领导绩效，不仅需要从理论内涵上充分地把握，而且还要从领导工作的实际和组织人事工作的实际来充分地把握。而要把握这些不同的领导绩效，就需要借助科学、现代的领导考评。

总之，领导绩效是一个非常重要的现实范畴。在地位上，领导绩效是领导主体，主要是领导者和领导班子的绩效。领导者的绩效属于个人绩效，领导班子的绩效则属于狭义的组织绩效。然而，它们都是广义组织绩效的核心，因为无论个体性领导还是集体性领导都是组织行为，都是整个组织的核心，在整个组织绩效的产生过程中都起着决定性的作用。领导绩效对整个组织绩效具有决定性影响和象征作用。

3.8　领导创新

3.8.1　领导创新的实质与价值

领导就是领导主体在时代潮流前头引导、率领大家不断向前奋进和夺取胜利的活动过程，其中主要包含了创新的实质。创新的潜力和优势决定着领导的质量和能量。如果没有创新或者不以创新为实质，这样的领导只能是低劣无能、腐朽落后的，必然使整个组织群体丧失生机和活力，丧失生存力、竞争力和发展力，很快变得落后而被淘汰出局，既可能给领导客体造成致命的伤害，也可能给领导主体自身带来极为严重的后果。只有创新的领导才是优质高能的领导，才能真正充当所在组织的核心和原动力，确保所在组织在竞争中赢得交锋较量的胜利，带动社会的创新和变革，推动文明的进步与发展，从而真正发挥领导作用。

显然，领导的本质决定了领导必须是不断创新的。而领导创新就是领导的本质表现与要求，更是领导的实际过程与主流，也是整个领导主体和领导过程永无止境的追求，这已经成为新世纪的普遍观念与主要潮流。领导只有创新，才能给领导客体和整个事业带来新的生机和活力、前途和希望，才能激发并创造出新的生命力、创造力、竞争力和发展力，才能确保先进，起到带头和率领作用，才能真正胜任“领导”之职。

应该说，领导不仅有带头创新的工作责任和内容，而且有促进自身革新的需要和要求。这在于社会就是发展的关键，在于经济就是增长的关键，在于企业则是生存和扩张的关键，在于科技则是突破和超越的关键。领导创新创造并代表着先进的生产力和先进的文化，符合并代表着领导客体的根本利益，实际也就是贯彻落实中央精神的具体领导过程。它不仅给全社会的进步与发展带来不竭的动力，而且还直接形成核心的生产力和竞争力，形成直接而丰硕的现实成果。

领导创新是指领导主体顺应时势、切合实际、实事求是、解放思想、主动变革，应对形势和环境变化，积极地探索并创造性地解决各种现实问题，不断图强、图优、图新的核心发展过程。这一过程集中表现为在理论基础、信息视野、观念意识、思维方式、领导方式、工作方法、内在构成、体制机制、系列系统等许多方面的不断变革与优化，显示出其中最新的思路、对策、战略、方针、政策和动力。

如果说科技创新直接创造和发展了第一生产力，那么就应该说领导创新和管理创新为社会各方面的进步与发展提供了最关键的保障和最大力的支持；如果说科技创新主要从物质上推动社会的进步，那么就应该说领导创新同时从物质和精神两方面全面推动社会的进步。其实，就连科技创新也首先是领导的创新，至少是学科带头人、首席科学家或技术专家首先在创新。无论在政党、政府、国家还是在企业、团体或者诸如科技等各项事业领域，所有创新都首先是领导创新；无论是国际社会中国与国之间，还是国际市场中企业与企业之间，抑或是世界科技与文化之间，其相互竞争与较量、其竞争力与综合实力都取决于领导创新。领导创新是整个国家创新体系的核心，是一切创新的关键，也是一个领域创新的领头雁；没有领导创新，就不会有一个领域的其他创新。

其实，领导创新就是一种带动、发起、催生和推进其他创新的动力性创新，是由领导主体在实际领导范围内创造生机和活力、推动进步和发展、引领潮流、最务实地打造辉煌的一种创新，是我们在新世纪赢得生存和发展之机、之力的关键与核心。创造性、先进性、光明性、动力性和核心性是其显著特征，体现着领导的本质属性，贯穿整个领导过程，与领导业绩、领导结果，特别是领导客体的命运福祉息息相关。

领导创新带动着整个创新体系和创新因素发挥出其最大的创新力量。这在科研方面则实现一系列的理论突破、应用突破而取得自己的专利；在企业方面则极大地增强了自身的核心竞争力和生存发展力而发展壮大；在党政方面则进一步增强了凝聚力、影响力、先进性、创造性和综合国力，使党真正能够坚定地站在时代潮流的前头，抓住并实现发展这个执政兴国的第一要务。一切不创新或者创新不足的实体都将变得落后而被迅速淘汰。

这就是说，管理要创新，科技要创新，制度要创新，文化要创新，理论更要创新，而领导尤其需要创新。这些不同领域的创新构成一个完整的创新体系，创造着一个组织的生存力、竞争力和发展力，创造着一个国家的强大生命力、综合国力和国际竞争力。如果说理论创新、文化创新、科技创新、制度创新和管理创新构成国家创新体系的主体，那么就应该说领导创新是国家创新体系的核心和灵魂。因此，首先要抓住各个领域起着示范和引导、带领和推动等作用的创新即领导创新来启动整个创新体系，全面推进我们各方面的创新。总之，社会生活的各个领域都要创新，各行各业的领导主体都必须带头创新。

事实上，领导环境和领导面临的问题总是在不断地变化，领导目标和领导战略总是在不断地向更高更远处调整、更新，领导任务和领导对策也总是在不断地变动、翻新，领导的思想观念和方式方法也都得不断地改变、革新。这就决定了领导必须与时俱进、不断创新，领导创新已经成为事关领导主体能否更好地提高领导水平和执政水平的永恒主题和战略选择。

总之，领导创新是一种核心性的、深层次的变革过程，是上层建筑核心部位与环节的自我完善和优化，也是领导主体获得或证明其拥有资格以代表先进生产力、先进文化和人民群众根本利益的过程。领导创新的根本目的就在于更好地为人民服务，为整个创新和发展大计服务，而绝不是变着花样或找到新的手段去维护陈旧落后、不利于民众和大局的结构、功能、机制、体制、素质、作风、队伍、关系和利益格局。能否紧紧抓住并不断推动领导创新，就意味着能否占领21世纪生存与发展的制高点，能否在21世纪的竞争和挑战中获得更大胜算。

3.8.2 领导创新的主要内容与焦点

领导创新既然广泛地存在于各个现实领域之中，那么很明显其实际内容就必定是无限广阔而丰富的。从领导学原理的角度看，则可在一般的层面上概括出领导创新的主要内容。根据我国现阶段的实际情况，领导创新的内容主要包括两大部分。

1. 内容核心

在全球化时代，领导创新就是要围绕发展目标和领导职能职责，运用批判和扬弃的精神、最新的科学观念和文化成果，运用新视野、新思维、新知识、新方法、新方式和新对策来适应和驾驭新情况、新形势，来发现和解决新矛盾、新问题，在不同领域的具体领导工作中不断地变革创造、与时俱进和弃旧图新，既确保领导本身不断创新，包括优化领导素质和领导过程、改变领导作风和领导方式、提高领导绩效和领导水平等，也确保领导真正切实激发、鼓励、引导和推动整个社会生活的变革创新，从而切实、有力地推动我国各项事业蓬勃发展，特别是最大限度地解放和发展社会生产力，促进社会经济的全面发展，最好最优地建设小康社会，实现中华民族的伟大复兴。

2. 内容要点

在核心内容的范围内，可以明确在21世纪的条件下领导创新的内容要点主要包括内务性要点和外勤性要点两个方面。

第一方面：内务性要点。领导创新的内务性要点就是最主要着眼于加强领导方式优化和领导队伍建设，以提高领导水平和执政水平的领导创新要略。这主要有如下七个要点：

（1）要根据领导环境的变化和领导任务的扩展，及时、准确地把握新情况新问题，明确新挑战、新机遇，切合时代脉搏，调动最大的积极因素，发挥出最大的积极性和创造性，因时而动，与时俱进，果断进行领导创新。

（2）着眼于世界发展浪潮和中国社会转型，更新领导观念，革新领导思维，重构领导战略，突出领导的主旨和根本责任——服务。

（3）聚焦于领导素质和领导人才，不断提高和优化领导素质，源源不断地开发和增强领导力。

（4）紧紧抓住组织人事这个关键，切合时代强音，破除对人才的障碍，摒弃旧的人才观念、政策与机制，构建新型组织人事理论及组织人事机制。

（5）清算封建遗毒，转变领导方式，改变领导作风，创新领导文化——确保形成以人为本和以事业为导向、大公无私、勤政务实、廉洁高效的新型文化。

（6）建设高素质团队，优化领导队伍，以更新的眼光和思维、更博大的气魄和雄心去构思新的战略，以更英明的战术展开并赢得博弈。

（7）引入和创造先进的领导机制与领导方式，建立和强化科学监管领导的机制，建设最优的权力机制和领导权威，优化领导体制，创新领导绩效。

第二方面：外勤性要点。领导创新的外勤性要点就是主要着眼于领导所在具体领域的专门性工作方式和工作成效极大改善、工作进度和工作质量极大提高的领导要略。这主要包括如下三个要点：

（1）以全球、全国、全域的战略视野来审度和把握所在领域的基本形势，由此构思并确定全面应对本领域最新变化以图发展的具体战略措施，同时进行具体的战略行动，实际推动领导范围内的各项事业在战略上的全面展开，从战略上确保事业的务实进展和成功。

（2）以最新的理论和科学技术、最优的决策和组织行动来具体而最佳地组织动员各种资源，利用各种有益的条件，发挥各种优势和积极因素，创造并形成强大的合力，由此切实解决各种具体的矛盾和问题，稳步高效地推进生产力的解放与发展，极大地推进各项具体事业乃至所辖领域的全面进步与发展。

（3）以时不我待、高度负责和不屈不挠的精神来对待具体业务工作中的困难。不仅要“排除万难，争取胜利”，而且要井井有条、客观理智、合理合法而又无限智慧；不仅要力求以最小的投入换得最大的产出，而且要以良好的知识来换取优质的产出；勇拓善闯，越来越强，为夺取更好的业绩、创造更多的财富、做出更大的贡献而奋发当先。

上述两个方面构成领导创新的基本框架。其中，以观念创新为先导，以机制创新为核心，以体制创新为主体。观念创新是一切创新的前提，机制创新是体制创新的先决条件。只有首先创新领导观念和领导机制，然后才能创新领导体制。领导机制直接关系和铸造着领导主体的意识和行为，并形成领导文化、领导体制或制度。创新领导机制，就能首先创新领导行为，使领导主体适应新形势新任务新要求，使领导主体能够很好地与时俱进、解决新问题、应对新情况新挑战，从而创新领导业绩，带来新的成就，创造和代表先进文化，推动文明与进步。

事实上，领导创新的最大焦点就在于变革和优化现行的组织人事机制和领导机制，打破和抛弃“官本位”，在解决领导人才问题和吏治问题上真正实现重大突破，确保各行各业的核心人力资源和领导力都能得到最大限度的解放和开发，并迅速转化成现实生产力、竞争力、制胜力和发展力。

3.8.3 领导创新的现实问题与制约因素

然而，领导创新并非易事，在现实中常常难以做到，甚至常常会在不知不觉中就滑落到或固守在领导不创新之上，总是停留在旧的观念和旧的机制之下，抱残守缺，维护着旧的观念、体制、模式、主体、行为和利益格局，使成堆的新老问题总是得不到解决而积重难返、病入膏肓。从现实生活来看，领导创新还面临许多现实问题和制约因素，主要有如下方面：

第一，权力、利益问题在起作用。领导不是普通的社会现象，它掌握并行使着权力，发挥着强大的影响力和强制力；掌管并调配着利益，控制和配置着绝大多数社会资源；主导甚至决定着绝大多数其他社会事物在当前的命运，在过去、现在和未来的事物深处都能留下无法抹去的影响。这一特质决定了领导的权力运作和利益反应过程与以革新为实质的创新往往相互抵制甚至严重冲突，并且在权力需要和利益需要的驱动与压力下必定会忽视、闲置、压制甚或抛弃创新。这就是说，当前的权力、利益特别是既得利益最容易成为领导创新的制约因素和重大障碍，最容易造成领导不去创新和其他严重的后果。

第二，领导素质问题在起作用。领导主体从事领导工作的必要素质常常残缺而低下。有的领导者能够坐上领导的位子，并不是因为他有良好的政绩和优良的素质，而主要是因为借助了关系、背景、手段、机遇、资格、已经到手的各种资源及资源的交换。有的领导者本就不是为领导而来，而是为谋地位、谋资源、谋私利而来。一些领导岗位占持者不知道领导的特殊性、责任性和重大性，只知道充分享有和滥用手中职权与资源而不用负责，不知道在所领导的专业领域里领导的实质到底是什么，只知道自己所处的领导岗位是最好混饭吃的地方。很明显，在这样的素质条件下，领导创新就无从谈起了——既会遭到完全排斥和反对，也没有响应的基础和能力支持。可以说，领导素质问题构成领导创新的最大制约和最大障碍。

第三，领导机制问题在起作用。影响领导创新的领导机制包括领导运作机制、领导人才机制、领导效用机制、领导责任机制、领导监督机制、领导惩处机制、领导调整机制、领导更新机制和组织人事政策机制等方面。领导机制往往是无意中自然形成的，多是并未预先经过科学的设计、验证、调整和完善，因而常常存在不配套、不完备、不科学、不规范等问题。这在客观上就造成了领导运作的许多漏洞和缺陷，既直接影响领导体制的科学完善，又直接影响领导过程的科学高效，形成根本不需要创新或者完全排斥创新的总体氛围和实际规则。特别是这些问题一旦同领导素质问题交织在一起时，就必定产生更为严重的“不创新”问题，比如常常会不能发现、使用、支持或保护真正的领导人才，而使素质低下的人总是占着领导岗位，进而造成领导系统的无能化、虚弱化、病态化和腐败化，造成难以扭转和治理的局面。在此情况下，领导创新就只能是镜里摘花、水中捞月了。

第四，领导体制问题在起作用。领导体制就是领导机制成熟化、系统化、条文化和固定化的一般形式。一旦领导体制确认并固定下来，而作为其基础或前身的领导机制却又存在严重问题，那么这样的领导体制就会先天不足，生来就有严重问题。这样的领导体制不仅会给不良的领导机制妨害领导创新提供制度保障，而且还会从宏观层面上直接阻碍、制约、限制、排除和消灭领导创新，从而使领导异化变得合理、合法而不可逆转，在体制上造成僵化、垂死的局面，并埋下危机的种子和覆亡的隐患。这就是说，领导体制问题最容易成为阻碍领导创新的最大和最顽固堡垒。

第五，领导文化问题在起作用。领导文化中不乏负面、消极、有害的内容。这些内容往往是封建遗毒、腐朽意识、狭隘心灵甚至是邪恶思想，譬如官本位、作威作福、唯我独尊、自私自利、官僚主义、宗派主义、本位主义、形式主义、搞政绩或形象工程等，再如把以事业为导向、以才能为导向视为愚笨，把善于搞人际关系和窝里斗视为高明，进而信奉“有权不用，过期作废”、“人不为己，天诛地灭”、强权即是真理和弱肉强食等信条。它们本质上就是落后而有害、同创新的导向截然相反的领导文化，与先进的生产力、先进的文化和广大民众的利益互不相容、完全对立和相互排斥，因而是绝对不可能适应或容忍领导创新的，更不可能推动或支持领导创新。它们往往以恶劣素质的形式出现，但更为广泛的是以领导环境特别是直接制约和形成领导行为的微观环境的形式出现并发挥作用。任何领导者个体都无法超越。因而，领导文化问题就成为具有巨大软性力的制约因素。

第六，腐败问题在起作用。腐败尽管是上述诸因素的结果，但一旦成为具体真实的社会现实时就必定成为能够坚定有效地阻碍和破坏领导创新的现实因素。腐败不仅直接敌视领导创新，而且还增强了其他消极因素对领导创新的阻碍与破坏作用。

第七，领导创新目的不纯。不少领导主体搞领导创新并非为了实务和实效，而是单纯为新而新、为应付上面和个人政绩而搞新花招，把领导创新变成了新的形式主义，甚至是把领导创新变成了变着花样扩大权力和影响、变本加厉滥用权力和违法乱纪的手段，完全没有依法依规、严肃公正、自我约束地对待和行使权力，以权力任性来替代科学、务实、积极和负责；既不是以变革图强的精神和动力来真心为了事业发展和造福于众，也不是为了应对快速变化的环境与趋势而拿出更有效的办法来解决各种各样的问题、矛盾、症结或痼疾。这样的领导创新就变味变质了，毫无价值，危害甚大，后果严重。

上述诸因素常常综合地影响着现实领导。而由此而来的领导就是典型的“变态领导”——它总在重复着极端有害的官场旧弊，严重地危害着一方经济与社会，危害着党和政府的形象与威信，破坏着来之不易的安定团结和改革成果，严重地削弱中国应对入世形势的能力，破坏着中国制胜全球化挑战与竞争的努力和效能与优势的形成，使得中国可能丧失主动、痛失机遇，无力赢得交锋较量的胜利，使中国的发展面临巨大的风险。

总之，领导创新面临的现实领导问题和制约因素相当多，领导创新的难度也相当大。要做到领导创新，最重要的是要始终以事业为导向、从大局出发，始终以人为根本、走群众路线，把人民群众的利益放在第一位、把国家民族的利益放在第一位，将勇气与科学精神相结合、理想与现实相结合，以最大的勇气、智慧、责任心和科学精神来扫除上述诸障碍、应对上述诸因素，顺应时代、事物、科技、环境等的飞速发展变化，积极、有力地开展领导创新。对此，不仅所有的领导主体都要交出满意的答卷，亦即无论民营还是公共领域的领导都要变革图新，而且领导学乃至整个社会科学界也同样要交出满意的答卷。

本章小结

领导价值是领导的核心和灵魂；领导取向既取决于领导价值，也决定着领导的目的和目标。领导目的和领导目标形成领导任务和领导职能；领导职能决定着领导权力和其他资源的配置，并同时带来领导的责任；领导职责既是领导过程正确性的内在保证和约束，也是领导结果对于领导权力及其他资源消耗的强效回应或强制性反应，对于整个领导过程、领导成败及领导绩效而言，均是一个至关重要的现实因素。领导结果常常表现为领导成败。领导绩效既是领导结果的一种表现形式，也是领导结果的一种催化剂和引导标。着重抓好领导绩效，就能促进领导过程的科学化和规范化，也能确保避免领导失败而增加领导成功的概率。提高领导绩效、夺取领导成功是领导的本质要求，也是领导创新的本质内涵和动力基础；领导创新则是领导的本质精髓，但受多种因素制约，需要在领导实践中加以突出并克服困难。

关键术语

领导价值　领导取向　领导目的　领导目标　领导职能　领导职责
领导构成　领导过程　领导结果　领导成败　领导绩效　领导创新

复习思考题

1. 如何理解领导价值的实质、特性和作用？
2. 试分析领导取向与领导之本、领导价值和领导路线之间的内在联系。
3. 在具体的领导实践中根据什么来正确制定和执行政策？如何正确行使领导权力？
4. 领导职责应该包含哪些内容？要不要突出强调和狠抓领导职责？为什么？
5. 正常的和成功的领导过程应该是什么样子的？如何避免失败的领导结果？
6. 谈谈抓领导绩效的内容和意义。
7. 为什么要提倡和促进领导创新？领导创新的核心和关键是什么？

案例研究

案例一

随着时代的发展，广西上林县被定位为南宁市后花园，该县着力打造特色旅游县。为此，就必须清洁水源，保护生态。于是，上林县政府做出决定，对水源保护区、风景名胜区、自然保护区的核心区及缓冲区等水域的养鱼网箱进行集中清理。2013 年 11 月下旬，上林县政府对养殖户发出通知，要求他们在 12 月 15 日前自行拆除、清理网箱；对逾期不清理的，将由有关部门依法清除。

据统计，截至2013年12月，该县有网箱养殖户约300户（其中只有20多户办了证），约2 000个网箱，总共养有数十万公斤的鱼。如果按照这个通知的要求，那么就要在这段时间内将如此大量的鱼同时上市出售，结果就是让养殖户蒙受巨大的经济损失。这是因为，一是市场一时难以消化这么多的鲜鱼，一旦卖不出去，就血本无归。二是商贩会压价。以草鱼为例，成品鱼批发价一般为每公斤12元，有鱼贩子在得到清理网箱的消息后会恶意压价，以不到10元一公斤的价格来收购，最后养殖户连成本都收不回来。显然，要在这么短的时间内，由养殖户自行解决问题，确实有难度。

于是，在政府发出这个通知后，有不少养殖户就表示：政府突然推出这项措施，只留给养殖户约20天的缓冲时间，势必给养殖户造成巨大损失。有人甚至把这个通知叫作“紧箍咒”。这些意见陆陆续续反映到了上林县政府领导那里。这些领导倾听了养殖户的心声，在反复研究后，决定延长清理网箱缓冲期。

2013年12月17日，上林县政府表示，在倾听民众呼声后，决定将网箱清理的截止日期由2013年12月15日推迟到2014年3月31日；与此同时，还计划推出一系列配套政策，主要是给予在缓冲期限内依法清理网箱的养殖户一定的经济补助，派政府工作人员到水产部门帮助养殖户联系买家，争取将养殖户的损失降到最低，切实维护养殖户的利益。于是，广大养殖户就又高兴了起来，随即把这个网箱清理通知由原先的“紧箍咒”改称为“如意令”。

案例二

2005年8月29日，星期一，“卡特里娜”飓风袭击了美国新奥尔良市。强降水以及大风带来的海水迅速淹没了新奥尔良，许多在海平面以下的地方瞬间变成了深水湖。居民楼不是被海浪掀翻，就是变成水中的一座座孤岛。房子之间的流水中不时漂过一两具尸体，屋顶和大树上偶尔会有一两个落难而又无处可走的灾民。在一些大商店和个别高级居住区开始有人抢劫，只要人能行走或活动的地方都失去了法律和秩序。一天下来，幸存者要水没水喝，要饭没饭吃，只有满眼的洪水和无尽的恐惧。

当此紧要时刻，美国总统布什却在得克萨斯州自家农场里度假，8月29日下午接到报告后并无什么反应，只是决定继续度假到星期三。在30日、31日这两天时间里，布什只干了一件在他看来最重要的事，那就是两次打电话给南方松树电网公司，要求其尽快抢修密西西比州科林斯附近的电站。因为这个电站与布什家族的石油生产和销售有关。到9月1日，布什乘“空军一号”从得克萨斯州飞回华盛顿，顺便绕到新奥尔良市上空“视察”了一下灾区。

就在布什悠闲度假打电话的这两天里，新奥尔良市开始发生大范围的武装抢劫和纵火行为。困在当地的一名游客希望能够得到警方的救助，但警察却答复他说：“你去死吧！现在都是各顾各了。”(Go to hell! it's every man for himself）整个新奥尔良市已经变得乌烟瘴气了。

在密西西比河西岸有个地方叫作格雷特纳，与新奥尔良市隔河相望，有一座桥相互连通。在患灾初期，格雷特纳接受了约6 000名从新奥尔良市逃出的难民。但随后不久，格雷特纳镇长就决定不再接收任何灾民了，下令设置路障、关闭大桥。陆续来到桥上的新奥尔良市难民被堵在路障跟前。格雷特纳的警察则用枪指着难民，要求难民原路返回。

对于略有意见的难民和游客，竟然有几名警察威胁说要开枪。

就这样，有不少人当初没被洪水淹死，却被后来的艰难折腾而死。截至2006年年初，美国官方公布的死亡人数就达到1 464。

▶ 分析与理解

1. 试从领导价值和领导取向的角度分析以上两种领导表现的各自实质和内在原因。

2. 从上述两个案例中能看到两种领导各自持有或追求什么样的领导目的和领导目标？

3. 概括两种领导在履行职能职责时的特点并分析其有效性和胜任性。

4. 从案例一能够看到一个充分体现以人为本的领导过程和领导结果吗？为什么？

第4章

领导方法论

重点问题

- 领导规律与领导原则
- 领导方式与领导模式
- 领导方法、领导艺术与领导方略
- 领导过程的科学化与艺术化

4.1 领导规律

4.1.1 领导规律的含义

领导规律是指领导活动过程中诸要素、诸环节之间的内在、本质、必然的联系。它包括四层含义：(1) 领导规律即领导者展开领导活动的规律，是领导者对领导要素进行把握和运用的规律。(2) 领导规律是领导辩证运动的本质表现，也就是领导活动的基本方面或要素之间相互联系、相互依存、相互制约，并在一定条件下相互转化的本质表现。(3) 领导规律揭示的是领导者解决主观和客观之间矛盾的规律，体现为科学的领导方法。(4) 领导规律是发展的。

事实上，领导规律是领导主体所必须依凭、领导过程所必然贯穿的第一个领导依据，是领导成败的主要根据，也是领导方式、领导方法、领导艺术和具体的领导对策措施等所凭借的根本。换言之，领导方法论和领导要略均须出自领导规律，而后才能真正保证其科学性和卓越性，才能真正尽可能确保领导成功。

现实生活中，有些领导成功了，而有些领导却遭到了失败。其原因就在于领导行为是否遵循了领导规律，成功的领导者掌握并遵循了领导规律，而失败的领导者未掌握或者违背了领导规律。很显然，领导规律跟领导成败直接相关，是从根本上决定领导结果和领导客体命运的实际因素之一，是最重要的客观规律之一。领导的科学性实际上就是从领导规律开始的——领导是否科学，首先就看领导主体是否掌握、遵循和贯彻了领导规律。

在探索领导规律的过程中，需要防止和克服两种不良倾向：一是随意性，即把领导活动看作是一种机变性很强的活动，没有什么规律可言，也没有探讨规律的必要；或者给主观臆想得出的东西贴上规律的标签，看到现象就当作规律，不下功夫揭示事物现象背后的内在联系。二是神秘性，即认为领导活动主要靠领导艺术，领导艺术千变万化，深不可测，绝非一般常人可以掌握的，从中不能发现或认识到什么领导规律。

4.1.2 领导规律的特点

领导规律属于最重要的社会规律，既有社会规律的共性，又有自身独特的地方。其特殊之处主要有如下三点：

第一，客观性与必然性。领导规律和其他规律一样，首先是客观存在的，不管我们承认与否或者赞扬与否。它把人们的领导活动当作客体来研究，揭示出领导过程中诸要素（如领导者、被领导者、客观环境等因素）以及诸环节（如组织、指挥、决策等环节）之间客观的、内在的必然联系。我们只有认识、掌握这种客观性，才会在领导活动中自觉地按领导规律办事，避免形而上学和主观唯心主义。

第二，重复性与稳定性。重复性是指只要具备一定的条件，领导规律的作用就会反复出现和经常发生作用。而且领导规律并不因为领导者的更替、组织目标的变化而发生变化，是相对稳定的东西。领导规律贯穿领导活动的全过程，主导着领导活动并决定着领导活动的结果。人们研究领导规律就是为了能更好地掌握它、利用它，以提高领导效能，取得更好的领导结果。

第三，实践性和特殊性。领导规律是在领导实践中形成的。要认识领导规律只能从社会实践中去探索。社会实践为发现领导规律提供了认识来源，人们不能离开社会实践去主观地冥思苦想、闭门造车。究竟是不是领导规律，还必须由实践来检验。另外，它还直接作用于领导实践。领导规律完全受领导这种特殊的社会现象所界定，与其他社会规律存在显著的区别，具有显著的特殊性。

4.1.3 领导活动的一般规律和具体规律

迄今为止，对领导规律的研究和探求还在不断地进行，领导规律仍是领导学界的一个“热点”和“难点”。学术界提出的领导规律有近百条之多，其中不乏有益的成分，可以给人启发。从整体上看，领导活动都有它的一般规律和基本规律；从局部上看，各个侧面、各个部门又有它的特殊规律和具体规律。

1. 领导活动的一般规律的内容及应用

一般规律是指作用范围不受限制的规律，是比较普遍起作用的、外延较大的规律。领导活动的一般规律主要是领导活动的基本矛盾运动所揭示的内在本质联系。领导活动的诸要素中存在着两对突出的矛盾，即领导者和被领导者的矛盾、领导者和被领导者组成的复合体与共同作用对象的矛盾。这两对矛盾不停地运动着，贯穿领导活动的始终，也包含了两条对领导成败直接发生影响的一般规律，具体如下：

（1）领导者适应并引导被领导者的规律。这是通过领导者同被领导者之间的矛盾运动所展现出来的一般规律。这一规律概括和揭示的正是领导者要适应并引导被领导者、被领导者也要适应领导者的辩证的相互适应关系，认识和掌握这一规律，有着重要的实践意义。应用于实际工作中，就是领导和群众相结合的原理。

（2）领导主体一定要适应并改造客观环境的规律。这是通过领导主体同客观环境之间的矛盾运动所展现出来的一般规律。这个规律揭示了主观指导和客观实际之间矛盾的关系，对于指导现实工作有着重要的意义。违背领导规律，就是主观的指导与客观实际情况不相符合，或者说没有解决主观和客观之间的矛盾，领导者就会犯错误；符合领导规律，使主观符合客观，领导者就能成功。

2. 领导活动的具体规律

这种规律是各种具体领导工作中解决具体问题的局部性规律，是微观领域领导实践经验的总结和升华，能够直接带来领导工作的主动和成功，是接近于领导方法或领导艺术的领导规则。其数量极为丰富，其效果也极为显著，是领导规律体系中最具体实在的组成内容。诸如一般号召和个别指导相结合、领导骨干与群众相结合、中心工作与其他工作相结合、全局与局部相结合、统一性与独立性相结合等，都是这样的具体规律。

4.2 领导原则

4.2.1 领导原则的含义与类别

领导原则是具体反映领导价值和领导规律的领导运作准则，是领导实践为了确保其成功和其本来性质不变而所必须依循的基本规范，是领导活动过程中领导主体必须坚持和自觉遵循的领导行为规范。它实际上是一种多目标、多功能、综合性的根本方法，它是领导活动规律的具体体现，为领导活动提供了基本的理论依据。它主要有一般原则和具体原则两部分。

领导的一般原则是贯穿领导活动各个方面的共同规律的反映，是带有普遍性的原则。这里主要研究领导活动的一般原则。它与诸如领导目标制定原则、领导考评原则等具体原则在内容上是不同的，但是在科学精神上则是完全共同的，主要包括激励原则、分层原则、宽严相宜原则、目标导向原则、系统原则、适度原则、反馈原则、弹性原则、权变原则等。

领导的具体原则是指反映领导活动的某一方面规律的原则，如领导决策原则、思想政治工作原则、用人原则等，它只在领导过程中或者某一具体阶段的领导活动中体现和发挥作用。关于这部分内容将在后文分别论述。

正确认识、切实掌握和科学运用领导原则是做好现代领导工作的基础，是领导主体所必备的基本条件，对于规范领导、确保领导科学和成功具有重要的作用和意义。

4. 2. 2 领导活动的一般原则

1. 激励原则

激励一般是指一个有机体在追求某些既定目标时的愿意程度。它含有激发动机、鼓动行为、形成动力的意义。因此，要实现对人的激励，就要在领导工作中，运用一定的方式，强化人们的动机，改进和改造人的行为，最大限度地调动人的积极性、主动性和创造性，为组织或团体的事业而奋斗。这就是激励原则。激励的具体形式多种多样，但就其内容来说，可归纳为两个方面，即精神激励和物质激励。

2. 分层原则

这一原则主要是指在领导过程中建立合理的层次系列，并正确处理各层次之间的关系。领导层次问题，是由“管理跨度原则”引申而来的。在领导系统中，究竟一个领导者应直接指挥多少个下属部门为宜，这就是领导跨度问题。如果下属部门数量过多，领导者精力和时间有限，那么就不易统筹、协调，就会影响工作效率。因此，在较大规模的领导系统中，往往出现较多的层次。至于每一位领导能够直接领导多少部门，可根据实际情况而定，一般经验是 5～10 个部门。

3. 宽严相宜原则

在领导活动中，领导者需要根据不同的情况，区别不同的对象，说服教育和强制并重，宽严并举，赏罚得当，有时以宽为主，有时以严为主，或者宽严相济，才能对越轨行为进行约束，为自觉的人指示方向，对不自觉的人给予告诫，从而督促整个组织或团体沿着同一轨道、朝着同一目标前进。此外还要做到：及时、慎重地运用赏罚，既取得时效，又使人心服口服，化消极因素为积极因素。这就是宽严相宜原则，它是调动人们积极性的基本条件。

4. 目标导向原则

目标是指在一定环境条件下解决问题要达到的结果和目的。目标具有定向、定时、定量的特点，本身是一种激励。但是并非所有的目标都会产生良好的导向激励作用，只有那些内容科学，具有一定的挑战性，形式简明、内容集中、能成为下属自己的目标的总目标，才能真正发挥导向、激励作用。确立目标并不是最终目的，制定目标的目的是达成目标，这是一个动态过程，必须持之以恒，因势利导，定期进行检查和修正。正确地确立目标，科学地选择实现目标的途径和步骤，合理地控制实现目标的进程，检查执行情况并进行评价，及时反馈新情况、新变化，适时调整、修正原定目标，避免失误与错误。

5. 系统原则

领导活动中的各个要素都不是孤立的，它们与内部诸要素之间相互作用，既形成自己的系统，又与其他系统或外部环境发生作用。因此，为实现领导的优化目标，就必须运用系统理论，对领导活动进行充分的系统分析，这就是系统原则。它是系统原理的具体运用和发展，也是现代领导活动的重要指导思想和必须遵循的领导原则。它要求领导者必须有全局观点、全面的观点，避免以偏概全、凌乱错杂和片面性，防止“头痛医头，脚痛医脚”“拆东墙补西墙”的做法，总是能考虑到各项因素，注意领导工作的整体性、结构性、层次性、联动性、综合性和内在关联性。

6. 适度原则

在领导活动中，要正确把握和处理质与量的辩证关系，在事物的质所能容纳的量的活动范围内，追求最佳适度，就是适度原则，也就是我们平常所说的“过犹不及”“欲速则不达”“注意分寸”“恰到好处”等。比如某个同志犯了错误，本人对自己的错误已有所认识，这时如果领导者出面，对其提出切实中肯的批评，他就会心悦诚服地检查改正；反之，如果领导者不注意分寸，把握不住时机，要么无限上纲，使他无法接受，要么轻描淡写，不痛不痒，使他不能引以为戒，就达不到教育的目的。

7. 反馈原则

“馈”字意为“赠送”。所以，从词义上讲，反馈就是“反过来赠送”。在控制论中，反馈的含义是指“系统的输出信息返送到输入端，与输入信息进行比较，并用两者的偏差进行控制的过程和方法”。它是系统控制的基本形式。根据反馈效果的不同，可以把反馈分为正反馈和负反馈两种类型。如果输出信息的作用是增强输入信息，该输出信息为正反馈；如果输出信息的作用是抵消输入信息，则该输出信息为负反馈。一个决策执行之后，根据客观情况的变化，迅速准确地、经常不断地将变化了的情况反映给决策中心，并提出相应的对策建议，以便修正或更新决策，实现领导的有效控制，这就是反馈原则。它有三个特点：一是对决策中心而非执行机构或监督机构而言的，二是在决策执行之后进行的，三是经常的和多次的。

8. 弹性原则

这是指领导者行使职能、制定计划和目标时要留有余地，在目标执行过程中，需要根据客观事物的变化，及时修正、调整目标，实行动态管理。弹性可分为积极弹性和消极弹性两类。积极弹性要求领导者处理事情“多一手”，进行科学预测，不仅在关键环节保持可调性，并且事先考虑内外部可能出现的一些意外情况，而预备好可供选用的多种调节方案，防患于未然。消极弹性要求领导者在应对超乎预备和实际主观能力之外的各种复杂情况时具有强大的耐性、理性、灵活性和自我调节空间，确保临事不僵化、不梗阻。

9. 权变原则

权变即权宜之变，指的是衡量是非利弊，以因地制宜、因时制宜、因事制宜。领导活动是诸多因素相互关系的动态过程，领导者在不违背根本利益的前提下，考虑各种有关的变动因素，随机应变，灵活机动地处理和解决问题，就是权宜原则。它是在特殊情况下领导者处理问题的一种指导原则和方法，也是权宜理论在领导活动中的具体运用。对一个现代领导者来说，具有通权达变的观念十分重要。如果领导者持教条主义的态度，不具体分析特殊情况，凡事都机械地执行指示、决定，不能从实际出发，相机行事，就不可能开创工作的新局面。

当然，强调权变并不意味着领导者可以不受任何约束、为所欲为地行动。它是有限制条件的，即在工作中，一定要讲究动机和效果的统一，不能毫无把握地标新立异，也不能无视客观规律和实际效果而蛮干；同时，权变行为要符合组织的整体利益、长远利益，如果目无大局、自行其是，那就不是正确的权变观念，失去了权变的真正意义。从权变的角度看，世上没有“放之四海而皆准”的领导方法，任何一个领导者，都需要根据变化的时间、地点、条件及对象的不同，采取不同的领导方式和方法，只有这样，才能取得良好的效果。

4.3　领导方式

4.3.1　领导方式与领导风格

领导方式是一种具有权威性、结果性的组织行为方式和社会行为方式，是领导主体以其特定的作风、习惯、性格、态度、倾向、思想和教育素质在特定的领导环境制约下形成的、对领导客体做出反应并施加影响的基本行为定式。领导方式是直接介入领导行为过程、在角度和特色上直接左右或规定领导行为的领导运作要素。

在领导方式的直接作用下，领导行为就被赋予了形式上的特点，这种特点既赋予领导行为以特效性，也赋予领导行为以局限性。当该特点与具体的领导环境和领导对象相适应时，这种领导行为就能够非常有效；而当该特点与具体的领导环境和领导对象不相适应时，这种领导行为就会陷入极大的困境并有可能走向失败。这就是说，领导方式本身是有选择性的，其发挥作用是有条件的，但是无论如何，领导方式都是直接参与领导行为并影响其结果的，领导行为是成是败均有领导方式的一份“功劳”。

领导方式极其丰富多样，几乎每个领导主体都有其独有的一套领导方式。它富有领导个体的特点和领导群体的特点，同时还反映了领导主体所代表的社会系统中的特定系统文化和领导文化的特点，因而领导方式的文化色彩和主观色彩都相当浓厚。也正因为如此，领导行为的成功性总是不那么确定，领导成功的可能性总是充满变数，而任何成功的领导方式都不一定能够再一次取得成功，更不可能推而广之、普遍适用。

然而，在日益强调科学、民主的今天，领导方式的科学性也依然是十分有限的，要确保领导方式的科学性，只能通过提高对领导环境和领导客体的辨别力、适应力、应对力和把握力，以及据此挑选使用更适当的领导方式来实现。这就是说，只有对于领导环境和领导对象而言的领导方式适当，才能显示出领导行为的科学含量。因而，要在领导方式上增加确保领导成功、避免领导失败的可能性，就只有依靠领导素质了。

可以说，领导方式贴附着领导行为，成为构成领导行为的直接介因，最基本、最直接地控制着领导行为。它与领导方法是两个完全不同的概念。领导方法是领导行为为达到某种领导目的或领导目标所使用的工具，而不是融入并左右领导行为的直接介因。但是，两者也有许多相通之处，主要是可以形成以领导方式为纲、以领导方法为目的的领导运作智能工具系统。当领导方法本身的科学含量增大而且其与领导方式搭配适当时，这种工具系统就具有了相当的科学性，就能给领导实践带来更大的成功概率。反之，则只能使领导归于失败。

领导风格是指富有领导主体个性特征的领导行为方式。无论在实质上还是在具体内容上，也无论在作用上还是在介入领导的程度上，领导风格都与领导方式完全重合，或者说领导风格等同于领导方式。但是，两者在形式上还存在一点区别：领导风格主要是从领导行为给人的印象这个角度概括的领导行为格局和特点，更有外在性；领导方式主要是从直接构成影响领导行为的介因这个角度所出现的基本行为定式和特点，更有内在性。尽管如此，两者的共同点仍可使其互通互用，但从理论和实践上看，领导方式显得更科学、更严肃。

领导方式或领导风格对领导类型有着十分显著的影响。几乎可以说，每一种领导方式或领导风格都会产生或形成一种领导类型，但这仅仅是在领导方式或领导风格标准下的领导类型划分，只是领导类型体系中的一部分。这些领导方式或领导风格是产生、制造领导力的最实际要件之一。领导方式好，领导力就大，领导成效自然也好；领导方式不对头，领导效果就差，甚至还经常导致领导失败。领导方式或领导风格包含了领导艺术的很大成分，但更主要的是包含了领导科学的内容。不过，这些领导艺术和领导科学的成分都是首先通过凝结成为领导主体的领导素质，再通过领导素质主导领导行为而后表现出来、发挥作用的。

因此，要在领导方式或领导风格上开发领导力，就必须着力优化和提高领导素质。另外，还要注意领导方式的科学选择、搭配和运用，只有这样，领导方式或领导风格才能直接形成和创造领导力。

4.3.2 领导方式的类型

领导方式是因领导行为而发生并发挥作用的，因而有多少种领导行为就会有多少种领导方式。但就现实领导活动来看，更为突出的领导方式主要有按照如下标准划分出来的具体的领导方式类型。

1. 以领导行为过程和内容为标准

依此标准可以划分为如下两组领导方式类型：

（1）施政方式：思想方式、反应方式、决策方式、执行方式、组织方式、指挥方式、管理方式、推动方式、协调方式、沟通方式、反馈方式、监督方式、维持方式、控制方式、评估方式、改革方式、优化方式和责任方式等。

上述领导方式统属于施政方式，既涉及人又涉及事；既有智慧的灵活性，又遵循具体的领导运作规律和原则；既有普遍适用的科学内涵，也有兼带各领导主体在特定领导环境和领导客体条件下形成的特别成分，诸如领导艺术和领导科学特定内容等。它们同领导过程诸环节直接相关，也同领导现状、领导水平、领导成效和领导结果直接相关，其中，思想方式、决策方式、管理方式、改革方式和责任方式最为重要。

（2）人事方式：看人方式、待人方式，选人方式、用人方式、考核方式，培养方式、启发方式、暗示方式、说服方式，批评方式、处罚方式、强迫方式，许可方式、激励方式、表彰方式、补偿方式，团结方式、合作方式，自处方式、示范方式，用物方式、治事方式和利益方式，等等。

以上方式是每个领导者和被领导者都十分敏感、十分在意的领导做法。每一种方式都很重要，都同被领导者的命运和领导者的品德直接相关，最终也与领导者自己的命运相关。这些方式智慧含量可高可低，但需要确保每一种方式都有极高的政治含量和道德含量。这里是领导主体真正最集中最直接体现其权力的地方，如果“智慧”含量过高，则必定陷入斤斤计较、仔细算计、争得争利、玩弄权术、敲诈勒索、贿赂腐败、严重犯罪的泥潭，而且将给整个所属社会系统带来长期的灾难。这些方式上的所谓精明实际就是一种放弃原则、忘本谋私、不做公仆的堕落过程，就是一种组织腐败。领导堕落主要就是从运用这些方式时政治把握和道德把握逐步放松，而所谓的权谋逐步加大等开始的。

2. 以领导行为质量和倾向为标准

依此标准可以划分为如下五组领导方式类型：

（1）民主方式与专断方式，分享方式与包办方式，授权方式与集权方式，信任方式与怀疑方式，顺应方式与干扰方式。

（2）主动方式与被动方式，积极方式与消极方式，制衡方式与插手方式。

（3）权变方式与刻板方式，灵活方式与生硬方式，精明方式与粗暴方式，“角智”方式与“角气”方式，复杂方式与简单方式，严谨方式与放任方式，稳健方式与盲动方式。

（4）曲隐方式与直露方式，公开方式与暗地方式，直接方式与间接方式，快速方式与迟钝方式，辐散方式与辐集方式。

（5）规范方式与随意方式，实证方式与武断方式，科学方式与经验方式，变革方式与保守方式，开放方式与封闭方式，现代方式与传统方式。

上述领导方式以才学智慧为主，但是在总体上却反映了一个领导主体的总素质、总格调、总水平，是赢得领导成功的重要辅助方式。其中有不少同第一大类中的思想方式直接相关，第四组领导方式尤为典型。其中也有许多方式直接体现着领导品格修养，也直接反映着领导之本的价值判断：有些方式是可取的，如第一、二、三组每对方式的前一个方式；而有些方式则是可弃的，如第一、二、三组每对方式的后一个方式。

这里需要特别提出来的是，民主方式是最可取的领导方式，是这些方式中最集中包含和体现了政治、思想、道德、人格、才学、能力、智慧等内容的综合性程度很高的领导方式，也是现代领导发展在方式上体现出来的主要潮流，代表着科学、文明和进步，也最能体现领导的本质。

4.4 领导模式

4.4.1 领导模式的要义

领导模式是程式化、结构化、体制化、固定化、有代表性的领导方式。它一般表现在宏观领导结构上，是主要以机构和体制为介入对象的整体性领导发生方式、领导存在方式和领导运作方式。换言之，领导模式是贴附于领导机构和领导体制的介因，而不是以领导个体为主的领导行为的介因，直接左右着机构性、体制性的领导运作或领导行为。

领导模式实际上也就是领导方式或领导风格的总体定局，是从基本的领导方式这个角度构成领导环境的一个重要因素，为各种具体的领导方式或者领导风格的形成、存在和运作都提供了基本的前提，并做出了基本的框定。这就是说，领导方式或领导风格都是在一定的领导模式中形成和发挥作用的，都带有一定的领导模式的实质和色彩。很明显，通过影响领导方式或领导风格，领导模式会对领导类型产生很大的影响；有时，甚至领导模式本身直接构成领导类型。

可以说，领导模式集中体现了领导主体所代表的社会系统中的特定系统文化和领导文化的精髓，有什么样的文化精髓，就会有什么样的领导模式。显然，其主观性和不确定性也是很突出的，而要增强其科学性和民主性则自然是非常必要的，但是却存在一定的困难。

另外，领导模式具有很大的惯性和连续性，从大局上直接影响领导的结局、每个领导行为和领导思维模式，并由此影响各种具体领导方式的形成和选用。更为重要的是，它通常能够构建和维持某种领导体制，并由此基本上决定着领导机制，进而对领导全局、领导系统的内部结构、领导主体和领导客体的命运都产生重大的影响。

事实上，领导模式的破败落后而又得到维持，就必定使领导全局陷入僵化、老化和衰落的趋势中；领导模式的完善先进并能得到加强，就必定能够带来一片生机和活力。如果说领导方式可以因领导者个人而异、无法强求，那么也可以说领导模式是可以为领导主体所直接把握、控制和改造的。

因此，为了更好地开发领导力，就必须尽可能地对领导模式施加科学的改造或重塑，确保不会受制于落后领导模式的禁锢和阻碍。另外，还要注意领导模式的科学选择和科学搭配，只有科学选择和科学搭配的领导模式才能形成创造领导力的机制和源泉。

总之，领导模式是全局性领导行为相对固定的基本形式，是对某种全局性领导方式的抽象描述。它规定了领导活动的基本运行规则和特征，对领导运作具有宏观上的作用和意义。

4.4.2 领导模式的基本类型

领导模式的类型也很多，但主要有集权模式和分权模式、专制模式和民主模式、家长模式和羊倌模式、首长负责模式和群体负责模式、精细模式和粗放模式、激进模式和渐进模式等。其中有些极富代表性，从人类治理国家或社会、领导企业或事业的实践来看，这些领导模式中的前面三对最为典型和普遍。

1. 集权模式和分权模式

（1）集权模式是一种把决策权、监督权和控制权等过程性权力和人事权、财权、物权及机会权等实质性权力集中于领导主体和领导主体核心的基本领导模式。其基本优点是集中统一，步调一致，行动迅速，效率显著，责任明确，可以集中力量办大事，使十分有限的资源得到充分利用，可以避免多头政治、权力纠纷和大规模权力运作消耗，进而维护和保持领导系统及其所领导的整个社会系统的完整、统一和稳定，并由此创造一个良好的发展平台。其基本缺点是不容易调动广大被领导者的积极性和创造性，不容易受到制度和领导之本的监督，容易一错全错，造成严重后果，容易陷入僵化状态，也容易走向专制状态。

（2）分权模式是一种把各种过程性权力和实质性权力适度分散给非核心领导主体和下级领导主体甚至多数领导客体的基本领导模式。其优点是权责趋向均摊，责任、利益和义务适当由更多的主体来承担或享有，进而使这些主体能够由此更自觉地做出更大的努力，予以更大的投入，形成一个更全面的、有利于完成领导目标的群体动力和有效过程。其缺点是非常容易形成诸侯割据、各自为政的局面，造成领导系统及其领导的社会系统各组成部分之间的割裂和对立、摩擦和纷争，进而引起分崩离析，丧失必要的稳定、统一、协调和效率，也会大量浪费有限的资源，错过宝贵的机遇。

上述这两种模式主要属于领导组织范围，也是两种最基本的领导组织方式。

2. 专制模式和民主模式

（1）专制模式是领导权和管理权都集中于领导核心或其中的个别人手上，在领导过程中高强度用权、用资源以贯彻领导主体尤其是该领导核心或其中个别人的意志，完全排斥或者剥夺除领导核心及其中个别人以外的所有人的意志、愿望、权利以及主动性、积极性和创造性，并为此不惜采取任何手段，包括惩罚、剥夺、打击、粉碎甚至毁灭等，极其苛刻、尖锐、急迫和高压，极其粗野、蛮横和疯狂，通常也极其恶毒、残暴甚至血腥，往往是孤注一掷，不计后果。

这种领导模式如果说还有一些优点的话，那就是能比较果断迅速、高效快捷地进行领导和管理，容不得拖沓和低质低效，极端雷厉风行，充满来自领导主体单方面的意志力、精力和活力。但其十分容易丧失理智、走向极端，通常会在领导过程中给现实造成高度紧张的关系和氛围、近乎爆炸的压力和压迫甚至是深重的灾难。

一般而言，这种领导模式是不受欢迎的，也不会有真正的效率和成功，其后果也都是极其严重的。但是在特殊情况下，作为一剂“猛药”，这种模式却也许有一点作用。

（2）民主模式是一种充分重视和尊重领导主体和领导客体的主观能动性、创造性和一定的权利而后实施领导的基本领导方式。其最大特点就是高度的理智性和对人对事的民主性、科学性、规范性。领导主体不仅依靠自身的力量，而且还高度重视领导客体的力量，在领导过程中注意吸收各种不同的意见和建议，提倡和鼓励下属积极参与领导过程，共同协商、坦诚交流、群策群力，共同研究制订计划、制定政策和建立组织，同心同德地追求实现领导目标等，使领导决策乃至整个领导过程的透明度和成功率得到极大提高。这将使领导客体中的被领导者充分感受到自己人格的尊严和自身存在的价值，进而使之甘于奉献、勇于拼搏、敢于进取、善于制胜，为领导目标的实现不遗余力。

这种模式的最大价值就是能够促成巨大的团结合作精神，极大地开发整体的奋斗力、创造力和制胜力，进而极大地增强领导力和总体竞争力，为夺取真正全面的胜利彻底打通道路。其最大的特点是不把领导主体同领导客体对立起来，而是把双方放在几乎平等的地位，将二者有效地结合起来共同努力。这种模式既能够顺利地达到领导目标，又能够使下属或被领导者的价值得到充分的展现、实现和发展，领导者和被领导者双方都会因集体取得的成绩而感到极大满足。

当然，这种模式也有弱点，即可能在工作中强调事事民主，进而导致极端民主化，完全损失和伤害了领导权威以及统一性、协调性和效率性，影响领导效果，甚至导致失败。

总之，专制模式是一种代价高、风险大、科学性低、后果严重、得不偿失的基本方式，是一种以最后挣扎来表现自身存在的绝对僵化的领导模式。而民主模式则是一种在一定范围内就一切重大问题由本组织全体成员共同讨论后做出决定并自觉实行的领导模式，也是一种科学含量高、优势潜力大、能成就大事业的基本领导方式，尤其在发扬民主方面最显优异。显然，前者几乎一无可取，后者却比较完美理想，是顺应时代的、积极的领导模式。

3. 家长模式和羊倌模式

（1）家长模式。这是一种以社会系统为家、以领导主体为家长、以系统内各成员为子民而展开领导的基本领导方式。

首先，它近似于集权模式和专制模式，但是又有自身的显著特点：强调维护和突出领导主体的权威，大权在握，不愿授权，由领导者个人说了算，系统内资源由领导主体全权统一掌握和调配；系统及其成员必须绝对忠诚于领导者个人，严格控制部属，不与部属分享信息、地位和权力；在利益分配上精打细算，十分“抠门”，也十分“私下”化；在获取利益和成功上，绞尽脑汁，机关算尽，悉心谋划，致力操劳，而无怨无悔；低估部属的胜任能力，不愿意看到部属比自己能干或强大，不认为部属的才干对系统会有什么价值，不能接受会影响系统现状的革新因素和创造因素，不太愿意征询或采纳部属的意见，只相信自己，大事小事一手抓；认为没有商量或多谈的必要，认为部属能顺从领导、努力执行工作即可，要求被领导者无条件地接受指令并恭顺服从和认真照办；每个成员的工作分配与合作者的选择都由领导者个人决定，很少去调动他们的积极性；尽管口头上也常常宣称要充分发挥下属的主动性和创造性，但“一竿子插到底”的习惯却总是改不了；当部属达成工作目标时，领导者会贬抑部属的贡献，而将成果归功于领导这个先决条件和外部环境；对于看不惯的部属，领导者总是千方百计地加以攻击贬斥，不能容人；领导者经常根据个人的好恶表扬或批评下属，随心所欲，没有固定的标准；领导者的排异性、拉帮结派性和小市民性都特别突出。

其次，它有时又有点人本实质：领导者注重团结亲和、协调一致、完整统一和家庭式的关爱；对于部属个人及其家庭的生活一般能给予一定的关照，表现出仁慈关怀和善意友好；注意表面细节，维持自身形象；能够身先士卒，以身作则，同甘共苦，协力奋斗，非常“辛苦卖力”，表现出一定的智慧和坚定。

总之，它是一种糅合了专横和仁慈两大基本内涵的传统领导方式，本质上是一种产生于并只适合小家庭小作坊这种原始社会系统的领导模式，是一种还未充分社会化的私人色彩十分浓重的落后模式。其最实质的特点就是通过小恩小惠和私人交往来维持领导、实现领导目标，而其中的自私性和隐私性都构成了领导的实际主线。这是一种不可取的领导方式。

（2）羊倌模式。羊倌模式又称为自由放任模式。这是一种基于民主、超脱不羁的领导模式。在这种模式下，领导主体强调无为，在无为中实现有为；不愿意过多地掌握和行使权力，放心大胆地把大部分权力和资源交给部属掌握和处分，把大多数事情都交由部属去决定和处理；不愿意较多、较深地介入具体事情，不干预部属的功过是非，乐得清闲自在；不会怀疑部属的能力和责任心，不会担心和嫉妒部属创造的成功将“功高盖主”，不会与部属争名夺利或计较得失；要求部属能够独立自主地干好工作，而不是事事请示汇报；不太在意严谨和威仪，不在乎表面形式，只要求能正常顺利地基本达成领导目标即可，不苛求、不苛责；工作方针由下属们自行决定，下属可自行决定自己的工作；领导者不参与不过问，只对上级指示起“收发室”和“转运站”的作用，只对下属提供各种工作需要的资源，对下属工作不多过问。当下属提出问题时，领导者给予回答，但不做积极的批示。总之就是把领导管理放得很松，把业务工作交给整个群体或组织去运行，不把从事的领导工作看成是一种乐趣或追求，把更多的精力和时间放到了自己感兴趣和想做的事情上，以怡情为主。这种领导主体就像一个牧羊人，那边放养着羊群，这边吹着笛子或唱着歌。

一方面，这种领导模式能够形成非常良好、宽松的环境，能够使被领导者的积极性和创造性得到非常充分的发挥，也可以使领导主体得到很好的民主声誉。所以，可以说这种模式就是一种浪漫美妙的领导模式。但另一方面，这样的领导模式容易培养骄气十足、不受约束的被领导者，被领导者往往会因此各行其是、各自为政，难以进行统一的领导和管理，进而可能形成大规模的领导失控，从而不能完成领导任务，使领导目标落空。

另外，领导主体容易失职，或者对下属的功过不做表扬或批评，不愿意理睬下属或不愿对下属施加影响，不能团结人、调动人，因而造成人力资源的浪费和实际领导权的缩小和沦丧；或者对很多大事并不清楚，糊里糊涂，乃至撒手不管，变成有害的官僚主义，因而实际放弃了领导，并不称职。这种情况主要是由于领导者思想素质差，能力水平低，不敢承担责任，不敢正视矛盾，对工作不负责任，在工作中毫无主见、无所适从。显然，这种情况下的羊倌模式就是领导模式中最差的一种。

4.5 领导方法、领导艺术与领导方略

4.5.1 领导方法

1. 领导方法的含义

方法是为了达到某一目的而调动人的能动性和各种物质、能量、信息的一系列对策、技巧，是行动中的科学和艺术。领导方法是领导主体在特定的领导理论指导下和特定的领导环境中为实现领导目标、履行领导职能而采取的一系列办法、对策和技巧的总和。从广义上说，领导方法不仅包括领导者个人的思想方法和工作方法，而且包括特定使用的工具如政策、法令、规章、制度、会议、道德规范等上层建筑的有关范畴。

领导方法是领导科学和领导艺术的重要组成部分，也是领导哲学层次上的最重要内容之一，主要探讨在领导过程中如何操作才能取得更好效果的问题。这是一个相当大的领域，既包括专门具体的个别方法，也包括普遍通用的一般方法。每个方面、每个层次、每个行业、每个时代的领导都有自己特定的方法，当然也有均可为彼此借鉴的和可通用的方法。

任何领导工作都离不开领导方法，领导方式的具体运用也要借助领导方法。毛泽东曾用“过河要有桥和船”的生动比喻，深刻地说明了方法的重要性。因此，了解、掌握和运用领导方法对指导领导实践、达到领导目标有着非常重要的作用。

2. 领导方法的分类

关于领导方法的分类，最近几年领导学界的许多专家学者专门对此进行了广泛深入的研究，并提出了许多分类法，归纳起来主要有如下几种：

从作用地位上看，领导方法可分为领导的方法论基础、基本领导方法、具体领导方法和操作性领导方法。领导的方法论基础是实现科学领导方法的哲学基础，基本领导方法是从各种具体领导方法里概括出来的具有普遍性的认识事物、改造事物的方法，具体领导方法是认识某一事物解决具体问题所使用的方法，操作性领导方法主要是电子计算机技术手段的应用。

从时间上看，领导方法可分为传统领导方法和现代领导方法。

从层次上看，领导方法可分为战略性领导方法和策略性领导方法。战略性领导方法是实现全局、整体和长远目标的方法，策略性领导方法是实现局部的短期目标的方法。

从基本功能上看，领导方法可分为政治领导方法、行政领导方法、经济领导方法、

军事领导方法等。

上述这些方法非常切合实际，能够很好地解决目前面临的现实问题，对于正确实施领导、取得较好绩效均有非常现实的作用和价值。

3. 基本的领导方法

这是解决领导问题的一般方法，实际是来自领导实践的传统方法，至今仍然行之有效。它主要有如下三种：

（1）调查研究的方法。这种方法具体地贯穿着实事求是的科学原则，决定着一切方式方法的科学性和有效性，是最根本、最重要的方法。不过，它实际是正确认识事物、掌握实际情况和真实信息的一个方法系统或方法群。它分为两部分：第一部分为调查方法，目前国内外通用的主要有10种，即典型调查、统计调查、试点调查、重点调查、全面调查、抽样调查、个别调查、文献调查、会议调查、民意测验。第二部分为分析研究方法，目前国内外通用的主要有11种，即系统研究、概率研究、定性定量研究、动态研究、综合分析研究、对比分析法、统计分析法、文件分析法、历史分析法、平衡法、情境探讨法。这些方法充分反映了人类的认识规律，体现了领导工作首先必须遵循的基本领导规律。这些具体方法横跨社会科学和自然科学两大领域，因而具有相等的科学性和有效性。在实际工作中，关于应该采取什么调查研究方法才最合适，并没有固定的答案，而要视实际情况和实际需要而定。领导者要正确地进行调查研究，就必须学习和掌握各种科学的调查研究方法，提高调查研究能力。

（2）一般号召与个别指导相结合的方法。所谓一般号召，就是把领导者的决策、方案意见、计划向群众做宣传解释，使广大人民群众知道做什么、为什么这样做和怎么去做。所谓个别指导，就是领导者深入一个或几个单位，亲自了解情况，倾听群众意见，具体解决实际问题，借以取得经验，包括蹲点、考察、检查工作等。两者相互联结，同处一体；前者寓于后者，后者可以使前者具体化并验证其是否正确。在领导活动中，要将两者结合，就要正确解决两方面的问题：一要使一般号召符合实际，二要使个别指导有正确的方法。领导者必须深入基层、深入实际，虚心请教，扎扎实实地了解情况，为一般号召符合实际奠定坚实的基础。此外，还要发现和培养典型，抓点带面，突破一点，带动全局；同时还要防止把没有普遍性的个别现象误认为是具有普遍意义的，以避免犯片面性错误。

（3）处理好全局与局部相结合的方法。全局是指事物的整体及其发展的全过程。局部是指事物的组成部分、方面及其发展过程的某个阶段。全局工作搞好了，会促进局部工作的开展。如果局部工作没有搞好，有时会对全局产生不利影响，甚至会决定全局工作的成败。通常说的“一着不慎，全盘皆输”就是这个道理。因此，领导者必须注意以下三点：

首先，要树立全局意识，正确分析、科学判断全局的形势，懂得并善于处理全局和局部的辩证关系。全局怎么样，好不好，要从战略高度来认识，从全局的利益而不是从局部利益来判断。在从事任何一项领导活动时，都不要因为局部利益而损害全局的利益。

其次，要自觉维护全局利益，努力克服地方主义、分散主义和本位主义的不良倾向。

如果片面强调本地区或本团体的特殊利益，而置全局利益于不顾，片面地强调“权变观”，对上级领导的指示和决定置若罔闻，或者采取“上有政策，下有对策”的实用主义态度，那么就会与现代领导应有的全局观念大相径庭以致破坏全局利益。

最后，要兼顾部分，发挥局部的积极性。在领导工作中处于全局地位的领导者应该关心和照顾局部，使局部工作充满活力。虽然各个局部在全局所起的作用和地位不一样，但都需要领导者给局部工作创造一定的外部条件，给予其相应的职权等，充分调动和发挥局部的积极性、主动性和创造性。

4.5.2 领导艺术

领导艺术是指建立在一定知识、经验基础上的非规范化的有创造性的领导方法、方式、技能等的操作性综合，也就是那些非程序化、非模式化、非定量化的高超的领导技能。领导艺术是领导者的学识、智慧、才能、胆略、作风、经验等多种因素的综合反映，表现为领导者创造性地灵活运用已经掌握的各种知识和领导方法，具体分析各种复杂因素，妥善解决领导工作中实际问题的综合能力。领导艺术贯穿整个领导过程和领导活动的各个方面。

事实上，领导艺术跟领导的方式方法一样，存在于每一个领导行为中，直接影响领导效果，有多少种领导行为就会有多少种领导艺术，诸如调查研究艺术、决策艺术、指挥艺术、用人艺术、公关艺术、批评艺术、团结艺术等，有很多种类型。

作为高层次的领导技巧和方法，领导艺术具有如下主要特点：

（1）创造性。创造性是科学思维方式在实践中的标新立异，体现了领导者生机勃勃的创造力，属于智慧和才华的结晶。它不拘泥于传统经验或墨守成规，而是构思新颖、风格独特，在一定范围内具有开拓性和首创性。领导者的创造性如何是衡量领导艺术水平的一个重要标志。邓小平提出的关于我国处于社会主义初级阶段的思想、关于“三个有利于”的判断标准、关于社会主义市场经济理论等一系列新观念、新思想、新理论，没有人讲过，也没有人做过，因而具有创造性，展示了邓小平超群的领导艺术。

（2）机变性。机变性是领导者思考和处理非常规随机事件的一种变通能力。它不是对领导科学及其方法简单、机械地运用，也不是对有规律性的事物遵循规范化程序办理，而是从实际情况出发，转换角度，打破僵局，多方位地寻求解决问题的途径，是根据不同的时间、地点和条件，随机应变地认识事物、处理随机事件。因此，领导艺术是一种非模式化的技能，具有高度的灵活性，而且经常表现为高度原则性和灵活性的统一。当特殊情况发生时，死搬教条不行，必要的随机应变、机动灵活是可取的。人们常用“将在外，君命有所不受”来阐明这一道理。在这个特点下，领导艺术通常是不可重复验证的，常常是“只可意会，不可言传”。这就将领导艺术同领导科学最直接地区别开来了。

（3）经验性。领导艺术不是天生的，来源于领导者的阅历、知识、经验和智慧，在很大程度上受领导工作性质、领导活动范围的影响，是领导者实践经验的总结和升华。具有不同个性特征的领导者会有迥然不同的办事技巧，带有鲜明的个性。这个特点接近于机变性。

(4) 多样性。领导艺术丰富多样，具有很多种形式、层次和类别。不同的领导者处理同一领域相同的事务，往往会运用迥然不同的技巧和方法，甚至同一领导者在处理同类或类似的问题时，也会因时因地因人而运用不尽相同的解决方法。

(5) 综合性。领导活动主要表现为对全局工作的指挥和协调，对整体发展方向的掌控。因此，领导者需要很高的综合管理水平，平衡和处理好全局工作的各个方面、各个环节，解决各种错综复杂的问题。

(6) 特殊性。特殊性是领导者在特殊条件下解决问题采用的特殊方式和手段。这种领导艺术常出自那些运筹帷幄、决胜千里的卓越军事家或审时度势、力挽狂澜的大政治家之手。在特殊性事件中，领导者得到不平凡的展示，虽然时过境迁，但仍有许多杰出人物的领导艺术被传为美谈。

4.5.3　领导方略

1. 领导方略的含义与特征

方略原指全盘的计划和策略。领导方略是指在领导活动中对带有全局性或统揽全局的重大问题所做的基本谋划和制定的有针对性的对策，是由专门针对某一领域系列问题的一系列具体方针、方法和措施组成的系统领导方法，可以说是大的领导方法或有内在逻辑联系的领导方法群。

任何一个国家、地区或单位都应该有其自身的领导方略，并借此谋得自身的成功和发展。没有领导方略的支持，其领导就将在方法上出现严重的盲目性，而不可避免地导致严重的混乱，实际就是昏聩无能，结果就只能是失误和失败。领导方略的特征主要有如下几点：

(1) 全局性。领导方略是着眼于关系着整个社会系统某一领域的全局性重大问题，并成为解决这类全局性问题的指导性依据；同时，对于局部微观问题的解决也具有指导意义。

(2) 长期性。领导方略的着眼点不是当前，而是未来长远。当前只是出发点，当然未来发展趋势的推测也要以过去和当前为依据。领导方略在一个较长时期，比起那些在短期内起作用的活动和措施来说，具有更深远的意义。如果领导认识不到这一点，在领导活动中奉行实用主义和“短、平、快”原则，固然使组织在短时间内获益，但是它是以牺牲组织长远发展和牺牲单位组织本身为代价的。

(3) 系统性。领导战略具有的层次性是由其全局性所决定的。全局用现代语言来说，也就是系统。系统本身就是有层次的，有大系统、小系统，有母系统、子系统，不同层次的系统，相应有不同层次的领导方略，比如全国有全国的领导方略，地区有地区的领导方略，单位有单位的领导方略，但局部必须服从全局，在制定下一层次的领导方略时，应该同上一层次的领导方略原则要求相符合，而不允许背离。

(4) 阶段性。各个不同的领导方略，都有各自不同的中心或侧重点，这便产生了领导方略实施的阶段性。如果没有这种阶段性，再好的领导方略目标，也只是一种可望而不可即的美好愿望。

（5）动态性。事物都是在不断运动、发展变化的，随着现代化社会形势的发展，这种运动发展、变化必将日益加剧。领导方略研究的内容，主要是系统内部的运动规律和各个子系统之间相互促进的动力和条件，因此，领导方略应注意解决前进中出现的各种问题。

（6）措施性。方略就是为解决实际问题而制定的行动方案，一切都为了实战，都为了具体的操作，为了指导、规范和实施每一步具体的领导行动。从内容到形式，方略的整体都充满了举措、政策、对应措施等特色和内容。

2. 领导方略在领导活动中的作用

由于领导方略具有全局性、方向性，因而它制约着领导功能的发挥，决定着领导活动的成败。其在领导活动中的重要作用集中体现在如下方面：

（1）领导方略决定着领导活动的方向和总体目标。领导的决策首先表现在领导方略的决策。这是总的方向和总目标的决策，如果领导方略错了，即使战术性的决策是正确的，也会因为总体方向上的错误而全盘皆输，付出巨大代价。而因为科学、正确地制定领导方略而取得良好的经济效益、政治效益和社会效益的例子则比比皆是。树立方略观念，及时制定正确的领导方略，明确方向和目标，是现代领导至关重要的大事。

（2）领导方略决定着被领导者的思想统一。在一个团体或组织中，被领导者各自的行动是分散的，具有一定的盲目性，而且危险万分。因为在没有一个既定目标之前，各个成员的活动就没有努力的方向，更没有持久的动力。正确的领导方略有利于团体成员形成共识，达到思想统一。领导活动的目标、方针、原则、步骤和方法，必须为被领导者所了解，并为他们所认可、接受，只有这样，领导的意图才能变为广大群众自愿自觉的行动，才能得到贯彻和实施。在许多单位团体中，组织成员不知道他们的工作是什么，甚至上司也不明确下属的职责，于是常常发生相互埋怨和相互指责的情况，给工作造成不必要的损失。

4.6 领导过程的科学化与艺术化

由上所述可知，领导方法论具有极其丰富的内涵，为领导实践带来极其多样和有助于成功的办法、思路和工具。这些不同的方法论内容各有各的特长和不足，各有各的适用性和局限。所以，对于这些不同的领导方法论内容，要根据实际情况，以可行和实效为标准，强调针对性，有所区别地加以学习、掌握、选择和应用。这其实是一个确保和推动领导过程科学化、艺术化的问题。需要通过提高领导的科学性和艺术性来极大提高领导水平和领导绩效。这里主要有如下两个方面的具体内容。

1. 领导过程和领导活动的科学化与艺术化

这是现代领导发展在实践中呈现出来的一种客观需要和必然趋势。任何领导活动都离不开领导方法和领导艺术。领导方法和领导艺术贯穿领导活动的整个过程。领导过程的科学化、艺术化，就是要使领导科学原理和领导方法艺术都高度完整地融入具体的领导活动过程中，切实地提高领导质量，而这又集中表现在领导方法和领导艺术的科学化上。领导素质和领导效能优化、强化也好，领导体制和领导机制的科学化也好，最终都要落实到具体的领导过程中才能见效，否则都没有意义。实际上，这里是生产领导力或核心竞争力的具体过程所在。因此，领导过程和领导活动的科学化与艺术化对于 21 世纪的领导来说是十分重要、十分关键的。

领导方法是基础，领导艺术是指对领导方法的运用得心应手、出神入化；领导方法是原则性的、一般性的、有条理的，领导艺术是具体的、特殊的、无定形的。领导艺术离不开领导方法，是领导方法的升华。领导艺术和领导科学的关系，是辩证统一的关系，两者相互作用，相辅相成，长期共存，不可互相替代。

从总体看，领导科学是领导艺术的基础，领导科学不是凭空产生的，而是领导实践经验系统化、规范化的知识结晶；领导科学促进领导艺术的发展，领导艺术不会停止、凝固在一个水平上，是领导科学进一步发展的结果。因此我们说，对领导方法加以提高和总结，就可形成高超、绝好的领导艺术，把领导艺术提炼、升华到系统化、理论化的高度，就能进一步丰富和完善体系严谨、形态稳定的领导科学内容。

作为现代领导者，在领导活动中要善于遵循和运用领导科学、领导方法和领导艺术，要把三者巧妙地结合起来，使它们不断地相互促进和提高。领导科学化与领导艺术化的共同发展过程，既是领导方法和领导艺术的科学化过程，又是整个领导水平日益提高的过程。

综上所述，只有实现领导主体——领导群体结构的科学化，实现组织形式——领导体制的科学化，实现领导职能——决策的科学化，实现领导手段——领导过程的科学化和艺术化，才能保证提高领导活动的科学性与艺术性，实现科学有效的领导，产生强大的领导力和核心竞争力，最终在 21 世纪的竞争中取得胜利。

2. 结合工作实际，特别是领导环境，科学合理地选择、应用领导方式和领导模式

各类领导方式和领导模式的优缺点主要是根据具体的领导对象和领导环境来确定的。在适合的领导环境下，面对适合的领导对象，任何一种领导方式和领导模式都能发挥其积极作用，显示出其优点；反之，如果某种领导方式或领导模式在不适合的领导环境中被应用于不适合的领导对象，那么它就会一无所长。领导方式和领导模式的使用与领导的科学性、领导成效和领导力有直接的联系。因此，领导方式和领导模式的科学选择、搭配和使用就显得十分重要。

在实际工作中采取哪种领导模式，其本身不是绝对的，在不同的领导环境中，面对不同的领导对象，领导模式各自会有其特殊的效用。要达到最佳的效果，关键就是要准确判断在什么情况下最适合使用什么领导模式。

为了更好地开发利用领导力，就需要科学合理地选择、搭配、使用领导方式和领导模式。从领导实践来看，要科学合理地选择、搭配、使用领导方式和领导模式，就要求领导者在领导工作过程中做到以下几个方面：

第一，要善于按照组织的性质和任务的不同来选择领导方式和领导模式。例如，在军队中要求一切行动听指挥，一切按命令行事，强调服从和执行，因而就应采取集权模式。在企业生产部门中，有些工作结构简单、任务单纯、内容重复性强，就可选用集权模式或者集权模式和民主模式相结合的领导模式。而在一些学术部门和科研单位，人们专门从事创造性劳动，重在自由讨论、独立研究，需要解放思想，需要独立完成工作，则可采用民主模式和羊倌模式。

第二，要善于根据上下级关系的不同情况选择领导方式和领导模式。在组织中，如果领导者与下级之间建立起良好的关系，领导者关怀体谅下属，注意鼓励和赞扬下属的工作成绩，下属信赖、尊重、信任和支持领导者，乐于听从领导者的命令，就适合采用民主模式；反之，如果上下级关系不融洽，下级对领导者有畏惧心理，敷衍塞责，则应采取集权模式或集权模式和民主模式相结合的领导模式。如果领导者的工作能力强、威望高，而下属或被领导者也能力高、独立性强且不一定忠实听命，那么就可以采取集权模式或家长模式。如果领导者工作能力差、威信低、难以胜任领导工作，那一般要么采取羊倌模式，要么采取独断霸道而不顾后果的家长模式进行领导。

第三，要善于根据下属的成熟度来选择领导方式和领导模式。被领导者的成熟度是指下属完成特定任务方面所具有的知识、经验、技能、信心、责任感和积极性，以及被领导者思想觉悟和受教育程度的高低、对工作责任心的大小、为完成工作所要掌握的知识与经验的多少和独立工作能力的强弱等。如果下属或被领导者成熟度较低，缺乏积极性或自信心，或者没有理想信念，工作中缺乏自觉性、主动性、纪律性，那么就可采取以事为主的集权模式，或者采取集权模式和家长模式相结合的领导模式。当下属或被领导者成熟度处于中等水平时，可采取人事并重的民主模式或民主模式和集权模式相结合的领导模式；当下属或被领导者成熟度较高，有独立的见解，自信心强，对工作积极主动，看问题深刻，自觉遵守纪律，并且具有独立工作的能力，就可采取羊倌模式或者民主模式。

总之，领导模式的好坏优劣不是绝对的，在适合的环境和对象条件下，每一种领导模式都可能发挥其积极作用。因而，一个成熟的领导者就应根据具体的领导环境和领导对象等实际情况，采取最充分的权变态度和权变做法，科学、适当地选用领导方式和领导模式。只有这样，才能真正取得最佳的领导效果；而这也正是避免领导失败、赢得领导成功的关键所在。

本章小结

领导规律是最重要的领导科学范畴之一，对领导成败总是产生着无形而又重大的影响。无论是理论还是实践，都要将把握领导规律作为重点。领导原则是领导实践的基本规则，本质上是领导规律在实践上的概括和体现；需要善于将领导规律转化为领导的基本规则，并在实践中加以遵循。领导方式与领导风格有着内在的关联，均有一定的个性特征。领导模式是领导方式的总体格局，主要体现着体制特征。领导方法和领导艺术是关联性很强的领导智慧，是达到领导目的和目标的工具，个性特征和个体差异均更加显著。领导方略是同时包含了领导科学和领导艺术的基本策略或领导战略，是实施领导并夺取领导成功的方法论总方案。要避免领导失败而确保领导成功，就一定要讲究、借助和运用整个领导方法论，在具体的领导实践中最充分地应用和体现领导科学及领导艺术。

关键术语

领导规律　一般领导规律　具体领导规律　领导原则　一般领导原则　具体领导原则　领导方式　领导风格　领导模式　集权模式　分权模式　专制模式　民主模式　家长模式　羊倌模式　领导方法　领导艺术　领导方略　领导过程的科学化　领导过程的艺术化

复习思考题

1. 如何理解领导规律在领导实践中的作用？如何从科学上认识和把握领导规律？
2. 怎样对领导原则进行科学、全面的理解和掌握？
3. 试分析领导方式与领导风格的关系。
4. 联系第1章所述领导艺术的有关内容，试谈谈你对领导艺术的系统理解。
5. 联系领导实践，阐释不同领导模式的特征和内涵。
6. 试从领导方略的角度分析“运筹帷幄之中，决胜千里之外”的原理。

案例研究

2001年，S省科技厅副厅长吴某分管服务处。在市场经济导向下，他一上任就推动服务处进行“市场化改革”。他提出，要把政策用足，要把存量资产盘活，要把手头的各种资源转变成活生生的效益和收益。于是，他就和服务处处长开始动脑子想措施了。第一，改装并出租所有临街的一层楼房。第二，提出向所有要乘公车上下班的员工收费。第三，提高食堂的饭菜价位。还有，把公车出租出去或者让司机在白天也出去接活赚钱。第四，把厅里的有关文件和报纸上的有关信息收集起来，编印成小册子，借下属各级机关渠道进行推销，获取收入。第五，给除处长以外的每个成员（包括副处长在内）规定每月赚钱的定额或指标；明确如果一次、两次完不成任务，就要扣奖金；三次、四次完不成任务，就要下台；五次、六次完不成任务，就要考虑下岗了。

这种做法遭到了一个副处长的反对。他认为，服务处不应该是为赚钱而存在的，而应该是为全厅服务的，使机关运转能够得到很好的后勤保障；如果一心只想赚钱，就会损害机关职能和行政权力。

对这个副处长的意见，吴某非常气恼，随后便多次敦促处长教训他。处长只有高中文化水平，熬了一辈子，快退休了才当上这个处长，在这个时刻所想的是：一者要对分管的副厅长负责，听他的话；二者要显示显示自己的权威，确保自己说话算数。于是，大会小会都点名批评那位找事儿的副处长，故意难为他、排挤他，把他分管的人和事都统揽到自己的手上，等于是实行直接接管。

那位副处长向吴某反映这件事情。吴某就对他说："你们处里的事要你们自己去解决，你们协调不了时，我再来帮你说说看。"可是，等这个副处长刚离开，吴某就立即打电话给服务处处长，大声称赞他，说做得好，还说不管发生什么事都要大胆地做下去，有什么事就来找自己，将会给他最大的支持。

副处长刚回去，就被处长叫了去。处长对他大声呵斥道："好啊，敢去告我的状啊！跟我对着干！那就来吧！你看看是老子倒下去，还是你这小子倒下去！"

从此，这个处长就时时找碴儿整副处长，即使厅长和党组书记出面来调解，也照样有恃无恐地我行我素、随意而行。吴某则更是暗中支持这个处长不惜采取一切手段来对付这个副处长，而且还暗中多次在党组中间、普通群众中间说该副处长的坏话，让大家相信这个人是有严重问题的。而大家则多是相信吴某这位副厅长的话，认为这个副处长不会尊重领导，也不会处理关系，特别是不识时务，是一个很糟糕的人。因而，不是去劝他跟处长和副厅长要相处好，就是嘲笑、责备他，甚至给他施加各种各样莫名其妙的压力和伤害。结果，这位副处长受到极大的刺激和伤害，出现心理异常而告病在家。

在吴某的细致"关怀"下，服务处的确赚到了不少钱，但上缴到厅里的钱并不多，大部分都用来搞小金库了，或者发奖金，或者买物送礼，或者出去旅游，等等。为了拉关系，吴某还常常让服务处处长给人送礼送物。为了控制这里的资源，吴某还总是直接过问经济运作和收入的情况，有时甚至还亲自组织营利创收活动。

这个处长一心唯吴某之命是从，即使一笔稍大一点的收入都要报经吴某过目，由此博得吴某的欢心。他以为，心中有吴副厅长，那么手中就有"尚方宝剑"了，而根本不把处里成员放在眼里。处里成员虽然也多少能从总的获利当中分得一杯羹，但对处长这样总是专横独霸和暗箱操作都心存不满。

于是，服务处开始有人向厅纪检部门告状了。厅党委组开始关注服务处的情况，并多次对吴某和服务处长进行了谈话和警告。但是，情况依旧，而且还有进一步恶化的迹象。

▶ 分析与理解

1. 试析吴某在领导服务处时违背了什么样的领导规律？违反了哪些领导原则？

2. 吴某实施的"市场化改革"的领导方略是否正确、妥当？为什么？

3. 吴某在实施领导时用了怎样的领导方法？其所作所为到底是领导艺术还是领导权术？

4. 吴某本质上属于过时、落后和不合格的领导。试结合有关原理对其原因进行深入分析。

第5章

领导主体与领导客体

重点问题

- 领导主体的概念、特点与构成
- 领导角色的含义与构成
- 领导客体的概念与特征
- 领导主体与领导客体的关系
- 对领导主体的评鉴、监督与管束

5.1　领导主体的概念、特点与构成

5.1.1　领导主体的概念

领导主体是某一具体社会系统中充当支配角色的那部分因素，包括机构、群体和个人。

具体而言，领导主体在群体中就是指代表和体现群体意志、掌握和运用集体权力的个人，在组织中就是指代表和体现组织的精神意志、提出和落实组织的目标任务、掌握和运用组织的各种资源、实际却常体现占主导地位的强者意志和倾向的机构与个人，在社会中则是体现公众意志和公共精神、掌握和运用公共权力及各种公共资源、实际亦经常体现占主导地位的强者意志和倾向以及主观特征的公共机构和个人。

领导主体支配着系统中的主要资源和主要因素，使用、影响、更新、创造或者丰富着它们，由此使得该社会系统获得组织性的生命和价值。事实上，它是事关这类系统命

运的主导因素和强势因素，同该系统的所有因素均紧密相关，同每一个群体成员或社会成员的命运息息相关，同日常生活息息相关，同整个社会和历史的兴衰、变化、发展息息相关。

显然，领导主体就是一种专司领导职能的特殊行为主体，专门在领导舞台上开展为群体和社会所需要的领导活动，有着比其他角色或主体更为复杂的构成和特性、更为重要的作用和价值、更为深远的意义和影响。

领导主体中的个人就是领导者，群体是指领导者集群，机构就是由更多因素构建的领导机构。其中，领导群体属于领导者范畴，表示独立的领导主体；领导机构则是由领导者和非生命领导因素组成的权威体系和权力机器之和，是独立的领导主体。领导者能够决定和指挥领导机构，但又必须借助领导机构来发挥领导作用；而领导机构有其不可替代的独特功能，独立发挥领导作用，通常能以不可由领导者取代的特定作用和组织权威发挥出比领导者所能有的更大的领导效能，也能反过来制约领导者。显然，领导者和领导机构同是领导活动的组织者、领导责任的承担者，两者既有显著区别，又相互依凭、密不可分。

所以，发挥领导作用的不仅仅是领导者，而且还有领导者集合体以及领导机构。但从根本上说，领导活动由领导者发起，领导机构由领导者掌握和运行，一切领导活动最终还是取决于领导者。领导者是领导活动的最终因素或曰最根本的能动因素，是整个领导行为的根本发出者和责任承担者。因而，在整个领导主体中还是领导者具有更为根本的地位和作用，应当承担主要的领导责任。

总之，领导主体是由不同性质、功能、作用和质量的领导成分构成的复合体。

5.1.2 领导主体的特点

领导主体的最显著特点是，在群体或组织中能够得到维护和遵从，并能发挥领头作用和服务作用。只要具备这个特征，群体或组织中的任何一种能动成分都是领导主体。反之，只要不具备这个特征，那么即使有法律确认、强权支持，该能动成分也算不上是领导主体，而只能算作在特定情况下（比如领导体制严重病态、封建毒素恶性影响等）领导主体的异化，是群体生活或组织生活缺失公正、廉洁和民主的一种公共腐败结果，也是对群体或组织最具危害和破坏作用的危险因素。此外，领导主体还有如下具体特点：

第一，具有特定的领导范围和领导职能。每个领导主体都必须在特定的领导范围内活动。这个范围就是领导主体的权力、职责所覆盖的整个区域，也就是领导主体充分施展才智、发挥领导作用的舞台。这是领导主体的首要标志和根本资源。每个领导主体由其特定的活动范围决定其特定的领导职能，包括领导工作的性质、目标、任务、内容和标准。这是领导主体存在和作用的基本依据，从根本上决定了领导主体的行为，包括领导主体的活动方向、活动内容和活动方式。

第二，拥有一定的权力和权威。领导主体要发出领导行为、开展领导活动，就一定要有领导权力作后盾、有领导权威作基础。事实上，领导权力是领导主体实现领导所必须依凭的后盾性杠杆和有效工具，而且还是有助于领导权威形成和发展的最有效条件之一，领导权威也同样成为实现领导的最有效工具和充分必要条件。这两者都是实施领导的最重要的资源和工具。没有权力权威，领导主体就无法开展领导活动，就无法履行领导职能、达到领导目标。一句话，没有权力权威，领导主体就寸步难行；权力权威越大，领导主体施展作用的范围就越广，领导工作就越好做，领导成效就越显著。这是领导主体同其他社会角色最重要的区别之一。

第三，拥有或支配各种社会资源。领导主体要实施领导，除要借助权力权威外，还要借助和利用其他大量的社会资源，包括信息、智能、知识、技术、人力、资金和物资等资源。实际上，领导主体一般都先比较充分地拥有或支配这些资源，然后才得以比较充分自如地开展领导活动。这是领导主体搞好领导工作的必要条件。其中，信息、智能、知识和人力等资源是事关领导优劣成败的关键因素，其中任何一个资源出现偏差或欠缺，都将给领导事业带来严重损害，而不管领导主体是否拥有巨大的权力权威和其他社会资源；反之，如果能充分开发和利用这些资源，则不管是否有很大的权力权威，是否有极其丰富的资金、物质等资源，领导主体都能为所在的群体或组织乃至整个社会做出巨大贡献。但是，这些资源的拥有、开发和利用却完全取决于领导主体的思想道德境界和智能水平等自身素质。

第四，具有事关重大的领导职责。既然领导主体是在特定的领导范围内承担特定的领导任务，履行和完成特定的领导职能，而且还大量掌握和运用着极其有限的各种资源，特别是还把权力这把双刃剑经常用作实施领导的决定性工具，那么领导主体负有具备特定价值和作用、显得绝对必要和重要的领导职责。这个职责确立和履行的质量的高与低，关系到领导职能能否实现、领导资源的开发利用是否有效和恰当、领导职权的行使是否恰当而正确等，尤其是关系到领导客体的利益能否得到充分的保护和实现。

第五，与领导客体之间是既协调又矛盾的关系。领导主体与领导客体之间既对立又统一。领导主体既要依靠领导客体，又管治着领导客体；既把实际是领导基础的领导客体当作领导活动的同一发生体，又把领导客体当成具体的领导对象。这已经造成了领导客体为领导的实现付出代价的、相互矛盾的双重角色。在人类社会中，没有领导客体，就不会有领导主体，也就不会有领导活动或者领导现象的发生。先有领导客体，然后才有领导主体，领导主体因为必须面对双重角色的领导客体而陷入非常复杂的特殊状态中，而且这种状态将长期维持下去。这表明了领导工作深层次的难度，更表明了领导主体从事领导事业的特定现实基础。

第六，必须在领导体制的框架下按规矩最大限度地发挥能动作用。这反映了领导主体的行为特征：既要运用所拥有的超越普通成员的权力去完成所承担的领导职责，又要在群体或组织乃至整个社会所界定的基本范围内、所确立和认可的领导体制下开展领导工作。这样才能使领导活动受到制约，确保领导机制正常运行而不受破坏；能够保持与社会的协调一致，确保稳定；可以使领导主体根据由体制提供的最大活动限度，竭尽全力而又稳妥地发挥自己的最大作用，创造可能达到的最大业绩。这是领导主体在领导活动中必须把握的度，也是领导主体对领导事业完全成熟、自信、胜任的表现。

当然，这不是说领导主体只能墨守成规，甚至为了维护现成的领导体制而变得僵化保守也在所不惜，而是说领导主体虽然要奉行现有领导体制，但是可以也应该根据领导体制中存在的弊病实行改革，优化和完善领导体制，创造和实行更大的制度和谐，为更大限度地发挥领导作用创造最佳的制度基础和环境背景。

第七，有一个决定领导优劣成败的素质基础。素质基础蕴含着活动能量，是领导能量的内在源泉。领导主体如果自身素质良好，就必然具备优质而丰足的能量，进而发挥更大的作用，取得更好的业绩。相反，领导主体如果素质不够高，就必定能力低下，在领导活动中捉襟见肘、陷于被动，干不出什么成绩。可见，领导主体的素质是掌握领导资源并发挥领导作用的内在基础和先决条件。本书将以此为中心，从领导人才的角度做纵深的探究。

第八，处于利益的中心，成为某种利益的代表。特别是政治性群体或组织的领导主体、社会性领导主体具有明显的阶级性。领导主体只有充分意识或注意自身的这种特点，才有可能更自觉地进行自我把握和自我控制，才能够注意调适自己与其他领导主体和所有领导客体的关系，真正把自己放到一个恰当的位置上，适当地发挥作用。

5.1.3 领导主体的构成

根据前面的界定可知，领导主体由领导者和领导机构两个基本部分组成，其中每个部分又有若干因素。这些不同的具体组成部分构成领导主体系统。

1. 从领导者角度看领导主体的构成

领导者分为领导个体、领导集体和领导群体三类。其基本特点就是均由人充当领导主体。

（1）领导个体，即普通意义上的领导者或领导人，亦即俗称的头儿、上司、领导、首长、首脑等。这是领导者的主要含义所在，是领导集体和领导群体存在的前提。其中，领导者又分为领袖、主要领导人和一般领导人等类别；在主要领导人和一般领导人之间，又分为高级领导者、次级领导者、中级领导者和初级领导者等层次。他们在不同的单位、不同的岗位、不同的时间和不同的场合发挥着不同的作用，在领导集体和领导群体中尤其如此。

（2）领导集体，俗称领导班子，是由在同一群体或组织内完备的一组领导岗位上任职的领导者组成的领导团队。这里由主要领导人即一个群体或组织内的最高级领导者负责和统领，由一般领导人，通常是与该最高级领导者在级别上相差不太大的次级领导者充当班子成员。不同领导人的不同素质与职务、不同条件和背景，影响着班子的协调、关系和作用，成为班子质量和效能的最重要制约因素，会给领导集体带来极其深远的影响。班子的不同搭配和组合，将会有不同的效果和结局，对一个群体或组织来说事关重大。

（3）领导群体，俗称领导集团，即由存在于不同群体或组织、不同数量、不同大小的多个领导集体组成的领导者阵营。这是一种领导者集合体。如果纯粹从管理的角度看，领导群体就是领导者队伍；如果纯粹从地位和利益的角度看，领导群体就是领导阶层，也可以说是统治阶级的代表。领导群体有大小之分。最大的领导群体是国家的领导群体，统驭和管理着所有的领导群体，最小的领导群体可以是几个同类小组织、小单位的几个小领导集体的同类性质、目标和状态的一般汇合。

在这里，我们着重讨论“领袖”这一特殊的领导主体。

不同领导群体中起带头作用的领导集体是该群体的核心组织和集体代表，而在这种核心组织或集体代表中处于最高地位、起根本决定作用的领导个体和领导集体就是领袖。不同的领导群体都有自己的领袖，大群体有大领袖，小群体有小领袖。这些领袖直接构成领袖群。现实中则把领袖群看作领袖集体。在这些领袖群中，更大的领袖统驭着更小的领袖，更小的领袖包括正式的领袖和非正式的领袖，即包括其他群体或组织的领袖。整个领袖群有一个最大和最高的领袖，那就是执政党的政治领袖和政府领袖——由政治组织和政府组织的最高领导者和领导集体自然充任。这是最为社会成员所认同的最具合法地位、最有权力和权威、具有最大影响力和作用面的领袖，在整个领袖群中具有极大的特殊性。

列宁在《共产主义运动中的“左派”幼稚病》中指出：“在多数情况下，至少在现代的文明国家内，阶级通常是由政党来领导的；政党通常是由最有威信、最有影响、最有经验、被选出担任最重要职务而称为领袖的人们所组成的比较稳定的集团来主持的。”他还在《怎么办?》中指出：“在现代社会中，假如没有‘十来个’富有天才（而天才人物不是成千成百地产生出来的）、经过考验、受过专门训练和长期教育并且彼此配合得很好的领袖，无论哪个阶级都无法进行坚持不懈的斗争。”这就充分说明了政治领袖和政府领袖所具有的特殊性、阶级性、代表性和杰出性。这反映了政治领袖和政府领袖所具有的根本性质和基本特点。

显然，政治领袖和政府领袖是不同于其他群体或组织的领袖的。其他群体或组织的领袖包括商业领袖、企业领袖、社团领袖、社区领袖等。但是他们与政治领袖和政府领袖相比，无论在作用上还是在地位上都显得要微小得多，更重要的是在性质上是完全不同的，而且通常不被人们看成是领袖。人们通常只是把政治领袖或政府领袖看作领袖，这是习惯上的观念。当然，他们事实上仍然都是领袖，只不过是专门领域里的中小领袖而已，主要靠权威或威望和威信等影响力发挥重要作用。

至此，领袖就可以被界定为凡是通过权威对领导群体发挥影响作用的领导者或领导集体。也就是说，领袖是一种表现为领导者或领导集体的特殊领导主体，尽管也经常运用领导权力，并以领导权力为绝对的领导基础和领导条件，但是其发挥领导作用的方式就已经不同于一般领导主体了，主要或基本上只依靠权威、影响力、统驭力发挥作用，实现对领导群体和其他领导客体的领导。在领袖这种特殊领导主体的影响面前，其他大部分领导主体也都只是领导客体，都是领袖的领导对象。

很明显，领袖最突出的特征就是有领导群体作为特定的领导对象。由于领导群体是多个领导集体和多个领导个体的集合，而且由于这个集合所覆盖的领导面极大，因而可以说领袖就是一个由多个群体或组织组成的大型群体系统或组织系统的最大代表和最高领导者。一方面，领袖同其所代表的对象关系密切；另一方面，充任领袖的领导者或领导集体肩负着双重领导责任——既要对本领导集体及其所代表的领导客体负责，又要对领导群体内其他领导集体所代表的领导客体负责。领导客体（主要是人民群众）是领袖的基本前提和绝对条件，但是领导群体则构成领袖的特定前提和特定条件。没有这些前提和条件，领袖就发挥不了作用，就不能形成或构成领袖，也就不存在领袖。

现实生活中存在着大量的靠影响力影响他人和小群体的人和组织。这些人和组织也近似于像领袖那样不靠权力发挥作用，而是靠威信之类的影响力发挥作用、发挥权威性影响，但是这并不是说他们就是领袖了，而应该说他们不是领导者，甚至根本就没有进入领导群体之中，充其量只不过是非正式群体和非正式组织中自发的非正式影响者，其作用也只是非正式影响，当然就更不会是领袖了。可以说，他们与领袖之间虽有某些形似，实际上却是形似而神不似，存在着质的区别，是两种不同的事物。

2. 从领导机构的角度看领导主体的构成

领导机构是由职能、职责、领导者、权力、权威、规章制度、信息、程序、办公场所、资金及其他物质组成的领导机器。在这里，则是对所有这种领导机器的通称，包括领导组织和领导机关两类。其基本特点就是以机构的名义实施领导。作为领导者的人在其中尽管仍然具有根本的地位，发挥着不可替代的作用，但是在正常的领导过程中，领导机构却始终具有最大的权力和权威，并成为实现领导必不可少的大功率领导机器。其具体构成如下：

第一，领导组织。从最广泛的意义上讲，它就是领导机器的通称，可以说包括了领导机关。但是由于领导机关具有法律上十分显著的特殊性，而其他领导机构却不具备这个特点，所以，领导组织与领导机关很有必要在理论上分开，并且能够分开。可以说，领导组织就是一般性领导机构。其基本特点是具备领导目标、领导者、权力、权威和信息等关键要素。它主要分为主导性领导组织和遵从性领导组织、正式领导组织和非正式领导组织、常设领导组织与临时领导组织三对六种。

第二，领导机构。从本质上看，它是领导组织的一种，但又在某些性质上和地位上与一般的领导组织存在显著不同。其基本特点是具有法定地位，是纯社会性法定公共机构，具备法定的职能、职责、规章制度、程序、方式、权力权威、领导者、财政与物质来源；最特殊之处就在于它拥有法律依据，由法律确认、委托或授权；是最正式、最权威、构成社会基本主干的领导机构，也可以说是正统的、主流的、特殊的领导机构。而一般领导组织不可能具备这个特点。领导机构主要分为核心领导机构、高层领导机关、主要领导机关和一般领导机构四种。

领导机构从其外在的权力关系看，具有以下四种主要结构形式：

（1）直线式或垂直式结构形式。各个机构之间的全部联系都置于一条垂直的领导权力线上。每一个下属机构只有一个上级领导机构，领导机构对下属机构履行全部的领导和管理职能，但不直接管理下属机构的职能部门。直线式结构和职能或结构形式是一种传统的领导机构模式。其结构呈现为从上到下的“金字塔”形。

（2）职能式结构形式。这是一种为完成某一领导职能而成立的某些专门性机构。完成此项职能的有关部门和工作人员都归该机构管辖，而这些机构的领导人对其职能范围内的所有事物拥有全权。

（3）混合型结构形式。它是直线式结构与职能式结构的混合，即以直线式结构为基础，在每个领导层次都设立专门的职能部门，给该级领导部门当参谋、出点子，按职能分工处理各类工作。职能部门拟定的决策、指令可以由直线领导人批准下达给下属单位，也可以就一定范围内的问题向下级单位及其职能部门发布命令。

（4）矩阵式结构形式。这是按数学上矩形方阵原理建立的一种组织机构模式，其特点是把按职能划分的部门同按项目划分的部门结合起来。在同一组织结构中，既有纵向职能部门，又有横向管理系统。通过纵横结合，形成一个灵巧简便的组织结构。

从以上领导主体的不同构成可以看出，领导主体实际是由不同类别领导主体的组织部分构成的一个以不同方式发挥不同作用的领导职能职责履行者体系，因此可以说，领导主体是一个系统的概念，是一个以领导事业为职业的特殊角色体系。

需要强调的是，要把领导主体一般地限定在领导者这一点上。因为领导者是领导主体中最能动的因素；一切领导活动和领导行为最终都要落实到、归结到领导者身上；领导者在领导主体中具有更为根本的代表性。其余的领导主体即领导机构有两种情况：一是因为与领导者一起具备同样的能动性而已经人格化，二是属于纯机构问题。对于前者，则可以把对它的研究重合到对领导者的研究上，事实上，研究清楚了领导者，就等于解决了具有领导者人格特征的领导机构问题。对于后者，则可将其归并到纯粹的机构领域中来加以学习和研究。

5.2 领导角色的含义与构成

从领导实践看，领导职能与领导职责在理论上可以分开，但在实践中却难分难解，通常是糅合在一起的，共同构成现实的领导行为，也共同塑造着不同的领导主体以及表现领导主体不同作用、不同侧面的领导角色。领导主体就是多重领导角色的组合。在不同场合，领导主体会有不同的角色，而在多数情况下，则是领导主体同时具备多重角色。这些角色主要同领导职能相对应。这就是说，领导的职能职责已经直接决定了领导主体的不同角色，领导角色就是领导主体的基本职能职责的实践展现，也就是领导主体各方面作用在领导过程中的典型反映或形象反映。这些领导角色主要表现为如下三个方面。

5.2.1 面对被领导者时的角色

处于被领导者中间时，领导主体常常表现为复杂的多重领导角色，而且主要是由被领导者看待领导主体的多种目光来确定，但主要仍由领导职能所决定。这里的角色主要有如下几种：

（1）龙头和主心骨的角色。被领导者有意识或下意识地把领导主体看成了这两种角色，把自己在群体或组织生活中的公共方向选择权一般地委托甚至完全交付给了领导主体，在领导主体带领下前进，领导主体指向哪个方向就往哪个方向走，而且基本上认为领导主体能够带好路，不会把大家引入歧途，大家足可放心，领导主体的想法、思路、方法都应该是正确的、可靠的和高明的，相信并期望领导主体能为自己做主。这一角色把领导主体推到了肩负重大群体责任或组织责任的地位，是容不得一丝马虎的重任，也是一种极其重大的压力。“当领导，责任大”就是这个道理。

（2）道德家和教导人的角色。被领导者总是有意无意地把领导主体看作是一个道德崇高、人格完美的终极权威。他们认定领导主体必定是胸怀宽广、关心他人、大公无私、明辨是非、民主正派、办事公道、奖惩分明，真正为了共同的事业而努力奋斗的，因而，总是愿意以其观点为观点、以其标准为标准，下意识地期待或盼望领导主体经常出来主持公道，维持群体或组织的秩序，统一所有成员的思想和行为，维持和保护大多数人的利益，特别是保护忠厚老实人的利益。

上述这些角色对领导主体来说既是一种信任和依托，更是一种鞭策和约束。但在现实生活中，有不少领导主体由于思想修养不够，尤其是道德修养不够，往往名不副实。有的甚至利用成员对其的期盼来干一些邪恶的勾当。这是一种完全不称职、不合格的领导主体，其邪恶思想和邪恶行为本身就会不断地使其陷入不可调和的尖锐矛盾之中而很快走向覆灭。

（3）裁判者和协调者的角色。基于对领导主体的充分信赖和寄托，被领导者希望领导主体能够调整和处理好群体或组织内各种复杂的关系，尤其是利益关系；希望领导主体能够对一切不公正的事情、现象和人做出公正的评判和裁决。当然，在领导实践中，这些角色本来就是领导主体要具体操作的事情，这与被领导人的期待是吻合的。但是，领导主体常因前几种角色扮演得太好而存在扮演不好这些角色的问题。

（4）处理者和监督者的角色。在领导过程中，领导主体实际上就是通过这两种角色来发挥处理人际事务的作用的。这些角色都是以权力为后盾、为手段，对纳入领导范围内的各种人际关系和问题采取必要的措施，加以调节和处置，特别是为保证把人力资源充分引用到群体或组织目标的实现上，而对诸如懒惰、不负责任、离心离德、自私自利、贪污腐败、失职渎职等各种消极现象加以监督和防范。这里的显著特点就是运用权力来开展发生在群体或组织成员之间的领导工作。

（5）教师和辅导员的角色。组织是学习型组织，群体是学习型群体。组织群体均依领导主体的教诲、引导和帮助而开始并完成共同的学习任务，营造和形成组织文化或群体文化，为更好地实现组织目标或群体目标奠定一致的精神基础。领导主体在这个过程中要以不同的方式进行“上课”教育、组织训练，并“课外”辅导组织成员或群体成员。这是现代领导主体的显著特征。

（6）身体力行者和示范者的角色。任何一个负责的领导主体都会自觉不自觉地为努力扮演好前面的所有角色而不遗余力地对自己加以约束、管理和改造，不断地加强自身修养，尽力按照领导对象对领导主体提出的要求和希望去做。另外，领导主体为完成群体或组织的任务、达到既定目标，还要比常人做出更大的牺牲，如在时间、精力、享受等方面的牺牲。

领导者自己的一举一动具有完全的示范作用并会产生一定的反响。如果领导者行为端正或言行一致，则必将使被领导者心服口服、受到教育，把被领导者引导到领导者所希望的那种状态中去，这意味着领导成功，也意味着发挥了楷模表率的功能。如果领导者行为不端或言行不一，必将把被领导者引向反面，这意味着领导的失败，也会产生不良示范的结果。

5.2.2　面对组织机构时的角色

当以组织机构为领导客体时，领导主体就表现为如下几种角色：

（1）心脏和思想库。领导主体始终处在群体和组织的中心，并具体地构成了组织机构的核心。领导主体的不断“搏动”以及与被领导者的互动，才使整个组织机构成为一个具有社会生命的社会事物。然而，领导主体的这种“搏动”却是以形成和传播组织文化（关键是领导思想）为基本内容的。组织机构没有这种思想就不能存活下去。领导主体不管思想水平如何，均是占支配地位的思想来源。因而，领导主体实际上就充当了组织机构的思想库。

（2）舵手和引航人。领导主体控制着组织机构的制动器和方向盘，具体决定着组织机构的前进方向，并且，还经常提醒组织机构应该选定什么航向，及时发现和纠正方向上的偏差，确保组织机构有一贯明确的方向，以便较快达到既定的目标。显然，领导主体是组织机构的掌舵人和领航人。

（3）维持者、修理工和清洁员。组织机构经常会遇到意料之外的困难，比如缺少物质支持、受到种种不正当的强大压力等，同时，还会产生某种老化、失调、残缺等病态，产生积尘积垢、受到污染、蜕化变质、感染“病毒”等问题。这时就需要身处其中、掌握全局的领导主体能及时发现或诊断，及时援助或开“药方”加以治理和调适，确保组织机构健康完善，特别是要经常打扫、清理组织机构，使每一个角落都不藏污纳垢，使每一个机体都具备很强的免疫力。这些是领导主体对组织机构的特殊的内务作用。

（4）代表和象征。领导主体自然成为组织机构的代表，而且是最高的代表。另外，由于充当代表的时间长、影响大，对内对外均自然形成一个相对恒定的代表形象，致使这种形象实际成为该组织机构的标志，因而领导主体能够成为组织机构的象征。

5.2.3　面对群体或组织的公共事务时的角色

（1）信息中心、发动机和推进器。领导主体由于基本上都处在中心地位，因而站得高、看得远，摄入的信息量大，同时其反应、思考和研究所产生的信息也比常人更胜一筹。所以，领导主体当仁不让地成为群体或组织的信息源，由其发出的工作信息就是群体或组织所要处理的公共事务，其实就是一种公共需要。而这样的信息运作就会把信息中心的信息处理过程变成一种关于公共事务的发动过程和推进过程，进而会把信息中心变成群体或组织关于公共事务的发动机和推进器。

（2）谋略库和决策者。领导主体应是最有经验、最有智慧、最老练的活动家。他们对于如何不断地捕捉重要的信息，并把这些信息转变成群体或组织的意志，又把这个意志转变成具体的计划，然后具体地开展领导工作等一系列问题，都应做到胸有成竹，不仅应考虑周到、成熟，而且应做出决策，拿出的战略、规划、对策和措施应切实可行。

（3）调配者和指挥者。为了落实计划和蓝图，领导主体必然是战场上的统帅：首先是动员一切必备的资源，并按计划调拨分配到位，搞好事先的服务；接着是具体指挥每一个能动成分，按计划相互协调一致地行动起来，发挥出整体效益，最大限度地完成计划任务，达到群体或组织目标。

（4）责任人。领导主体将承担在群体或组织乃至社会生活中所发生的一切，有责任要承担，有后果要承担，当然有丰收成果也“享”之无愧。总之，领导工作的好坏成败均由领导主体主要承担。

（5）“后勤部长”。这是领导者最本质的角色之一。领导者既然有服务的职能，也有确保服务的职责，那么就有做好服务的义务和工作内容，也就是说要当好“后勤部长”。

5.2.4 扮演好领导角色的基本条件

领导主体要充分履行职能职责、扮演好领导角色，就必须具备相应的条件，并满足条件所提出的各种有关要求。这些条件和要求其实是一体的。达到这些要求，就是具备了相应的条件；具备了相应的条件，就是达到了相应的要求。这些条件和要求主要表现在如下方面：

（1）优良的领导素质。这是搞好领导工作的内在条件和先决条件。

（2）优良的组织结构。这是开展领导工作的基本条件和处理问题必须借助的工具。

（3）优良的领导体制。这是领导主体开展工作的外在条件。

（4）优良的领导机制。这是领导主体在具体的领导过程中发挥作用要借助的外力。

（5）必要的物质基础。这是履行领导职能职责最起码的物质支持。

（6）良好的领导客体与领导环境。这是领导工作要优先考虑的具体条件。

只要充分具备以上条件，领导主体就一定能够取得优良的领导业绩。

5.3 领导客体的概念与特征

5.3.1 领导客体与领导对象的界定与含义

领导客体就是领导对象，就是领导主体发挥主观能动作用时所涉及、致变的一切事物，也就是被领导主体所领导的所有人和事物的总称。其中以人为最主要的组成部分，是领导主体实施领导时的直接基础和直接对象，从理论上说也是决定领导行为的主要因素。它一直是作为基础来直接参与领导过程的。在领导过程中，就领导客体与领导主体的相互作用而言，领导客体在短期和形式关系上处于被支配的地位，在长远和本质关系上又处于决定性的地位。应该说，没有领导客体就不会有领导主体，当然就不会有领导过程。但尽管如此，领导客体仍然只是领导客体或领导对象，而绝不会是领导主体，那些把领导客体确认为也是领导主体的观点显然是错误的①。

① 领导学界有一些人把领导客体也算作领导主体。这种缺乏基本理论支撑和逻辑保证的情况已经造成了不小的混乱和困惑。故而在此特别提出，必须在充分明确领导主体的概念和构成的基础上，将它与领导客体彻底区分开来。这对正确理解和把握整个领导学原理，特别是在领导实践中正确处理领导主客体关系具有特别重要的现实意义。

领导对象是指受领导行为影响者或领导影响之所及者，实际就是领导客体。根据这一含义，可以说，人力、物力、财力等资源以及思想、技术、客观环境等一系列要素，除了发挥保证领导活动正常运转的作用以外，还直接成为领导所要加以触及、影响、致变的对象，因而均成为领导客体，也就是具体的领导对象。实际上就是说，领导对象是领导目的和领导目标直接指向的对象，也是领导职能和领导职责所要施加其上的对象，更是领导过程中所处理的全部内容。

在领导关系中，作为客体的人是指处于被领导地位的所有下属人员。它包括直接的被领导者、间接的被领导者、一般基础群众、广大的社会公众等。国家立法、政府、司法、政党、事业、企业等所有单位和层次的领导，尽管在广度和深度上有所不同，但都必须面对这些对象，这些对象的总体就是人民。又由组织的层级决定，处在中间层次的人们，对上级会成为客体，对下级又会成为主体，从而具有双重身份。对于客体的人如何认识？由于其与主体的共性部分，要涉及人们对于自身的系统了解，而其特殊性又要受到传统意识、社会性质、社会地位、文化氛围等各方面因素的影响。因此，这种认识就会带有很多的主观色彩和情感倾向。例如，有些领导者受历史长期愚民政策的影响，缺乏自知之明，总认为自己比下属高明；一些具有双重身份的人，由于地位双重，在很多管理问题上形成管理两面人——对上级拼命要民主，对下属却全力搞独裁；还有一些领导者受情感支配，管理时有亲疏两套政策，说与做坚持两个原则。

另外，在领导关系中，作为客体的事物是指为领导主体直接支配的一切事物。在对待这些事物的态度和做法上，经常发生歪曲事实的情况。为了所谓的政绩，有些领导主体可以不顾事实，弄虚作假。为了维护自己或本地区本单位的利益，有些领导主体就可能排斥、阻碍和破坏文明进步。如中世纪西方封建教会的神权统治禁止哥白尼的“日心说”；清朝末年，中国的封建传统还视发明创造为“奇技淫巧”。这就是说，如果领导客体会“触犯”领导主体的切身利益或政治禁忌，领导主体就会加以消灭而引发许多灾难。当然，我们也应该看到，从长远和本质上讲，处于客体地位的事物其内在规律是处于决定性地位的。强权可以猖獗一时，假象可以欺瞒一时，但都不会长久。今天，地球围绕太阳转，封建社会必定会灭亡等已成为常识。事实反复证明，历史最终一定会给那些尊重客体发展规律的人以应有的地位。

任何成功的领导者对领导客体必然要做到两点：一是对所支配的事物和客观规律要有深刻的认识，要给予高度的尊重，并与之顺应和协调起来；二是对所领导的人员要给予高度的尊重，对其需求和愿望有深切的了解，也与之顺应和协调起来。否则，领导主体不会取得真正的成功。

长期以来，在现实领导过程中，由于世界观不同，因而在对领导客体的认识上存在截然不同的观点。历史上，大量封建压迫阶级的领导主体完全轻视领导客体。随着历史的发展和人们认识的深入，领导主客体关系相互作用的本质被更加深刻地揭示出来。有不少领导主体认识到领导客体是领导的基础，因而能够重视领导客体，坚持以被领导者为领导之本。过去“有什么样的领导主体就有什么样的领导客体”的相对认识，已经被“有什么样的领导客体就有什么样的领导主体”的绝对认识所完善，从而形成了表层认识与深层认识的有机结合。当然我们还应该认识到，这种结合要真正转变成为绝大多数领导者自觉的实践，还需要经历一个渐进的过程。

总之，领导主体要确保正确的做法，就要尽自己最大的可能去尊重客体、研究客体、探索客体的规律，并最终找到与其进行平等协调的途径。

5.3.2 领导客体的特征

领导客体类别多样、内容繁杂，受其地位和作用的影响，具有以下一些基本特征：

1. 被支配性

领导客体在直接关系上和形式上均处于为领导主体所支配的地位。

在现代，由于各种事物的社会化程度不断提高，这种支配力的范围和程度都在不断扩大和增强，但这种支配不应是随心所欲的。领导主体利用权力可以改变领导客体的存在形态，但是从整体上来讲，改变不了其本质的要求。也就是说，领导客体被支配是有条件的。想要驾驶汽车，你就必须熟练掌握驾驶技术和懂得交通法规，否则你可以驾驶汽车，但是这种行为绝不会给你和社会带来好的结果。想要让人为群体或组织乃至社会贡献力量，就要知道人都有自身的利益和需求，不能合理地满足之，就会使其消极怠工，甚至还会进行各种形式的对抗。

领导主体所面临的有关人和事物的各种问题都十分复杂，领导者不能只知道对领导客体发号施令，而不去了解领导客体被支配所应具备的各种条件。中国古训曾教育官员们要恩威并施；现代心理学家玛丽·派克·福莱特（Mary Parker Follett）曾说过，解决问题的方法有三种——压服、说服、利益结合，但其中最无压迫又最有效的高明办法，不是压服而是利益结合。因此，把对领导客体的支配力仅仅理解为强制力是不正确的，支配力还有更现代和更完整的现实内容。不能一谈对领导客体加强管理，就让领导客体感到黑云压顶和失去自由。实际上，它应该像一曲和谐的交响乐章，让主客体都能陶醉其中。

2. 内在规律性

作为领导客体，无论是人还是事物，在领导运作过程中都会有自己特定的规律性。无论是物质世界还是人的世界，人们都只能顺应其内在规律去认识它、利用它。那种“人有多大胆，地有多大产”和“英雄创造历史”等观点，均是违背这些客观规律的唯心主义和形而上学的产物。因此，领导者的主要职责不是单纯地发号施令，而是去了解和探求自然与社会各种事物发展的内在规律，同时，又要防止产生各种违背客体规律的倾向。

3. 功能性

在领导客体不同的类别和不同的个体中蕴藏着的内在能量是不同的。但具有能量并不等于能释放能量。比如，一个人有很强的智能和体能，但他的工作状态却不一定是最出色的，有时甚至还消极怠工。因此，充分开发和利用这些能量就成为领导过程中的核心工作。但是，能量能否释放出来却主要取决于以下三点：

（1）领导客体内在因素的状态及变化趋势。在客体中，物质性的表现为分子和原子的特性、结构和相互作用，事物性的表现为组成因素的特性、结构和相互作用，人表现为自身的本质和形成的组织形态及社会结构。由于这些内容表现为人和事物发展的内在条件，所以它具有基础和决定性的作用。

（2）领导主体支配力的有效程度。它主要表现为领导主体能否通过对客观规律的深切了解，并配合适度的强力措施，最终使自己对客体的影响力达到一个最理想的水平。我们强调客体的能动性，并不是要否定领导主体的重要作用。作为领导客体的人，对于本身和客观物质世界规律性的认识，也需要一个过程。在这个过程中，领导主体的导向和先行作用就显得十分必要和意义重大。

（3）领导主客体生存和发展环境的优越和宽松程度。物质世界有其发展相对平稳和相对活跃的时期，人在自己的发展过程中所面对的政治、经济和社会环境会有明显的区别，人与物质世界生态平衡的程度也会出现协调和不协调的状态。领导主客体在不同的生存和发展环境中会表现出不同的心理、行为和发展形态。例如，核能在和平发展时期可以服务于人类的发展事业，而在战争时期就会变成残杀人类的工具。又如，同一个人在良好的社会环境中会为社会做出很多的贡献，而在恶劣的社会环境中就可能堕落为罪犯。再如，同一个领导者，在人际关系良好的环境中会变得慈善而民主，而在人际关系恶劣的环境中就可能变得独裁霸道。应该特别指出的是，作为不具有支配力的客体，它所面临的不仅有生存和发展的大环境，而且还要受到领导主体小环境的直接制约。因此，从某种意义上讲，领导客体生存和发展的状态会比领导主体更复杂、更艰难。

以上三点联系紧密，共同影响着领导客体的作用和发展。

4. 时空性

领导客体在不同的时间、地点和环境条件下表现出的状态是不同的。例如，人在不同年龄条件下（婴幼儿时期、青少年时期、中老年时期等），会有不同的生理和心理特征；人类在不同社会和环境条件下，会形成不同的意识、风俗和习惯；物质在不同温度条件下，会形成不同状态，并会具有各自不同的特性；事物在不同的时间、地点和条件下，也会呈现出不同的状态，并使人们形成不同的认识。总之，处于不同领导状态下的领导客体会反映出不同的规律，领导主体必须不断地、认真而有针对性地去探索和研究领导客体在一定的时空条件下所特有的具体规律。

5. 最终决定性

马克思主义认为，物质是第一性的，精神是第二性的。据此可以知道，领导客体从整体上讲是一种客观存在，而领导主体所表现的毕竟只是一种主观的意志和行为。因此，领导主体尽管可以通过直接支配力造成客体运行的加速或迟缓，但是改变不了客体运行的根本规律。领导主体与领导客体之间一旦产生重大矛盾冲突，从根本上说，最终能改变的只有领导主体。无论在对待客观物质世界方面，还是在人类社会生活中，不管领导主体曾怎样不可一世，最后都将顺应领导客体的规律和要求。这是不可逆转的基本定律。

“水可载舟，亦可覆舟”，“人民，只有人民，才是创造历史的动力”，就是对此基本定律的最高概括和最简明阐释，也是领导客体对领导主体起着最终决定作用的核心内容。领导主体应高度重视这一特征，把领导客体真正放到领导之本的位置上。

5.4 领导主体与领导客体的关系

主体是和客体相对而言的。没有主体就没有客体，没有客体也不会有主体。领导主体和领导客体是领导活动中两个相互矛盾的基本方面。两者既相互对立，又互为条件，互相依存，总是紧密地联系在一起，而不能孤立地存在。

领导主体是领导活动的组织者和发动方，在领导活动中处处发挥着主导作用、支配作用和组织作用，处处表现得、也必须表现得极其主动，是权力的运作者、权威信息的发出者，是领导行为的决定者、发出者和终止者，亦即领导方；在群体生活中是最典型的主动角色和强者，而且常常表现为分配者、调节者，甚至是主宰者。

领导客体则是领导活动的基础方和参与者，是领导行为的涉及者、听从者、顺应者和最重要的变现因素；在领导活动中处处起维护作用、配合作用和支持作用，处处表现得、也必须表现得顺合、听命和服从，是权力作用的对象、权威信息的接受方和变现者；在群体生活和社会生活中多处于被动角色和弱者的地位，常常是被决定的一方，此即被领导方；领导客体不仅包括领导主体的直接下属、一切非领导者或一般社会成员，也包括其他一些被领导成分，实际是服从行为或被调节行为的承担主体。

前者可以直接、间接地支配和管理后者，后者一般要遵从前者。前者可以调节与后者的关系乃至其他社会关系，后者在与前者的关系中只能充当被调节对象。前者始终都在运用权力权威协调与后者的关系，后者始终无法超越这种现实逻辑。这就构成了不平衡的相互关系，两者分出了高下，形成了对立，而且就是由此形成了发生领导活动所必不可少的一种群体或组织运动势能和社会运动势能。可以说，领导活动就是在这两者的矛盾运动中逐步展开的，是群体或组织运动势能和社会运动势能的具体爆发与作用。显然，领导主体和领导客体中没有任何一方就意味着没有另一方，也意味着就没有相互对立的领导方或被领导方，就不可能构成领导与被领导的矛盾运动，亦即不可能发生领导活动，就不会有领导现象发生或存在。

确实，尽管两者有时或经常关系协调、目标一致、利益一致和步调一致，但是在作用上、地位上、资源拥有和处置上，则完全而且永远处于不对等的甚至是对立的状态之中。实际上，这是一种不平等的相互关系，两者之间总是发生着不平等的交流互动，这是两者之间相互关联的实质所在。

当然，尽管两者之间存在着这种不平等，但在客观上也是需要的。这是因为一个群体或者一个组织始终需要领导，只有依靠和加强领导，才能建立和完善群体或组织的秩序，才能发挥群体或组织的整体效能，并实现群体或组织的目标，否则，就必定变成一盘散沙而无法维持下去，更不可能发挥应有的作用、实现应有的价值。另外，由于两者是既对立又统一的相关角色，只有同时存在才能形成矛盾的形势，并发生矛盾运动，进而产生能把群体或组织朝其既定方向推进的动力、形成群体或组织必不可少的领导活动。这就是说，只有两者同时存在并保持这种不平等的形势，才能借助高低之差造成和积蓄群体或组织运动势能以及社会运动势能，成为其进步的推动力，进而满足一个群体或组织乃至社会对领导提出的各种需要，尤其是导向和动力上的需要。

事实上，只要有群体、组织或社会，哪怕只有家庭这样的组织，就一定会有它们对领导的需要，也就一定会有领导方和被领导方，会有双方之间存在的不平等及其产生的势能，也就会因此而有领导活动的发生或存在。可以说，群体或组织以及社会存在多长时间，领导现象就会存在多长时间，而且这两个基本的、不平等的行为主体及其相互对立统一的关系也会存在多长时间，而其所能有的变化却只能是形式上的变革。因为人类社会永远存在，群体或组织也永远存在，所以它们对领导的需要也永远存在。这意味着领导主体与领导客体及其相互关系也将永远存在。从文明、民主和进步的角度说，也许未来这种存在会发生某种变化，但这只会是互动程度、方式和形式上的变化。这种变化为领导活动中包含的社会规律和历史规律所决定，是人类社会的一种重大现实需要，是所有社会和整个历史都不能没有或者无法避免的一种普遍现象和长期现象。

很明显，从社会和历史的角度看，领导活动中的两个基本行为主体的地位、现状和实质性相互关系都有其存在的某种现实性和合理性。要认识领导和研究领导，或者要掌握领导和搞好领导，就不能回避这个问题，更不能回避或忽视它们存在和发展的社会基础及客观依据。

这里还有必要再做一个说明。所谓的群体或组织是指组成群体或组织的全体成员和所有相关因素，实际上是领导主体赖以存在的客观基础，即领导客体或领导对象。从这个角度看，如果可以说领导主体能够对领导客体直接发生重要影响，包括形式的影响和实质性影响，那么就完全可以说领导客体从根本上更为深远、更为绝对地决定着领导主体。因而，作为特殊行为主体的领导主体，其特殊性只在于受群体或组织的寄望、信赖和委托并发挥群体或组织所希望那样的作用，即领导主体不能有负众望，有负领导客体或领导对象的期望，这是领导主体特殊性的实质所在。超越这个特殊性的任何现象都是领导主体蜕化变质的现象，而在这种情况下的领导主体就不能长久，就只能也必须为新的合格的领导主体所取代。

确切地说，领导主体与领导客体之间的关系就是唐太宗李世民曾经比喻过的舟与水的关系。领导主体是舟，领导客体是水；“水可载舟，亦可覆舟”；舟取决于水，水为舟之本；舟脱离水则不是舟，水在舟之下亦需舟顺合。所以，领导主体虽然在地位和作用上要超越领导客体，并且可以直接影响其命运，但在根本上却还要取决于领导客体。当领导主体符合领导客体的需要时，领导主体就能得到领导客体的衷心拥护，从而得以存在下去并实现充分的发展，发挥更大的作用。当领导主体逆领导客体之需而动，或者把自己看得太高明而把领导客体当成可以随意愚弄和驱使的对象时，领导主体就会成为群体或组织发展乃至人类进步的严重障碍，而为领导客体所鄙夷、所唾弃，为“载舟之水”所颠覆。

古今中外的大量事实证明，任何领导主体一旦表现得不公、不正、不廉、狭隘、自私、自傲、专制、横暴乃至无法无天，就一定会迅速而彻底地丧失群体或组织乃至社会的信任和支持，亦即丧失人心，丧失领导基础；就一定会把领导客体彻底推向对立面并使双方的关系由客观需要的科学适当的不平等互动迅速变成尖锐而富有破坏性的冲突；就意味着水将覆舟、舟将覆没。这就是说，不合格的领导主体必将结束存在而被新的领导主体所取代。这是在群体或组织以及社会进步中体现出来的铁律。

的确，领导和被领导、领导主体和领导客体在任何时候都是一对矛盾，只不过在不同条件下这种矛盾的性质和程度有所不同。领导者除了规范自己的行为外，还要去规范群体成员的行为，按照一定的目标、任务和标准等去要求群体成员做什么和不做什么。对群体成员来说，他们是否接受这种规范和接受的程度怎么样，是不完全以领导者的主观意志为决定因素的；人的精神、心理、情感状态决定着个人积极性的大小，进而会直接影响到群体的绩效和领导的成败。在实际工作中，虽然领导者属于矛盾的主要方面，但是如果没有被领导者的通力合作，这个群体就不会是高绩效的。

解决这一对矛盾的有效途径有两个：

第一，民主参与。被领导者对领导过程的参与不仅仅是为了消除领导者与被领导者之间的矛盾，而且还涉及管理的指导思想问题。参与或不参与反映的首先是群体成员对于群体、对于领导的一种态度问题。

第二，领导自律。任何希望存在、发展和有作为的领导主体绝不能丧失公正廉洁和谦逊坦诚，绝不能自视甚高而鄙薄领导客体，始终都要高度关注并顺合领导客体的正当倾向和需要，尤其要充分注意其情绪，并满足其正当的要求，而且要在主动为他们服务方面做得越来越好。

领导主体对领导客体的整个现实状态、对整个群体或组织的生存和发展来说，都具有至关重要的作用。一般来说，领导主体“正”，则群体或组织就能表现得健康正常；领导主体“能”，则群体或组织就能显得很有力量；领导主体“民主”，则群体或组织就能显示出无限的活力和生机；领导主体“有为”，则整个群体或组织都会不断发展壮大，不断实现新的飞跃和升华；领导主体“成功”，则群体或组织就由此而日益强大兴盛。反之，领导主体如果软弱无能或者邪恶不轨，则必将给群体或组织带来厄运或者灾难。这里体现了某种基本的领导标准和领导要求。

总之，领导主体和领导客体反映了领导过程中两个基本的行为群体的基本性质、基本色彩、基本作用和基本关系，以及领导主体搞好领导工作的基本标准和基本要求。确切地把握这些情况，特别是基本的领导标准和领导要求，对于进一步搞好领导工作来说，具有重大的现实意义。

5.5 对领导主体的评鉴、监督与管束

对领导主体进行评鉴、监督与管束，是关系到领导队伍建设和领导事业成败的大事。因为领导主体是一种特殊的社会角色，手握着常人所没有的权力及其他资源，肩负着常人所没有的责任，其地位和作用都超乎常人，所以，必须对他们严加评鉴、监督与管束。要通过机制的制约，抑制领导主体的负面行为与后果，把领导主体的作用和效能彻底引

向正面，使腐败行为受到坚决有力的抑制，使群体或组织得到健康正常的发展。这既是维护公共利益、群体成员自身利益的需要，也是对群体资源的爱护和珍惜，更是对领导主体的最大爱护和维持。

对领导主体进行评鉴、监督与管束，是一种权力约束机制，也是一种正常的民主生活。这一方面表现为组织人事工作和监察纠察工作，能及时纠正领导主体的种种不端正行为，制止和消除由领导主体的疯狂恣肆所引发的各种丑恶现象，确保领导阶层的秩序不被某种不良行为所打破，进而维持权力运作的健康正常和稳定平衡；另一方面也表现为群体或组织成员的民主权利得到充分的维护和尊重，确保领导主体真正为领导客体服务，并从根本上为领导客体所监督和管束，让领导客体放心。

一个真正以共同事业和公共利益为重的群体或组织必须有也一定会有这样一种权力约束机制，而其中的领导主体则必定愿意接受并推崇这样的约束。可以肯定，这样的群体或组织必定会兴旺发达，其成员也会安居乐业。相反，在一个群体或组织中没有建立起这种机制，或者虽然建立却名存实亡，则这样的群体或组织就一定不会有生机和活力，其中成员的权利也必定得不到保护，并一般会出现人人自危、惶惶不可终日的没落局面——这已经完全丧失了人心，其实是领导的最大失败。

在领导过程中，领导主体常常会发生失误，也容易产生许多“领导丑象”。有些失误尚可容忍，因为危害有限，且能及时纠正或及早防范，但是有些丑象却是已经根深蒂固，只能带来绝对的灾祸。最常见的、典型的“领导丑象”主要有两类：

第一类是领导能力严重不足，导致心态不端正。有的是嫉妒心极强，既无能力也不自信，不靠能力，只靠权力，暗中诋毁，压制人才；赤裸裸地打击能人的积极性、创造性，直接损害其切身利益和人格尊严，直接导致组织或群体丧失向心力、凝聚力而变得死气沉沉、分崩离析。有的则是极其“小心眼”，大事忽略，小事上心，点点滴滴，颠倒错乱，无比计较。有的甚至不干正事，只会搞些歪门邪道，以打听和干涉别人的私事为乐。也有的领导主体终日无所事事，只会当官享受、吃喝玩乐，不会勤奋工作，混一天算一天，做一个南郭先生，滥竽充数，靠“裙带关系”或其他不正当关系维护官位。而有的则喜欢搞“表演”，大事不会做，只搞花架子，弄虚作假，大吹大擂，一件实事都做不成，却张扬了形式主义，极尽“假、大、空”之能事。有的则还奉行老一套官僚工作方法，不能深入实际、调查研究，不知道实际问题的症结所在，只凭经验和胡想大搞文牍主义和命令主义，只凭主观估计和权力地位拍脑袋决策，甚至为了应付差事、讨好上级而不惜编造数据事实；最突出的表现就是直接忽视公共利益、公共事业和责任约束，滥行形式主义和官僚主义。

第二类是领导品德低劣，导致权力变形。这里最普遍的问题是独断专行，缺乏自知之明，听不进别人的意见，容不得别人有主见，认为领导对象是可以随便欺骗愚弄的。有的领导主体任人唯亲、拉帮结伙，人为地制造矛盾和摩擦；也有的领导主体把领导权力当成了私有财产和达到私人目的的有效工具，借此大肆营私舞弊、搞权钱交易，以捞取私利；对于一切“看不顺眼”的障碍均不惜丧失人格而予以威胁和打击，玩弄手段，已经失去了任何准则约束、道德涵养和应有的形象，实际已经是一种严重的腐败和道德沦丧。还有的领导主体经常口是心非，两面三刀，当面说要以大局为重、以工作为重，背地里却只有私心杂念，害怕并打击一切为工作着想的努力，其行为与其总是挂在嘴上的“大道理”完全相悖，是最为典型的“两面人”；其所致恶果就是组织环境、政治生态严重恶化——对常人来说就是群众唾弃的缺德内耗、离心离德，对组织来说就是不守规矩和违纪违规违法。

上述两类领导都会带来严重后果。这样的领导者不仅不能靠自己的称职和努力来增强凝聚力、领导力和竞争力，而且极大消耗了有限的社会资源，破坏了各种正当力量，严重损害了领导客体的利益和整个社会系统的健康与安全，挖空了社会系统生存和发展的基础，直接置社会系统于虚弱、危急和溃败的边缘。这类领导主体不仅不能带领全体成员在21世纪的竞争中获胜，反而首先从内部就打垮了自己。

以上两类情况正是人们非常痛恨的形式主义、官僚主义和腐败堕落等恶劣现象。只要有领导存在，这样的现象就可能出现。究其根源，这些现象主要是由于领导素质不高又不加以改造和提高，也有领导制度不严、领导机制不完善、监管领导低效不力、民主监控严重失灵等实际原因。如果不铲除这些现象，不治理产生这些现象的根源，领导就必将成为导致社会系统在21世纪竞争中彻底衰落、失败的最大因素。

显然，要实现共同的理想、完成共同的事业，就一定要制止如此情况继续发生，并从根本上加以治理、克服和改变。而此处所谓的“根本”就是领导素质。只要领导素质得到提高，领导主体就一定能极好地发挥能动作用，哪怕还有较大的外在困难和障碍，也能把领导工作做得非常出色，必定能够写就群体或组织乃至整个社会成功奋斗的历史。

为此，就要开展对领导主体进行评鉴、监督与管束的工作，要经常对领导主体进行鉴别、品评、教育乃至清理。评鉴领导主体就是“识人”，就是准确评价领导主体，这需要有对领导素质深刻认识和把握的理论及其修养作基础。监督领导主体就是要结合领导工作实践，从实绩和素质两个方面进行全面的考核、检查和督促。事实上，全面考查一个领导主体的时候不可能也无法将实绩和素质分开来进行，否则就不够科学，也不够全面。管束领导主体就是根据评鉴和监督的结果及需要，加强对领导主体的全面整顿和教育，其实就是加强领导队伍的建设。只有这样，才能保证有一个良好的领导主体为群体或组织乃至整个社会提供优良的服务、发挥良好的作用。具体来说，主要从以下三个方面着手：

（1）要探索建立科学、完善的领导素质理论，为科学地认识和把握领导主体提供理论依据。如果对领导素质的认识还很模糊，就无法很好地了解由领导素质构成的领导主体，当然就无法鉴别他们并做出准确的判断和评价，也就无法有针对性地对他们加以监督并促使他们不断地改善和提高。

（2）要切实运用科学的领导素质理论开展组织人事工作、监察纠察工作和培养教育工作。以领导素质理论为镜，自始至终对领导主体进行科学、全面、系统的监测、评鉴、把握与控制，由此使领导主体的优缺点得到充分、明确的鉴定，促使领导主体扬长避短。

（3）要建立科学、民主、规范的领导体制和领导机制。其中最重要的是要突出领导组织体制、领导监督体制的科学化，以及领导竞争机制、领导监控机制和领导淘汰机制的高效化、强力化和快速反应化，确保所有监督主体，尤其是其中的领导客体能够完全有效地对领导主体进行更全面、真实、及时、有效的监控。

总之，要采取果断、强效的措施来清除一切不胜任、不端正的领导者，根绝一切恶劣的领导现象和领导行为，特别是要使所有的人都来执行监督和监察的职能，由此从根本上彻底解决官僚主义和腐败堕落的问题，进而真正提升领导力、核心竞争力和综合实力，为迎接21世纪的挑战、赢得21世纪的竞争提供最重要的保障。

本章小结

领导主体是现实社会系统中的强势方，拥有影响或统治它所在社会系统的优势和强力；与相对弱势的领导客体构成一对能够产生为社会进步所必需的动力势能的基本矛盾。领导主体是整个领导实践的主角，不仅原本构成多样而复杂，而且在不同情境中的具体角色也很不一样，拥有多层面的实际权力、机会和作用，容易失范、失控和越轨，并产生"领导丑象"，走向反面，因此需要对领导主体严加评鉴、监督与管束。

关键术语

领导主体　领导个体　领导者　领导人　领袖　领导集体　领导班子　领导群体　领导集团　领导机构　领导组织　领导机关　领导角色　领导客体　领导主体与领导客体的关系　领导丑象

复习思考题

1. 领导角色有哪些实际内涵？与领导主体之间有什么关系？
2. 试联系领导的根本和基础来谈谈你对领导客体的认识。
3. 简述领导主体与领导客体的关系及其对领导行为的影响。
4. 谈谈对领导主体进行评鉴、监督与管束的必要性及途径。
5. 从领导角色全面胜任的角度，谈谈怎样才能成为一名合格的领导者。

案例研究

案例一

周恩来总理日夜操持着国家大事，也时刻关注着群众，记挂着群众的大事小情。他与群众总是心相通、情相连。他心里总是装着群众，群众心里也永远装着他。

有一次，甘肃省定西地区（现定西市）发生了严重灾情。周恩来当时正在住院，但在接到报告后，仍不顾病痛，立即做出了如下批示：口粮不够，救济款不够，种子留得不够，饲料饲草不够，衣服缺得最多，副业没有，农具不够，燃料不够，饮水不够，打井配套都不够，生产基金、农贷似乎没有重点放，医疗队不够，医药卫生更差，必须立即解决。这个批示使灾区人民得到了全面、细致和扎实的帮助，使其很快克服了困难、战胜了灾情。

三年困难时期，周恩来前往河北邯郸农村搞调查，吃住在农民家中，和农民打成了一片。这期间，他经常和农民在一起，谈家常，说生产，亲切和蔼，平易近人。农民们非常乐意和他在一起聊天、说心里话。于是，在很短的时间里，他与当地许多农民交上了朋友，彼此亲密无间。其中，有一个叫二旦的农民，天生直性子，在总理面前没有拘束，敢说真话。周恩来常和他在一起谈心，了解当地农民生产生活的真实情况。至今保留下来的一张照片上，周恩来坐在二旦家的门槛上，和农民朋友亲切交谈。这就是他亲民、民亲他的一个生动写照。他回京后，没有时间再回到这个村庄去，但却会委托专人每年都去看望二旦这个农民朋友。

1966 年，河北邢台接连发生了两次大地震，共死亡 8 064 人，伤 38 000 人，经济损失 10 亿元。地震发生后，漫天飘雪，北风呼啸，极其寒冷。为此，周恩来总理三次奔赴灾区，送去温暖和信心，安抚群众，同心同德，抗震救灾。他每每因为见到群众在凛冽寒风中遭受地震苦难，便不禁潸然落泪，与受灾群众心连着心。在一次召集受灾群众开见面会时，他突然发出要求说："听我口令，全体向后转。"让群众转了方向的同时，他自己也由这一侧走到对面那一侧，站着对乡亲们传达中央的慰问，表达自己的问候。原来，当地干部为了替总理挡住寒风，安排他在一辆大卡车背后面对群众讲话，而群众则是面迎寒风。周恩来看到这一点顿时觉得非常不妥，立即决定换一个站立方向，能让乡亲们背风而立，让时已 68 岁的自己面对着刺骨寒风，就这样向受灾的乡亲们表示慰问，鼓励他们重建家园。

1968 年国庆节，在天安门城楼上，尉凤英送给周恩来一枚毛泽东像章并说："这是新的，带转的，还会闪光。"周恩来笑笑，抚摩着胸前那个"为人民服务"的徽章，说："我就喜欢这个!"

20 世纪 70 年代初，周恩来回延安搞调查研究。他选择先走到群众中去。他走进了陕北老乡家里，问寒问暖，问饥问饱，了解真实情况。他发现老乡家里只能喝稀饭、吃窝头。他与老乡一起啃着坚硬的窝头，同时深为群众日子过得苦而伤心流泪。他对地方领导说："解放这么多年了，人民还这么穷、这么苦，我这个总理不称职啊!"

1972 年，周恩来说，他非常喜爱鲁迅的名句："横眉冷对千夫指，俯首甘为孺子牛。"他说：对群众，对广大的同志，应该做一个"孺子牛"。

案例二

2012 年 8 月 26 日，在陕西省包茂高速安塞段发生特大交通事故，夜行客车着火，造成重大伤亡，有 36 人被大火烧死。而当时作为陕西安监局局长的杨达才，到现场处理事故时居然面露微笑。在令人无比沉痛的灾难现场，他这种微笑里所散发出来的信息就是漠视生命、不负责任，引起了广大民众的一片骂声。广大社会公众反应强烈，很多网友都愤怒声讨并"人肉"搜索他，有人发现他许多佩戴名表的图片而让他这个"表哥"现了原形。对此，陕西省纪委及时做出回应，对杨达才所涉问题进行了认真调查、核实，结果发现此人问题属实。于是，2013 年 2 月 22 日杨达才被开除党籍，并移交司法机关处理。

▶ 分析与理解

1. 周恩来对待人民群众的态度和行动显示了怎样一种领导主体和领导客体的关系?

2. 周恩来是永恒的领导标杆。试分析此标杆为领导主体做了怎样的实质定位？为什么？

3. 结合领导之本、领导价值和领导取向等原理，依照领导标杆，综合分析领导角色应该怎样做才能真正到位而胜任于领导工作？

4. 根据领导标杆，试分析人民公仆的本质内涵和主要特征。

5. 根据领导标杆，能够断定杨达才肯定不能胜任领导职位。对此，能否用“你不把人民群众放在心上，人民群众就不会让你坐到台上”来概括？为什么？

第6章

领导素质

重点问题

- 领导素质的概念与意义
- 领导素质的特点及相关原理
- 领导素质的构成
- 领导素质的主要内涵
- 领导素质运动
- 领导群体结构

6.1 领导素质的概念与意义

6.1.1 领导素质的界定

领导素质就是充当领导角色的个体为完成其特定职能职责、发挥其特定影响和作用所必须具备的自身条件，是基于普通素质又按领导角色的特点而形成和具备的有别于普通素质、专门适合于履行领导职能职责或者从事领导活动的个体特质。换一个角度讲，领导素质就是领导人才的一切内在构成，是领导者借以生存、工作、发展和做贡献的个人内在条件和特殊本领。可以这样说，领导素质其实就是所有素质中作为领导人才素质的一种，是所有领导人才素质中非常特殊的一种，是作为领导人才的领导者因其地位作用而与其他人区别开来的、具有明显特殊性的专门素质。它与普通素质的关系主要有如下三个要点：

（1）以普通素质为基础。领导素质首先以普通素质的素质方面和素质因素为自己的基本范围和基本框架，以普通素质的素质内容为自己的基本素质内容。这说明领导者首先是来自普通人，本质上与普通人是一样的，特别是在人格上与普通人是完全平等的。同时，这也表明领导者具备与普通人沟通和相互理解的条件，能够同群众有共同的语言和其他共同的基础，进而能够为群众着想，并且能够拥有群众，为踏实务实、干实事奠定最重要的基础。

（2）除具有普通素质的一般特点外，还有一些独到的具体特点。这些特点包括高能量性和高水平性、全面性和完备性、开拓性和创造性、杰出性和代表性等。可以说，普通人或普通领导人才的素质不一定均是高能量或者高水平，也不必强求它必须是最杰出、最完备的。而领导者或领导人才则不然，其素质必须具备这些特点。这是由领导的本质所决定的，也正是领导素质的特殊性所在。体现领导本质是领导素质的最突出特征。领导素质如果不具备这些特征或这些特征有一定的模糊残缺，就一定不会是高质量的或合格的，这样的领导者也就是内在条件不充分者，就不是一个合格的领导人才，就很难胜任领导工作。

（3）具有独特的素质结构和素质内容。首先是同样的素质方面和素质因素因领导角色的地位和作用不同而发生变化，进而造成不同于一般素质的新结构，即发生新的排列组合。主要以素质对于领导者的重要性为根据进行不同于其他人的素质排列，从而产生新的结构、新的质量和新的形象。另外，同样的素质内容因领导者的取向、地位、作用和角色多样化以及由此出现的新的、只适合于领导者的素质标准而发生某种质的变化。这就在具体内容上把领导素质提高到领导者这种特殊角色的高标准上，具有相当的严肃性、规范性和标准性，并且在新的素质结构框架下形成新的和特定的素质内容体系。

6.1.2 领导素质的地位与意义

领导素质是决定着领导行为和领导结果的特别能动因素，是领导行为的内在渊源，是开展领导活动的前提、基础，是领导主体取得成功的最重要的内在条件，也是事关群体或组织的命运和利益的最重大社会因素之一。它通过直接构成领导主体以及形成、参与或影响领导活动，包括决策活动、思想道德倡导活动等，直接、间接地影响或决定着领导主体及由其领导的群体或组织乃至社会的命运，直接影响着其中所有成员的切身利益。人们从领导素质上可以透视所有的领导行为和领导现象，可以找到领导成败优劣的根由和脉络。自然，领导理论和领导实践必然会把领导素质放到诸领导要素中的第一位来加以重视。

领导素质不仅对于领导主体来说是立足生发之所在，是命运维系之所在，而且对于群体或组织乃至社会来说是事关全局、影响深远的集体行为发源之所在，是事关每一个成员现实境况、命运和利益的特别因素。群体或组织生活中的兴衰荣辱、利弊优劣均与领导素质直接相关。不同的领导素质将引发不同的领导行为，进而产生不同的现实结果，使领导主体自身、群体或组织乃至社会及其成员均直接受到不同性质、程度、结局的影响。领导素质是事关重大的特殊素质，抓住领导素质，就能使关于领导主体的许多问题都迎刃而解。古今中外大量史实早已证明领导素质在领导实践和领导结果中的根本性、重要性和现实性。

在领导、组织人事工作中都不可避免地要面临、触及和处理领导素质问题。这已经成为这些工作的最核心、最微妙的工作内容之一。确认某种领导素质的某种状况，就意味着会有或会发生某种事关该素质拥有者及其所关联的群体或组织等命运的现实行动。回避领导素质问题，就根本无法科学地开展领导工作和组织人事工作。

因为领导素质的重要性，所以不管是东方还是西方很早就开始对领导素质进行研究了。有的是直接围绕素质问题展开全面的思想探讨，如孔子的思想和亚里士多德的思想；有的是在给领导者（统治者）提供建议的时候对领导素质做了深刻的研究，对揭示领导的本质、帮助领导者强化领导技能具有非常现实的重大作用，如中国的韩非子、意大利的马基雅弗利等所做的研究就是这方面的杰出代表。

人们结合领导实践，从许多不同的角度对领导素质进行了长期的研究和探索，形成了丰富的领导素质思想理论，为进一步研究、探讨和发展领导素质理论提供了极好的历史基础。

总之，领导素质的重要性使得领导素质理论研究也变得非常重要，以至于其实际上成为领导工作和组织人事工作的重要理论依据，成为领导科学的核心内容。

6.2 领导素质的特点及相关原理

领导素质有许多特点，其中包含了许多重要的原理。领导素质的特点包括如下几点：

1. 物质性和精神性

物质性就是指领导素质离开了物质依托，就不可能存在；离开了客观效用，就不会有任何价值。其物质依托即生理基础，不仅是部分领导素质本身，而且是整个领导素质的载体和物质基础，是形成其他领导素质的物质前提；其客观效用即指整个领导素质能够致动某种现实、产生某种现实结果的功能和作用。精神性就是指领导素质的大部分内容均是以心理机能和精神范畴为主的内容。有的是纯心理机能，有的是纯主观意识，有的是客观精神领域，还有的是这些内容的综合，总之是在生理基础上的一切机能及其结果。

这两个特点是领导素质的基本特性。它们把领导素质分成了基本的两大部分，即物质的部分和精神的部分，其中，精神的部分要比物质的部分大得多，是领导素质的主体部分。

2. 能量性和能动性

领导素质作为组成人的材料，其实也就是一种蕴含着丰富的“人”的能量的活性材料。身体素质中蕴含着体能，心理素质中蕴含着智能，思想意识中蕴含着精神力量等。每个领导素质都有其所蕴含的能量，不同的领导素质蕴含着不同的能量。不同的能量决定着不同领导素质组合体即人的作用和价值，当然首先决定着相应领导素质的品位和价值。这些领导素质以不同方式和不同侧重取向相互组合在一起，还会产生具有不同分量的新能量，即综合性能量或整体性能量，体现着一个人的综合性内在价值和品位，决定着一个人的整体作用和效能。领导素质的能量包括少量的物质性能量和大量的精神性能量，是领导素质的价值所在，是人的价值所在和力量所在，是领导素质的支撑物和人的支撑物。

领导素质的精神能量能够转化为物质的能量，加上本身固有的物质能量，就形成能够改变现实状况的人的力量。这种领导素质能量就是人的能量，是一种特别的能量，其"特别"之处就在于能够主动、有选择、有方向、可控制地释放，还能够开发性地组织、调动和促使其他许多能量进行释放。

领导素质能量可以充分地加以开发利用，可以自我开发，也可以由社会外力来组织和促进开发。但是，无论怎样开发，只要这些能量开始释放，就可以确定为人在发挥作用。如果没有外加的节制或障碍以及内在"固有"的障碍，这些能量就能无遗地释放出来，产生一系列积极的现实结果。这就是领导素质的能动性。在宇宙中只有人的领导素质所蕴含的能量具有灵动性，并以灵动性为存在和作用的基本方式，而且能够组织绝大多数能量（包括人类自身的能量）进行有利于达到人类目标的释放。这就是领导素质的能动性。

这里有必要特别提及一点：当领导素质能量在发挥作用时，其他能量也会跟着或被制导着按照人类的取向而释放，并共同产生现实结果——能量所致，痕迹必留；是好是坏，必有结果。很明显，取向如何将决定这种结果如何，不同的目标就会有不同的取向，进而就会有不同的结果。人类目标繁多，就必然会有多种能量绕此发挥作用，并带来众多的结果。主要有两种基本情形和实质：一是如果领导用意是向上向明向善、领导目的目标正确，那么领导素质所释能量就能给共同事业和公共利益带来巨大的推力和保障。这种能量就是正能量。二是如果领导用心向下向恶、目的目标有问题，那么领导素质所释能量就必定产生恶果、形成灾难。这种能量就是负能量。因而，领导素质的能量释放及其方向掌控和保证是十分关键、极其重要的大事，必须从根本上受到制度、法律、伦理的严格规范和有力约束，此外关键要靠政治过硬、思想端正、道德高尚、法治思维严明等来做好内在掌舵的工作。

因此，领导素质的这两个特性是最充分显示人的本性、特点和价值的实质性特征。

3. 先天性与后天性

领导素质的基础是遗传。从生理到气质、秉性、禀赋、智力等心理都有遗传。遗传质量和特性决定着领导素质基本的质量、特性和能量品位。也就是说，遗传素质的状况决定着领导素质的基本质量和格局。领导素质之间的差异主要基于这些与生俱来的素质条件，谁也无法超越这一点，这种性状就是领导素质的先天性。

但是由于人们在社会生活中追求一定的，尤其是正当的目标，这就使之具有一种释放能量的、根本的能动性，就会使领导素质综合体即领导人才自身充分寻求优化来满足更好地进行现实生活的需要。这种由有需要、有目的培养而来的素质能够弥补先天素质的不足，能够为领导人才自己所掌握和控制，并在此基础上不断得到强化和发展。由此积累和形成的后天的各方面素质，主要是思想素质、道德素质、社会素质等靠后天社会实践获得的领导素质。这种性状就是领导素质的后天性。以上两种特性是领导素质非常突出的特点，对领导人才的发展很有现实意义。

4. 自然性和造就性

由遗传和环境对人发生影响而形成的素质则是在意识控制之外而形成的领导人才的组成部分。这种领导素质相对于通过意识的能量作用所产生的领导素质而言则是自在的。这种自在的性状就是领导素质的自然性。可以说，自然性比先天性的概念更广，包含了先天性。

由人的自主意识和精神意志释放所含能量而填补空白式地获取的领导素质、定向定型地改造和优化的领导素质，都是由创造而来的领导素质，是人工铸就的结果，有一定的模型、模式，是领导素质后天性的另一个侧面，这种特性就是造就性，它具有自己独特的实践意义。

5. 积淀性和发展性

不管是遗传过程、环境熏陶过程，还是主观努力过程，素质在其中都是逐步形成和缓慢提高的。每种新领导素质的提高都为下一种新素质的产生做了铺垫，而所有成为领导素质的有关内容或有关成分则相互叠加、累积在一起，最终形成领导素质的基本格局或基本成熟的领导人才。这就是说，每个领导人才的品性、行为特征、作用、价值及相关性质都是其个人条件即素质有机累加、沉积到一定程度的结果，每个领导者都具有由来已久并已经相对固定的素质，这些素质对个人、相关者和组织群体产生着深刻的影响。

领导素质极其活跃，极具发展潜力，特别是精神范畴的领导素质在活力上和内容上更是富有无限发展的空间。因此，领导素质可以不断发展，可以在学习、实践和磨炼中不断地巩固、加强、优化、提高和扩展，并一直发展下去，直到生命的最后一刻。所以，领导素质具有惊人的发展特性和发展余地，事实上领导者也正是靠发展才不断获得、不断增益、不断升华。这就是领导素质的发展性。

6. 延续性、相关性与变异性

素质一旦形成，不管所含能量大小，均将延续到能量消耗殆尽的那一刻方才退却或消失；一种领导素质在影响了其他领导素质以后，还将在这些领导素质中保存自己的痕迹或证明自己的存在。这就是说领导素质在时间和空间上都有客观的延续性。延续性既显示领导素质的稳定特性和长期价值，又反映了领导素质可能存在的顽固性。

一种领导素质不仅能影响其他领导素质，而且也会受其他领导素质影响。周围更强大的某种领导素质能给它带来更大的影响。它在受影响后不仅具有了其他领导素质的某些特性，而且能够和其他领导素质相互配合着发挥作用。这就是领导素质的相关性，由此导致了领导素质的变异性。

最强大的和主导的领导素质及其能量在于思想道德领域。它们是最主要的领导素质统领者，最能给其他领导素质染上相应的色彩，并使这些色彩一直保留下去。另外，领导素质也总在受他人和环境的影响，并把这种影响当成获取内容和能量的根本源泉，在此过程中不断变化，不断增益或损减。其中，增益就是新生、优化和强化，是一种正向演变，而损减则是老化、退化或变质，是一种负向演变。这两种方向的变异运动始终存在，并随时产生人格结果、行为结果和社会结果等。这些影响和变化实则是一个潜移默化的过程。一种领导素质就是这样受到影响而发生变化的。

7. 一般性与特殊性

领导素质的一般性是指不同人之间在领导素质上存在相同的领导素质方面和基本的领导素质结构、一般的领导素质标准和共同的领导素质内容。这是一种说明什么领导人才都基本上“是这样”的性状。领导素质的特殊性指每个领导人才的领导素质在具体内容上都有与别的领导人才不同的地方即特有的情况。这主要表现为，同一个领导人才的所有领导素质发展水平或所达到的程度不一样，其中占主导地位的侧重方面赋予整个领导素质基本的特色，也决定着在现有情况下领导素质整体的最大潜力或能量、适应性、效用性质与效用程度。就是这种特殊性使人与人之间得以显著地区别开来。选人、用人、育人均侧重于此。

8. 多样性与组合性

领导素质的多样性指领导素质在构成上有许多方面是互不相同的，而且同一方面的领导素质其各个具体因素和具体内容都各不相同。人有多少种能量及可能有多大的潜能限度、领导素质对现实有多大覆盖面等，均主要取决于领导素质多样性的质量和数量。领导素质越多样，就可以为组合出更多种领导人才提供更好的基础和更多种可能；否则，在形成具有某种特定价值的领导人才时就缺少了更多的可能或选择余地。这个多样性是一种基础性的特点。

领导素质的组合性是指不同领导素质有机地组合搭配、相互渗透影响以及在此基础上综合地并有所侧重地发挥作用等情况。任何一个完整的领导人才都是所有领导素质某种组合的结果。不同的组合构成不同的领导素质整体、整体效能及其价值，创造出不同性质、质量、价值和用途的领导人才。一个领导人才能有何种作用、希望或者能够发挥何种作用，关键就取决于这些领导素质的组合方式及组合质量。如果加入组合的领导素质并不全面、优质，那么就会形成一个有缺陷的领导素质组合体，这样的领导人才就是欠缺的或不健全的，在现实生活中就较难取得成功；在同样背景条件下无欠缺者取得成功的可能性就要大得多。所以，领导素质的组合非常重要。

9. 品位性、结果性和现实性

显然，不同的领导素质所含的不同的能量将根本地决定着领导素质的价值和档次，使领导素质自然地分成三六九等，形成明显的质量层次，也内在地使拥有相应领导素质的人们之间明显拉开档次。这就是直接反映领导素质质量和价值的品位性。

领导人才的内在基础或自我条件不同就是领导素质品位差异的表现。领导素质的品位性是领导主体在自我条件对比上形成三六九等的直接原因。以能量为实质内容的领导素质其质量决定着领导素质的作用和品级，也同时决定着该领导素质拥有者的作用和地位。因而，领导素质中所含能量的质与量就直接构成领导素质的品位。领导素质所含能量越纯越高，则质地越优、作用越大，富含优质能量的领导素质就是高品位领导素质；反之，若所含能量拙劣，则为低劣的领导素质，即低品位领导素质。

高品位领导素质通常表现为卓越超群、能受重托。低品位领导素质就意味着平庸低能、不足以寄予厚望。不同品位对社会的贡献和价值是不同的，还会有不同的现实命运效果。因此，领导素质是会产生现实结果的，也是非常现实而严肃的。

10. 社会性和时代性

人是社会关系的总和。这个总和具体落脚和体现在素质上，这决定了领导素质的社会性。领导素质的意义和价值均在于社会，脱离了社会，领导素质就无价值或意义可言。社会性是领导素质的本质属性。不同社会背景下的领导素质会有不同的社会色彩，处在不同的社会发展阶段的领导素质就会有不同的具体内容和基本特征。而领导素质的这种性状就是其时代性。领导素质的时代性有两个价值：一是可以借此区分和辨析不同时代的领导素质，二是可以主动增强关于领导素质的现实性和适应性。

6.3 领导素质的构成

6.3.1 领导素质的划分与解释

从不同角度、依不同标准，对领导素质即可进行不同的划分和解释。

（1）从存在方式看，领导素质有自在性领导素质和整饰性领导素质。前者指以朴素真实的原貌表现出来的领导素质，即“加工”不多或并无“加工”的领导素质；特点是“生”而未“熟”，不适合现实生活的需要，但是领导素质中所含能量均未受损，价值比较真实而充分。后者指根据现实生活的需要至少在形式上已经做过修整加工的领导素质；特点是圆熟，能满足现实生活的需要，也能为该领导素质拥有者带来更多更大的成功机会，却常常因为整饰过度而近乎虚假，减损和丧失了不少领导素质能量与价值。

（2）从本末源流看，领导素质有元领导素质和派生领导素质。前者是领导素质家族的基础或母体，包括身体素质、智能等心理素质和精神意志等主观范畴的领导素质；特点是能够根据现实需要发展和完善领导素质，具备了移植和造就领导素质的基础与功能。后者指在前者的基础上产生出来的一切领导素质。派生领导素质充实、丰富和完善了领导素质整体，极大地增强了领导素质的强度、纯度和完善度，有利于提高领导素质和领导者的品位，更有利于领导素质整体发挥更大的作用、取得更大的成功。事实上，领导素质整体在现实生活中必定要依靠这两者素质的完善才能更有价值。

（3）从功能效用看，领导素质有维持性领导素质、施与性领导素质、表演性领导素质、创造性领导素质和发展性领导素质五种。维持性领导素质是指在现实生活中起维持作用的一簇特定领导素质，如健康、勤恳、忠厚、团结、协调、维护、组织等方面的领导素质。施与性领导素质是指在现实生活中起主导作用的一簇特定领导素质，如提供、给予、教诲、指示、命令、动员、指挥、制动、引导、鞭策等方面的领导素质。表演性领导素质是指在现实生活中起展现自我、实现沟通的一簇特定领导素质，如打扮、仪态、风貌、举止、交谈、辩论、说服、谈判、演讲、公关、艺术刻画和塑造等方面的领导素质。创造性领导素质是指在现实生活中起开拓和支柱作用的一簇特定领导素质，包括创造意识和精神、创新思想和追求、乐于发现和处理新问题、勇于迎接和制胜新挑战、善于从新角度审度事物并探索新路子等方面的领导素质。发展性领导素质是指在现实生活中起推进和实现作用的一簇特定领导素质，包括求实务实、踏实稳重、明确发展方向、制定发展战略和计划、调动一切有利因素达到愿望或目标等方面的领导素质。

（4）从价值地位关系看，领导素质有中心领导素质与外围领导素质、基础领导素质与拔尖领导素质两类四种。中心领导素质指在领导素质家族中处于中心地位、发挥中心作用的一群发达的领导素质，而除此之外的领导素质则都是外围领导素质，只对中心领导素质起辅助作用。其实，这两者是相对而言的，领导者均以施与性领导素质为中心领导素质，那些非中心领导素质则自然是外围性领导素质了，尽管其作用轻重不同。基础领导素质与拔尖领导素质也是相对而言的。前者指作为某种领导角色的人所必备的一般领导素质，是充当相应角色的起码条件；而后者是指要十分出色地当好某种角色、取得某种行动的极大成功所应具备的特殊本领、高超本领或卓越本领，这是需要特别培养、训练或磨炼然后才能获得的“拿手好戏”或“看家本领”。这种划分对设计和建构组织群体中的领导素质格局、有侧重有效率地培养和发展领导素质具有极大的现实价值。很明显，领导素质与领导角色关系最密切，从领导角色的角度把握领导素质是最具实际意义的。

6.3.2 领导素质的基本构成

角色决定所需要的素质，角色界定着基本的素质内容；而素质则是组成和充实角色的具体材料，其纯度和质量决定着角色的质量和效能。领导素质就是领导角色所专有的素质，由领导角色界定的具体素质才是领导素质。根据领导角色划分出来的领导素质才具有充分的科学性。所以，要以领导角色为标准对领导素质进行划分、认识和把握。否则，所划分和认识的素质就十分容易游移在领导素质和其他角色所需要的素质之间，即不一定是领导素质。因此，以领导角色为标准对领导素质所做的划分就应该是构成领导素质框架的科学依据。

很显然，根据领导角色就可以划分出许多领导素质。然而，仅就这样对领导素质进行划分，也还不够恰当，因为这样容易陷入琐碎。而要更科学地划分和把握领导素质，就要从更为基本的领导角色把握上入手。

从现实领导活动看，尽管时间场合总是千变万化，需要以许多角色来分别适应和对付之，但是对于领导主体而言却有一组最基本情境需要面对，有一组与这些情境相适应的最基本领导角色需要扮演并取得成功。通过考察可以发现，现实生活中有十五种最基本、最主要的情境是所有领导者都必须面对的，相应地，有十五种基本角色必须由领导者来扮演，因此必定会有相应的十五种最基本的领导素质。这些最基本的情境、角色和素质可以概括如下：

（1）在任何时间、任何场合，领导者首先都是一种具有绝对物质特性的生命体，具有普通人所共有的生理特征，即领导者首先是一个活生生的血肉之躯。这决定了其生理性、物质性的素质，即身体素质。

（2）在正常的任何时间、任何场合，领导者都是能够随时反映主客观现实并转化或引发相应行为心智实体，是具有特定心理机能的人。这里反映着其特定的心理特征，决定了领导者所必须依赖的基本条件，即心理素质。

（3）在正常的任何时间、任何场合，领导者首先扮演着普通的现实生活角色，如经济角色、利益角色和享受角色，有七情六欲，有利益需要，有各种愿望或期待，有最一般的人际关系等。这决定了领导者必须懂得生活，具备生活素质。

（4）在生活素质的基础上，领导者一方面是现实生活中的一个谋生者，实质就是一个自我经济人；另一方面是一定组织群体的利益代表，或可谓之非自我经济人。然而，无论何种经济人，都必须善于进行资源的开发、节约和高效利用，这决定了其必须具备良好的经济素质，否则，就做不了称职的经济人。因此，领导者必须具备经济素质，在全球化时代尤其要求如此。

（5）在幼年和青少年时期，以及在任何陌生的领域，领导者和普通人一样都是学生，都得通过各种各样的学习不断增长才干。这决定了领导者必然具有某种受教育的特点，由此形成的素质就是教育素质。

（6）在正常的任何时间、任何场合，领导者和普通人一样都是文化的载体，通过环境熏陶、耳濡目染、潜移默化和教育学习而具备了特定时代、社会和民族的深刻内涵，即特定的文化底蕴和文化特征。其中既包括获得、积累、内化并固定下来的一切文明成果，也包括负面文化成分。在这些情况下所形成的素质就是文化素质。

（7）在科技日新月异的现代社会里，领导者缺乏科技素养，就随时都有因变得落后、愚昧而被淘汰的可能，特别是在提出方向或者做出重大决策的时候——当然也包括权力与真理相冲突的时候——尤其要求领导者必须有一个科学的头脑，有能够随时坚持追求真理、服从真理的科学精神，能够按照科学的原理和规则来办事。这要求领导者必须具备优良的科技素质。

（8）在任何时间、任何场合，领导者都是最重要的社会角色，始终都处在特定的社会关系之中，而且永远不能超越社会关系。社会性是领导者的最本质特征，这决定了领导者必然是最熟悉现实社会的人，必须是最善于观察、了解和掌握社会的人，也决定了领导者必定具备相应的素质，即社会素质。

（9）在特定的时间、特定的场合，领导者是特定的劳动者——一方面是专门从事某种劳动以取得生存和发展资料的谋生者，是具体的利益角色和经济角色；另一方面是为达到某种目标而长期奋斗的谋事者。这决定了领导者必须具备从事特定职业的专门素质，即职业素质。

（10）在正常的任何时间、任何场合，领导者都是最主要的创造者之一。如果说人是整个世界的灵动中心，是万物之灵，处于生物界的最高地位，那么就可以说领导者是处于这个中心的中心、最高地位的顶端，亦即最灵动的社会角色，而这种灵动性就是智慧。因此，领导者就必须具备这种最灵动的素质，即智慧素质。

（11）在正常的任何时间、任何场合，领导者都是按既定目标释放能量、改变主观和客观现实的行动者，以此谋求其作用的充分发挥、其价值的充分实现。这主要是领导者的具体本领即能力。领导能力直接关系到领导的成功或失败、卓越或平庸。这种能力是领导者最主要的条件，缺乏这种能力则绝对不能胜任领导工作。因而，领导者必须具备优良的能力条件，即能力素质。

（12）在成熟的社会里，已经形成基本的现实政治关系，体现在宪法法律和阶级地位上。这使人自诞生之日起就处于政治关系中，不管愿意与否，均被赋予了鲜明的政治特征，皆成为政治人亦即政治角色。领导者由于从某种角度看是具有并履行统治功能的特定角色，因而就更是政治角色了。所以，领导者都必定具备相应的内在条件，即政治素质。

（13）在一定发展基础和层次上的时间及场合中，领导者是一种盛产精神产品即思想以作用于主观和客观现实的动力器。现代领导已经出现越来越依靠思想进行领导的趋势，因而思想对于领导的成功与失败起着非常重要的作用。这决定了领导者必须具备良好的思想素质。

（14）在正常的任何时间、任何场合，领导者都是需要具有内在约束机制和约束动力的责任角色，要对前述各种角色进行制约和调节，以保证既有利于己，又有利于人，还有利于特定的社会系统，而这种内在约束就是道德。这决定了领导者必须具备道德条件，即道德素质。

（15）在现代的、法制的社会里，领导者必须是一个知法、懂法、守法、依法、用法和护法的代表，只有这样才能影响和推动群众一起来尊重和维护法律，一起建设法制社会，实现天下法治、天下大治。因此，领导者必须具备优良的法律素质。

据上述可知，如果说领导者是一个由多重特定社会角色构成的整体，那就可以说这正是一个领导素质整体，这个素质整体却是由十五种基本领导素质构成的，而这十五种素质还仅仅是素质的十五大方面，在每个方面下还有各种因素即素质因素，在素质因素下面也还有大量的现实内容即素质内容。

显然，由此可知领导素质的内在相互关系，由此可以看出领导素质在内在关系的决定下有领导素质整体、领导素质方面、领导素质因素和领导素质内容四个层次，具体如下：

（1）领导素质整体，即领导者或领导人才本身，是领导素质的总和与全貌，属于领导素质的第一级平行划分。

（2）在上述这个整体下包含了十五个领导素质方面，领导素质方面就是以领导素质的基本特征来界定的大领导素质或宏观领导素质，是领导素质整体的平行划分，属于领导素质的第二级平行划分。

（3）上述每个素质方面包含着不同的领导素质因素。领导素质因素是中观领导素质，是领导素质方面的直接组成部分，这属于领导素质的第三级平行划分。

（4）上述每个领导素质因素包含着极其丰富广泛的具体领导素质内容。领导素质内容是微观领导素质，是领导素质因素的填充物，属于领导素质的第四级平行划分，实则是领导素质的具体展开和领导素质的真实面貌。

这就是说，各素质组成部分大小相关、层次井然，构成一个完整、有机的素质系统即领导素质系统，也构成一个完整的领导素质整体即活生生的现实的领导者或领导人才。换言之，现实中领导素质就是由这十五大基本素质及其所属的素质因素和素质内容构成的。这些构成反映出来的层次关系就是现实领导素质在理论上的基本构成。

所以，要认识和把握领导素质，就要从这十五大方面的素质入手，并分别从不同方面去探寻领导素质的素质因素和素质内容。只有这样，才能真正切入实际，确保对领导素质有全面的认识和掌握，真正反映出本来的领导素质体系，才能真正建立起科学完善的领导素质框架，形成完备的领导素质理论。

6.4 领导素质的主要内涵

6.4.1 政治素质

政治素质是领导者的灵魂，是具体的、第一敏感和重要的素质。每个国家、各种社会都有自己鲜明、具体的政治素质标准和内容，不可相互代替。要提高领导者的政治素质，就一定要从国情出发，在中国就是要根据中国共产党历来对领导干部提出的领导素质理论和具体的领导素质要求，大力促进领导干部加强学习、掌握和运用马克思列宁主义、毛泽东思想、邓小平理论、“三个代表”重要思想、科学发展观和习近平新时代中国特色社会主义思想，以适应新形势的需要。政治素质主要包括以下方面：

（1）具有深厚的政治理论即马克思主义理论修养；具备远大的共产主义理想，把人类共同的理想和事业当成自己最崇高的追求；把加快社会主义现代化建设作为具体的追求。

（2）具有很高的政治坚定性和理论的成熟度；能够运用马克思主义理论来思考和处理所面临的一系列重大实际问题，能够真正分清和处理大是大非问题。

（3）具备共产主义运动知识、党的知识、国家的知识、人类社会发展的知识、政治科学和政治艺术的知识，对西方的政治知识也要有一定的了解。

（4）具有牢固的马克思主义世界观、人生观和价值观，以及牢固的政治纪律观念、政治原则观念、路线观念；在任何场合都能立场坚定、旗帜鲜明。

（5）注意政治准则，注意抓大事，注意把工作同政治联系起来，保持高度的政治警觉性和警惕性，确保政治上端正纯洁。

（6）具有高度的政治觉悟，在任何领导场合都能真正坚持真理，从政治高度来审时度势、处理工作，始终用马克思主义的立场观点和方法去看待和分析问题、解决问题。

（7）具有正确、鲜明和坚定的政治信仰和政治信念，能始终坚信马克思列宁主义、毛泽东思想、邓小平理论、“三个代表”重要思想、科学发展观和习近平新时代中国特色社会主义思想的科学性和真理性，在任何困难情况下都不会发生动摇。能正确看待政治风云变幻，正确看待社会主义一度遭受挫折的问题以及中国社会主义初级阶段存在的困难与问题，完全坚信社会主义的新高潮必将到来，人类社会的归宿必定是共产主义。

（8）具有强烈的爱祖国、爱民族、爱人民、爱共产党、爱社会主义的政治热情，居安思危，充满忧患感、责任感和使命感，并能够为此忘我地工作，奉献自己的全部，真正做到"春蚕到死丝方尽，蜡炬成灰泪始干"。

（9）能够坚持四项基本原则，坚持党的基本路线和改革开放政策，坚持民主集中制，坚持正确的民主理论，自觉贯彻执行党的各项方针、政策。

（10）能够完全以党和国家的要求为要求、以人民群众的愿望为愿望，完全站在党和人民的立场上说话、办事，真正为党、为国家、为社会、为人民群众着想，全心全意为人民服务；同中央保持一致；坚决反对危害党、危害人民、危害国家、危害社会主义事业的一切现象和行为。

（11）把党性原则及一切正确的政治守则内化到自己的灵魂深处，表现到具体行动、观点言谈和实际工作中，养成和保持非常优良的政治作风，包括艰苦奋斗的作风、实事求是的作风、联系群众的作风、批评和自我批评的作风、民主的作风、求真务实的作风和严谨细致的作风等；彻底清除和荡涤"衙门"作风、官僚作风、内耗作风、"手电筒"作风、"家长"作风、浮夸作风、空谈主义、自大主义、命令主义、形式主义、马虎主义和事务主义等坏习气、坏作风。

（12）具有极其强烈的法律意识和良好的法律知识，学法用法，依法治国、依法办事、依法管理和领导、依法调节各种现实关系和现实思想行为，善于推进领导工作和组织工作的规范化、法制化；能够完全、严格、忠实、自觉地执行、遵守党和国家的法令法规，维护宪法和法律的尊严和权威，充分发扬社会主义民主，积极推动社会主义法制化建设，坚决反对和防止违法乱纪的动机和行为，坚决反对和防止权大于法的封建人治现象，能够共同促成现代性质的最文明的法治社会的早日到来。

6.4.2　道德素质

道德素质是领导素质的核心之一。邓小平指出，领导者要身体力行共产主义道德。这不仅阐明了道德素质的重要性，而且要求领导者必须承担道德责任，必须做出榜样示范或表率作用。具体说来，提高领导道德素质包括如下方面：

（1）大力提高领导者的政治道德，使其完全能够做到深明大义，忠诚可靠，精神高尚，气节崇高；顾全大局，自觉执行政治纪律、政治原则、政治准则、条例条令、决议决定；刚正不阿，坚持原则，坚持真理，自觉而坚决地反对和抵制各种错误的思想和行为；严于律己，顾全大局，勇于奉献，廉洁奉公，甘当公仆，勤政为民，谨防蜕化变质；严守党和国家的秘密，认真维护党和政府的声誉；团结协作，开展批评和自我批评。

（2）着力提高权力道德观，使之完全能够正确看待和使用权力，善于自我约束，愿意接受人民对权力的监督，始终保持权力的人民性、公共性、公正性和纯洁性；不能把权力当成私有财产或者当成达到个人目的、获得个人满足的工具，不能玷污了权力的庄严、神圣；把权力完全用到为人民服务的工作上，用到关心和帮助群众的过程中，用到关系国计民生的大事上，用到维护党和国家以及人民的利益上；确保权力服从于真理、服从于科学、服从于法律，不能凌驾于真理、科学和法律之上；自觉坚决地反对和防止权力崇拜和权力扩张，彻底铲除权力中的封建遗毒及剥削阶级的所有毒素。

（3）要特别提高领导干部的法律道德，包括尊重和维护法律，自觉奉行法律规定，自觉接受法律监督和约束；依法办事而不以权代法、以言代法，在宪法和法律范围内开展领导工作；自觉做到有法必依，执法必严，违法必究。

（4）大力提高领导者的领导职业道德，不断地提高自己的道德水平和全面完善的程度。这主要包括以下几点：1）一切从实际出发，负责任，守信用，讲效率，求真务实，实说实干，言行一致，表里如一，实事求是；不能无中生有、造谣滋事、制造矛盾。2）密切联系群众，虚心向群众学习，永远相信群众，依靠群众，接近群众，团结群众，关心群众和帮助群众，与群众同甘共苦，真诚接受群众的监督、批评和指正；不搞特殊化，不歧视群众，不脱离群众，不压制群众、打击群众或伤害群众，更不能拉帮结派、分裂群众；不能沾染官气及其他庸俗习气而以领导者自居、凌驾于群众之上、习惯于发号施令或动辄训人。3）要光明正大，顾全大局，公道正派，正直无私，不分亲疏，严正待人；不能暗怀私心、意气用事，不搞宗派主义，不能有任何本位主义、部门主义和地方主义。4）要检点慎行，严于律己，宽以待人，胸怀大度，诚恳厚道，谦虚谨慎，不骄不躁，从善如流，有气量、有风格，有克制、有涵养，能多挑自己的毛病，多为别人着想，能容忍和团结与自己存在某种差异的人、比自己有才能的人；不能小肚鸡肠、斤斤计较、怀恨在心、嫉妒成性，更不能假公济私、打击报复、发泄私愤。5）尊重知识，尊重人才，能正确对待自己的长处和短处，特别是能正确对待自己的缺点错误，能听得进各种意见；不故步自封，不讳疾忌医，不争功诿过，不阳奉阴违，不投机取巧，不搞花架子，不好大喜功，不沽名钓誉，不专横跋扈。

（5）大力提高领导者的行业职业道德。这包括以下内容：干一行、爱一行，专心致志，精益求精，开拓进取，勤恳敬业，任劳任怨，热爱本职，忠于职守，不好高骛远；遵守行业规范，履行行业义务，严格执行和维护本行业的基本规则和标准，认真维护本行业的名望和声誉，自觉、积极地推动本行业的发展，愿意努力为本行业做出自己最大的贡献；从大处着眼，加强行业内的联系，互守信用，相互呼应，相互配合，相互支援，尽量达到协调统一，不相互拆台、相互损害；认真为服务对象着想，提供最好的产品和服务；对工作极其负责，一丝不苟，强调标准、质量和真实，不弄虚作假，不敷衍塞责。

（6）极大提高领导者的社会公德，包括爱自然，爱生命，爱人类，爱社会，爱合理的万事万物；支持公益事业，参加公益活动，提倡人道主义，富有爱心、同情心、怜悯心、仁慈之心、正义之心，关爱社区，关爱他人，助残帮困，尊老爱幼，助人为乐，主持正义；对于处于困难、逆境甚至灾厄中的他人，不能见死不救，更不能落井下石，而应该解囊出力、真诚帮助、救死扶伤，为其纾灾解难；讲文明、讲礼貌，和气和蔼，文雅得体，谦逊礼让，团结友爱，着眼长远，强调合作，宽厚容忍，化解矛盾，不装腔作势、盛气凌人、刻薄挑剔、恶语中伤、攻讦挑衅、欺凌侮弄，不矫揉造作、鲁莽粗俗、满口脏话、急躁粗暴、蛮横好斗、胡搅蛮缠，不造谣传谣、搬弄是非、无中生有、污蔑陷害；摆事实，讲道理，凭良心，秉公心，重礼仪，讲规矩，讲信用，守诺言，有节制，不争执，好让步，和为贵，比风格；不掺假，不欺诈，不犯规，不违法乱纪，不做错误事、遗憾事，不当面说好话、背后说坏话。

（7）大力提高领导者的群体道德，包括维护群体利益，注意合群，避免离群，保持高度的凝聚力和向心力；尊重和服从群体正常的意志、要求、习惯和规则，不凌驾于群体之上，不强加意志给群体，按程序办事，不自作主张、先斩后奏、霸道专断、固执自诩；维护群体的形象、声誉、团结与发展，保守群体秘密，培养群体的良好风气。

（8）切实提高领导者的生活道德，包括勤俭节约，艰苦朴素，吃苦耐劳，真诚实在，珍惜生活资源，反对挥霍浪费；不讲排场，不比阔气，不追求浮华浪漫，不追求生活刺激，不提倡、不追求高消费，不贪图享受，不奢侈放纵，不糜烂腐朽；具有良好的生活习惯和生活需求，谨防不良生活习气和嗜好；不患得患失，不贪小便宜，平和恬淡地生活，堂堂正正地做人；具有良好、健康、向上的生活追求和感情世界，摆得正生活与事业的关系；自觉承担家庭责任，敬老爱幼，建立和形成亲和温馨的氛围；正确对待领导地位和家庭地位，不能在家庭中摆领导架子，而应形成现代家庭的民主关系，不能自以为是；热爱生活，但不把生活关系带到领导过程中，不搞庸俗的裙带关系、江湖关系。

6.4.3 思想素质

思想素质是又一个核心的领导素质。它的重要性集中表现在思想领导上。从21世纪领导发展的趋势看，思想领导将会在整个领导体系中占有越来越重要的地位。现实生活越来越需要靠思想领导，而越来越不依靠传统的强权领导。领导思想对于领导工作、领导绩效而言正在变得越来越重要、突出和关键。这在客观上就要求领导者应该是最有头脑、最有思想的人。为此，要具体提高领导者以下方面的思想素质：

（1）哲学修养，包括对辩证唯物主义、历史唯物主义等哲学原理极其透彻精熟，善于运用它们解决各种问题。

（2）理论修养，包括具备丰富的思想理论知识、较高的理论造诣等。

（3）实践体认，包括生活磨炼、社会历练和领导经历等。

（4）心灵体认，包括领导者的自我意识、自悟、自知、自明、自主、自信、自爱、自重、自制、自变、自强和自新。

（5）精神倾向，包括领导者的志向、抱负、理想、信念、信仰、觉悟、意志、决心、情感、价值取向、希望、要求、心性、器量和精神境界等。

（6）具体的思想，包括哲学思想、政治思想、民主思想、法制思想、道德思想、社会思想、经济思想、科学观念、生活思想、战略思想、系统思想、时间思想、人才思想、效益思想、创新思想等。

（7）观念意识，包括科学正确的世界观、价值观、义利观、竞争观、道德观、荣辱观、人生观、生死观、宗教观、自然观、社会观、人才观、历史观、民族观、阶级观、革命观、国家观、政治观、民主观、法制观、廉政观、经济观、市场观、开放观、发展观、信息观、科技观、文化观、生活观、劳动观、休逸观、时间观、效率观、公民意识等。

6.4.4 法律素质

法律素质是基于政治素质和思想素质，通过学习法律思想理论和具体的法律法规而形成的法律积累以及由此生成的法律精神。它主要包括法律思想、法律理论、法律知识、法律意识、法律观念、法律倾向、法律需要、法律追求、法律动力、法律反应、法律行为，以及自觉合法化程度、法律角色体认与把握水平、法律责任自觉承担与履行程度、法律运用程度与广度、法律关系处理水平等因素，其内容相当广泛、极其丰富。它要求领导者必须是一个知法、守法、依法、护法的标杆。为此，要具体提高如下诸方面的法律素质：

（1）法律理论、法律知识和法律条文精熟度。充分学习、掌握、积累、融会贯通法律理论、法律知识与法律条文，至少从常识的层次上了解和基本熟悉宪法、刑法、民法、行政法、经济法、社会法和国际法等实体法，以及刑事诉讼法、民事诉讼法和行政诉讼法等程序法；能够从总体上熟悉法律运行和操作的知识，能有质量地具体运用法律理论和法律知识，能正确而恰当地运用法律条文或法律精神，以更加有效地依法解决有关现实问题，推进全社会的法制化和领导工作的法制化。

（2）法律思想、法律意识与法制观念。熟悉法哲学原理，具有法律上的一定见解和主张，具备一定的法律思想和非常强烈、深刻的法律意识和法制观念。在具体工作过程中，无论想什么、做什么，都会随时随地地想到法律规定、法律要求、法律标准、法律底线和法律后果，整个思维过程、情感过程、意志过程、决定过程、公布过程、实施过程都会同法律联系起来并始终以之为最终依据和指导，不会忘记法律，更不会无视法律的存在或践踏法律和法律尊严，不会让自己的精神状态与实际行为游离或超出法律规范和法律要求，更不会把法律放到次要的位置而让权力大于法、政策大于法、领导大于法。

（3）法律习惯、法律需要、法律追求、法律反应和法律运用程度与广度。具有一个健康良好、稳定持续和不断强化的法律习惯，使自己的心理活动和具体的工作过程都能自然地同法律联系起来，进而使法律制度在领导工作中的反映和表现变得自动化起来，变成一种自然的需要、内在的追求和习惯性的反应。

（4）自觉合法化程度和法律责任自觉承担与履行程度。能够自觉地将其思维反应和实际行为纳入法制化轨道而接受法制约束。特别是当面对和进行利益性决策、提出政策动议、制定政策法规、颁布实施政策法规时，领导者都能够自觉地引用并通过合法的程序与方式来具体地推进领导工作，使每一个内容、环节和过程都对应、符合现行的法律规定，由此切实确保领导行为充分合法化。

（5）法律角色体认和把握水平与法律关系处理水平。非常清楚而准确地体认到法律角色的实质内涵、责任义务和权利权益以及为此所必须做的或付出的种种内容；确切而精准地加以把握和充任而非扮演这样的法律角色，以真实负责、严肃负责、代价负责来把握好、体现出法律角色，显示出极高的法律角色体认水平和把握水平。

6.4.5　能力素质

能力素质实际上是一个巨大的能力群，提高领导者的能力素质就是大规模、直接高效地开发领导力，就是要全面系统地提高和发展整个领导能力群。

按照中共中央组织部颁发的《领导干部选拔任用考试大纲》规定，这个能力群包括九项能力：（1）综合分析能力。通过分析与综合、归纳与概括、判断与推理，揭示事物的内在联系、本质特征及变化规律的能力。（2）言语表达能力。清楚、流畅、准确地表达自己的思想和观点的能力。（3）组织协调能力。围绕工作任务，对人财物等资源进行合理配置，协调各方面关系，保证工作顺利完成的能力。（4）人际沟通能力。通过情感、态度、思想、观点的交流，建立良好协作关系的能力。（5）决策能力。面临问题和机遇，及时准确地进行分析、判断，并做出科学决断的能力。（6）创新能力。发现新问题、产生新思路、提出新观点和找出新办法的能力。（7）应变能力。面对变化的情况和突发事件，迅速做出反应，采取适当方法和措施予以妥善解决的能力。（8）激励能力。依据人的行为活动规律，采取有效的方法，充分调动和发挥人的工作积极性的能力。（9）选拔职位需要的特殊能力。该测评要素根据选拔职位的特殊要求，经职位分析确定。

按照全面的领导能力理论，这个能力群应该是一种“T”形领导能力结构。T的“一”为通才能力，也叫作一般能力，包括政治能力、道德能力、思想能力、博弈能力、社会能力、心理能力、文化能力、教育能力和健康能力等；T的“|”为专才能力，也叫作特殊能力，又分为职业领导能力和专门业务能力两大方面。职业领导能力包括纯权威性能力、决断能力、综合性能力、过程性能力和内务性能力等，专门业务能力则包括纯业务能力和专门管理能力等。由这两大方面的能力体系构成的“T”形领导能力，是全面的和立体的领导能力；只有具备了“T”形领导能力，才能成为全面的领导者或领导人才。

上述两种领导能力框架虽然明显不同，却存在毫不矛盾的内在联系。前者是从选拔任用干部的需要出发，侧重于为经验所认可的较突出的九项能力；后者则是侧重于全面审视和把握领导能力，由此便于领导者或领导人才的全面发展。较为突出的九项能力分别属于通才能力和专才能力；只要领导能力得到全面发展，就必然能够得到优化和提高；只有全面提高和发展“T”形领导能力，才能使九项较突出的能力拥有一个雄厚、坚实而全面的能力基础。

6.4.6　智慧素质

智慧素质是所有领导素质中最精粹的部分综合在一起所形成的最高境界的综合性领导素质。它蕴含着最高级、最优质的能量，在释放能量时会把行为或活动变成科学的运动和迷人的艺术，所释放的能量能够产生出最佳的效果和结果。该素质包含了充分的科学性和艺术性，是决定领导者质量和品位的最大因素。这个素质的最终结果其实就是要求领导者应当成为一个善于出点子、拿主意、做决定的智者。

为此，领导者既要以其他所有素质为基础，又要结合适当的外在条件，由此开发出自身原有的或潜在的智慧素质，同时获取新的或既有的智慧素质，把自己锻炼成能够时时迸发出智慧火花的智多星。具体而言，就是要从以下几个方面来加强智慧开发：

（1）在面对某事时，总能面向和依托具体的事物、具体的情境、具体的事实、具体的依据、具体的目标、具体的取向、具体的价值、具体的动机、具体的倾向等，迅速展开深邃、理性的哲学反应和哲学思考，进而发现和获得许多哲学真知而显得非常睿智，逐渐培养出高度的广阔性和深刻性、敏捷性与敏锐性、针对性与切合性、清晰性与条理性、细实性与严谨性、逻辑性与科学性、独立性与批判性、辩证性与灵活性等优秀思维品质。

（2）在不同场合，善于科学、正确地开动和运用形象思维与抽象思维，善于恰当运用常规思维和超常规思维，由此加工、处理进入大脑的信息并产出相应的心智结果，还能带来正确的反应行动，得到理想的现实结果；善于直接创造智慧，产生思想。

（3）对某种情势具有特别优质而又内在的反映性、接受性和反应性，善于应时而发、应感而动，显示出新颖尖端的创造性机能和广泛贯通的特殊心智机能，始终处在随时进行感受、交流和应变的内在活跃状态，显示出极高的透析性和预见性。

（4）在具体实干过程中，基于思维独立性和批判性，具有非常强烈的创造精神、创造倾向和创造习惯，善于提出有相当高度、具有独特视角和价值的思想见解，能有一个标新立异的心性倾向、思想机能和心智状态，具有瞄准并倾向于涉足和开发陌生领域的心智机能，显示出极为优良的精神活力和心灵质地。

（5）言谈举止中充满精彩的智慧内容和智慧表演，比常人更能根据具体的情境而更具针对性和创造性，更恰当娴熟地选择使用大量不同的方法去有效地解决大量不同的现实问题；在实践中把各种方法运用得炉火纯青，以至于别人难以达到或者模仿，就是自己也几乎很难简单地重复；达到只可意会而不可言传、随心所欲而无定式、成效奇异且充满美感的境界。

（6）善于运用观察、注意、投射等心智机能，由此对具体的和抽象的客观事物与现实环境进行高水平的侦测、认知和把握，即实现主动的信息引进与获取，善于把大脑思维作为镜子去拍摄和显示各种有价值的信息，娴熟于“眼观六路、耳听八方”。善于预测和把握各种现实因素的确切特性、实际利弊、要害部位、关键所在、潜在效应、未来动态和可能价值等情况，能够察知和获悉别人的心思、动机、倾向、用意、打算和下一步举动；善于运用直觉、常识、逻辑、数理等非理性和理性的心智机能，由此对事物未来的性质、情形、趋势、动态、结果、影响进行充分的想象、设想、推论和确论，并以概率的形式将这些心智运作结果表述出来，形成具有可比较、可抉择但不确定性很大、不一定是真实可能等特性的事物未来形态描述和论述。

（7）善于运用认知过程所获得的所有信息，包括推知和预测的信息；能够一切从实际出发，具体问题具体分析，具体挑战具体应对，非常犀利有力和卓有成效地解决问题、完成任务、达到目标；善于根据现实情境的需要与实况、具体工作的标准和要求，运用定义、推理、判断、演绎、结论等抽象思维，形成思想，提出主张，拿出主意或思路，确定目标和方向，提出现实任务，设想规划蓝图，考虑途径资源，寻求解决问题的办法；

善于根据具体的社会历史背景和当前形势，审时度势，估计计算，分析比较，提出和制定具体的解决方案，确定具体的计划、安排、步骤、方法和手段，明确界定注意要点、关键要害、行动细节和恰到好处之所在。

（8）善于根据已经储存的各种信息和新感受到的信息刺激，对自己的身心特别是灵魂以及周围的一切举一反三、触类旁通，从他人、自我、事物、社会、环境的现象和内在联系中发现和获得有价值的现实信息和潜在信息；能轻便而随心所欲地拓展知识领域、认知空间、思维空间、心灵空间、容纳空间、回旋空间和应对空间；在关键时刻或紧要关头，能快速应对和有效解决问题，极为机灵、灵动、敏捷、犀利和敏锐，并由此与人进行愉快的心灵互动。

6.4.7 职业素质

职业素质也叫作业务素质，是指领导者从事某一行业具体工作的专门素质。其具体内容主要包括如下三个方面：

（1）应从业务资格、专门业务知识、专门业务技能、专门业务阅历、专门业务经验、相关业务基础、职业适应度、职业规则的熟悉度、职业角色的成熟度（职业角色的把握与练达）、职业胜任程度、职业资历、职业操守、职业创新、谋事潜力等具体方面大力提高领导素质。

（2）既真正透彻地了解和掌握所在行业部门的现状、问题、病根、潜力和趋势，也具备没有水分的相应专业技术职称；要对所在的具体社会环境、自然环境、行业环境、单位环境有一个透彻的了解，熟知或掌握其趋势与需要；要充分了解所在具体行业和具体单位的具体特点、具体情况和具体业务，确切把握行业运作现状和发展趋势，准确掌握本行业对领导人才的要求以及本单位领导人才的现状。

（3）清楚自己在专门业务上的适应性和取长补短的切实渠道，增加自己专门业务上的压力和紧迫感以获得专业上的真才实学，具备优良、过硬的业务素质，不断地增强和扩大自己的职业潜力，不断地增加相应的实际知识和才干，极大地强化和优化自己的通才核心部分和专才核心部分，使自己的核心领导素质水平总是超过进行领导时所需要的范围和程度，进而实现专业化，成为专才，成为行家里手，成为该工作领域的专家权威，站在其发展的最前沿和最尖端，迸发出大量实际的职业智慧和职业才干。

6.4.8 社会素质

社会素质是基础性的领导素质，是切合领导的最大特性即社会性而为领导者所必备的基本素质之一。领导者应注意充分优化自身的社会素质。这个素质包括社会利益意识与处理、社会关系意识与处理、社会资源意识与态度、社会利害意识与知觉、社会规则意识与把握、社会性质和特点的熟悉度、社会人性的认识和把握、社会观念的强度与明度、社会价值取向、社会角色意识的确定和扮演、社会机会与焦点的把握、社会活动维度与潜力、社会交往和互动、公关娴熟度、人际应对速度与效度、社会适应性、社会行为方式的完善度、对各种人的了解、社会阅历的广度、社会经验的深度、社会知识的丰富度、社会生活技能技巧、社会体认的深度和高度等许多方面。

6.4.9 教育素质

教育素质是指经过专门、系统的教育和训练而逐渐形成的知识积累和技能水平，通常表现为学力，也常以学位为标志，但是其中的学历也很重要。它主要包括教育程度、正规训练程度、知识结构和水平以及技能结构和水平等素质因素。只要是来自专门、系统的教育和训练而逐渐形成的正规、系统的知识技能，就都是教育素质。教育素质不是单纯指经由学校教育而来的系统化知识技能。

对于领导者来说，教育素质从源头上决定着领导素质的品位和质量，决定着领导素质提高的余地、潜力和源泉。它使领导者首先成为学生和知识分子，成为受过良好或高级教育和训练的领导人才。应该说，领导者或领导人才首先就是普通人才，是普通人才中模范的或典范的杰出人才，必须首先具备优良的教育素质。事实上，在幼年和青少年时期，以及在任何新的或陌生的领域，领导者或领导人才和普通人一样，都是学生，都得通过各种各样专门、系统的学习来不断地增加知识、增长才干。

领导者要不断提高自身的教育素质。即使对于获得最高学历的领导者也要予以终身教育。这具体表现为不断提高和优化领导者的教育程度、正规训练程度、知识储备、知识结构和水平、技能结构和水平、学术研究水平、学术造诣和发展水平等，也可表现为不断提高领导者的学历、学力、学位、学术成就和影响，最终用现代知识将整个领导干部队伍武装起来，使每个领导者都有最新最丰富的知识、最良好的知识结构和知识水平。特别是在全球化时代，要具备比较良好的外语知识和技能，更要进行终身教育。

6.4.10 文化素质

领导者要不断提高自身的文化素质。这要求：要按照美的律动，以美“文”人，以文化“养”领导，极大提高领导的品位和品质；要从文化兴趣、文化陶冶程度、文化功底、文化内涵、文化品质、文化气韵、精神风貌、审美、知识面、技艺、才情、特长、创作性能和文化活动水平等方面进行全面的优化、整饰；能够将这些优秀文明尽快、直接地转化到领导艺术和每一个具体的领导活动之中；使领导拥有比教育素质中已经形成的知识范围和普通人所能有的知识范围都要广泛得多的知识面，包括哲学、历史、文学、艺术、语言、社会、体育、卫生等各种知识，成为知识渊博的人。

此外，领导者还应该对特定文化具有很高的素养，主要包括以下四点内容：

（1）熟悉且能正确对待和处理官场文化；敏于并善于学习掌握实际的领导互动规则、领导行为方式、领导表演程式、领导言辞、领导举措、领导动静、领导禁忌、领导偏好、领导作风、领导风格、领导特点、领导关系、领导惯例、领导利害底线、领导顺逆状态和领导心情心境等，能够择其善者加以遵循并娴熟地表现在领导活动中。

（2）能够自觉、有效地扬弃官场文化本质中的封建文化糟粕，特别是其中的人为神秘主义、形式主义、个人主义、封建主义、官僚主义、官痞主义、等级主义、集团主义、阶级本性和利益本性等“厚黑”文化。

（3）能以对民族、历史、人类负责的态度和勇气，以科学、民主和法制的精神，不断地改进、改造和优化官场文化、官场规律和官场怪圈，使整个官场文化都变得更加民主、文明、进步、健康起来。

（4）对组织文化娴熟，包括成文的各种规定和不成文的约定，包括领导体制与机制、组织人事体制与机制、组织运作规则、群体互动规则、利益分配规则、资源调剂规则、内部伦理规则、管理方式、组织动员方式、组织生活惯例或习俗等；能将相对光明、健康、公正、民主和积极有为作为自身的实质性特征，并加以驾驭和运用之，还能不断创新组织文化。

6.4.11　科技素质

科技素质是基于教育素质和文化素质，通过学习自然科学知识、工程技术知识和社会科学理论与知识而在心灵上逐渐形成的科技积淀和科学精神。它具有无限广阔的范围和最为丰富的内容，具有最典型的前沿性、知识性、创新性、进步性、民主性、革命性、文明性、现实性和实践性等重要特征。

从本质上说，它是一个学术、文化、文明及其实践与结果的概念，是推动文明进步的诸精神要素中最大要素之实质所在。它本身就是最精粹、最活跃、最新鲜、最务实、最实用、最核心、最具体的文明之根或文明之源。它也直接提升着其他素质的品位与价值，优化着领导行为的质量与成效，极大地减少了领导过程中的盲目性和愚昧性，直接消除了领导文化中的愚昧内涵和封建迷信，直接形成推动社会民主进步的引导力量和推动力量，直接创造新的文明和先进的文化，直接充实和提高教育的内容和水平，最终极大增强了素质整体的质量和尖端性。

领导者要着力提高自身的科技素质，具体而言，就是要对科技理论、科技知识、科技视野、科技实践、科技水平、科技思想、科技意识、科学精神等内容进行高质量、有深度的内化，把自然科学、工程技术和社会科学的精髓变成自身的血肉。这对领导者整个素质的优化和完善，对领导者带领所在组织科学行事、推动生产力发展和精神文明建设、从根本上确保领导工作的科学实质和先进性，都具有十分重要的意义。

6.4.12　经济素质

经济素质就是基于生活需要而必然投身于经济活动所产生并积累的经验、知识、理论、意识、倾向、心理定式、反应习惯和行为特征等内容的总和。其实，它是现实经济生活在心灵上的反映和积累，是与生活素质结伴而生的经济性精神资料，也可以直接理解为能够进行健康经济生活的精神标准和要求。其实质就是经济生活所赋予的、构成并显示出人的经济角色和经济特性的个体特质，也就是最真实本原的利益化人性。

领导者要适当改善自身的经济素质，具体而言，就是要极大优化和增强经济生活体验、经济理论与知识、经济观念与思想、国计民生意识、市场意识、商机意识、资源意识、价值意识、可持续发展意识、投入与产出意识、成本与效益意识、财政意识、利益敏感性和倾向性、经济角色的熟悉度与把握水平、经济行为的原则性与娴熟性、现实经济生活的熟知度及信息资料积累、具体经济生活偏好与抉择等方面的内在素养。

6.4.13 生活素质

生活素质是做好领导工作的基础素质之一。在现实生活中尤其在基层，总是有一些领导者经常邋邋遢遢，生活上不检点，不严谨不认真，言行不文明，办事很拖拉，施政很粗暴，工作环境很杂乱，甚至爱探听隐私、说长论短、趣味低下。这只能带坏风气，把领导工作做反了。

具体地说，领导者必须较好地改造和优化自己的生活素质。这主要是在生活取向、生活方式、生活规则和生活条件的理解与抉择、生活技能、生活习惯、生活偏好、生活情感、人的知识、人际观念、生活规则内化与信守、生活价值取向、情理、情谊、人性、习惯、趣味、嗜好、格调等方面进行必要的规范和优质化。领导者理解和了解群众生活，熟知群众的生活概念，跟群众有实实在在的共同语言，自然就能与群众休戚与共，自然会关心和体贴群众，会从群众的愿望、要求和实际承受能力出发开展领导工作，真真实实地为群众办实事，进而提高领导质量。

6.4.14 心理素质

心理是能够反映一切客观存在的人脑机能与神经系统机能之和，是脑和神经等纯生理物质功能的延展与升华，是纯生理功能中最高级、最精华的部分；其实质就是基于大脑和神经系统等纯生理物质的意识机能；简言之就是本来意义上的意识或精神。

其实，心理素质是领导者自然生命的纯精神性构成材料与造就质量，是集领导者或领导人才于一身的其他所有素质的唯一心理基础和心理依托，为领导者及其领导提供心理平台、心理支持与心理能动性。它同时是包括生理素质在内的所有素质的精神性平台，是在身体素质基础上最大、最重要的基础性素质，是生理素质之后的第二个平台性素质，为其他所有素质和行为提供心理基础、心理载体、心理依托、心理前提、心理条件、心理依据和心理工具。事实上，现实生活中的所有素质都是在这个平台上依心理而生发、展开和发挥效用的。对于领导者和整个领导过程来说，心理素质是素质运动和效用的最基本要素和最基本条件。

领导者应极大调适和优化自身的心理素质，使之更适应现代社会的特点，特别是全球化时代的特点。具体说来，主要应从感觉、认知、注意、意识、记忆、情绪、感情、兴趣、爱好、动机、欲望、需要、意志、毅力、气质、性格、个性、人格等一系列心理范畴对领导者进行现代领导心理训练，为其他所有领导素质和所有行为提供强效、优质的心理平台或者心理基础。其中，气质风度、情绪稳定性、责任心、自信心、成就动机、自我认知等个性特征是《领导干部选拔任用考试大纲》中规定的考试测评项目。

6.4.15 身体素质

身体素质是指人在生理上的构成要素、机能和解剖特征，包括身体内在和外在的成分、质量、结构、性状和特征，即构成人这种高级生命体的所有物质成分、物质机能和健康状况的总和；实质就是以自然性和纯物质性为基本特征，标示着生理效能和限度的个体特质。

应该说，生理素质是领导者自然生命的纯物质性构成材料，是集领导者或领导人才于一身的其他所有素质的唯一物质基础和生理依托，为领导者及其领导提供生理平台、生命力量与生理支持。很明显，它就是包括心理素质在内的其他所有素质的物质平台，其他所有素质都是在这个平台上生发、展开和发挥效用的。对于领导者和整个领导过程来说，生理素质都是第一重要的最基本要素和最基本条件。

领导者要切实强化自身的身体素质。随着社会生活和经济发展的不断现代化，领导者的身体素质问题就显得日益突出，因而很有必要大力强化领导者的身体素质。这主要是要强健领导者的体魄，一方面直接提高包括人脑、神经、生物电、激素、体液、气、血、腺体、腑脏、骨骼、经络、肌肉、皮肤等在内的体质的强度、韧性和耐耗度，另一方面间接提高和优化朝气、活力、精力、体力、体能、耐力、免疫力、运动力、机械力、平衡力、传感力、生理适应力等生理机能，进而真正切实有效地提高领导者的身体素质，确保其健康强壮，精力充沛，具有强大的生理适应性和耐耗性，充满旺盛的活力和生命力，为整个领导工作提供良好的素质健康平台。

从上述十五个方面对领导素质进行优化、强化和精练化其实就是一种系统化、组织化的现代领导人才教育培养活动，也是现代社会生活中最重要的内容之一。

6.5 领导素质运动

6.5.1 领导素质运动的基础和方式

领导素质运动就是十五大方面的领导素质在一定的领导环境和领导角色标准下不断变化，不断产生一系列新的领导素质、现实领导行为和领导结果的动态过程。它是一种在社会微观层面上最广泛发生的社会角色条件变化发展的运动，是整个社会运动体系中最重要的部分之一。其最大特点是与领导环境因素密切相关，更与领导人才的能量品位、价值作用及变化发展息息相关，与领导力的强弱消长直接相关，对制胜挑战和竞争、创造更高度发达的文明影响深远。

在环境影响和外因刺激下，在领导素质内部差异和矛盾的作用下，领导素质总在不断地运动，不断地产生相应的现实结果。只要存在外因和内因，领导素质就有一个不竭的动源，领导素质运动就必然会不停地进行下去。内外因的各种矛盾差异构成领导素质运动的恒动力。另外，领导素质本身就是能动的客观存在，一般而言它善于对时间和环境变化做出反应，善于吸纳新内容，不断充实和更新领导素质的能量，不断增强领导素质的适应性。领导素质的这种能动性也是领导素质运动的一个决定因素和动源。

身体素质在人的繁衍和演进过程中自然形成。这为其他更高级的领导素质形成提供了基础。其他领导素质在此基础上受环境影响和信息刺激而逐步形成，如此形成的领导素质具有显著的差异性和特殊性。这是自然的领导素质运动。人、生活和社会则经常有意识地设计和安排新领导素质的形成，如此形成的领导素质具有显著的共同性和一般性。这是人为的领导素质运动。显然，领导素质的形成和组合有两种基本方式：一种是从个性出发的自然方式，另一种是从共性出发的人为方式。这也就是领导素质运动的两种基本方式。这两种方式下的领导素质运动都是领导素质积淀、累加和化合的过程，对领导素质整体的性质、能量和品位发生直接影响的过程，实际是一种系统、有机、连续不断的领导素质生命过程，包括领导素质的形成、组合和变化发展等环节。在现实领导素质运动过程中，具体运动形式既是分立自在的，又是连贯一体的。

6.5.2 领导素质运动的方向与类型

领导素质总是紧随着时间推移和环境变化而不断发生变化，或者是朝优化强化方向运动，可称为朝阳运动；或者是朝老化和僵化的方向运动，可称为垂暮运动。它们其实都是人的生命过程。领导素质形成、组合及变化发展的规律尽在这两种运动之中。

朝阳运动是一种积极进行新陈代谢、不断吐故纳新的过程，也是不断优化强化生命、创造更大生命价值的过程。这样的领导素质运动反映生命具有旺盛活力。身体素质以外的其他领导素质，特别是心理素质、文化素质、道德素质、思想素质和智慧素质，均可在身体素质止息运动之前的所有时间里一直呈上扬趋势；在身体素质止息运动以后也可以借助诸如历史、文字、书籍、口碑等形式而继续存在、延伸和发挥作用，它们均具有无限的活力，可以保持永恒的价值。在道德素质、思想素质和智慧素质方面能保持朝阳运动者就是最具潜力、最有价值、贡献最大的杰出人物。识人用人均可以此为判断依据。

垂暮运动是指领导素质在走下坡路，纳新少而守旧多，僵化停滞，老化落后，不断趋向没落和衰败。这其实是生命走向尽头的运动，意味着活力和生命行将结束。垂暮运动有两种基本情况：一是全面发生，即所有领导素质走向枯萎衰竭。身体变成即将燃尽的油灯，而其他领导素质也日渐失去活力和能动性，其常见的典型就是现实生活中随处可见的对自身消极倾向无意识者、回避者和死不改悔者等情况。二是局部发生。这是指在无法抗拒的自然规律的作用下身体素质不可阻挡地如此运动，而其他领导素质却依然进行着朝阳运动。这时，该运动虽然能最终耗尽人的物质性生命及其所含能量与价值，但是却不能消弭其他领导素质尤其是道德素质、思想素质和智慧素质等精神性生命及其所含的能量与价值。

总之，领导素质运动就是十五种基本领导素质形成和组合的过程，也是以某种领导素质丧失和某种领导素质形成、某种领导素质脱落和某种领导素质组合为运动内容的一种必然状态、一种变化发展过程，实际上是经常变化地塑造不同人的过程。

6.5.3 领导素质运动的结果

领导素质总是在不断地运动，在不断排除或改变不适合的旧领导素质的同时，总是在不断地生产和造就不同发达程度、不同具体内容和不同性质色彩的领导素质。所有领导素质都在运动过程中发生某种组合或转变，吸纳新的领导素质，形成具有某种特定内涵、特征和效果的领导素质结果，产生具有不同特点、作用、价值和品位的人，产生特定的领导素质格局和特征、特定的品格和领导人才，形成具有特定效能效用的人力资源。当然，这种运动同时会产生与此相反的领导素质运动结果。两种不同的结果性质相反，对现实社会生活的影响也是不同的，但是都会产生相当重大的现实结果或后果。

领导素质运动产生的结果既有中间结果，又有最终结果。中间结果主要指领导素质运动过程中产生的具体结果，包括吸纳新的领导素质内容，形成新的领导素质，发生新的领导素质组合，进而调整领导素质结构，改变领导素质性状，调整领导素质能量和领导素质品位，影响领导素质效用和领导素质整体质量等。其中，既有好的结果，又有坏的结果。这是由领导素质运动具有两个基本性质或两个基本方向决定的。最终结果就是领导素质运动到了可能的极限时的最后结果，有的是领导人才，有的只能是普通人，有的则有可能是不适合于社会需要的不成器者。

这些结果都对现实生活产生不同程度的影响。该结果如果所含能量极为丰富且均为高品位，那么就是富有现实强效的领导人才，就构成能够在现实生活中创造业绩、制胜挑战、颇为能动的人力资源即领导力或者核心竞争力，对现实的影响显然会是相当积极、有力的，对群体、组织或社会的竞争力和总的实力都有巨大的增进作用。但是，如果是在垂暮运动中产生的领导素质结果，那么其品位和能量都将是非常低下的，只能是领导人才的消逝和领导力这种核心人力资源的衰竭；对现实的影响将会非常消极，对群体、组织或社会的竞争力和实力都有釜底抽薪、削弱的作用。

这就是说，领导素质运动是一种动及命运的实质性运动。它会产生现实结果，是会直接影响现实命运的最重要的社会运动之一。领导素质运动的方向、质量都事关重大，所以，不能使之在现实生活中遭到任何忽视。另外，由于它是可以被掌握、被控制的，所以就必须有意识地主导这个运动，使之按照文明进步的总方向总要求、按照领导之本的意志和愿望展开并进行下去。只有这样，才能确保领导素质运动的正确性和高质量，确保领导素质运动结果的理想性和满意度，才能极大增强领导力、核心竞争力和整体实力。

6.6 领导群体结构

6.6.1 领导群体结构

按照系统论的观点，结构是指系统的构成内容及其形式。一定的结构是保持事物整体性以及具有整体功能的重要因素，结构是否合理，对事物整体功能的发挥有着重要的影响。

领导群体结构是指为了发挥领导群体的整体功能、由各种不同状况的领导者有机组合起来的构成形式与状态。一个领导群体不能由只具有一种专业知识的领导者组成，也不能都是年纪大、资格老的领导者；如果领导群体结构不合理，即使每个成员的素质都很高，也不能发挥领导群体的整体效能。因此，领导群体结构应尽可能合理而全面，这将有助于形成强大的领导合力和完善的整体领导功能，并由此发挥出巨大的领导作用。

这里，要将领导群体特别界定为领导班子。因而，领导群体结构则主要是指领导班子的结构。一个领导班子的结构应该在内在关系上是互补的和全面的，在外在效能上则是胜任领导职能的。譬如，一个党政领导班子在领导上涉及工、农、商、学等行业；如果没有熟悉各方面情况的专才和擅长出谋划策与组织指挥的通才的完善组合，那就是一个不健全的领导班子，整体效能较差，当然就无法胜任这种全面性很强的领导工作。

作为一般性的领导群体结构，领导班子的结构包括年龄结构、知识结构、智能结构、性格气质结构等多个部分，主要是领导者的素质组合，具体如下：

（1）年龄结构。年龄结构是不同年龄的领导者之间的组合搭配状态。对于一个人来说，特别是对于一个领导群体的成员来说，年龄不仅是岁月的标志，更重要的是它包含着不同的阅历、经验与特点。领导群体年龄结构是指各个成员按年龄分布和组合的状况。实践已经证明：一个科学而合理的领导群体结构应该是以中青年为主体的梯队结构。年轻人对新生事物一般都比较敏感，有活力，有朝气；中年人一般都年富力强，可以起到承前启后的作用；年长者一般都经验丰富，深思熟虑。所以，梯队结构的领导群体，既有利于取长补短，发挥整体功能，又能防止年龄老化，这样可以保障领导群体活动的相对稳定性和连续性。

（2）知识结构。领导群体知识结构是指拥有不同知识积累和背景的领导成员之间的搭配组合状态。知识结构包含理论与实践意义上的文化知识与专业知识两个方面。对领导者而言，专业知识有两层含义：一是指本人所在单位的工作相关的专业知识，二是指作为领导者必须掌握的领导学及管理专业知识。提到领导群体专业化，人们往往注意自然科学方面各种学科的知识、技能，即重视“硬”专家，而忽视社会科学方面的各种专业知识，尤其不重视管理科学知识和组织管理才能，即忽视“软”专家，这是一种片面的认识。但是，专业化不等于专家化。列宁指出，任何管理工作都需要有特殊的本领。因此，作为领导群体结构，应该根据实际需要，配备拥有各自专业知识的领导者，以形成多功能、多学科、配套齐全的合理结构，使各个“专才”汇集成整体的“通才”，发挥整体最佳效能。

（3）智能结构。领导群体智能结构就是指拥有各种不同类型智能成员之间的组合状态。智能是人运用知识的能力。智能结构主要由观察能力、记忆能力、想象能力、思维能力、行动能力等要素构成。领导群体里的每一个成员，其所具备的综合分析能力、语言表达能力、协调能力、决策能力等都不尽相同。任何一个领导群体，都承担着多种职能。因此，领导群体的智能结构，不应是只具有一种类型和同一水平的智能，而是要根据领导群体所担负的工作性质和任务的要求，将不同智能类型和各种能力特长的领导者合理组合在一起，这样才能既充分发挥每个人的特长，又在工作实践中有效互补。一个领导群体中，要有帅才、将才、干才，形成有机合理、多层次才学智慧和能力互补的结构，这样才能发挥出最大的整体效应，以适应多种职能、复杂工作的需要。

（4）性格气质结构。“人上一百，形形色色。”不同的人，因其遗传因素和所处的社会环境各异，性格气质往往千差万别。领导群体性格气质结构就是指领导群体中个体性格气质类型及其组合的比例。在现实生活中，人的性格气质多种多样，有的刚毅果断，行动敏捷，作风泼辣，但稳健不足；有的温文尔雅，勤于思考，办事稳重，但魄力不足。这些不同的个性特性，从不同的角度看，都可以对工作发挥积极作用。但是，在一个领导群体中，如果所有成员之间都是一种性格、一种气质，则往往容易产生内耗，抵消领导群体本应达到的效能。因此，在领导群体中，应注意各类性格气质成员之间的合理搭配，做到扬长避短，刚柔相济，相互补缺，相互促进，形成一个协调一致、朝气蓬勃、有高效率效能的战斗团体。

总之，要通过优化上述四种结构，造就一个结构上没有缺点或缺陷的领导主体整体，即形成一个完美无缺的领导群体。只有这样，才能真正做到“有机的组合具有比简单相加更大的整体效益”。这样做是建设一个合格、高效、优良的领导班子的科学要求。

6.6.2　领导群体结构的科学化

1. 领导群体结构科学化的标准

（1）整体性标准。领导活动进行的好坏，主要依赖领导群体是否发挥融化功能。历史和现实都已证明，领导群体结构的科学化，可以有利于产生个体力无法比拟的集体力，领导效应不是1＋1＝2，而是1＋1＞2。如果领导群体中，从单个领导者的角度观察，每个个体都素质好、水平高、能力强，但集体协作配合不好，“一人一把号，各吹各的调”，这样的领导群体结构组合就不科学，产生不了好的集体力，而且会产生负影响——耗散作用。

（2）适应性标准。任何组织或团体的领导活动都是动态的。同样，领导群体结构也是一个动态平衡体，需要根据外界的变化，对其内部各个要素不断进行平衡协调，力求配比合理，排列科学。但是，领导群体结构优化并不是一次完成的，由于客观条件的变化及内部因素的更替，又会出现新的不合理、不科学，需要注意经常进行调整，保证实现动态平衡中的领导群体结构优化。

（3）互补性标准。在领导群体中，每个成员之间一定要责权相符，尽可能保持职务与责任、责任与权利的对等关系。只有明确规定和划分各个成员的职责范围，做到人各有职，职有专司，按责授权，按权定责，领导群体成员才能够也才敢于负责、实施领导，积极、主动并富有创造性地完成组织或团体所赋予的任务，真正做好领导工作。

（4）高效性标准。领导群体结构的高效性是整体性、适应性、相符性这几方面的有机结合而产生的综合效应。现代科技突飞猛进，新情况、新问题大量涌现，社会生活各方面的形势复杂多变，这就需要领导群体建立精干有力、反馈灵敏、和谐适应、整体高效的科学化结构。结构的科学化程度越高，领导群体拥有的能量也越大。只有这样，才能实现持续高效的领导。

2. 领导群体结构科学化的途径

实现领导群体结构的科学化，需要创造和具备各种条件，但最主要有以下四个方面：

（1）要以正确的系统观和发展观，着眼于整体和全局选配领导人才。根据整体结构的观点，对领导群体进行系统分析，将其看作是一个由若干相互影响而又有所分工的领导者组成，并处于动态平衡的人才系统。考察领导者，如果就个体而言，人人皆有缺点，谁都不是十全十美的。如果“只见树木，不见森林”，很难取得整体优化的理想效果。若从整体结构考察个体，人人都有其所长，都有用武之地。所以，考察、选配领导人才，不仅要看他的德才素质，而且必须联系其所在的领导群体，从整体的需要来选配每个领导者，以有利于各类领导群体的配套、新老交替，加快结构科学化的步伐。

（2）努力开发领导人才资源，加强后备领导队伍的建设。领导人才资源的开发并非一朝一夕的易事。要从大力提高素质上开发领导人才。另外，还要从体制改革、制度建设和政策调整方面着手，大力开辟人才来源，同时又注意开拓选拔人才的新渠道，推动领导人员积极流动，促使领导群体不断更新，保持整个组织的旺盛生机。总之，就是要大力做好后备领导队伍在选拔、培养、提高、发展和使用等方面的工作，提高后备人才在实际领导工作上的成才率并不断缩短成才期，从而彻底解决领导群体的“才”源问题。

（3）大力开展领导者的“继续教育”工作，这是实现换知识、换责任、换专业的重要手段。实现领导群体结构的科学化，除了根据主客观因素的不断变化，采取必要的组织手段和形式，对某处不合格的领导者适当地更换以外，更重要的是还应该通过各种有效的渠道，大力加强对领导者的在职培训，重视“继续教育”“回归教育”“终生教育”等工作，不断提高他们的德才水平。

（4）大力加强领导群体自身建设，这是提高领导群体“自优”能力的关键措施。领导群体自身建设要从有利于领导群体结构的科学化角度来考虑，抓规划，定制度，重考核。

本章小结

领导素质是构成领导者的基本材料，是产生各种各样的领导行为、领导结果和领导现象的内在根源。它从根本上决定会有什么样的领导和领导结果。领导成功从根本上看是因为领导素质优良，领导失败根源在于领导素质低下或者恶劣。领导素质不济，哪怕外在条件再好，也绝不能取得领导成功。它比领导制度更重要，因为不良的素质会使最完善的制度受到歪曲或得不到执行，而制度建设的质量本身也受领导素质的制约和限制。它的运动决定着领导力的消长和领导人才的变化，也会极大影响到领导的效能。领导群体结构是指不同领导者之间个体优势的组合，实则主要是领导素质之间的组合；注意长短差异的互补是领导素质组合的要则，也是构建健全、优良的领导班子的要则。

关键术语

领导素质　领导素质构成　政治素质　思想素质　道德素质　法律素质　能力素质　智慧素质　职业素质　社会素质　科技素质　文化素质　教育素质　经济素质　生活素质　心理素质　生理素质　领导素质运动　朝阳运动　垂暮运动　领导群体结构　领导班子结构　年龄结构　知识结构　智能结构　性格气质结构

复习思考题

1. 如何理解领导素质的构成与重要性?

2. 你认为能够从领导素质的角度解释各种各样的领导行为、领导结果和领导现象吗? 为什么?

3. 根据领导素质运动的原理，应如何把握领导素质的变化?

4. 对于成为一名领导者或者成功的领导者，有人认为要靠机遇，有人认为要靠背景和关系，有人认为要靠素质，而有人则强调要靠领导素质和机遇。对此你怎么看? 为什么?

5. 有人认为，领导平庸是因为领导素质差，领导失败的根源在于领导素质恶劣。对此你怎么看? 为什么?

6. 应该怎样依据领导素质来评判或确认领导者是优、是劣还是一般?

7. 应该怎样依据领导素质来评判或确认领导班子是优、是劣还是一般?

8. 试从领导素质的角度分析怎样才能成为一个优秀、卓越的领导者。

9. 试论述应该怎样才能搭建一个良好的领导班子。

案例研究

案例一

1935 年 9 月 10 日凌晨，毛泽东和党中央率领右路军中的第一、三军和军委纵队 8 000 余人从巴西出发北上抗日，悄然离开张国焘的势力范围。天亮后，张国焘的亲信李特骑马追上来进行阻挡。他一面用皮鞭抽打不愿回去的红军干部，一面带领红军大学的几个年轻学员高喊不要跟机会主义者北上的口号。他手下的几个年轻人举着“反对毛泽东逃跑”“反对右倾机会主义”的小旗子高喊:“不要跟毛泽东、周恩来走，他们是苏联的走狗，要把你们带到苏联去!”年轻人的口号有点稀落，还有点颤抖，透着一股惊慌和不安。

这时，身材高大的毛泽东，一身破旧军装，一脸倦容，拿着一根棍子，非常沉静地打量着这些年轻人。这些年轻人一看到毛泽东的目光，就都生出莫名的胆怯，举到半空中的拳头也不自觉地放下，光张着嘴巴，发不出声了。看见他们这种心怀畏惧而瞠目结舌的情形，毛泽东忍不住哈哈大笑起来，他随即走到李特跟前，向他耐心讲述北上的理由。李特不等毛泽东讲完便跳了起来，一只手指着毛泽东说毛泽东放弃江西苏区，实行“逃跑主义”，现在又搞“分裂”，另一只手习惯地按在腰间的大左轮手枪上，就这样与毛泽东紧张对峙着。突然，原共产国际军事顾问李德从后面把李特紧紧抱住了，并用俄语大声责问说：“你准备干什么？”李特对李德此举极其愤怒，双方争吵对骂起来。熟悉俄语的博古告诉大家，李德骂李特为流氓，李特骂李德是赤色帝国主义、保皇派。李特说：“遵义会议毛泽东批了你，你还包庇他！”李德说：“毛泽东北上是正确的，南下才是逃跑。”毛泽东向李德投过会意的一瞥，走过去把正扭抱着的两人分开，对李特训斥道：“你休要这般猖狂，少在这里胡说八道。”李特看到毛泽东发火了，也就不再吱声了。

毛泽东对李特说：“请你向国焘同志转达我的意见。根据对当前政治形势的分析，南下是没有出路的。南面敌人力量强大，再过一次草地在天全、芦山、甘孜建立革命根据地是非常困难的。我相信，不出一年你们一定会北上的。你们南下，我们欢送。我们前面走，给你们开路，欢迎你们后面来。”最后这句话，毛泽东连讲了三遍，给在场的同志留下了很深的印象。李特就再也没说什么，骑马回去了。

▶ **分析与理解**

1. 为什么毛泽东总能这样从容不迫、力挽狂澜、凛然不可侵犯？试就案例一来分析毛泽东的素质特点。

2. 试从案例一中分析并提炼出毛泽东所特有的卓越领导素质的构成与具体要点。

3. 试析毛泽东的领导素质对现今领导人才的打造与效用有什么启发和标杆意义？

案例二

2001 年，S 省科技厅副厅长吴某分管了一个研究所。其实，他对该所早就非常关注和熟悉了。他知道，这个所是一个很有收益潜力的好地方。

因具有几十年的严谨作风、负责精神和优良专业能力，该研究所在全省留下了好名声。各个县、市几乎都把它奉作权威来信赖，愿意与它合作，或者向它咨询，或者与它共搞项目开发。特别是在推广“星火计划”时，该所更是给本省很多单位、农村带来了福音和好收益。这使它在全省获得了更有含金量的好名声，同时也在国外赢得了很好的声誉和影响，国际上不少基金会、大企业和科研机构也都愿意来找它合作。确实，它已经成为科技厅乃至 S 省的“知名品牌”。

打从上任开始，吴某就非常关注这个研究所。他最眼热的就是该所的社会声望和权威价值。他深知，这个名声是用钱换不来的，而且还可以换来许多钱。所以，他在上任的第一天就来到该所，并对大家做了一次讲话。其中，大家记得最清楚的一句话是：“这个所具有一个含金量很高的知名品牌。这是一个重要资源。我们要开发它。要把这种潜在的生产力变成现实的生产力。今后要把扩大合作、走向市场、创造财富作为研究所的发展战略和指导方针。”

于是，他总是不厌其烦地鼓励所长李某去开发有经济效益的合作项目，而且对每个项目都仔细过问，细枝末节的事也都会过问，甚至会亲自处理。这使李某感到非常难堪，也非常不好办。面对吴某日益加深的直接介入，李某感到研究所前途渺茫而危险。

有些时候，特别是对外合作的时候，吴某常常会遇到重大困难和巨大难堪，那就是外国专家多是并不太在乎官员身份，而只在乎专家身份。然而，他自己连正规本科生都不是，就更不用说有什么职称了，所以人家常常不拿他当回事儿。有好几次本来可以谈成的几个合作项目都以失败告终。这使吴某长期隐隐作痛于心。他认为，高职称、高学历在学术上和项目上还是很值钱的；搞不到项目，搞不来美金或其他经费，就是因为他没有这些东西。所以，他就开始努力想办法来解决这个问题。

一方面，他下大气力解决博士学位的问题。他想到的“高招”是：请李某帮忙，找李某的导师汪教授来拉关系，也找S大学的有关关键人物来“通关”，请他们抬抬手，让自己不通过考试就成为汪教授的一名博士生。于是，他从此就开始对外宣称自己是博士。

另一方面，他不择手段要评上教授或者研究员。他的做法是，让研究所的博士和硕士们来替自己干活，也让研究员（包括所长李某）和大量的副研究员来为自己做事，自己搞的一些项目由他们来做具体工作，自己则是主持，最后在发表的成果上署自己的名，算是自己的。然后，他照旧采用找关系的办法，找到了S省的一个民间学术机构，请它来帮自己评一个职称。结果，在当上副厅长不到一年的时间里他就搞到了一个研究员的学术头衔，并且从此到处开展活动，对外宣称自己是教授或者研究员，吹嘘自己拥有良好的学术背景，借以赢得别人的信任而与他开展合作，愿意出钱给他去搞一些项目。随即，他就发现，这样的高级职称还真是很值钱。他可以凭借这个专业技术职称并以研究所的名义直接去拿项目。基于他的双重身份，很多项目都愿意跟他合作，为他提供了不少经费。

一般地，他一年就可搞五六个项目，得到五六笔项目经费。他有时把经费打到研究所的账户上，有时也打到他分管的服务处账户上，自己一手控制全部经费，具体事宜找人来做，自己只需动动嘴皮。

有一次，他通过关系搞到了一个县50万元的经费项目时，含糊其词地说是为所里拉来的项目，请李某找几个人来做，但经费则因为对方“失误”而打入了服务处的账户。结果，一年下来，当李某等人做完项目之后，每人只拿到6 000元的劳务费。李某等人觉得被吴某利用了。

这样一来，研究所的损失就很大了：一者大量人员都去为吴某一个人服务了，所里的事情就荒怠了；二者项目经费都不是所里的而是某个个人的，真不好交差；三者还得替这位副厅长担着项目失败的风险；四者还有损害研究所名声的现实风险，甚至还有会把研究所推向因项目失败而赔偿破产的重大危险。每想到此，所长李某就很难受，不知道该怎么办才好。最终，果然如李某所料，一件件严重的问题相继发生了。

首先是一部作为科研成果的学术专著里有一章是大篇幅抄袭、剽窃的。而抄袭、剽窃者就是吴某，被抄袭、剽窃者是研究所里的一个助理研究员小刘。原先吴某曾经以公家的名义找过小刘，让他做一个编译项目。可是，小刘不知道，自己所做的项目有一大部分居然只署名“吴某”就出版了。小刘觉得很冤枉，也很难过，所里的其他同事也为他鸣不平。有人就将这件事向厅纪检部门做了报告。纪检部门约谈吴某，吴某则不以为然，还振振有词地说是小刘来抢成果。随后，他找到小刘说：“你知道你这样做对得起谁吗？你就不考虑以后要不要领导啦？你也不看看自己是谁!”最后，他突然来了一句上海话："阿拉是上海人！"

其次是发生了非常严重的项目失败。吴某在其他省份也以研究所的名义大搞赚钱的买卖。其中一次是推广一个种子技术，做了很多广告。有很多农民拿出自己节衣缩食得来的钱，参与这样的科技项目，希望借助科技尽早实现脱贫致富。但是，没想到，这个项目是假的，根本就没有任何科技含量。而吴某因为是外行，并不能辨别该项目的真假，所以，当骗子找他来推介该项目时，他不假思索地就答应了，并签了合作协议。协议规定，吴某将研究所的名义提供给那个项目推销者进行市场运作，在获得收益后吴某分纯利50%。可是，项目推行不到一年，本质就暴露出来了，坑害了好几个省的农民兄弟。投资这个项目的农民们悲愤不已，眼见着自己的血汗钱就这样打水漂了。S省和另外几个省的省报报社都接到了同样内容的投诉信，政府信访部门也接到了这样的信访投诉。

▶ 分析与理解

1. 试分析和归纳吴某的全部素质特点和素质表现。

2. 吴某的突出特点能否概括为自私自利、胡作非为？为什么？试用有关素质原理来对他进行人格解剖和素质分析。

3. 吴某不但对自己的剽窃行为不觉得可耻，还对被剽窃人进行警告。试分析他这样的做法是出于什么心理、想表达什么意思、能解决什么问题？并深入分析这种人的心态存在什么样的问题，会带来什么样的影响或后果？

第7章

领导人才

重点问题

- 领导人才的特征、地位与作用
- 领导人才的构成及有关重要关系
- 领导人才规律
- 领导人才的选拔与使用
- 领导人才的培养与造就

7.1　领导人才的特征、地位与作用

7.1.1　领导人才的界定与特征

领导人才是一种具备优良领导素质、胜任某一具体领导岗位的具体领导工作、适合担任某一具体领导职务的特定人才，在整个人才系统中属于核心人才或关键人才。换言之，领导人才是充当领导主体中最重要的部分即领导者，也指领导群体中有良好领导品德和领导才能的那部分领导者。事实上，领导人才不仅是构成领导主体的主要后备力量，而且是构成某一具体社会系统的核心竞争力的主要因素。

从实践上看，领导人才的特点和内在条件都适合并胜任以组织性、社会性和创造性为最大特征的领导工作。领导工作是一种动及大量群体资源或社会资源来达到群体、组织乃至社会目的以及成败得失关联甚广的社会性工作。很明显，领导人才的最大特征就是善于通过组织群众、凝聚集体、驾驭机构、激发群体积极性和创造力来开展工作。这

其实就是领导工作的四个最大的特征，即高层次性、组织性、社会性和创造性。

具体而言，领导人才必须能够按照领导原则，熟练、自然而又充分有效地驾驭整个集体，统驭其他人才和包括其自身在内的领导人才，能够按照领导职能职责充分发挥领导作用，在具体的工作实践中发挥出特殊的创造性。这种创造性以社会性为主要特征，主要集中在群体方面或公共方面，不像其他人才那样只需也只能集中在某一专门业务或专门领域上。

事实上，这种创造性特征正是首先转化为领导素质的领导工作特定标准和要求。按照这种标准和要求形成的领导素质就是显著不同于其他领导人才的领导素质，而且在群体性方面必须也必定优于或超越其他领导人才的领导素质。就是这些充分吸纳和反映了领导工作特定标准和要求、实际上是充分体现了领导本质的领导素质直接组合成了领导人才。因此，也可以反过来说，领导人才正是领导素质的组合体，其区别于其他领导人才的显著特征实际上正是由领导素质内在地决定并赋予的。

显然，领导人才在人才群体中显得非常特殊，也可以说是最特殊的一种人才，实际也是整个人才体系中最重要的一种人才。这是由反映并满足领导工作特殊标准和要求决定的，也是由领导工作不同于普通工作的特殊性和重要性决定的。

总之，领导人才只有充分具备能够担负特定群体责任和社会使命的领导素质和相应特征，能够真正充分履行领导职能职责、做好领导工作、达到领导目标，才是真正的领导人才。事实上，领导人才只以领导素质和相应特征而不以是否在领导之位为标志。

7.1.2 领导人才的地位与作用

1. 人才与领导人才

人才有专才和通才之分。这是最基本的人才结构，专才与通才各有内部构成，形成更具体也更复杂的人才结构。只有抓住这些结构来规划和设计人才的开发和使用，人才强国战略才能全面而又具体、务实而又切要。

专才就是适合于某一专门工作或某一具体社会实践需要的业务性人才，分属于各种不同领域、不同专业、不同实践点；换言之，有多少领域、多少专业、多少实践点，就会有多少专才。这些不同的专才从类别到数量到质量共同构成主要的实务性人才结构。各行各业、各个领域就要靠这些专才来具体承担专门业务、创造专门业绩。实际上，就是他们在履行业务职能，处在生产、创造的第一线，直接、具体地创造着各种现实财富，包括具体的文化和文明。他们的最大特点就是将个体特征和优势体现到各自的具体劳动中。

通才就是适合于一般性工作和共通性岗位需要的通用型人才，包括机关事务性人才、后勤服务性人才、管理人才和领导人才。他们最大的特点就是以集体特征和优势随时全方位涉及相关领域的人和事；换言之，群体性、组织性、相关性和公共性是其最大的特点。他们不在生产、创造的第一线，而是处在组织群体运行过程的一般环节上，进行着各种抽象的劳动。他们中管理人才和领导人才的作用显得尤其突出，但事实上领导人才却是最为重要的。

领导人才存在于不同领域、不同层次和不同方面；换言之，不同的群体、组织、部门都有领导人才，在这一点上可以说领导人才与部分专业人才是交叠但不是重合在一起的，因为这样的人才既是通才也是专才。

2. 领导人才在人才世界中的地位和作用

在现实生活中，各种人才各自发挥着不同的作用，具有不可相互替代的价值。专才和通才中的机关事务性人才与后勤服务性人才一同具有基础性的地位和作用，而通才中的管理人才则发挥着条件性和途径性的作用——主要以维系、整合、达成整体协调和高效为主要内容，领导人才则发挥关键性和决定性的作用——主要以战略指引、开拓创新、团结凝聚、建设团队、组织指挥和达成目标为主要内容。

显然，领导人才是不同于其他任何人才的特殊人才或关键人才，其最大特点就是起着方向性、组织性和动力性的特殊作用。事实上，不同的领导人才又各有自己的特殊价值，他们彼此互补，相互配合，在工作中释放出特殊的领导能量，发挥着特殊的领导作用，创造着事关整体利益和命运的重要价值。

事实上，领导人才与其他人才尽管存在着明显的区别，但彼此的联系也相当紧密，他们共同构成人类进步和社会发展的火车头。在这个火车头中，领导人才是司机，是事关全局得失成败的最紧要、最关键的因素。

确切来说，在整个人才系统中，领导人才处在最中心，统驭着其他所有的人才——不仅直接掌握和驾驭着其他所有通用型人才，而且还直接掌握并驾驭着全部的专才和系统内的其他一切资源，包括权力、资金、物质、关系和机会等；在一个群体和组织系统中发挥牵头领路的作用，对全局的把握和影响最为实际、深远和重大。因而，领导人才是关系重大的特殊角色。

如果在领导人才方面出了问题，那么其他人才再好再多也都无济于事，都难以发挥作用，难以成为创造力量和发展实力，甚至还会因为低水平领导遭掣肘、内耗和破坏。反之，领导人才如果是胜任的和合格的，则必能非常好地凝聚、组织、协调好各种各样的人才并使之充分地发挥出作用，由此促成和扩大组织系统的综合实力，使整个系统在充满竞争和挑战的压力下生存下来、发展起来，最终赢得胜利或博取未来更大的成功。

应该说，不同群体团队之间的竞争，不同组织阵营之间的较量，尽管主要取决于各自的综合实力特别是各种具体人才的数量和质量，但最关键还是在领导人才身上——实际上最主要取决于领导之间的交锋较量；领导之间交锋较量的结果基本上决定着整个组织群体在整个竞争挑战中的成败得失。

从领导者是群体或组织的代表这个角度说，群体、组织、民族、国家或社会相互之间的对比、竞争和较量，更多地表现为领导者之间的较量，所有这些较量的结果不管是优劣强弱还是胜负成败，均受领导素质运动的影响，最终取决于领导素质的水平和质量。

领导人才的质量和水平直接决定着他们会有什么样的作用与成效。它一方面直接决定着会有什么样的群体目标或组织目标以及战略规划和政策措施，从根本上决定着所在群体或组织系统的发展方向；另一方面直接影响到组织资源将会得到如何的利用，直接影响到其他通才和所有专才的工作方式、工作积极性和实际的效能效用，进而直接影响到组织系统的运行方式、工作效率、整体效能与业绩。

由此可知，领导人才最为全面而又最实质地影响和决定着整个群体或组织系统的生存能力、竞争实力、发展潜力和实际命运，领导人才质量直接决定所在组织的强弱兴衰。可以说，在整个人才世界中，其他任何一种人才都没有领导人才那么重要和关键；人才的竞争关键还在于领导人才之间的较量和竞争。

显然，不同质量和品位的领导人才具有极其重要的作用。这些作用能够直接影响人、组织和社会的存在质量与发展质量，直接关系到这些行为主体竞争较量的成败，直接关系到人的命运、组织的命运和社会的命运，进而对民族、国家乃至整个人类的生存和发展都会产生深刻的影响。由此可知，提高领导素质、发展领导素质是事关竞争力提高、竞争成败的根本性大事。

总之，要制定和实施人才强国战略，就一定要抓住领导人才并以之为主轴，要特别制定和实施最具全面性、先进性和科学性的领导人才战略——依据最先进最科学的领导理论特别是领导素质理论和领导人才理论来形成“领导人才上，非领导人才下”的基本局面，并将它作为整个人才战略的核心部分，然后再研制并实施其他各种人才战略。

7.2 领导人才的构成及有关重要关系

7.2.1 领导人才的构成及其与领导者的理论关系

领导人才在形式上分为初级领导人才、中级领导人才和高级领导人才三种。但就基本类型看主要就有两种，即显领导人才和潜领导人才。

事实上，领导人才既可以是尚未成为领导者的潜人才或后备骨干，也可以是已经担任某一具体领导职务即已经才用一致、入位到位的显人才或现实领导者。但是不能说，所有在位的领导者就是领导人才，或者领导人才就是领导者，因为在领导岗位上的领导者不一定就是领导人才。

正常情况下，领导者必定是领导人才；充任领导者的必定是领导人才；只有领导人才才能担任领导者；只要是领导人才，就一般地能够进入领导岗位而担当起领导角色。但是在现实生活中，领导者却不一定都是领导人才；有的人虽然已经在领导岗位上了，但却不是领导人才；而领导人才却不一定能够成为领导者。

应该说，领导人才并不是以是否在领导岗位上来判断的，而是以是否具备优良的领导素质来判断的。处于领导岗位并不能证明就是领导人才，不在领导岗位不一定就不是领导人才。不是领导人才的人当上了领导者，只是体制上的缺陷和其他方面的严重问题，这种领导者显然是不称职的，是滥竽充数者，会给现实带来许多不利和危险的后果。领导人才若没有得到很好的开发利用，则是极大的资源浪费和公共悲剧。

7.2.2 领导人才与领导素质的关系

领导素质是组成领导者或领导人才的材料，领导人才是领导素质运动的结果。领导人才是领导素质的集合体和成熟体，也是高品位领导素质能量的承载体，是领导能动性的直接源泉。

领导素质以其质量和品位决定着领导人才的不同质量和品位。不同的领导素质质量和品位以及不同的领导素质组合造就了不同的领导人才。领导人才的能量、作用、品位和价值均决定于领导素质质量。这实际上是领导素质决定领导人才，也决定人的实力和竞争力，并由此也决定一个群体、组织、民族、国家或社会的实力和竞争力。无论是领导层、理论界还是普通老百姓，都深知其所具有的极端重要性。

事实上，人与人、社会与社会、民族与民族、国家与国家之间的竞争实际上就是领导素质之间的较量和领导人才之间的竞争。特别是在21世纪，这种领导人才竞争的实质就更加凸显。竞争的成败主要取决于领导人才的交锋，实际取决于通过领导素质运动凝结成领导人才的领导素质整体之间质量和能量的较量。

领导素质优劣通过构成领导人才的质量和品位来直接影响一个群体、组织、民族、国家或社会的实力和竞争力的强弱。不全面的领导素质会使领导人才有欠缺，而且还将极大降低领导人才的能量、性质与品位，进而内在地削弱一个组织、民族、国家或社会的实力和竞争力，并使之在竞争角逐中处于劣势。

其实，领导人才和领导力资源均是随领导素质的运动而不断变化和发展的。领导人才在领导素质的朝阳运动中形成、发展，也在领导素质的垂暮运动中退化、衰老而被淘汰。显然，领导素质的变化发展直接关系到领导人才的成长和发展，关系到一个群体、组织、民族、国家或社会的前途和命运。

因而，对于领导素质的变化动向，十分需要予以高度的注意、监测、引导和控制，使之朝有利的目标发展，最主要的是，需要大力提高和全面优化领导素质，提高其品位，强化其能量，全面发展和优化领导人才尤其是领导者。另外，发现、培养和评判领导人才都要从领导素质入手，以领导素质为依据、为标准，并且还要抓住领导素质运动的导向和过程来做好有关领导人才的工作。这将决定实质是核心人力资源的领导人才开发的成败。

总之，领导素质决定着领导人才，领导素质所达到的水平决定着领导人才的优秀程度。领导人才的价值和作用从根本上取决于其自身的领导素质，领导人才的发展变化取决于领导素质的发展变化，需要抓住领导素质来做好领导人才工作。

7.3 领导人才规律

7.3.1 领导人才的成长发展规律

领导人才是一种具有巨大能量的组织性、创造性和实干性人才。其成长发展主要是领导素质在一定外因的刺激和推动下、在一定的领导环境中不断运动变化的现实过程和现实结果。当外因影响力强大得足以超越领导素质能动性时，领导素质的变化发展则暂时为外因所主导。这种情形主要包括突至机遇和突发事件以及体制环境的强大决定作用。然而，在大多数情况下领导素质运动和领导人才成长发展运动都是由领导素质的矛盾运动和巨大能动性引发的。也就是说，客观实践和主观修炼决定着领导人才的成长发展。

“实践出真知”，实践决定领导人才的成长发展。领导人才是在生活实践和社会实践特别是领导实践中经过不断地摔打磨炼而成长起来的，是实践直接赋予他们最关键最实用的那部分领导素质。这个部分的领导素质是核心的部分，是过硬的。但是，这还不意味着领导素质已经达到完善。

因为实践是无限的，从实践中获得的真知和获得真知的过程也是无限的，尤其是领导者总是面对新情况新问题，有很多新鲜的经验教训需要总结。这个过程就是领导素质不断增强的素质运动过程。另外，有了实践经验以及来自实践的理论升华并不等于就有了完备的认识和全面发展的领导素质，在领导者的主观世界中还有很多方面需要不断改造和提高。

因此，这就要求不断地通过主观努力、结合领导实践来坚持学习和研究。只有在实践中加强学习和自我修持，不断推动领导素质运动，才能使经验教训和科学理论知识转变成现实领导素质，进而使领导素质真正不断得到增益和完善，逐步形成完备卓越的领导素质，造就出全面优秀的领导人才。

然而，并非具有领导性质的任何实践投入、任何领导素质运动都能获得如此回报。这是因为还有更具体更微观的因素（如道德素质、生活素质）在起作用。如果脱离领导实践和领导素质运动，就不能形成合格的领导素质，也就不能造就合格的领导人才。另外，权力及其带来的利益作为具有强大诱惑力的外因，会产生性质相反的两种作用，直接影响领导素质运动和领导人才的成长发展。具体而言，这两种相反的作用将使领导素质运动和领导人才成长发展出现如下两种主要情形：

第一种是使道德素质首先遭到严重腐蚀，进而严重腐蚀政治素质和思想素质。如果把权力作为谋私的工具和手段，这些动力性领导素质经不住腐蚀就会发生严重退化，极大地降低品位、降低质量，直至改变性质，丧失所有的能量和价值。这就会直接造成领导素质整体失去自主自珍自摄的能动性，亦即失去正确主宰所有领导素质的灵魂。在没有约束和指导的情况下，其他领导素质就会因此而失去导向。这样的领导素质运动只会加速领导素质整体的退化、劣化和毁灭。这时作为领导素质整体的领导人才就会停止成长并走下坡路，就会退化为非领导人才，不适合履行领导职能职责，不能胜任领导工作；有的甚至贪污腐败，失职渎职，为非作歹，严重违法乱纪或者严重犯罪，彻底走向发展的反面。

第二种是考验、历练和强化政治素质、道德素质和思想素质，使之变得更精纯、更过硬。如果把权力作为为人民为社会谋取利益的工具和手段，这些动力性主宰性领导素质在任何恶劣环境下均能刚正自洁，不乱方寸，不逾规矩和原则，就一定能真正保持和发展自身的能量、品位，也能够真正主导其他领导素质的运动方向和结果，真正成为领导素质整体的强大支柱。尤其是能力素质和智慧素质因为有了正确的把握和指导而能更迅速地发展，更积极正确地发挥作用。这时的领导素质运动就能保持一种全面前进上升的趋势，领导人才就能真正得到不断的强化和优化，并有可能变得日益非凡，做出越来越大的贡献。这种领导人才的成长是可喜的，其发展是无限的，其前途是不可限量的。

由此可见，领导素质运动和领导人才的成长发展深受政治素质、道德素质和思想素质等核心领导素质的影响。领导素质整体依政治素质、道德素质和思想素质等主宰性领导素质的取向和变动而发生变化。作为领导素质整体的领导人才则依领导素质的变化发展而变化发展：要么继续向上发展，不断实现升华和优化；要么不断向下发展，最终毁于一旦。总之，领导人才的成长发展过程在根本上为政治素质、道德素质和思想素质的质量和取向所左右。

7.3.2　领导人才的效能效用规律

领导人才既然是领导素质整体，那么就不仅拥有单个领导素质所蕴含的巨大能量，而且还拥有领导素质整体所具有的整体效能。而这些能量和效能则是能动性创造性的物质，是最宝贵的资源，无论如何均会自发地、不可抑制地且连续不断地释放和发挥作用。对此，不加理睬则会滥释能量，不仅会造成资源的严重浪费，而且还会造成各种混乱、破坏、无序、有害的结果；只有加以积极、科学地引导、规范和开发利用，才能保证其方向明确地释放和发挥作用，以完全有利于领导事业，有利于领导主体更好地造福于人类社会。这就是领导人才效能效用的基本规律。

要确保领导素质整体的能量得到最充分的开发和利用，领导人才的效能效用得到最充分的发挥和实现，就需要具备两个条件：一是领导人才自身的道德素质和思想素质要发挥特别的作用。这是最关键的条件，要求领导人才必须具备一个自动机制，自觉地保证效能效用得到最好的发挥。二是领导体制和法律制度要提供科学、有效的保证。这是最根本的条件，要求有一个科学、有力的外部环境和外在机制，自然而严格地确保领导人才的效能效用按照公共或共同的标准和要求得到最大限度的发挥。这两者缺少任何一个，领导人才的效能效用都不可能得到很好的开发利用。

从发挥领导人才效能效用的运作实践看，这两个条件或两个机制如果能做到有机结合，就能保证充分开发领导人才的潜能，充分利用领导人才的显能，使领导人才成为完备的显领导人才；就可以避免使部分甚或大部分领导素质整体总是处于潜领导人才的状态，也可以避免领导人才错时错位、受到困阻扭曲，避免造成领导人才资源的严重浪费。就是说，要借助这两个条件确保领导人才能够适时得到调节，并在适当的时候、适当的位置上发挥适当的作用，真正做到“适才适用”。

总之，这个规律要求保证领导人才作用适时、正位，防止其错时、错位，这样才能真正保证充分发挥领导人才的效能效用，才能有利于形成强大的领导力。

7.3.3　领导人才的价值规律

领导人才同其他所有人才一样，其价值均同领导素质的能量和品位呈正相关，根本上为领导素质的能量和品位所决定，随这些能量和品位的变化而变化。能量高、品位高，则价值高；能量低、品位低，则价值低；由此形成以能量和品位为主轴的价值轨迹。这种价值轨迹并不受外在条件的制约或限制，或者说外在因素并不能直接左右这种价值轨迹。只要能量和品位达到了某种高度，就具备了相应高度和分量的价值，任何外在因素都不能直接减少或增加一丝一毫的价值。这就是说，不管是有保留地使用领导人才还是通过弃置或荒废领导人才的办法来完全压制领导人才，均不可剥夺或削弱领导人才的价值；不管是特意重用还是特意宣传以便人为地进行抬高，亦不可能增加一分一厘真实的价值。这就是基本的领导人才价值规律，也是最本质的领导人才价值规律。

但是，从现实运作的角度看，领导人才的价值规律却存在两种情况：一是领导人才的价值最终要得到社会的认可，这是领导人才价值的社会实现。这就是说，社会标准对领导人才的现实价值起衡量、判断和决定的作用。二是领导人才的价值直接依赖于领导素质释放能量、展示品位的质量和状况，即成功和影响的程度。

很有可能，在人的主观因素影响下，社会标准不一定能够客观真实地测定或评鉴领导人才的价值，有时会高估领导人才的价值，而有时则会低估、忽略甚至歪曲领导人才的价值。处于如此情况下的领导人才价值从本质来看并未有所增值或贬值，但是就现实认可来看其价值就与真实的领导人才价值相背离，或者被夸大，或者被低估，或者被抹杀。被低估和被抹杀就使得领导人才价值不能达到应有的社会实现，也就会造成人才压制、资源浪费、社会不公甚至社会落后。这就是在抑制和破坏领导力的壮大，其实就是在破坏核心竞争力。

但是，一般来说，社会标准根本上是能够正确地反映和定位领导人才的价值的，因为社会标准就是领导人才对社会做出贡献的质量、程度、大小和多少等客观指标。事实上，这个标准也同时是领导素质质量和品位的评价标准。因而，在确定领导人才价值上它们完全地内在地相通。正因为如此，所以即使是真实的领导人才价值遭到歪曲和颠倒，也绝不会因此而增加或减少一丝一毫；同现实的领导人才价值相比，只不过是没有真实的或者更大的社会实现而已。这种问题只能靠科学和法制来解决。

领导人才要不断地创造和实现自己的价值，最关键的是要做出大量高质量的实绩来，但最根本的则还在于不断地和全面地提高自身的领导素质，使领导素质所包含的能量和所展示的品位都能不断达到新高。这是领导人才或领导者自己实现真正增值的根本途径。

总之，上述三个具体规律构成完整的领导人才规律。而领导人才规律则是在领导素质运动中发生的关于领导人才优劣消长、变化发展的最重要的领导规律之一。

7.4 领导人才的选拔与使用

7.4.1 选拔、使用和开发领导人才的重要性

选拔和使用领导人才是一个最古老的话题，也是一个最现代的话题，是一个最普遍存在的一般性问题，也是一个事关某一社会系统整个体制的大问题，其实质是一个充满

了价值斗争的公共问题和政治问题。事实上，领导人才问题早就已经不是一般的人才问题了。要解决这个问题，不能单纯依靠理论研究和应用研究，而是要靠当前最智慧的领导主体对此事的感悟、发现与决心。要做好这件事，从根本上说没有太大的理论难度和理论应用难度，关键就在于觉悟高和对所在的社会系统的高度负责精神及强烈的使命感。

而开发领导人才则完全是一个现代话题，是基于对现代社会生活的深刻理解、对现代竞争的深重担忧、根据现在所处的时代乃至未来发展对领导人才的实际需要提出来的重大主题。在21世纪，现代社会生活明显地越来越趋向于完全以规范性实力性为特征的竞争时代。现代各社会系统之间表面上常说要按照公共游戏规则行事，或说要按照国际惯例行动，要在具体操作上同国际惯例接轨等，但实际上是不存在这类规则上绝对的公开、公平与平等的，仍然需要用实力来说话，用实力来规范互动、协调利益。事实上，从人类某些狭隘的本性看，这种用实力说话的作风必将长期存在。因此，不狠抓作为一个社会系统的实力的领导人才或领导力量，就等于从根本上放弃竞争、放弃胜利、甘于屈服，就等于不战而败。

这里所谓的实力不仅仅是经济力量、军事力量和科技力量，最关键的还是领导力量亦即领导力；领导力从根本上影响甚至直接决定这些实力的程度和水平，直接决定社会系统之间竞争的强度和烈度、效果和结局。开发领导人才就是开发领导力，提高核心竞争力。

这就是说，领导人才是最重要的人才，其能量和品位常常直接构成一个群体、组织、民族、国家或社会的核心竞争力和关键性实力。实际情况是，群体、组织、民族、国家或社会相互之间的竞争和较量常常最终落实到了领导者相互之间的竞争和较量上。因此，领导人才或领导者之间较量和竞争的胜负成败对于社会系统的竞争具有决定性意义。很明显，极大地强化和优化一个社会系统的领导力量，就等于是极大地增强了该社会系统的竞争能力和关键性实力，加大了该系统赢得竞争的砝码。谁先预见并做到这一点，谁就能走在竞争和发展的前列而成为佼佼者、优胜者。

不过，这里要特别指出，增强领导力量绝不是简单地增加或扩大领导队伍，更不是通过维持和发展“汰优机制”来为更多的庸人挤入领导队伍提供机会，而是要完全打碎“汰优机制”，建立最彻底的“汰劣机制”，充分选拔、开发和使用好领导人才，最终要促使整个领导群体完全领导人才化，真正提高该系统的领导质量和价值，真正强化和优化现实的领导力。

而这在操作上就具体落实为选拔、使用和开发领导人才。

选拔、使用和开发领导人才虽然是三个不同的环节，但是从现代社会的角度来看则是一体化的、一条龙的，即彼此是相互连贯、互为条件的。选拔为了使用，开发也是为了使用；没有使用作为条件，选拔和开发都是毫无意义的。开发内在地包含了选拔，选拔是关键的、实质性的开发；使用为选拔和开发提供现实指导和科学依据，对这两者都有促进作用。

事实上，开发领导人才就是极大发展和增强领导力量，就是成批、规范、优质地造就领导人才，并将他们源源不断地输送到该系统的领导岗位上，同时不断淘汰和分离出不符合要求的或者不是领导人才的领导者，促使该系统的领导群体完全领导人才化。因而开发也内含着培养，培养是最重要的开发。可以说，包括培养在内，领导人才的选拔、开发和使用其实都是连在一起的一体化组织人事工作。这些工作是以领导素质为主线的一连串的工作。

7.4.2 选拔、使用和开发领导人才的几个关键要点

要做好选拔、使用和开发领导人才的工作，主要应抓住如下几个关键要点：

（1）着眼于赢得 21 世纪的挑战和竞争，以非凡的改革勇气和信心决心制定并实施选拔、使用和开发领导人才的核心竞争力发展战略。这是整个人才战略的最核心部分。

（2）抓住领导素质，全面、系统地优化和提高整个领导队伍的素质。运用领导素质理论和领导人才理论，将教育培训同实际工作结合起来，建立一套完整高效、科学规范的领导素质强化和领导人才生产的程序和机制，不断提高研究和应用领导素质理论的实际水平。

（3）从社会大系统到每个分系统，都建立起科学强效的择优机制和“汰劣机制”，并使之习惯化和法制化，把复杂的组织人事工作变成科学、严格的领导系统清理维护过程，促成一个强大恒定、不可逆转的领导人才化趋势。

（4）以科学、认真、严肃的态度，依照现代领导理论，坚持改革创新，改革和优化领导制度，调整和完善领导人才工作的政策，消除一切不利于推进领导工作科学化的外在束缚，扫除在领导人才选拔任用中的传统障碍，包括利益障碍、关系障碍、观念障碍、习惯障碍等，建立科学的、新型的领导人才鉴别机制、启用机制、流动机制、退出机制、淘汰机制、激励机制和监督机制，确保领导人才得到科学、动态、正常、无阻的选拔、使用和开发。

（5）严格按照领导人才规律和组织人事工作的规律与原则，积极利用现代组织人事工作的一系列科学手段，包括科学领导测评和考核等手段，把组织人事工作完全提高到科学层次上来展开，高效强力地推进组织人事工作的科学化、法制化、规范化，积极培养、选拔、开发和使用领导人才，确保领导人才发挥出其最大的作用，真正增强群体、组织、民族、国家或社会的实力和竞争力。

总之，要极度珍惜领导人才的能量和作用；要通过实施现代领导人才开发战略，最充分开发利用这种宝贵资源；要通过建立科学强效的择优机制，完全消除领导人才的浪费现象；要通过建立强效完善的“汰劣机制”，杜绝劣质领导现象；要通过领导制度和领导系统的科学化、规范化、法制化，推进领导主体的领导人才化和高效化、卓越化，防止和消除组织人事工作的主观性、随意性和腐败现象，减少或消除领导人才蜕变现象，确保领导者或领导人才始终朝着正确的方向发展和发挥作用。

7.5 领导人才的培养与造就

领导人才培养是人类教育活动中最重要的一种。在基本的培养方式和途径上，它与

其他的人才培养是大致相同的。但它在实质上却与其他人才的培养存在差别，既特别依赖于领导实践，又完全取向于领导实践，这就是说要结合领导实践才能达到提高领导素质、培养领导人才的目标。这个过程既要靠领导者自觉努力，也要靠领导组织及相关机构的共同努力。具体说来，提高领导素质、培养领导人才的基本途径主要有四个：教育、培训、锻炼和修持。

1. 教育

教育是最普通的提高领导素质的途径。领导者的全面发展或者全面提高领导素质均要依靠教育。教育搞不好，则不可能从根本上提高领导素质。如果教育没有真正着眼于全面提高领导素质，领导素质的提高或领导素质的全面发展就只能是空中楼阁。因此，教育在领导素质提高上发挥的作用最大、最根本。

教育这个途径共有五种基本方式：（1）系统正规的学校教育；（2）有组织的社会教育（其实是权威的社会教化）；（3）自由的社会熏陶（自然发生的教育性影响）；（4）有期待的家庭教育；（5）有意识的自我教育。

因此，要发挥全体教育者和教育手段的作用，全面、立体地提高领导素质，推动领导素质向更高品位不断发展。

2. 培训

从本质上来说，培训也是教育的一种，但是在具体的内容和方式上，还是有自己鲜明的特点和独立性。培训是专门针对某一素质中的技能目标和少部分知识目标进行的训练活动。它形式多样，做法非常灵活，具有迅速、高效解决某一具体素质问题的特殊功能。这其实是一种补充性的大众化教育，是在一定教育素质基础上进行的培育能力的训练，可以在某一具体能力上达到拔尖的水平，发达国家称之为“削尖”。

领导培训是一种有组织的综合性培训和素质强化，最强调针对性和实效性，主要侧重于专门训练和提高职业素质、能力素质和智慧素质，有时也需要专门进行心理素质的培养和训练。一般来说，这种培训是阶段性的教育工作。

3. 锻炼

锻炼是在实践中增长才干、提高领导素质的有效途径。人置身于现实关系之中或者具体的情境和事物之中，不断地接触到书本上没有的知识，不断地印证原有知识和技能，不断地发现新情况新问题，不断地形成新思路新看法，由此逐渐积累丰富的经验、技能、知识，并形成更完整、更切实、更科学的理论。

这个途径可通过两种方法来实现。一是顺其自然，即每个人均是现实中的角色，任其在现实中谋求生存和发展，并以此使之得到最真实的训练和提高。这样做的最大好处是完全自然，每一个训练中的收获都是很有价值的。但是，其问题在于只是以生存和发展为主要目的，不一定能够使人得到全面训练，而且锻炼的空间实际上是非常有限的，仅仅是谋生的岗位。二是人为安排，这是有目标、有选择、有针对性的实际锻炼。这种锻炼实际上已经把现实情境当成了真实课堂，能收到很好的效果。这种锻炼是一种有组织的实际情境训练。它把培养对象置身于真实的领导角色和领导氛围之中，直接增长其实际才干。

此外，要将这种锻炼同包括权威社会教育和高级领导素质培训在内的领导教育结合起来。只有将锻炼和教育同时应用在培养对象身上，才能造就出全面发展的高领导素质的领导人才。

4. 修持

修持是公认的各种德才标准内化、德才水平提高的修炼过程，是在自我要求、自我推动、高度自律的状态下进行的品格锻炼、精神锤炼和才干精进的综合性过程。它实际上是一种内向和内省的提高领导素质的方法，完全靠人的自觉性，靠本来就已经达到一定高度的领导素质，特别是文化素质、道德素质、思想素质和智慧素质，而后才有可能进行并有所收获，而且新增的领导素质内容都必定非常优质，才有可能使领导素质修养达到很高的境界。

修持者都以极其刻苦、坚毅、精益求精的好学精神和敏锐、探求、客观的眼光来对待自己遇到的一切事情，包括内心深处的问题，对它们加以仔细琢磨、认真研究，穷其理，撰其精，把握全面，形成体系，达到极高的境界。这是最有进益、最有质量、最非同寻常的提高领导素质之路，是真正的“削尖”，是一种通神达圣的修炼，也是一般人所难以做到的。儒家提倡“修身、齐家、治国、平天下”，就体现了以自我修持来无限地提高领导素质这个主旨，也是对修持这种修身之法的最好概括。

一般来说，修持是领导人才促使自己在领导素质上提高的最主要方式和途径；它多侧重于提高领导者道德素质、思想素质和智慧素质。修持完全需要依赖于领导人才极其非凡强大的毅力、恒心、自觉性和卓越高尚的追求等内在动力。这里的领导素质培养和提高是无止境的，潜力和发展疆界是无限制的，所下修养功夫是永远不会有尽头的。其所谓功夫到家，亦不过是相对的；有上乘者，还有上上乘者，正所谓“山外有山”。总之，这是一辈子的事情。

以上四种途径是人类已经或正在用来提高领导素质的行之有效的基本方式。但是，它们却未必为人们和社会有意识地系统掌握并综合运用。事实上，这些途径都是可以搭配使用的，而且这样做可以获得最佳效果。

7.6 领导人才要着重增强九大本领

1. 学习本领

增强学习本领，旨在通过系统深入学习马克思主义，全面提高思想理论水平和实际工作水平，做到知行合一，实现全面发展，确保全面符合新时代党员标准和执政要求，为建设始终走在时代前列、朝气蓬勃的马克思主义学习型政党奉献自己的力量。

第一，聚焦强化理论基础、加强理想信念和思想品格修养，深入系统掌握马克思主义精髓，读原著、学原文、悟原理，全面加强理论学习；往深里走、往实里走、往心里走，理解和掌握理论精髓，夯实和完善理论基础，增强和优化理论素养和理论思维，达成对马克思主义理论的真学真信，通过学习具备对党忠诚、坚定信念、自觉自信、责任担当等特质。

第二，立志为实现"两个一百年"奋斗目标、实现中华民族伟大复兴中国梦而学习；掌握新知识，开阔新视野，跟上新时代，获取新信息，增加新能力，及时补能，适时"充电"；有针对性地、有重点地学习，常学常新，做到信念坚定、作风硬、有担当、本领高。

第三，掌握和运用好马克思主义方法论，特别是辩证唯物主义和历史唯物主义，对主客观世界和重大理论实践问题进行深入认识和正确把握，对各种社会思潮和复杂情形进行正确的认识、分析和把握；运用学习智慧，改进和优化学习，运用和创新学习方法，提高学习的质量和效率，持续增进自我修养，不断提高自身的理论水平、政治水平、智慧水平和实践水平。

第四，坚持理论联系实际，做到知行合一。紧密结合思想和工作实际，把自己摆进去，把职责摆进去，把工作摆进去，多思多想，学深悟透，知其然又知其所以然；既能深入进理论知识体系中，又能进得去、出得来；善于从实际出发，用科学理论指导实践、改进工作，推动实际工作做得实、更过硬，做到学、思、用贯通，知行合一；克服囫囵吞枣、不求甚解、浅尝辄止；坚决克服照搬照抄、机械片面、脱离实际的书呆子习气，僵化思维和教条主义，坚决克服天马行空、飘忽不实、表面好看而实际无用、会造成严重贻误与后果的形式主义。

2. 政治领导本领

增强政治领导本领，旨在确保首先做到对党绝对忠诚，进一步形成有利于加强党的政治建设、全面发挥党的领导作用的政治能力体系。

第一，提高把握方向、把握大势、把握全局的能力。全面把握党和国家的大政方针和战略策略，充分掌握国内国际形势，审时度势，顾全大局，坚持从党和国家工作大局出发想问题、做工作，做到一切服从大局、一切服务大局，做到正确抉择、稳妥行动、有利全局。

第二，提高辨别政治是非、保持政治定力、驾驭政治局面的能力。要在复杂的执政环境下，在大是大非面前，练就政治慧眼，涵养政治定力，养成并始终保持一个合格党员、可靠干部所应有的鲜明态度和坚定立场；在政治立场、政治方向、政治原则、政治道路上，总是发自内心、坚定不移地同以习近平同志为核心的党中央保持高度一致，从态度言行到实际工作均能保证在政治上不糊涂、不迷茫、不含糊、不动摇、不出格、无偏差。

第三，提高从政治上研判形势、分析问题的能力。执政面临的情况和问题往往很复杂。要善于首先从政治上着眼和入手，善于透过现象看本质，对总体形势和实际情形进行研究、评估和预判，对重大问题、焦点问题进行分析、透视和准确把握；能够及时、精准地做出正确的判断，敏锐地抓住并切实解决人民群众反映强烈、威胁党的执政根基的突出问题。

第四，增强政治敏锐性和政治鉴别力，对容易诱发政治问题的各种情形，对意识形态领域各种错误思潮、模糊认识、不良现象保持高度关注和警觉，敏锐抓住并切实解决给党的执政带来严重隐患或危险的突出问题；聚焦政治风险，突出政治安全，确保敏锐觉察、准确鉴别、及时发现、及早化解政治风险。

第五，强化政治责任心和底线思维，增强政治担当力和政治行动力。重在增强斗争精神，强化政治担当，敢于亮剑、善于斗争，发现违反政治纪律、危害政治安全的行为要坚决抵制，要做勇于斗争的“战士”，而不做爱惜羽毛的“绅士”，严防对挑战政治底线的错误言论和不良风气听之任之、逃避责任、失职失察，甚至做“两面人”的问题。

3. 改革创新本领

增强改革创新本领，旨在保持锐意进取的精神风貌，善于结合实际创造性地推动工作，善于运用互联网技术和信息化手段开展工作，确保改革有突破、工作有创新、实干能收效。

第一，坚持正确的方法论，坚持科学精神，准确把握改革的内在规律，正确处理好全面深化改革的重大关系。把准改革脉搏，掌握全面深化改革的内在规律，处理好全面深化改革面临的复杂问题，处理好解放思想和实事求是的关系、整体推进和重点突破的关系、全局和局部的关系、顶层设计和摸着石头过河的关系、胆子要大和步子要稳的关系、改革发展稳定的关系，确保有效应对当前我国发展面临的一系列矛盾和挑战，确保中央决策部署及时准确落实到位。

第二，注重改革的系统性、整体性、协同性，坚持全面论与重点论相结合，注意掌握和运用系统思维和统筹方法，把握全局，综合谋划，做好改革的顶层设计，统一掌握、协同推进各领域改革，确保改革点面兼顾、有机衔接、全面协调、形成合力、坚实有力、整体推进。

第三，坚持解放思想，克服保守，破除僵化；以创新思维统一认识，消除分歧，协力改革；在改革中创新、以改革推动创新、以创新牵引和带动改革。全面推进经济、政治、文化、社会、生态等各方面的改革，把推进理论创新、制度创新、科技创新、文化创新以及其他方面的创新结合起来，把改革目标任务的落实、路径的选择同相应的思路创新、方法创新具体结合起来，确保克服改革难题、打赢改革攻坚战。

第四，坚持问题导向，重视调查研究，确保改革更接地气、能解决问题，确保改革能给群众带来更多的获得感。我国改革已进入攻坚期和深水区，需要解决的问题十分棘手。调查研究是谋事之基、成事之道。没有调查，就没有发言权，更没有决策权。因此，要有问题意识，要从实际出发，着眼于解决发展中存在的突出矛盾和问题，从具体问题抓起，把发现问题、抓住问题作为工作的起点和过程、抓手和主线，着力提高改革的针对性和实效性，确保工作务实有焦点，避免空谈，把改革不断推向深入。

第五，及时掌握、务实应用互联网技术和信息化手段进行创新。在改革实践中，引入和发挥互联网思维和信息技术，运用好“互联网＋”“数字＋”“智能＋”等信息平台和信息社会互动联动模式，把深化改革、开拓创新必须面对和处理好的海量基础数据、烦琐事项交给现代信息机制和手段来处理，同时改变旧的思维模式和运行方式，创新行为模式和运行机制，促进体制机制的现代化革新和革命性发展，为改革创新提供坚实有力的现代化抓手和动力。

第六，通过全面深化改革推动落实新发展理念。要围绕形成有利于落实新发展理念的体制机制，加大改革力度，直面经济发展新常态下面临的矛盾和挑战，对准瓶颈和短板，精准对焦、协同发力，努力在增强创新能力、推动发展平衡、改善生态环境、提高开放水平、促进共享发展上取得新突破。

4. 科学发展本领

增强科学发展本领，旨在确保切实贯彻新发展理念，不断开创发展新局面。

第一，把创新、协调、绿色、开放、共享的新发展理念全部转变为发展的价值导向和价值约束，转变为现实的发展轨迹和发展过程，转变为具体的发展方式和发展举措；从根本上端正发展观念、转变发展方式、改变发展行为，把低效高耗、污染严重、不可持续的粗放型发展和片面追求速度的发展转变为低耗高效、环境友好、全面健康的高质量增长和可持续发展，确保社会生产力沿着科学发展的轨道实现深度解放和充分发展，确保人民生活水平持续稳定大幅度提高。

第二，坚持创新，狠抓创新；坚持向科技创新要实力、求法宝、拓前景，向创新驱动要动力、挖潜力、积实力、获得竞争力；推动科技创新、创新驱动不断取得更大突破，成为推动经济高质量发展的第一动力。坚持新发展理念，重在坚持创新是第一动力；以科技创新为支撑，走以创新驱动为实质的高质量发展之路。

第三，坚持以市场、产品、效益为导向，深化科技体制改革，健全加速科技成果向生产力转化的机制，为科技创新、创新驱动始终活跃在经济建设和市场竞争第一线发挥作用排除体制机制障碍，使科技创新成为推动经济高质量发展的第一动力。

第四，继续深化营商环境改革，以营商环境改革撬动各领域改革协同推进，为建立推动经济高质量发展体制机制创造基本条件。营商环境改革是实现科学发展、落实新发展理念的重中之重。

第五，抓住新一轮工业革命重大战略机遇，瞄准科技创新和产业发展制高点，科学布局，调整结构，展开战略行动。第四次工业革命已经开始，我国第一次与发达国家站在了同一起跑线上，亟须在实体经济、共享经济、现代产业、现代金融、科技创新、绿色低碳、现代供应链、人力资本服务、中高端消费等领域培育增长点，开发新动能，建设现代化经济体系。

5. 依法执政本领

增强依法执政本领，旨在坚持全面依法治国，坚定不移走中国特色社会主义法治道路；确保党对依法治国的领导，把党的领导贯彻到依法治国的全过程和各方面，确保建成社会主义法治国家和法治社会。

第一，带头学法，带头普法，确保知法，全面提高法律素质。认真学习法学理论、法律知识和法律规定，深入了解以宪法为中心的法理体系和法律体系，确保学懂弄通，掌握法律，克服法盲，力做内行，切实防止不知法而违法枉法或者奢谈依法。

第二，坚定维护宪法的尊严和法律的严肃性，自觉忠于、遵守、维护、运用宪法法律，自觉履行宪法法律规定的义务，高度尊重、认真维护宪法法律规定的权利；确保始终注意、充分尊重公民人身权、财产权、基本政治权利等各项权利，在自身工作和实际影响范围内保障公民经济、文化、社会等各方面权利得到落实。

第三，掌握法治实质，理解法治精髓，极大提高坚持在党的领导下全面依法治国、厉行法治的认识和自觉性。在深入学法知法的基础上，充分认识要实现社会主义现代化就必须坚持党的领导，全面依法治国，切实推进国家和社会生活法治化，充分认识推进社会主义法治化是实现人民当家作主的重要保证；深刻理解、自觉坚持依法治国、依法执政、依法行政共同推进，坚持法治国家、法治政府、法治社会一体建设，坚持依法治国和以德治国相结合，依法治国和依规治党有机统一。

第四，树立法治精神，增强法治思维，增强厉行法治的积极性和主动性；坚持法律面前人人平等；努力实现普遍公平正义。带头奉法，把法治的原则要义体现到一思一念、一言一行和实际工作中。带头守法，始终在法律的范围内、框架下出言行事，确保自己的言行和工作合法合规。带头依法办事，自觉按法律规范办事，在法律框架和规范约束下考虑、实施具体的工作举措，做到于法有据、不出法轨，确保自己的言行能经受得住法律的检验；坚决克服和杜绝有法不依、知法违法、罔顾法律、践踏法律、放任行事、肆意侵权等情形与倾向。

第五，依法用权，防止滥权；克服特权思想，杜绝特权行为，自觉接受法律的约束和监督。坚持在宪法法律范围内活动，依据宪法法律行使法定权力，坚决做到法无授权不可为。坚持有权必有责、用权必担责、滥权必追责；时刻绷紧法律之弦，不断强化法律在内心世界的自我约束，坚决防止淡化或放松内心过程和用权过程的法律约束，坚决克服以言代法、权大于法、滥用特权、以权压法的思想做派，自觉防止违法用权、执法犯法、徇私枉法。

6. 群众工作本领

增强群众工作本领，旨在切实贯彻执行党的群众路线，巩固群众基础，保持与群众的血肉联系，团结和带领广大群众跟党走。

第一，坚持以人民为中心。坚持人民主体地位，坚持立党为公、执政为民。始终以人民的立场为立场，以人民的意愿为意愿，以人民的利益为利益，把人民对美好生活的向往作为奋斗目标，一切为了人民，一切依靠人民，一切从人民的角度来想问题、做决策、办事情。

第二，始终以强烈的政治责任感，以饱满的公仆精神，把人生理想融入国家富强、民族振兴、人民幸福的伟业之中，切实帮人民群众解决难题、增进福祉，不断增强人民群众的获得感、幸福感、安全感，全心全意为人民服务。

第三，全面增强群众观念和群众感情。深怀强烈的爱民、忧民、为民、惠民之心，时刻把群众放在心上，始终把群众工作放在第一位，把党的群众路线贯彻到全部工作活动之中。始终心系群众的冷暖，热心为群众服务，认真对群众负责，帮群众解决问题，真诚和群众打交道、交朋友，始终和群众同甘共苦、打成一片、鱼水情深，切实做成做好群众的知心人、贴心人，以自己的真实行动使群众由衷相信党、拥护党，不断厚植党执政的群众基础。

第四，放下架子，扑下身子，真心拜人民群众为师，虚心向人民群众学习。深入开展调查研究，“解剖麻雀”，发现典型，真正把群众面临的问题找出来，把群众的意见反映上来，把群众创造的经验总结出来。严肃认真对待群众反映强烈的问题，坚决纠正损害群众利益的行为，坚决杜绝刁滑玩弄、浮华不实、应付打发等现象，防止伤害执政根基。

第五，增强民主意识，发扬民主作风，接受人民群众监督。坚持党领导人民有效治理国家，扩大人民有序的政治参与，保证人民依法实行民主选举、民主协商、民主决策、民主管理、民主监督，保证人民依法享有广泛权利和自由，保障人民的知情权、参与权、表达权、监督权，坚决克服脱离群众、高高在上、横行霸道、欺压群众等官僚主义作风，根绝任何激起或造成干群、党群对立的情形。

第六，充分发挥先锋模范作用，发挥好联系群众的桥梁纽带作用，把群众团结在党的周围，引导群众跟党走。要通过以身作则、示范带头、发挥正能量来影响群众、教育群众、凝聚群众、带动群众，把群众最广泛最紧密地团结在党的周围。要通过加大政治动员、政治引领、政治教育工作力度，切实履行好组织群众、宣传群众、联系群众的职责，引导群众听党话，组织动员广大人民群众坚定不移跟党走。

第七，注意创新群众工作体制机制和方式方法，推动工会、共青团、妇联等群团组织增强政治性、先进性、群众性。

7. 狠抓落实本领

增强狠抓落实本领，旨在确保以务实实干的精神和扎实强大的执行力，全面做好抓落实和攻坚克难的工作，把党和国家的大政方针和决策部署贯彻落实好。

第一，坚持说实话、谋实事、出实招、求实效，不务虚名，只重实干，结合实际进行细化实化，把务实精神体现到工作的每个细节和整个过程。坚持胆子要大、步子要稳，战略上要勇于进取，战术上则要稳扎稳打，做到紧之又紧、细之又细、实之又实，以严谨审慎、细致认真、积极稳妥、扎实有效、注重结果的作风和钉钉子精神来抓落实。

第二，坚持“一分部署、九分落实”“抓铁有痕、踏石留印”“一张好的蓝图绘到底”；确保贯彻落实始终能够聚焦、聚神、聚力，确保做到执行有力、决策落地、行动得力、成效显著。

第三，当全团队认真抓执行的促进派，做真抓实干、带头抓落实的实干家，决不做夸夸其谈、心态浮躁的空头理论家；坚决避免不得要领、粗疏粗放、马虎了事、应付打发、做表面工作、搞形式主义。

第四，把雷厉风行和久久为功有机结合起来，勇于攻坚克难，以钉钉子精神做实做细做好各项工作。对面临的各种阻力和困难有足够的思想准备、高度的清醒和必胜的信心，遇到矛盾、问题和困难决不绕着走、打退堂鼓，做到有担当、有胆魄、不迟疑、不退缩；始终坚定信心，斗志昂扬，干劲十足，一心一意，锲而不舍，百折不挠，勇往直前，攻坚克难，闯关夺隘；冲破思想观念的障碍，突破利益固化的藩篱，涉过暗礁险滩，啃下硬骨头，打赢攻坚战，把中央精神贯彻落实好，把决策部署和工作任务完成好。

第五，提高站位，顾全大局，注意团结协作、共同努力，以更大的勇气、智慧和决心，最大限度调动一切积极因素，争取一加一大于二，避免一加一小于二，使整体利益产生乘数效应；坚决克服地方主义和部门主义，防止局部利益相互掣肘、相互抵消，防止各取所需、挑三拣四甚至违规操作、强化局部利益，杜绝合意则取、不合意则舍、讨价还价打折扣、搞“上有政策、下有对策”。

第六，牢牢扭住目标，落实主体责任，夯实责任链条，拧紧责任螺丝，提高履责效能，打通关节、疏通堵点、激活全盘，努力使各项决策都能落地生根、开花结果。对中央部署的任务、提出的具体要求，要高度重视、直接担责、亲力亲为，抓谋划、抓部署、抓督察、抓落实，一竿子插到底，不折不扣落实下去。对已经出台的重大方案要具体落实到人到事到时，确保凡事都有人去管、去盯、去促、去干；要加大推进落实力度，排队督察，及时跟踪、及时检查、及时评估、及时发现问题、及时进行整改；坚决消除“中梗阻”，坚决打通“最后一公里”。

8. 驾驭风险本领

增强驾驭风险本领，旨在切实提高驾驭各种复杂形势的能力，及时正确处治“黑天鹅”事件或者“灰犀牛”事件，切实降低和减少各种风险，消除发展面临的各种不确定性乃至严重威胁，打好防范化解重大风险攻坚战，确保政治安全乃至整体国家安全。

第一，看在前、防在前，牢牢掌握风险防控主动权。在风险治理实践中，要时刻保持对风险的高度警惕，努力争取主动、避免被动。在风险积聚爆发前，就注重透过复杂情形觉察、捕捉风险因素，进行常态化风险排查，及早发现风险的蛛丝马迹和初始状态，精准察知重大突发事件的苗头性倾向性问题，科学研判把握风险的特点性状、动态走势，迅速锁定风险，做到早判先知、心中有数。

第二，未雨绸缪、防患未然。对预感或预见的风险，要果断行动、先防早治、防范到位，把风险消灭在萌芽状态，化风险于无形，绝不给风险变大肆虐的机会与空间。这里的核心是“图之于未萌，虑之于未有”，关口前移，预先应对，抓早抓小，防微杜渐，力争不出现重大风险或在出现重大风险时扛得住、过得去；集中体现为优良的风险预见力和预防力。这里的关键是增强风险意识，绷紧风险神经，强化预应行动，克服麻痹大意、疏于防范。

第三，注重平时下足功夫，扎牢篱笆、织密网络、完善制度、优化机制，把风险防控工作做实做细做好。建立健全科学有效的各方面风险防控机制，包括风险信息机制、风险研判机制、风险评估机制、风险防控协同机制、风险防控责任机制等，为风险治理的高效运行提供机制保障。

第四，着重提高预警的灵敏性和准确性，增强预案的针对性、完备性，全面做好防范化解重大风险的基础性系统准备，构筑全面周密、运行顺畅、完善可靠、安全适用的风险防控体系，把系统准备工作全面抓实抓好，做到筑牢堤坝、严阵以待。

第五，强化忧患意识、风险意识，做到居安思危；提高政治站位，从主观上坚决克服对忧患、风险的淡漠轻忽和丧失警惕，做到眼睛亮、见事早、行动快，切实提高防范重大风险的能力和成效。

第六，强化总体安全观和政治意识，突出政治职责，坚决保障总体国家安全。紧密联系外部环境深刻变化和国内改革发展稳定面临的新情况新问题新挑战，充分认识防范化解重大风险的重要性和紧迫性；面对前进道路上的各种复杂矛盾、各种艰难险阻，坚持守土有责、守土尽责。

9. 斗争本领

增强斗争本领，旨在极大增强斗争精神，切实提高有效开展、确保赢得新时代伟大斗争的实际能力。这是实现新时代伟大事业的需要。

第一，以持续高压态势和雷霆手段，与腐败做坚决的斗争；确保党和国家肌体健康，确保党能够长期执政而不变质。

第二，以坚定的宗旨意识、为民理念和人民立场，自觉与侵害群众的各种现象和行为做斗争，切实维护群众利益，做到一切为了人民，从根本上巩固执政基础。

第三，以高度的责任意识和担当精神，与形式主义、官僚主义和其他不良作风进行富有针对性和有效性的斗争，保证党和人民的事业扎实有效推进而不受损害、不遭挫折。

第四，运用德治手段和征信手段，与各种有损道德、不守底线的现象和行为做斗争，维护道德诚信和文明风尚；以法治手段和专政手段，与各种伤天害理的违规行为、不法行为、犯罪行为做坚决斗争，维护社会秩序、公共利益和人民权利。

第五，运用科学武器、法律武器和国家手段，对各种天灾人祸进行快速有效和坚决的斗争，坚决维护国家和人民的平安、秩序和利益；与各种捣乱犯罪势力、“三股势力”、国际上反华敌对势力做坚决、彻底和必胜的斗争，坚定有力地维护国家的主权、统一、安全和尊严。

本章小结

领导人才是构成领导主体的材料，直接决定领导主体的质量和实际的领导力，也决定着会有什么样的领导质量和领导结果。领导人才不一定就是领导者，领导者也不一定是领导人才。领导人才有其自身特有的三个规律。领导人才的选拔和使用、培养和造就、组织人事政策与机制乃至整个领导体制都应该充分依据和体现这些具体规律。领导失败的直接而根本的原因就是领导人才缺乏或者无用武之地，领导人才的优秀程度决定着领导水平的最高限度。领导人才规律检测并决定着组织人事的切实和到位与否。领导做出的成绩主要取决于具备了充满各个领导岗位的领导人才。

关键术语

人才　专才　通才　领导人才　显领导人才　潜领导人才　领导人才规律　领导人才的成长发展规律　领导人才的效能效用规律　领导人才的价值规

律　学习本领　政治领导本领　改革创新本领　科学发展本领　依法执政本领　群众工作本领　狠抓落实本领　驾驭风险本领　斗争本领

复习思考题

1. 你认为领导者就是领导人才吗？为什么？

2. 试述领导人才与人才的联系和区别。

3. 领导人才与领导素质之间是什么关系？怎样依据领导素质来鉴别和评价领导人才？

4. 应该怎样从领导人才的角度来鉴别和评判领导者是优、是劣还是平庸？

5. 有人认为，要成为优秀或卓越的领导者，就应该首先成为优秀或卓越的领导人才。对此你怎么看？为什么？

6. 应如何发现和培养领导人才？为什么？

7. 应如何遵循领导人才规律来做好组织人事工作、推进干部人事制度改革？

8. 新时代的领导人才应该具备哪些本领？为什么？怎样增强这些本领？

案例研究

案例一

唐玄宗李隆基登基之后，励精图治，高度重视人才的培养、选拔和任用。把大量优秀人才都安置了合适的岗位上，把特别优秀的人才都派到了关键岗位上，譬如先后选拔任用姚崇、宋璟、张九龄、张说等贤才为宰相。这个时期，在李隆基的领导下，政府和社会都有一个正确的人才观、人才辨识机制和人才任用原则，在选用人才上能够明确地区分是非曲直、愚贤忠奸。于是，就出现了一个在中国历史上令人向往、怀念的繁荣的时期——开元盛世。唐玄宗也做了近50年的太平天子。

但是，随着时间的推移和心态的老化，李隆基在执政中期以后就开始在政治上犯糊涂了，看人看事越来越表面化，越来越自欺欺人，常常不明是非、颠倒黑白、玩弄权术，把坏人看成好人、把奸臣看成贤达，在用人上也出现了问题，先后任用李林甫、杨国忠等阴险奸诈之人做宰相，把完全不合适的人放到了重要位置上，结果就是正气消失、乱政开始、天下隐忧。与此同时，李隆基把包藏祸心的安禄山视为心腹，不仅对安禄山日益明显的蓄力反叛行为没有察觉，而且还保护、支持和偏袒安禄山。结果，“安史之乱”爆发了。危机发生后，李隆基不是清醒、正确地对待将才，而是信任奸诈的宦官去监军，结果是接连发生诛杀不可多得的将才，不断自毁长城，最终只好仓皇逃出长安城，丢了皇位，丢了太平，丢了盛世。

虽然“安史之乱”终于得到平息，唐玄宗也活着回到了长安，但是唐朝却永远告别了盛世，并从此不断走下坡路。

▶ **分析与理解**

1. 试就李隆基、姚崇、宋璟、张九龄、张说、李林甫、杨国忠、安禄山等历史人物阐释领导人才的特征、地位与作用。

2. 从领导人才的角度，如何理解李隆基与姚崇、宋璟、张九龄、张说、李林甫、杨国忠、安禄山等人之间的关系？

3. 古话说得好："得人者昌，失人者亡。"试分析开元盛世的出现与衰落同领导人才的选拔任用有什么关系？有什么样的经验教训值得总结？

案例二

1938年春节期间，总政副主任傅钟和谭政来到中央军委主席毛泽东的住处，请示总政组织部部长人选事宜。毛泽东早就胸有成竹地说："方强。这位同志年轻、有文化，中央苏区时就是红军师政委，在几次路线斗争中都表现得很好，原则性很强，干组织部部长比较合适。"

毛泽东点将，自然一路绿灯。方强接到军委调令，立即赶到总政治部报到。直到傅钟与他谈过话，他才知道要他出任总政组织部部长，是毛泽东亲自点的将！

这个"官"太大了！方强不由得胆怯。经过几天激烈的思想斗争，他直接上书毛泽东："恳请主席批准我辞去总政组织部部长，在组织部内担任科长职务，以便更好地学习和工作。"四天后，方强接到通知，毛泽东约他谈话。

毛泽东一见方强就逗乐着说："没想到还有不愿当'大官'要做'小官'的人哩！你的信我拜读了，理由还不少嘛！"方强红着脸说："我年纪轻，缺乏经验，怕辜负主席的期望。"

毛泽东大声说道："哪个干部是具备了一切条件才开始工作的？我毛泽东也办不到。大家都是边做边学嘛！在战争中学习战争，从实践中增长才干，这就是我们共产党人的辩证法！"这一席话令方强信心倍增。方强诚恳地说："请主席放心，我一定努力工作！"

临别时，毛泽东嘱咐道："工作中有什么困难和问题，多向傅钟、谭政同志请教，也可直接来找我，我们也是老相识了嘛！"

转眼到了1939年新春佳节。八路军驻陕甘宁边区办事处副官张令彬邀请毛泽东主席聚餐，并请总政副主任谭政和组织部部长方强作陪。席间，毛泽东笑着问方强："怎么样，现在没有什么想法了吧？"方强笑着回答："服从组织，好好工作，思想通了。"毛泽东放下筷子，点上一支烟，然后说："那就好！"

见毛泽东兴致不错，方强便趁机请教道："主席，您经常教育我们要结合实际多读些马列的书，提高理论水平，但在学习与工作的结合上我总感到不得要领，觉得收获不大。"

毛泽东点点头，略微思索后说："过去有人挖苦我们，说'山沟里面出不了马列主义'，其实他们本身就不懂马列主义，只知道照搬马列的词句搞教条主义。我们今天学习马列主义，就是要掌握马列主义的精髓，并结合实际把当前的抗战工作做好，把统一战线工作广泛地开展起来，团结一切力量，打败日本帝国主义。"

毛泽东鼓励方强："要注意不断总结经验，边学习，边运用，边提高。要学会写文章。写不好不要紧，可以送给我帮你们批改嘛！别忘了，我毛泽东可是教书出身的哟！"

方强默默地将毛主席的教诲刻在了心上。春节过后，党中央决定成立"军委华北战地工作考察团"，开赴抗战第一线。毛泽东再次点将，任命方强为军委考察团团长。

方强牢记着毛泽东要他“注意总结经验，大胆写点文章”的嘱咐。1940 年 7 月，在完成了对华北抗日根据地为期 15 个月的考察回到延安之后的半年内，除主持完成了 30 余万字的考察总结报告外，还先后撰写并在中共中央主办的《共产党人》杂志和中央军委主办的《军政杂志》上发表了 7 篇调研文章，得到了毛泽东的赞许。

此后，方强遵照毛主席的叮嘱，多次给他写信，对党和军队的建设提出建议。毛泽东也在百忙中给方强回信，并约方强交谈，给予无微不至的关怀和具体指导。

分析与理解

1. 从领导人才的培养与造就的角度，分析毛泽东选拔、任用方强的特点和做法及其对今天选拔、任用领导人才的借鉴意义。

2. 方强的成长、发展体现了怎样的领导人才规律？对今天培养造就领导人才有何借鉴意义？

第8章

领导环境

重点问题

- 领导环境的界定、特点与构成
- 若干具体而重要的领导环境
- 领导关系
- 领导环境与领导的关系

8.1 领导环境的界定、特点与构成

8.1.1 领导环境的界定

领导环境是指在领导主体周围业已存在和即将发生并能影响领导活动及其结果的一切现实因素。它包括跟领导活动直接、间接相关的全部社会与自然的因素和条件，具体、现实和当前的时空、动态、基础、条件和依凭等实际情况是其最经常形态和最突出要件。

就领导实践而言，从领导者身边的少数人到整个社会即领导主体的整个周围因素都是领导环境。领导环境就是围绕在领导主体周围的所有能直接、间接参与或影响领导行为、领导过程的有效因素的总和。

领导环境总是以整体环境的方式对领导活动产生影响，并由此促使形成领导战略和长远的领导结果；它也总是以最经常形态和最突出要件的方式直接参与现实领导过程，并由此促使形成领导策略和近期领导结果。它对领导过程参与越深、对领导活动影响越大，领导过程和领导活动的客观性就越强、科学性就越有保障，而领导成功的概率当然

也就越大，领导绩效的提高就越有保证。因为这表明，领导主体的主观成分不仅极大地降低了在发起领导活动、左右领导过程等直接影响中的比重，而且还充分反映、根据和利用了领导环境，特别是领导环境的最经常形态及最突出要件。

领导活动总是在一定的环境下进行的，脱离了这个环境，就无法发生或存在。领导活动的成败得失总是在受到领导环境制约、影响之后发生的，而这就使领导过程必然依托领导环境。当然，领导活动也总是对一定的环境起作用，或者是影响它、引导它，或者是利用它、改变它，但这时的领导环境就已经变成领导对象和领导客体了。

事实上，领导环境既是领导主体的基本载体，也是领导活动的基本平台；既是领导资源和领导能量的出处，也是领导资源和领导能量的作用处、回归处；既是诸如得失成败等领导结果的最重要前提和原因之一，也是领导活动所影响的对象和所创作的作品。

领导环境与一般环境既有联系又有区别。一般环境可以理解为整个客观世界，包括自然界和人类社会。而这里所说的领导环境只是指整个客观环境中介入领导过程、与其具体活动和结果紧密相关的那部分，相对于领导而言，这是一种具有专门性或特别适用性的特定环境。这部分虽然并非整个客观环境，但却比管理活动乃至其他活动的相应环境要更有指向性。

总之，领导环境是领导主体的总依托、总渊源和总舞台。脱离领导环境，就无法想象还能有领导的存在、作用与价值。

8.1.2 领导环境的特点

领导环境既有一般环境的特点，也有自身独具的特征内涵。它主要有如下七个特点：

第一，客观性。领导环境是独立于领导主体之外的客观存在，不以领导主体的主观意志为转移。领导主体必须时时刻刻从实际出发，确保客观、切实和科学，确保主观见之于客观，进而确保顺利和成功。这是领导环境对于领导成败所划定的最基本界限。

第二，复杂性。领导环境的因素多种多样，常常相互交织，难以区别。政治环境、经济环境与文化环境相互交叉，内部环境和外部环境同时作用，导致环境情况错综复杂。即使客观环境相同，不同的领导者也可能做出不同的反应，甚至可能会产生截然相反的反应，进而引起不同的领导活动和领导结果。而领导环境不同，即使领导者相同，也不可能产生相同的领导行为和领导结果。其实，这应是领导环境客观性的具体反映之一。

第三，动态性。领导环境是多变的，总是在不断地发展变化，即使在一定时间、空间范围内，影响领导活动的客观环境因素也不是固定不变的。这就导致领导环境总是有新情况新问题，给领导活动及领导结果都带来很大的外在不确定性，也给领导主体带来了来自环境的极大挑战。这种动态性看起来杂乱无章，但经分析就可发现它仍然具有一定的方向和规律。

第四，可塑性。领导环境由于是动态的，所以也就不是固定僵化的而是可塑的。这就是说，领导主体在客观环境面前并非无能为力，而是可以通过正确认识领导环境并发挥主观能动性来深入分析和正确掌握它的变化发展和规则规律，并部分或全部地利用、改造和建设领导环境，使之更适合于领导活动的实质、特征和需要，更有助于成功。

第五，前提性。领导环境是领导主体发挥作用的前提和依据，也是领导活动的基本前提与基础。领导主体必须依据它进行领导思维、领导决策和追踪决策及其他领导活动；否则，一切领导活动都只能是造成浪费和损失，带来灾害和严重后果的主观武断与瞎指挥。其实，这一点要求领导主体必须依据而且要正确依据作为前提的领导环境。

第六，制约性。领导主体的一切行动本质上都是现实、务实、踏实和实际的，亦即它们都不能脱离或超越客观的领导环境，始终受制于领导环境所提供的现实依据和条件。领导环境是领导的信息来源——初始信息和反馈信息；尽管领导主体能够充分发挥主观能动作用，但他仍然只是领导信息的加工处理器，只不过经他加工处理过的信息质量较高或其加工处理方式与众不同而已。因此，领导活动始终为领导环境所限制所约束，领导主体、领导过程与领导环境之间其实就是紧密互动、无法脱节的相互关系。

第七，特定性。特定性有两层含义。一是指领导环境只围绕并适应于领导这种最重要的社会活动；其他一般意义上的环境并不直接构成领导环境，亦即并不对领导活动发生直接、有效的影响。二是指微观领导环境对特定领导主体特别是领导者的特别适合性；某一具体社会系统中的原领导主体，特别是在这种环境下得心应手和能够获得成功的领导者，换到另一种领导环境中却甚感吃力，难见成效。因此，某领导主体或领导者可能不适应某一具体社会系统，总是难以取得什么政绩，但在别的领导环境中和领导条件下他可能会如鱼得水、最终成功。

上述特点决定了领导活动必须充分依据领导环境并同时针对不同的环境特点展开，只有这样才能确保做到审时度势、因地制宜、有效应对，才能增强领导的适应性、有效性、胜任性和成功率。

8.1.3 领导环境的构成

领导环境不仅因素多，而且组合在一起的方式和层面也很多；因而所提供的可观察和可依据的侧面也就很多，每个侧面都构成一类领导环境。从实际情况看，领导环境主要有如下几种类型：

第一，从基本性质看，领导环境分为自然环境和社会环境两种。自然环境是指领导活动所依凭的自然条件和所关联的自然因素，包括地理环境、气象环境、生态环境、自然资源等。社会环境是指领导活动所依凭的社会条件和所关联的社会因素，包括政治环境、外交环境、军事环境、治安环境、经济环境、文化环境、历史环境、教育环境、科技环境等。

第二，从范围来看，领导环境有两个层面的划分和构成。一是内部环境和外部环境。内部环境是指领导主体所在的具体社会系统的内部状况、内部条件和内生因素，包括领导者的素质、领导班子的结构、人际关系、单位性质、组织文化、价值、愿景、需求、目标、人才、资金、信息、规模等，具体分为体制环境、制度环境、政策环境、组织环境、机构环境、关系环境、决策环境等。外部环境是指领导主体所在的具体社会系统周围的情况总和，既包括直接相关的上级单位和领导，也包括整个社会环境与自然环境。二是宏观环境和微观环境。宏观环境主要是指国际环境与世界形势、国内环境和国内形势；微观环境是指与领导主体活动息息相关的所有具体因素和条件，特别是内部环境。

第三，从助益性影响看，领导环境有顺境、逆境和沌境三种。顺境是指有助于领导活动正常、高效进行，有助于实现组织目标的客观环境。逆境是指不利于领导活动的进行、不利于实现组织目标的客观环境。沌境是指对领导活动不产生良好影响或者不良影响的客观环境。这三种环境都有客观渊源和主观渊源，但主要是客观上对领导造成的助益性影响。

第四，从主观能动性上看，领导环境有可控环境、部分可控环境、不可控环境和失控环境四种。

上述各种环境是领导环境的基本形态和主要构成，对于具体认识和把握领导环境很有意义。在领导实践中领导主体最关注的是内部环境，因为内部环境对于领导主体及其领导行为常常具有决定性作用，是领导主体的具体依凭。因而，内部环境应该成为认识和把握的重点。

总之，由于领导的综合性和高层次性，领导环境比其他任何一个学科门类或专门领域的环境都更为广大和复杂，不仅包括整个社会环境，而且包括整个自然环境，不仅包括整个历史环境和现实环境，而且包括具体领导范围内的各种情况的综合和领导世界内部的相互关系。

8.2 若干具体而重要的领导环境

8.2.1 国际环境

从本质上看，国际环境是相对宏观、抽象和间接的领导环境，往往不直接对具体的领导产生影响，对于大部分与国际社会生活并不直接接触的领导来说尤其如此。不过，随着全球化的逐步深入，国家和社会的开放程度越来越高，各级各类领导受国际环境的影响越来越大。因此，对领导来说国际环境就变成了越来越不可忽视的重大现实环境。

具体而言，国际环境是指由世界格局及其变化和众多政治、经济、军事、文化、教育、科技等事件及其产生的影响所组成的总体情况。这些情况总是随着时间的推移而不断发生变化，从而引起领导观念和人们对于世界的看法的不断变化。随着国际交流互动的加深，这种变化已经引起某一具体社会的变迁和转型，导致整个现实社会环境以及领导行为也悄然发生了日益深刻的变化。

冷战时期，人们都以冷战思维分析世界，各国之间相互敌视、防范，很难相互协调、提供帮助。冷战后，和平与发展成为主流，世界逐步向多极化发展；与此同时，还出现了全球化和信息化的大趋势。这使今天的国际环境非常复杂，常常直接影响到领导的决策活动和实施活动。世界政治经济的搏动能够随时波及、影响到每个国家、每个社会和每个组织（特别是经济组织，如企业）乃至人们的日常生活，任何一处发生重大波动或危机都会影响到“地球村”的其他地方。

其实，现实已经迫使各级各类领导主体特别是领导者都必须正确认识和把握国际局势的变化与发展，必须主动和有效地应对并化解来自世界各地的新问题和新挑战。每个国家、社会和组织，每个领导主体特别是领导者，都必须以开放的眼光来看待世界，使自己在与它们的有效竞争中获得成功，从而促进共同发展。

换言之，即领导者必须具有强烈的国际环境意识，在全球化和信息化广泛进行的各个领域里能够按国际惯例办事，由此进行关于对外的决策和实施等各项具体活动，主动、充分地影响、改善和利用现实的国际环境，充分地开发、调动和利用国际社会与国际形势的积极因素，开展积极的国际联系与合作以及合乎规则的良性竞争，赢得更多、更优的发展条件和成功机会，实现事业的最大发展和领导活动的最大成功。

随着改革开放和现代化事业的发展，我国的国际影响力越来越大，我国领导人对国际形势的把握也驾轻就熟，社会各界对国际交往也由陌生、拘谨变得熟悉并善于应对，由对外资、项目不加分析地接受变得注重选择并善于选择，由过去对国际环境变化无所反应或反应迟钝变得善于抓住机遇、敢于迎接任何挑战。事实上，国际环境影响及国际交往的锻炼使我国各级领导者变得日益成熟、老练。

领导者必须打开眼界和心胸，增强国际环境意识，由此极大地促进对外开放、合作与交流，敏锐发现和把握世界形势的实况与动向以及相应的机会，更加充分、切实、明智地利用好国际环境和各种资源，优化经济结构和提高国际竞争力，促进经济持续快速健康地发展，最终实现宏观的战略目标和领导的成功。

总之，国际环境是一个重要的宏观性领导环境，虽然相对间接，但却越来越接近领导现实，它越来越直接、深入地影响到领导观念、领导心理和领导行为。

8.2.2 社会环境

社会环境是相对于自然环境而言的，而且此处的“社会”是一个广义的概念。因而，这里所说的社会环境也就是一个广义的大概念。

具体来说，社会环境是指由政治、法制、经济、科技、教育、文化、人口、人际、传统、现代化等所有非自然因素构成的人文背景与现实平台。其中，最突出的基础性因素主要包括如下八个方面：

（1）政治因素。政治因素包括意识形态、政治价值和政治哲学、特定的政治观念与政治传统、阶级现状与阶层结构和变化、国家制度与结构、社会制度与结构（包括其性质和稳定程度）、政党制度与结构、政府体制与结构、现实政治气氛、集权和分权的取向与程度、政治模式与治理模式、公共职能与职责的多样性和规范化、公共责任的承担与追究制度、公民参与、平等公开等许多具体情况。

（2）法律因素。法律因素包括宪法的受重视程度、法律的性质及遵守和执行程度、法律的完善程度、法律的调整与变化、法制的建设与发展、法治的普遍化与实效化、法制与权力在实际治理模式中的地位比重与关系等要素。

（3）经济因素。经济因素包括经济组织、经济结构、经济体制、公有制经济、非公有制经济、市场化程度、全球化程度、金融体系与运作成效、财政制度与政策、投资水平、消费特征、资源特征与丰富程度、物质基础（工厂和社会的设备、设施）、综合竞争力、综合国力等许多具体要素。

（4）科技因素。科技因素包括科技基础、科技潜力、科技实力、科技竞争力、科技反应能力、科技交流能力、科技跟踪能力、科技创新能力、科技发展水平、现实科技手段、现实科技成果、科技成果转化程度与速度等大量具体因素。

（5）教育因素。教育因素包括义务教育、教育普及、教育水平、普遍教育程度、继续教育、教育制度的完善与专业化程度、高教质量、技术培训、教育与财富创造的相关性、教育与现实政治和社会的相关性等许多因素。

（6）文化因素。文化因素包括民族特性、地域特性、社区特性、地区差别、组织文化、具体历史、思想观念、社会准则与规范、社会心理、生活方式、人际关系等许多具体因素。

（7）人口因素。人口因素包括人口数量、人口素质、人群及其分布结构、年龄与性别结构、可向社会提供的人力资源的状况、人口的健康状况、人口受教育程度等具体情况。

（8）人际因素。人际因素包括人际观念、人际传统、人际氛围、人际价值、人际导向、人际特征、人际基础、人际关系、人际结构、人际互动、人际结果、人际效应、人际反馈、人际制约、人际动力等许多因素。这是最具体、最直接影响到领导心理和领导行为的现实要素，是领导者无法超越的第一现实基础和条件。

上述八个方面既是领导主体要时时关注和考虑到的现实社会因素，又是充分倚赖和依凭它们从最基本的层面上确保领导得以正常实施或运作的现实社会根据。

事实上，领导者与社会环境在互动中共同发展。社会环境造就了领导者，领导者适应、利用了环境，这种双向互动的最终结果，会促成双方的进步。此外，领导主体的实际特征主要来自社会环境，是社会环境所赋予和决定的。不同的社会环境为处于其中的领导主体打上了永久的烙印，也直接影响到不同领导者的行为方式，进而导致领导行为之间存在很大的差异。

一些领导者在熟悉的社会环境中运作自如，而在该环境改变或者切换到新环境后就常常出现茫然甚至失误。这是因为现实环境中的若干关键因素发生变化了，原来足以依凭的条件变差、丧失或者已经无法在新的环境里获得了。而这也就意味着构成原领导力的关键要素减弱或消失了，领导力也因此而大大削弱。

实践证明，领导主体特别是领导者无论在新的还是旧的社会环境中都必须持有积极的和服务的态度，首先做到真正取信于社会，树立可以信赖和托付的良好形象，强化以事业为导向和励精图治的精神，也强化团结的精神和技巧，只有这样，才有可能很快消除对陌生环境的不适应性和削弱领导力的环境因素及其作用的有效性，最终在具体的社会环境中成为真正的主人和成功者，连同所赖以工作和贡献的社会环境一道不断进步和升华。

总之，社会环境有着领导的基因和基本养料，孕育和塑造着具体的领导，是领导主体具体诞生、成型、作用于其中的最大现实环境，是决定领导的第一大外因，也是领导的第一环境。

8.2.3 机构性环境

机构泛指机关团体或工作单位，具体是指领导主体所在的组织系统。机构性环境就是指领导主体所在的具体组织系统各组成部分及其相互关系和运作模式等要素构成的组织基础和实际依托。对于领导来说，机构性环境是最具体、最实在、最重要的微观环境之一。

其实，机构性环境是由不同的机构构成要素甚至是不同的机构所构成的机构系统，即具体的组织系统。机构性环境的性质和影响力将随机构组成的要素、数量、功能和结合模式的变化而变化。具有不同功能的机构要素和机构本身组合在一起之后，不仅直接形成不同的具体机构体系，而且还直接形成领导主体开展领导活动的微观组织环境。

机构性环境有简单性和复杂性两个基本特征。简单性特征下的机构性环境是机构设置简单明确、不会产生机构性内耗和其他问题的微观组织环境。复杂性特征下的机构性环境主要是多层次、多方面、多门户、多重点、多中心、多交叉、易矛盾、易内耗、易失控、易失协调的微观组织环境。这些不同的环境都直接影响着领导主体的心理特征和行为模式，也直接影响到领导的实际运作、过程与结果，常常成为领导成败的关键因素。特别是复杂的机构性环境常常会变成导致领导失败的消极因素，是领导主体必须在日常工作中多加注意的现实因素。

因而，领导主体要对机构性环境加以认识、把握、规范、改造和优化。这有三个思路：第一，由机构数量及其变化改变机构性环境。事实上，机构数量不当，就必定给领导造成机构性的障碍，运作起来低效高耗，难以有效地贯彻落实领导主体的正确意图与决策。第二，由机构功能及其变化改变机构性环境。事实上，机构及其功能具有不同的变化轨迹，据此推动机构变化，才会有确切的收获。第三，由组织结构及其变化改变机构性环境。改革组织结构是继机构的数量和功能变化引发机构性环境改变之后所进行的一项改革举措，既改造旧环境，也创造新环境。当然，在机构数量、功能不变的情况下，组织机构为改进工作状态，实质是为决策创造理想的机构性环境而从改变结构入手实施改革也可能生效。

这就是说，要考察和把握机构性领导环境，最主要的是要把注意力集中在组成机构环境的数量、功能、结构及其变化上。就整体而言，机构性领导环境正是伴随着社会的大规模变动而不断演变的。就时机和内容而言，不同的机构性环境因具体情况不同而各有特点；就变革的规模和历史曲线而言，不同的机构性环境变化又有颇多相近之处。各个社会、每个国家的机构改革各不相同，或者以其经济的性质和规模变化为基础而后展开，或者以政治变革或社会变迁为基础而后展开。不过，这些变革虽然存在明显的不同，但都经历了随着社会经济的发展由小变大的阶段，而且随着达到高度发达的水平而将进入由大变小的新阶段。

总之，因原机构增减、升降或位移而形成的新机构将使原组织机构的工作质量和实际效能得到改进。通过变动机构数量、转换机构功能、调整机构组合和结构，就能达到预设改革目标，构建起适应领导运作需要的机构性环境。这对于任何层级、领域和职业的领导来说都是一个能够提供新型组织依托、效能和动力源泉的具体环境。

8.2.4 制度性环境

制度性环境是指由各种不同的具体制度所构成的规范结构和规范基础之和。它依制度的结构性差别而存在不同的层面，并因此而存在着不同的具体内涵和作用。

第一层面的制度环境是指在一定历史条件下形成的由政治制度、经济制度、文化制度和社会制度等构成的总体规范系统，决定着现实社会环境及生于其中、行于其中的现实领导的基本性质、基本形态、最基本价值取向和最基本行为准则。这里的制度无论是综合在一起的还是单独成一面的，都具有宏观性、系统性、方面性、总体性和极大的稳定性，往往都被称为体制。所以，这一层面的制度性环境又叫作体制性环境。这一环境中与领导关系最紧密的具体体制是领导体制（具体内容参见“领导体制”一章）和决策体制（见下一节），它们均直接决定着领导的主体和运作等基本现实，具有极其重要的作用。领导主体只有出自并顺合于领导体制才算合法，领导必须依据并顺合于决策体制才能正常进行。

第二层面的制度环境是由宏观的制度意涵所决定的。这里的制度指在最高层、规范化和一致性的宏观领导方略，通常是指具体体现和落实统治思想的基本路线、基本方针、基本政策和最主要策略。这些内容统称路线方略性制度，它们在基本规范上具体地界定领导的性质与取向，指导和约束着领导的思想与行为。领导主体必须首先依据、遵循它们而后展开领导活动。只有这样，领导活动才能合乎规范。

第三层面的制度环境是指在某一具体机构系统内或具体的机构性环境条件下形成的一系列具体制度之总和。这里的制度实质就是领导主体在直接掌管的组织体系或机构范围之内行使权力，实施管理和领导的办事规则或行动准则，不仅要为领导主体所根据并执行，而且还要求组织范围内的全体成员必须共同遵守。所以，这些制度也叫作程序准则性制度。它们虽然总以程序、准则类居多，但制度内容不同则制度性质不同，其积极性与消极性、有效性与无效性的区别，在制度层面上为领导者创造着优劣不同的环境。

上述三个层面的制度彼此关系密切。这可从以下两个方面来加以理解。

一方面，体制最为基础，为路线方略性制度和程序准则性制度提供了一个前提性的权威范式，而后两者则是体制决定下的制度具体化。它们的这种关系决定了三种层面上的制度对领导影响的性质、范围和程度存在较大差别：体制主要起着基本的和战略性的作用，路线方略性制度主要是方向性和战略性的作用，程序准则性制度则主要是战术性和作业性的作用。这些作用既有积极的一面，也存在固有的局限性。一旦路线方略性制度和程序准则性制度出现问题，就会直接危害领导，进而损害甚至危及整个体制。

另一方面，三者的变化速度不同。体制稳定性最大而变化难度也最大；路线方略性制度具有相对较长时间的稳定，而变化幅度中等；程序准则性制度的稳定性相对较低，变化的频率较高。三者的变化难度依次降低，而变化频率却依次升高。这就是说，酝酿建立或改变体制是比较困难的，至少需要很长的时间；路线方略性制度则随战略重点和时事重点的变化而调整改变；而酝酿建立或改变程序准则性制度可根据实践的需要随时进行。后两者变化速度快，体制则变化缓慢，往往不能对此及时做出反应。不过，由于程序准则性制度的产生在机构和其他两种制度产生之后且极易变化，所以对领导的作用就易于呈现出表层化和即时化，常常导致短期行为。

显然，在创造制度性环境方面，领导者必须正视制度作用的局限性并努力克服之。事实上，在全面推动环境建设的过程中，领导主体应注意不断完善各种体制，对于路线方略性制度和程序准则性制度的出台要慎重，确保它们能够具有较大的科学性和适当、合理的稳定性。唯其正确而稳定，才能给领导以强大有力、稳定可靠和合理合法的权威支持。

总之，制度性环境是在机构性环境之后的又一个最具体、最微观的领导环境。在内容方面，有多个层面，直接渊源于社会环境，具体基于机构性环境；在重要性方面，则比社会性环境更具体，比机构性环境更突出。

8.2.5 决策体制环境

由上可知，决策体制环境是制度性环境的一部分，它对于领导来说是极其重要的环境因素，所以有必要单独加以认识和把握。

决策体制是关于以领导主体特别是领导者为主干的决策主体、决策权力权限、决策信息、决策辅助、决策程序规范及决策结果责任等整个决策系统的制度性总和。它通过规范、约束决策过程与决策活动来对最关键、最重大的领导环节施加直接的影响。

在企业，有企业的决策体制性环境；在公共部门，有公共部门的决策体制性环境；在社会，有政府的决策体制性环境。但是，从领导活动的相关性和整体性来看，政府的决策体制性环境对其他环境、其他领导活动都有全面而深刻的影响，因而最具权威性和代表性。所有领导主体都应该熟知这种宏观层面上的特定环境。

现代决策体制由如下五个部分构成：

（1）决策中枢系统。这是决策体制中发布指令、统率全局的首脑机关。它处于决策中心地位，对各方面的重大问题做出抉择或决定。拥有决策权的各级政府部门的领导者是决策中枢系统的核心。与其他系统相比，唯有决策中枢系统有权就一定范围内的领导问题做出决策。

（2）决策咨询系统。它是决策中心系统的参谋部，亦称决策智囊系统。它是以各类专职或兼职的决策筹划人员为细胞，以专门知识性机构或先进技术性机构为基本构成单位的决策智囊集团，其基本任务是为决策中枢系统提供决策依据、备选方案、优化理论。

（3）决策信息系统。这是指为满足决策需要而建立的专门收集、分析、传递、储存信息资料的机构、部门和单位的总称。行政信息是进行决策的基础，是联系决策体制内各部门的纽带，以及促进决策方案正确制定和执行的媒介。

（4）决策执行系统。这是指按照决策中枢系统的指令负责指挥实施决策方案的职能机构。它由各级政府及其职能机构组成，基本任务是配置可资调遣的资源，负责决策执行的全程操作。决策执行系统与决策中枢系统都是决策体制不可缺少的组成部分。

（5）决策监督系统。这是指通过监督反馈来帮助决策中枢系统控制决策制定、决策执行和预定目标实现的组织体系的总称。其基本任务是向决策中枢系统报告决策制定、执行的状况，协助决策中枢系统搞好控制。

现代决策体制主要有如下四个基本特征：

(1) 完整统一。现代决策体制是一个以决策中枢系统为核心，经决策咨询系统、决策信息系统、决策执行系统和决策监督系统综合构成的更大系统。它在高度分工与高度综合的基础之上，具有明显的封闭性和整体性特征。现代决策系统自上而下，层层相连，明确的分工与密切的配合，使其高层次的战略决策同中下层次的策略决策和战术决策紧密结合，从而形成完整的决策体系。

(2) 民主化。现代决策体制是对传统决策体制的否定。它按照谋、断分离的原则建制，保证了咨询系统的独立和集体智慧的充分发挥；其与集体决策方式相联系，促进了传统的个人决策向民主的集体决策的转移；实行首长负责制，否定了个人专断的决策方式。现代决策体制以其能够保证决策参与者的民主地位，避免领导者凭主观意志个人决定重大问题的成功，证实了自身存在的价值。

(3) 法制化。构成现代决策体制的分系统，都是由各个领域的专家或拥有不同知识结构的专家集团组成的。他们独立地只对责任范围内的问题依客观规律进行研究，或提供专业性的优质成果，与其他决策分系统互不干扰，相互配合仅依契约规定从事（包括工作内容不受决策中枢系统权力意志的支配）。各系统的权利、义务和相应的责任，明确的法律地位，相互间的辅助和制约关系，均以法律形式做出规定。

(4) 科学化。在现代决策体制当中，“人”“机”结合日益明显。决策体制中的各分系统均有一定的现代化技术装备，配备有较高科学素养的人员；现代决策过程中既要运用数字化、模型化、计算机化的“硬技术”，也要利用社会心理学成就的“软技术”。科学技术在领导中迅速而广泛地应用，推动了决策体制由传统的按经验决策向按科学的原理和现代技术手段进行决策转变。

无数决策事实证明：良好的决策体制将使领导决策避免错漏失误乃至失败，而这也意味着领导成功，至少是在最关键、最重大的领导环节上的成功；而粗陋拙劣的决策体制则十分容易使领导主体滥用决策权，肆意妄做领导决策，导致领导决策失误，最终则是决策失败、领导失败，使领导资源浪费、领导客体遭殃。

目前，旧有弊端依然在危害甚至恶化决策体制性环境，以致产生一系列严重的领导问题，其原因就在于决策体制的不完备。此外，它还会产生诸多现实问题，诸如决策系统机构臃肿，功能交叉；执行系统被动、消极地执行上级的政策；咨询系统机构不健全，经常受决策系统权力意志支配或影响；信息系统薄弱，尚未建立或健全信息网络系统，信息来源少，信息传递失真失量严重；监督系统尚不完善；等等。

事实上，决策体制是一个历史范畴，其权力的分化与协调带有浓厚的时代特色。随着社会的进步、科学技术的发展，决策思想的变化和实践经验的丰富，决策体制正日趋科学和完善，正以具体的决策体制性领导环境形式对领导过程发挥着更大更直接的影响和作用。科学的决策体制具有以信息为据、广泛咨询、集中决策、分散执行、独立监督、及时反馈、不断调节等特点，是提高决策质量、确保领导成功的最重要因素。

总之，决策体制影响领导的直接性、重大性超过任何一个环境因素或外在因素。它对领导工作过程、领导质量和领导水平的提高都有极其关键的影响。要想取得领导上和事业上的不断成功，就一定要在决策体制性环境的改善和优化上多做一些工作。

8.3 领导关系

8.3.1 领导关系的界定与实质

领导关系首先是领导环境的一部分，属于领导环境范畴，直接构成关系性环境。但是，领导关系所固有的重要性、具体性和内涵丰富性决定了有必要将它从具体环境因素序列中单列出来加以专门论述。

在人类社会中的各项社会活动尤其是领导活动，事实上都是在一定的相互关系中进行的。要有效地开展领导工作，就必须深入研究领导关系，了解和把握它的本质、影响和变化发展的规律。

具体而言，领导关系是指领导主体在领导活动中与其他领导主体和相关行为主体（包括领导客体，特别是被领导者）相互之间发生的工作关系和非工作关系的总和。其实质是行使领导权力的特殊社会行为主体之间的相互关系，是一种在领导主体内部、在领导实践中广泛发生、极为活跃、微妙发挥关键影响的特别因素。它内含的权力关系实质使之具有特别的能动性与结果性、现实性和严肃性，与其他所有社会关系存在着质的区别，是最重要、最核心、最有影响力、最能产生现实结果的一种社会关系，也是整个社会关系的重要组成部分。

事实上，从人类社会出现有组织的活动以来，人们总是存在于复杂的领导关系之中。每个人在领导关系网中，不是领导者，就是被领导者。这是一个多角度、多层次、内容和形式又多种多样的极其复杂的社会关系系统。因而，领导关系其实也就是围绕领导活动形成、展开的各种社会关系大集合。

马克思指出："凡是有许多个人进行协作的劳动，过程的联系和统一都必然要表现在一个指挥的意志上，表现在各种与局部劳动无关而与工场全部活动有关的职能上……凡是建立在作为直接生产者的劳动者和生产资料所有者之间的对立上的生产方式中，都必然会产生这种监督劳动。这种对立越严重，这种监督劳动所起的作用也就越大。"① 尽管马克思这里所说的是针对私有制经济的领导和管理的两重性而言的，但对其他的领导活动及其相互关系的分析也是适用的。依此原理，可知领导关系具有自然属性和社会属性。

领导关系的自然属性是指只要人类需要共同的劳动和生活，就需要分工协作，就要有人从事组织、指挥、引导和协调，这是"每一种结合的生产方式"都遵循的普遍的、共同的规律。这种需要是共同的，反映着人与自然的关系，不会因社会制度不同、领导者和领导方式不同而改变。领导关系的社会属性是指领导活动总是建立在一定的生产方式之上，直接表现某种特定的人与人之间的关系，领导者总是代表和反映着一定社会掌

① 马克思，恩格斯. 马克思恩格斯全集：第25卷. 北京：人民出版社，1974：431.

握领导权力的阶级、集团的利益。总之，领导活动中发生的人与人之间的各种关系都带有某种社会特点。任何一种领导关系，都是自然属性和社会属性的统一。

领导关系的双重属性中，社会属性占主导地位，决定着领导关系的本质。世界上并不存在超越时空的纯粹自然属性的抽象领导关系，只存在各种社会属性不同的、反映特定的领导活动中领导主体相互间关系的具体领导关系。不同的领导关系之所以存在，并不是因为它反映了领导活动中的共同的组织、指挥、引导、协调等关系，而是因为它反映了一定领导活动的社会关系。这正如马克思在分析资本主义领导和管理关系时所指出的那样，"资本家所以是资本家，并不是因为他是工业的领导人，相反，他所以成为工业的司令官，因为他是资本家"①。

因此，可以说，领导关系就是一种将一定范围内掌握权力、权威、人、财、物和机会等领导资源的领导者和领导机构联系在一起的关联渠道和无形制约，是一种以领导资源为实际基础和实质后盾的特定社会网络。它直接左右和约束着领导行为，直接导致某种现实领导结果和社会结果，比其他任何关系对社会现实和领导客体的影响都要更大更重更严肃，是整个社会关系中最大的、能发挥权威影响并产生重大现实结果的社会关系。

8.3.2 领导关系的构成

在整个社会范围内，领导关系包括所有领导者与领导者、领导者与领导机构、领导机构与领导机构之间的关系；在社会局部范围内，领导关系只是领导主体之间的关系；在一个专门的社会系统内，领导关系就是领导者之间及其与所在领导组织之间的关系。

从领导的实质来看，领导关系分为领导主体间关系、领导主体与领导客体的关系、领导者与被领导者的关系三种。

从领导的历史形态来看，领导关系与人类社会形态的更替是一致的，因而形成了原始社会的领导关系、奴隶社会的领导关系、封建社会的领导关系、资本主义社会的领导关系和社会主义社会的领导关系。

从领导的空间结构来看，有宏观方面的领导关系，包括国家间领导关系、地区间领导关系、部门间领导关系和组织间领导关系；有微观方面的领导关系，主要是组织内部各构成要素之间体现出来的不同领导关系。

从领导的体制来看，领导关系有集权与分权的关系、中央与地方的关系、条条与块块的关系等。

从领导的方式来看，领导关系表现为直接领导与间接领导的关系、正式领导与非正式领导的关系、指令性领导与指导性领导的关系、支持性领导与参与性领导的关系等。

从领导运作方向来看，则有上行的领导关系、下行的领导关系和平行的领导关系。

从日常的现实生活来看，最经常出现在我们视野中的领导关系主要包括上下级领导关系、领导者与群众的关系、党政企不同组织中的领导主体之间的关系、领导集团中各

① 马克思，恩格斯．马克思恩格斯全集：第23卷．北京：人民出版社，1972：369.

成员间的关系、领导者个人与组织之间的关系等。

总之，按照领导活动展开的不同的角度，还可以作不同的划分，现实生活中的领导关系最主要是领导主体之间的关系和领导者与被领导者之间的关系，领导关系的最主要关联对象就是领导者。充分了解和掌握领导关系，就是为了能够更好地协调、维系、改善和优化各种领导关系，特别是领导主体间关系和领导者与群众间关系，由此确保为领导成功提供最优良的关系基础和关系性环境。

8.3.3 领导关系的特点

作为一种特殊的历史现象，领导关系有着能够充分反映其本质的几个重要特点。事实上，这些特点正是对领导关系的历史与现实、对不同领导关系的共同特征的一种抽象和概括。

（1）客观性。这是指领导关系作为领导活动过程中人与人相互交往的一种现实结果，它的产生具有历史的必然性。在人类的共同生活特别是组织活动中必然要产生领导及其载体或操纵者即领导主体，因而也就必然会发生领导主体之间的相互关系。这种关系因而就成为一种非常客观的领导要素，非常活跃地作用于各种不同的领导活动之中，并导致相应的现实领导结果。从形式上看，它似乎主要取决于领导者的经验和主观动机，但事实上，它却受诸如领导体制、领导地位、具体领导角色、现实利益关系、利益格局、社会背景、实际的领导立场和领导作用等许多重大现实因素的影响。

马克思说："我们并不总是能够选择我们自认为适合的职业；我们在社会上的关系，还在我们有能力对它们起决定性影响以前就已经在某种程度上开始确立了。"[①] 据此原理，就可以更好地理解和把握领导关系的客观性。一方面，领导主体一旦进入领导岗位，即面临着业已存在的领导关系，而这个关系的客观状态和实际作用却并不取决于领导主体的主观意愿；另一方面，领导主体虽然能够对领导关系做出积极能动的反应，但这却不能随心所欲，而要受到多种因素的制约，特别是要受到既定领导关系构成的环境的制约。

（2）社会性。领导关系是围绕领导活动而展开的各种领导主体之间的关系，其本身就是社会关系集合的一部分。它必然受制于一定历史条件的经济关系、政治关系、思想文化关系、道德伦理关系，具有鲜明的社会时代的特征。领导关系自身也包含着丰富的内容。从领导制度的纵向联系看，有上下级关系、领导者个人与组织关系；从领导活动的横向联系看，有不同性质的组织领导如党团组织、行政组织、司法组织领导之间的关系，有不同职能部门领导之间的关系。各种不同的领导关系，是人的社会关系的本质表现。领导关系的社会性，还表现在它与社会关系环境的相互作用上。领导活动中的相互关系在一定的社会环境中生成，受社会环境的影响和制约，同时又影响和制约着社会环境。

（3）复杂性。领导活动中的相互关系，除领导关系自身多样性之外，领导工作的职

---

① 马克思，恩格斯．马克思恩格斯全集：第40卷．北京：人民出版社，1982：5.

能交叉、利益的得失、人与人的个体差异、外部环境影响等，使领导关系呈现出错综复杂的局面。首先，由于社会分工不同，形成不同领域的领导部门和不同类型的领导者。不同的领导部门履行着不同的工作职能，不同的领导职务担负不同的工作职责，就不可避免地会出现一些矛盾现象，使领导关系复杂化。其次，领导关系的复杂性还缘于利益的得失。说到底，领导关系就是一种利益关系。不同的领导集团形成不同的利益群体，同一领导集团内部也会有利益冲突，因此人们在处理领导关系时，自觉或不自觉地以自身利益为价值尺度来处理相互关系，使领导关系扭曲，甚至变异，导致复杂化。最后，领导关系的主体是各种各样的具体的人，人的个体差异也会使领导关系复杂化。如不同领导者，因受教育程度、气质、个性不同，加之所处地位不同，面临的环境不同，在认识和处理领导关系时，会产生不同的心态，直接产生各种不同的复杂后果。

（4）动态性。领导关系不是一成不变的。促使领导关系发生变化的因素是多方面的，最根本的是社会生产力的发展。生产力是推动社会进步的最强大杠杆。随着生产力的进步，生产关系以及与一定社会形态相适应的领导关系也将随之而改变。人类社会的领导关系经历了原始社会的原始民主、封建社会专制统治、资本主义社会金钱依附、社会主义社会的平等服务等不同的关系形态。在同一种社会形态中，统治集团为了巩固自己的领导地位，调和领导集团内部、领导集团与人民群众的矛盾，也会主动或被迫调整领导关系。在一些发达工业国家的企业领导体制中，职业经理层的兴起，以及职工组织参与企业决策的增多，就是领导关系自我调节的实例。此外，领导关系的动态变化，还与领导者素质改变和生理条件改变有关。总体来看，随着社会文化科技的进步、教育程度的提高、个人社会实践经验的积累和各方面的成熟，领导关系呈良性发展趋势。

8.3.4 领导关系变化发展的规律

领导关系变化发展规律，就是领导关系变化发展过程中的客观的、内在的、稳定的必然联系。规律是关系，领导活动是在领导关系中进行的。因此，从广义上讲，领导关系变化发展的规律就是领导活动的规律。领导科学各方面内容，就是从不同方面、角度揭示领导关系变化发展的规律。从狭义上讲，领导关系主要是指领导活动中人与人之间的工作和交往的普遍形式。因而，领导关系变化发展规律主要是指这种人与人之间的本质联系。

（1）领导关系矛盾统一规律。这是揭示领导关系产生、性质、构成、发展动力的规律。领导关系的产生是以人类社会活动需要为基础的。人们要共同生产、生活，就需要社会分工与协作，就需要有统一的意志和行为。领导关系就是人类社会需求与满足社会需求方式矛盾的产物。领导关系的性质是领导的自然属性与社会属性的统一。领导关系的构成是领导者、被领导者、领导环境条件多种因素相互联系、相互制约、相互作用的结果。领导者与被领导者、领导者与领导者、被领导者与被领导者、领导者与环境、被领导者与环境之间都存在着对立统一的关系。领导活动各要素之间既对立又统一，在一定条件下相互转化，使领导矛盾得到解决，使领导关系向前发展。领导关系中对立统一的各方面构成了复杂的领导关系系统。

(2) 领导关系变化发展与环境相适应规律。这是揭示领导关系变化发展与环境之间关系的规律。环境是领导者从事领导活动的客观基础，是领导活动赖以进行的时间、空间及各种条件的总和，是影响领导者工作业绩的重要因素。领导者的领导活动，领导者处理领导关系，都离不开一定的环境。只有顺应环境发展规律，认识环境、利用环境、改造环境，才能达到领导活动的预期目标。领导关系与环境相适应，表现在领导活动的全过程。如根据环境的变化提出切实可行的领导目标，使领导者、领导集体与被领导者步调一致地为实现领导目标而努力。又如，根据环境的不同对象、不同任务、不同条件，积极主动调整领导方式和方法，调动被领导者的积极性、创造性。

(3) 领导关系变化发展动态平衡规律。领导关系变化发展动态平衡规律，是揭示领导关系变化发展一般过程的规律。领导活动是人的活动，无论是领导者、被领导者，都是有不同思想、动机、情绪的个体，这使得他们双方之间关系处于变动不定的状态中。领导活动环境的多因素、多变量，也处在不停的变化中，使得领导关系发生变化。但是，领导活动作为人类的一种组织活动，应该具有相对稳定性，只有这样才能使领导能量有较稳定的输出，领导活动才能按照预期目标继续进行。这就需要领导关系保持一种动态平衡的状态。这种状态是由领导活动的特点决定的。领导者可以根据这种客观要求，采取物质的、精神的、社会的手段，对领导关系进行事前、事中、事后的调节，在动态中保持平衡，在平衡中不断发展，使领导关系与领导主体、领导环境的变化相协调。

(4) 领导关系协同发展规律。领导关系协同发展规律，是揭示领导关系变化发展趋势的规律。领导关系是领导活动自身各种关系的集合，更是人与自然、人与人之间关系集合的组成部分。领导关系多因素间相互依存、相互制约、相互促进的关系，决定了领导关系的变化发展是协调发展。特别是旧的领导关系的改变，新的领导关系的产生，虽然与领导体制、政治体制变化有时间、空间上的差异，但总体上是协同一致的。这就要求领导者在处理各种领导关系时，增强协调发展的意识，在调整和处理一种领导关系时，注意其与其他领导关系的相关性，防止顾此失彼，出现漏洞。同时，在调整和处理领导关系时，要从大局出发，不做损害全局利益的事。

总之，领导者必须在充分认识和掌握环境特点及其发展规律的基础上，调整和改变不适合客观环境需要的领导关系，建立适合客观环境需要的新的领导关系。

8.3.5 领导关系的现实情形与重要性

在现实生活中，领导关系是不断变化发展、多种多样、无处不在和细致入微的。它千丝万缕、相互交叉纠结而又变幻莫测，随时随地直接影响、制约或形成现实的领导行为，形成领导的基本现状、结构、形势和局面。这些情况直接构成领导格局。这种格局随领导关系变化而变化、发展而发展，并与领导关系一起直接现实地制约和规范着领导行为，对领导方式方法和模式乃至领导结果都直接产生重大影响；它还从微观层面直接影响领导的做法和方式、领导的成败得失，直接影响领导客体的现实利益、命运以及社会风气。

一方面，领导关系可以说是一种能动的社会资源。正确而充分地加以掌握和运用，就能使领导关系在领导过程中发挥出重大的积极作用，为履行领导职能职责、取得领导成功、进行领导创新提供极好的支持。这对造福于领导客体特别是人民群众，对应对、改造和利用领导环境，均具有非常现实的作用与价值。

另一方面，领导关系也是一把双刃剑，把握和处理得不好，就会出现严重问题，这就是领导关系的另一面即负面。的确，如果不能正确把握和处理这种特殊关系，就会造成这种资源的破坏和浪费，或者在局部结成并演化为“社会毒瘤”，或者利用这种资源谋取私利、为非作歹、贻害一方，或者在多处局部领导关系病态化以后引起全局性领导关系的僵化和病态，进而窒息生机，严重损害领导客体的利益。它不仅要作为领导环境的一个现实因素存在并发挥作用，而且要变为日常领导活动中的体制、机会、规则等现实因素并直接介入领导行为之中。

另外，领导关系与组织制度相互依存，相互影响，相互转化。一定的领导关系是构成一定组织制度的基础，会对组织制度产生深刻的影响，先于并导致组织制度发生变化。它也直接受制于组织制度，并由此形成相应的领导格局。然而，一定的组织制度是一定领导关系的概括和集中反映，以制度和权威的方式确认甚至维持或维护实际已经存在的领导格局，具有较大的相对稳定性；一定的组织制度还规定了现实领导关系的基本前提、互动基准和协调依据，其实就是领导关系的制度性基本规定，从而显示出确保领导关系符合制度安排的强制性。

因而，领导关系还有一层对于组织制度的作用。这个作用可以是积极的，即可以巩固和优化组织制度；也可以是消极的，即可以削弱甚至破坏组织制度。其实，组织制度的变化都是起始于领导关系的改变。譬如，西周的分封制遭到挑战并最终为诸侯独立制所取代，进而导致周王朝的灭亡，就是从周天子与诸侯之间“礼崩乐坏”的领导关系开始的。

其实，良好的领导关系就是积极、友好、融洽的领导关系，能够成为维系组织的黏合剂和调动积极性的增能剂，有助于领导主体积极性、创造性的发挥，有助于增加领导集体的团结和活力，有利于协调各种领导关系，化解矛盾，增加组织的凝聚力和运转的良性，使领导活动得以顺利开展并取得成功。相反，不良的领导关系通常是消极、庸俗、内耗的领导关系，会成为组织制度的腐蚀剂，会成为压制和破坏生产力与竞争力的腐朽因素，必定造成各种领导关系的受损和紧张，容易导致不良风气特别是扯皮推诿和不负责任的犬儒主义的滋生和蔓延，容易激发和增加非常有害的内耗与自毁，严重侵蚀领导主体的健康，从整体上降低领导机构的工作效能，由此严重扰乱领导活动的正常秩序，直至全局工作瘫痪、领导时钟“停摆”，最终导致极其严重的领导后果。

这就是说，领导关系对领导主体的影响极大，因为领导活动本身就是在各种领导关系中进行的，一刻也不能离开。领导工作的实践，任何领导的实施，都需要处理好与人、事物、时间和空间的关系。与人打交道，要不断调整自己的言行，妥善处理上下左右的关系；同事物打交道，要弄清事理，分清轻重缓急，有条不紊地解决问题；对待时间，要科学安排、掌握进程，做到善于支配时间，善于提高工作效率；置身于空间，要区分各项措施办法适用的范围，做到因地制宜，灵活处置，取得实效。所以，领导工作从一定意义上讲，就是领导主体协调和处理各方面关系的过程。各方面关系处理好，工作就顺畅；反之，工作就受阻，甚至“搁浅”。

因而，建设良好的领导关系，克服领导关系中存在的不良倾向，就是领导者和领导机构自身应随时关注并着力解决的问题，只有练好“内功”，才能发好“外功”，发挥领导者和领导集体的作用。所有领导主体对此都不可忽视、回避或者加以淡化。

总之，领导关系是领导世界中一个客观自在的要素，同其他领导要素特别是领导体制关系密切。它虽不受领导体制的影响而普遍存在并发挥作用，但又常常在成熟的领导体制下受到基本框定。当然，领导体制也受领导关系影响，从根本上说领导关系是领导体制的源头，领导体制是领导关系权威形式的表现。只要能抓住领导关系，很多领导问题都能解决。

8.4　领导环境与领导的关系

8.4.1　领导环境与领导者的关系

领导环境与领导者和领导活动之间紧密相关、相互影响。一方面，领导者及其领导活动都必须在某一具体环境中存在，领导环境是领导者和领导活动所必须依赖的平台和载体，也对领导者的思维和行为产生着各种各样的影响；另一方面，领导者可以通过对客观环境的认识、适应、利用和改造，创造出更加适合领导工作需要的客观环境，实现科学而有效的领导。具体而言，可从以下几个方面来进行深入理解。

（1）领导环境是领导信息的发生体、产出体和最终接收体，它产生的领导信息进入领导主体特别是领导者的信息加工过程当中。领导者在处理来自环境的具体信息时，不仅会将这些信息直接加工成领导产品，而且还会依据这些信息所含带的潜在信息和所调动的相关信息来制造更多的领导产品，由此形成具体的领导行为、活动和产出。此即，领导活动是依领导环境而发生的，并由此基本决定了会有什么样的领导结果。

（2）领导环境影响领导者的素质。不同的领导环境要求领导者具有不同的适应性，因而对领导素质就提出了不同的要求。事实上，领导环境是不断发展变化的，这导致领导者面临的客观形势和任务也跟着发生变化；领导者如果不能使其素质及时跟上，那就无法适应变化了的环境，也就无法应对新形势下的新挑战，无法完成新情况下的新任务。显然，当领导环境发生变化时，领导者的素质就自然要做相应的改变、提高和发展，但侧重点各有不同。这就是说，领导环境决定着领导者的构成材料和质量，影响甚至决定着领导成败的内因即领导素质，并由此又间接地进一步影响领导行为和领导结果。

（3）领导环境影响领导者的即时反应、即时成效以及由此积累而来的总体成效。良好的自然环境可使领导者心情轻松舒畅，大大提高领导的积极性和有效性；良好的社会环境，如路线方针正确、社会稳定、经济繁荣、技术进步、文化发达、法制完善、国际和平等，则将直接影响到领导者的现实反应，使之增强信心，振奋精神，正确运用领导的职能、方法艺术实施领导。反之，不良的自然环境和社会环境就必然使领导者产生消极心理，甚至包括恐惧感、压抑感和厌倦感等，或者使领导者不能发挥其特长和才干，或者扭曲领导行为和领导表现，最终影响、制约并削减着领导的效能和领导的业绩。

（4）领导环境影响领导者对领导方式的选择。不同的领导环境决定了领导者会选择不同的领导方式。和平建设时期的领导方式与战争年代的领导方式基本不同。领导方式总是因环境不同而不同，随环境变化而变化；在经济领域则主要由经济环境所决定，在社会领域则主要由社会环境所决定。事实上，正常的领导者在不同的历史条件下必然选择最适合当时实际情况和需要的领导方式。

（5）作为一种最大的客观存在，领导环境具有强烈约束领导主观性的客观性。这一客观性要求领导者必须清醒地认识到人不是万能的，领导不是万能的，在领导之外还有一个不依赖于领导意识的领导环境独立存在着，独立发挥着似乎看不见但却无处不在的现实作用——基本制约着意识和行为的作用。无论领导者能否或愿否认识和把握它，它都必定能独立发挥出自己的实际作用。

（6）领导者乃至整个领导主体对领导环境不是被动地适应，做它的奴隶，而是要积极主动地适应、把握乃至利用，能够极其显著、有效地反作用于领导环境，包括影响、改造或塑造环境，进而成为最强大的环境主人或主宰。领导环境总是会留下不同领导主体特别是不同领导者的鲜明印记和个性特征，特别是在领导结果产生并影响环境，甚至作为环境的新因素之后就更刻记着领导主体及其行为的完整特征与作用，进而由此成为领导的重要作品之一。事实上，领导主体对于领导环境是能动的而非被动的。

总之，领导环境对领导者及其行为选择的影响集中表现为以下方面：宏观环境对领导者的一般行为及选择产生普遍的影响，微观环境对领导者的具体行为和具体选择产生特殊的影响。领导者和领导活动完全受到不同领导环境的不同影响和制约；不同的领导环境要求领导主体采取不同的领导方式和领导方法，并由此形成不同的领导特点。

8.4.2 领导环境与领导成败的关系

无数领导事实证明，领导成败的内因或内在前提是领导素质，而领导成败的外因或外在前提则是领导环境。如果说领导素质是领导成败的根本因素或主要原因，那么就应该说领导环境就是领导成败的关键因素和基本原因。完全可以说，领导环境其实不仅是领导成败的直接渊源之一，而且也是领导成败的间接渊源所在——譬如通过影响领导主体的素质、情绪之类来间接作用于领导过程，对领导整体一直发挥着全面的和基本的影响。

领导主体就是生活在现实环境中的各种具体主体之一，其思想意识乃至素质整体都受环境制约，其行为不仅直接受来自环境影响的领导素质的制约，而且还受由环境决定的可能条件和现实条件的制约。这些制约左右着领导行为，并进而由此决定领导成败的不同情况。领导者对环境及其影响力的认识，在很大程度上左右着对其自身、被领导者、领导客体、领导关系、领导手段等领导常量和领导变量的把握、理解、判断和评估，因而直接或间接地影响到领导的决定与实施、领导的质量与成效。

事实上，尽管说领导行为是领导者的主观因素（需要、动机、智慧、能力、性格、情感等）和客观环境（制度、体制、形势、舆论、气氛、组织机构等）这两方面共同作用的结果，但是其中的客观环境对领导行为的走向和性质常常起到关键的、决定性的作用。换言之，领导环境就是领导成败的外在原因，实际也是产生和塑造领导的外部因素和力量，它虽然要通过领导的内部因素主要是领导素质才能发挥作用，但在多数情况下都起着关键的作用，有时也会起决定性的作用。

领导者在进行领导活动时要充分参考这些环境因素的制约性和有效影响的程度；否则，就必定会造成大小不同的领导失误、领导后果和领导失败，也就不可能真正正确而有效地履行领导职能和领导职责。换言之，领导者如果不能充分认识领导环境及其特点，对领导决策和整个领导过程的把握就不可能摆脱盲目状态和主观武断，其最终结果就只能给领导客体带来损失。而这样的领导其实脱离了领导环境而不受其约束和调整，是纸上谈兵、空中楼阁，是只能带来无穷隐患与祸害的空想主义、主观主义、形式主义和官僚主义，而且会导致权力滥用、重大的失职渎职和彻底的领导失败。

因此，可以说领导环境直接或间接地影响到了领导过程，并成为导致领导成败的重要方面。领导环境就是同领导成败得失密切相关的外在条件，是领导主体赖以生存、发展和发挥作用的综合性客观基础和客观条件。领导者不仅要高度重视自身的素质问题，而且要高度重视周围的环境问题，要达到这两个因素之间的最佳配合与平衡，然后才可能形成并展现优质的领导活动，取得最后的成功。

总之，领导者必须在具体的工作过程中充分了解和掌握领导环境及其对领导活动的可能影响，还要自觉、有效地培养自己的环境意识，善于把自己与环境联系起来并做物我分离的认识。否则，一切领导都将变得毫无意义、毫无价值，只能走向失败，甚至走向堕落、犯罪与灾祸。

8.4.3 关于领导环境的重要结论

根据领导环境与领导者、领导成败的关系，可以得出对于领导环境、表现为领导取向和领导原则的几个重要结论：

（1）领导者要正确认识和把握领导环境。由于客观环境是复杂多变的，因此对客观环境的认识必须是全方位、多角度的。而对客观环境的认识程度，是由领导者的认识能力和水平决定的。所以，首要的是提高领导者的认识能力。如果一位领导者不能充分认识客观环境的类别、特点、变化规律及其对领导活动的影响，不能综合分析研究客观环境的发展趋势，那么他就不可能牢固树立客观环境意识，自觉而深刻地认识客观环境，取得良好的领导效能，促进事业的发展。因此，领导者要按认识论的规律在实践中不断主动、积极地认识客观环境。

（2）领导者要积极适应和利用领导环境。有些客观环境问题是一个组织无法改变的，或在一段时间内无力改变的。这就要求领导者要积极地去适应它，否则将导致领导工作的失败。适应客观环境不是消极被动的，要注意利用客观环境，做到在适应中利用，在利用中适应。对有利的客观环境，领导者要充分利用；对不利的甚至是有害的客观环境，领导者要尽最大努力避免不良作用的发生；对双向的客观环境，领导者就要注意趋利避害。

（3）领导者要积极地改造和优化领导环境。领导者只有影响、率领、引导被领导者不断改造客观环境，改造客观世界，才能从自然界中获取更多的财富，创造物质文明和精神文明。领导者对客观环境的改造有助于领导职能的运用和发挥，领导职能在运用的过程中，必然会遇到客观环境问题，好的客观环境有利于领导职能的发挥，但领导者高超的领导能力在不良的环境中更能充分表现出来。领导者经过努力，使客观环境向着有利的方向发展，为发挥职能提供良好的条件。同样地，领导者对客观环境的改造有助于提高自身的修养和素质。可以说，良好的领导素养是在客观环境和主观世界中形成的，它反作用于客观环境的改造，从而提高了改造客观环境的主观能力。

（4）领导者对领导环境要高度重视，不能消极对待，不能成为在领导环境中穷于应付、疲于奔命的被动者、受调弄对象、失望者以及失败者；要战胜消极的环境，克服环境的不利因素和消极影响，富有建设性地积极对待、主动适应，充分明智地加以营造、爱护和利用，特别是充分利用和调动环境的积极因素并发挥其积极作用，成为能够把握领导环境并进而掌握自身命运、组织命运和领导客体的强大主人。事实上，领导者在领导环境中如果无能为力、无所作为，就不可能成为真正的领导主体。具体的领导环境是领导者乃至整个领导主体价值和质量的试金石。

总之，领导者要想取得理想的领导成效，就要正确地认识和把握客观的领导环境，必须确保领导意图或领导选择、领导行为和领导过程都适合环境要求，必须针对不同的具体的领导环境来灵活应变和实施领导。

本章小结

领导环境是领导的依托，是领导实施或运作的客观前提或基础。领导主体既生活于其中，也能与它进行极其充分的良好互动。只有充分地基于并顺合领导环境，领导主体才能在该环境中生存下来和发展起来，才能取得成功。相反，忽视、贬低领导环境，任何领导主体都会遭受重大损失，得到深刻教训。

关键术语

领导环境　领导环境的构成　国际环境　社会环境　机构性环境　制度性环境　决策体制环境　领导关系

复习思考题

1. 领导环境在整个领导现象和过程中处于什么地位，具有什么作用？了解和把握领导环境有什么实际意义？

2. 根据领导环境的特点，应该如何充分能动地对待领导环境，与之进行积极的互动？

3. 试分析进入21世纪以来我们周围的领导环境发生了哪些变化。

4. 你认为国际环境对现代领导的影响如何？为什么？领导主体应如何有效应对？

5. 社会环境对领导的影响到底有多深多广？领导主体应如何明智应对？

6. 制度性环境对于领导和领导主体来说分别意味着什么？应该如何调整和完善？

7. 试审度并分析你身边的领导关系实况，谈谈你是怎么看待和应对领导关系的。

8. 领导环境对领导过程参与得越深、对领导活动影响得越大，领导过程和领导活动的客观性就越强、科学性就越有保障，而领导成功的概率当然也就越大，领导绩效的提高就越有保证。因为这表明，领导主体的主观成分不仅极大地降低了在发起领导活动、左右领导过程等直接影响中的比重，而且还充分反映、根据和利用了领导环境，特别是领导环境的最经常形态及最突出要件。对此，你是如何理解和看待的？

案例研究

一渡赤水。1935 年 1 月遵义会议后，中央决定由遵义北上渡过长江，到川西北与红四方面军汇合；如渡江不成，则暂时留在川南活动，伺机从宜宾上游北渡金沙江。可是，刚到土城，就要面对川军 6 个旅，如死打硬拼，红军必定要吃大亏。于是，毛泽东等便决定，立即撤出战斗，西渡赤水河，向古蔺以南地区前进，寻机北渡长江。

二渡赤水。红军刚过赤水，川敌就以 8 个旅分路追来，又以 4 个旅布防长江沿岸；薛岳兵团和黔敌也从贵州分路向川南追击；滇敌 3 个旅也朝古蔺方向急进；由此形成合围之势。2 月 2 日至 6 日，红军在继续西进中一再遭遇强敌，几乎陷于激烈战斗而不得脱身。于是，毛泽东等在 7 日决定，暂缓渡江计划，命令各军团迅速脱离四川追敌，改向川滇边的扎西地区集中。这一下就打乱了蒋介石的部署。蒋介石只好改命湘军留在湘西围剿红二方面军，薛岳兵团和滇黔敌军 4 个纵队与川军潘文华部一起，直逼扎西，企图围歼中央红军。9 日，中央红军在扎西地区集结完毕，蒋介石部队便已贴近两侧。为了迅速摆脱敌军侧击，10 日毛泽东决定迅速东渡赤水河，向敌兵力薄弱的黔北地区进攻。11 日，中央红军分 3 个纵队由扎西地区东进，于 18 日至 21 日东渡赤水，向黔北的桐梓地区急进，又一次打破了包围圈。红军一到达黔北，蒋介石只好又重新调整部署，派重兵包围过来，企图将红军围歼于娄山关或遵义以北地区。毛泽东等决定，抓住敌军大部尚未到达之机，先突破黔军，占领娄山关，再取遵义，以争取主动。2 月 28 日晨，红军占领遵义。这时，蒋介石嫡系部队两个师已逼近遵义。上午便发生了非常激烈的遵义之战；在随后的 5 日之内，红军连打了多场胜仗，共击溃和歼灭敌军两个师又 8 个团，俘敌约 3 000 人，取得了长征以来最大的一次胜利，鼓舞了全军士气，获得了物资补充，打击了蒋介石部队的嚣张气焰，获得了短期休整的机会。

三渡赤水。3 月 5 日，蒋介石再次调整部署，改以堡垒主义和重点进攻相结合的战法，实行南北夹击，企图围歼红军于遵义、鸭溪一带。在北边，派川军 3 个旅、上官云相的两个师，在南派 3 个师，在西派第三、第四纵队，在乌江南岸布置 4 个师，镇远方向派一个师，合力向遵义包围突击，在东边，则让湘军 3 个师沿乌江东岸筑堡，阻止红军东进。面对如此情形，毛泽东等决定先寻机歼敌第二纵队未得。蒋介石得知这一情况后，认为这是红军大方针未定的表现，遂命令各路国民党军要不顾一切寻找红军决战。11 日，川敌 3 个旅进占遵义，其余敌军正在合拢。对此，毛泽东等决定，中央红军仍以黔北为中心，寻机歼敌。16 日，中央红军在茅台及其附近西渡赤水河，向古蔺、叙永方向前进，又一次突破强敌包围。

四渡赤水。当红军到达两河口一带时，蒋介石又再次调整部署，派重兵向川南集中包围过来。对此，毛泽东等决定，乘敌不备，折兵向东，在赤水河东岸寻机歼敌。为确保这一决定不被蒋介石发现，20 日红军一部大张旗鼓地向古蔺前进，诱敌向西；主力则由镇龙山以东地区突然折向东北，于是，在 21 日晚至 22 日再一次东渡赤水河，从敌重兵集团右翼，分路向南急进；26 日进至遵义、仁怀一带，28 日突破鸭溪至白腊坎间国民党军封锁线，31 日南渡乌江，4 月 2 日便前锋逼近贵阳。这时，蒋介石正在贵阳督战，而附近只有 4 个团的兵力，十分惊恐，便一边急令各纵队火速增援贵阳，一边准备保卫机场以便随时逃跑。4 日，红军击溃黔军 5 个团，歼敌 2 000 余人。至此，中央红军巧妙地跳出了国民党军的包围圈，把蒋介石的几十万军队甩在了乌江以北；随即，又乘滇军东调增援贵阳之机，迅速进军云南，于 5 月 9 日，在皎平渡、洪门渡渡过金沙江。

这四渡赤水每一次都是出敌不意，避免死打硬拼，化解敌军优势，保存自身力量；也都是变被动为主动，变主动为战机，变战机为胜利。毛泽东的这种灵活和权变使十几倍于红军的蒋介石部队形同虚设，而使 3 万中央红军变得像一条神龙，见首不见尾，千里自由行，不仅在战术上避实击虚，招招制敌，直至威胁敌军统帅，而且在战略上终于摆脱了离开中央苏区以来全面被动挨打、濒临覆灭的险境，最后得以穿越金沙江，与红四方面军会合。

▶ 分析与理解

1. 结合史实，试分析毛泽东当时可以指挥精彩绝伦的四渡赤水大剧是因为有怎样的领导环境？

2. 微观而具体的领导环境叫领导情境。试析四渡赤水的四种领导情境以及具体环境中的毛泽东与这些情境的互动关系。

3. 为适应具体的领导情境而灵活变通叫作领导权变。试分析毛泽东在四渡赤水时的四个领导权变及其相互关系。

4. 结合史实，试分析毛泽东在遵义会议后是如何统率一支经受了重大挫折的中央红军走出重重包围和历史困境的？其中包含了怎样的艰险环境应对智慧？

第9章

领导体制

重点问题

- 领导体制的含义、特征与类型
- 领导体制对领导主体和领导业绩的影响
- 领导体制的影响因素及变化发展规律
- 领导体制改革与完善的重要性和必要性
- 领导体制改革与科学化的目标和原则
- 领导体制改革与科学化的关键和对策

9.1 领导体制概述

9.1.1 领导体制的基本含义

体制是一种模式化的制度体系或系统，是包括价值理论、理想目标、制度规范、组织机构、基本行为方式在内的有机整体。

领导体制是指领导主体为保证领导活动正常进行并实现领导职能而建立的组织机构形式和有关规章制度系统的有机统一体，是领导活动中由领导机关制定的领导权限划分及相应组织机构设置等构成的制度体系。领导体制是领导活动的载体，是具有特定含义和丰富内容的特定社会管理制度体系，是一个具有根本性的问题。

领导体制属于上层建筑范畴，是政治体制的核心部分，但领导体制不能等同于政治体制。政治体制是为实现基本政治制度的本性和要求而建立的各种具体形式、制度和运行机制的总和，具体包括国家政权形式、领导体制形式、选举制度和工作方式等。领导体制也不能简单地等同于组织制度。组织制度是有关组织机构设置、组织队伍发展和管理以及组织活动开展等方面的一系列规定，如中国共产党的组织制度包括党的代表大会制度、党内选举制度、党的民主集中制、党的组织生活制度等。组织制度只是领导体制中的一个组成部分，当然是核心的组成部分，而领导体制比组织制度包括的内容要宽泛得多。

领导体制是一种制度化的正统的领导关系、领导模式和领导格局，权威地规定着领导主体内部基本的相互关系、行为方式和实质程序，对领导主体的出现、形成、地位、作用、具体行为及其结果都有长期性、全局性和根本性的影响。它是领导实践的合法依据，在领导实践中具有举足轻重的作用。

从领导体制的作用方式看，领导体制实际上是一种对领导主体和领导活动都有直接影响、制约和主导作用的具体领导环境，是一种很有实效的领导活动外在制约因素。

领导活动从社会空间范围看，包括在一个国家范围内从事的领导活动和在一个单位、部门的领导活动。相应地，领导体制就可分为社会的宏观领导体制和企事业单位的微观领导体制。前者实际上是指宏观社会系统的总体领导制度；后者是指微观的社会系统的领导制度，如我国企业的厂长负责制、高校中党委领导下的校长负责制等。无论是宏观领导体制，还是微观领导体制，都包括组织机构和制度规范两大基本部分。

应该说，制度规范系统是体制的核心，是现实的、直接规范领导主体操作行为的准则。领导体制的规范系统有两种基本的规则形式：一是通过立法部门而确立的法律法令、法规或条例，二是领导机构制定和颁布的政策、规章、条例守则等。其内容涉及领导者与被领导者之间、领导机构中各部门和各层级之间、组织与首长以及首长与工作人员之间责任、权力、利益关系的规定，还包括领导者的选举、招考、任免、考核、轮换等方面的规定。

总而言之，领导体制为人所制定，体现着人的利益、认识和意志，是领导活动中对人们相互关系的普遍规定，在领导集团中也在全社会范围起着规范、教化、引导甚至刺激的作用，总是事关长远和全局。

9.1.2 领导体制的特性与特点

1. 领导体制具有两种基本特性，即普遍性和特殊性

领导体制的出现和发展，是人类领导活动的客观要求。因为在现实社会生活中，领导活动不能凭空进行，而必须以一定的组织机构为依托，并按一定规则行事。原始社会氏族部落的议事会就是最初的领导体制。这种简单的领导体制与当时社会集体劳动和作战指挥的要求相适应。随着以后生产技术的进步、分工和协作的发展，社会经济和政治领域领导活动日益复杂起来，领导体制也相应变得复杂精细。纵观人类历史，领导体制的产生是人类领导活动的客观要求，所有领导活动都离不开领导体制。所有社会系统的领导体制都有一个共性，即都与生产力紧密联系，在各种社会制度中都是核心的能动的

社会关系，具有组织、指挥、协调、约束、控制的效力，沟通上下级的作用以及有效地设置机构和划分职责权限的功能等。这种共性就是指领导体制不受特定的具体社会制度影响，是领导体制的普遍性。

但是另一方面，领导体制又总是与特定的社会制度和社会性质直接相联系，这主要体现在领导体制的内容上。社会经济和政治制度不同，领导体制的具体性质也就存在很大差异。它虽然不等同于具体的社会制度，但却来自并服务于特定的具体社会制度，主要是经济制度和政治制度；同时它还直接构成特定的具体社会制度的核心部分，因而也可以说是社会经济制度和政治制度的核心组成部分。这就是说，领导体制与一定的生产关系、上层建筑紧密相关，维护并从制度上发展它们。这种情况就是领导体制的特殊性。

2. 领导体制的一些特点

领导体制在其上述两个特性的决定下，具有如下一些基本特点：

（1）系统性。领导体制是一个整体系统，是组织结构制度、组织机构中各部门领导权限划分、领导干部管理制度等构成的有机统一体。统一体中各要素间存在相互联系、相互制约的关系，单一制度不构成体制。系统性特征表明，领导体制改革或变动也不能孤立进行。

（2）根本性。任何社会的领导活动，都必须依赖一定的组织机构、建立一定的领导和管理规则。领导活动成功与否，归根结底取决于领导者的思想和行动是否符合事物发展的客观规律。而领导体制是一定领导集团及其所代表的阶级的意志和利益的体现。它一经形成，就具有强制性。不仅如此，它还将逐渐形成一种习惯，一种流行的价值观念，一种社会性的角色规范和角色期望。这样，它就不仅在领导集团中，而且在全社会范围内影响人们的思想，支配着整个领导、组织活动。正因如此，领导体制较之领导者的思想作风和作用而言，更显重要，具有根本性。

（3）全局性。领导者统御全局，掌管全盘工作，在各个单位、部门起关键性的作用。但领导者总是单个的人，其个体素质千差万别，作用影响大小不一，总的讲其作用存在相对的局限性。而领导体制是覆盖全局的，规范着所有的领导人，制约着各地区、各部门、各行业，制约着领导活动的全过程。

（4）稳定性。稳定性是指领导体制的相对静止性。领导者或领导集体是经常变动的，领导人的思想作风也是因人而异、因时而异、因地而异的。而领导体制则不然，它一旦形成，则在较长时期内稳定不变，甚至几十年、几百年一以贯之。这种稳定性带来领导体制的长期性。

9.1.3 我国领导体制的本质特征

我国的领导体制是社会主义的领导体制。这种本质决定了它具有如下几方面的特征：

（1）确立了人民群众的主人翁地位。这首先表现为人民代表大会制度。这个制度从根本上确保人民群众当家作主，确保从事领导工作的一些领导主体只是人民的公仆。而这正是我国领导体制的根本特征，是区别于其他社会形态下任何领导体制的根本标志。

我国是工人阶级领导的、以工农联盟为基础的人民民主专政的社会主义国家，国家的一切权力属于人民，人民群众参与对国家和社会的管理。人民群众的主人翁地位决定了国家各级领导机构的设置、各种规章制度的制定都要体现广大人民群众的利益和意志，决定了必须以在组织上保证和支持人民群众当家作主、建设社会主义幸福美满的生活为目的。我国各级领导机关和领导者的权力都是人民群众赋予的，领导机关是为社会服务的，领导者就是人民的公仆。

（2）确定了中国共产党的核心作用。中国共产党在中国社会主义现代化建设过程中起着核心的领导作用。中国共产党是中国工人阶级的先锋队，同时是中国人民和中华民族的先锋队，是中国特色社会主义事业的领导核心。中国共产党将马克思列宁主义、毛泽东思想、邓小平理论、“三个代表”重要思想、科学发展观和习近平新时代中国特色社会主义思想作为自己的行动指南，以实现共产主义为最终目的。没有共产党的领导，就没有社会主义事业的胜利和发展。中国共产党的核心领导作用，要求我国的政府、军队、企事业单位、群众团体等各方面的领导机关和领导组织都必须在党的领导下工作。当然，在党的领导下工作，并不意味着党包办、代替和直接指挥一切。党的领导主要是政治领导、思想领导和组织领导。

（3）实行中国共产党领导的多党合作和政治协商制度。中国共产党领导的多党合作和政治协商制度，既是我国领导体制的基本特征，也是我国领导体制与其他社会主义国家领导体制的重要区别之一。这一特征的形成，是由中国特殊的社会历史条件所决定的，也是中国革命和建设发展规律的内在要求。中国共产党领导的多党合作和政治协商制度的主要特点是：我国各民主党派自觉接受中国共产党的领导，同时又和中国共产党共商国是、互相监督。

（4）民主集中制。这是我国的根本性领导体制。邓小平多次强调，民主集中制是我们党和国家的根本性制度，也是最便利的制度，永远不能失掉。这种制度本质上反映了一种先进、科学的领导方式和领导关系，充分体现了对立统一的基本规律；既体现了一切相信群众、依靠群众、从群众中来的民主作风和群众路线，又体现了领导运作的科学性和民主性。

一方面，它把被领导方即人民群众摆到了第一位，确定了人民群众的主人翁地位。领导主体只是依群众而动、为人民服务的领导方，在领导工作中一切遵循民意，按人民的意见和要求办事，在最充分听取群众意见的基础上进行集中和提炼，最后进行决策并执行决策，而不是脱离人民群众，也不是搞资产阶级虚伪的“大民主、大自由”，由此确保领导工作既有坚实的群众基础，又有领导主体的特殊作用，既有广泛的民主沟通，又有良好的工作效率。

另一方面，它对领导群体内部的相互关系做了最根本的规定，在领导群体中既最充分发扬民主，调动积极性，激发责任心、工作智慧与工作热情，又最充分合理地加以综合和统一，以便达成一致，更好地实施领导，做到既有集中统一，又人人心情舒畅，使领导活动成为全体参与的自觉自愿的行动。事实上，民主集中制是一种最科学的领导制度。它既吸取了民主的优点，又吸取了集中的优点，不仅体现着群众路线，而且还最充分、完整地体现了马克思主义认识论和认识与实践之间的客观规律。

我们正处在21世纪，面临着繁重艰巨的历史任务。我们要把全党全国各族人民紧密地团结起来，把各方面的智慧集中起来，把各方面的积极性调动起来，保证决策的正确，保证党的路线、方针、政策的贯彻执行，这就更加需要严格地坚持和执行民主集中制。

9.2 领导体制的类型

9.2.1 一长制与委员会制

一长制与委员会制又称独任制和集议制，是按机关中决策核心的人数来划分的。一个领导机关中法定的最高决策权集中在一位领导者身上的领导体制，就称一长制或独任制。一长制有如下优点：权力集中、责任明确、效率较高、易于考核。其有如下缺点：一个人的知识、智慧、才能有限，思考处理问题易欠周详；如果主要负责人选择不当，就会导致个人专权。

如果法定的决策权由两位或两位以上的行政首长行使，这样的领导体制则称委员会制或集议制。委员会制有如下优点：能够集思广益，决策问题考虑比较周详；委员来自不同的方面，能够代表各方面的利益，有利于系统内部的协调；各委员分工合作，也可以避免个人滥用职权。其有如下缺点：参与决策的人员较多，权力分散，责任不明确，行动迟缓，效率较低，难以考核优劣。

上述两种领导体制各有长短，难以绝对区分优劣，而只能根据不同领导类别和不同环境、情势灵活运用。一般而言，凡是行政性的、事务性的、技术性的、速决性的、突发性的领导活动，宜采用一长制体制。凡是方针政策性的、长远规划制定以及立法性、协调性、综合平衡一类的领导活动，宜采用委员会体制。

9.2.2 集权制与分权制

按照领导系统中各层次领导机关和领导者职权的集中与分散划分，有集权制与分权制两种类型。

集权制是指对所有领导工作的最后决策权都集中在上级领导机关和领导者，下级必须遵照上级的指示或决定办事。集权制的优点是政令统一，标准一致，力量集中，能统筹全局、兼顾其他，使指挥方便、令行禁止。集权制的缺点是不能因时、因地制宜，不利于发展特色、发挥个性，使领导工作缺乏弹性和灵活性，不利于调动各级领导者的积极性。

分权制是指下级机关或下级领导者在自己管辖的范围内，有权独立自主地决定问题，上级对下级权力范围内的决定不加干预。分权制与集权制正好形成对应关系，其固有长处包括如下几点：能具体问题具体分析，制定有自己特色的方针、政策，从而能够因地制宜地发展地方特色，施展下层机构的个性和特长，能因时制宜地应付客观环境的变化；

各级领导者可以独立自主地工作，才能易于显现和发展；对整个国家或整个组织而言，不容易产生专制独裁的流弊。其缺点是政令不统一，各组织相互独立，矛盾冲突难以协调，也易产生本位主义、分散主义，难以维护国家整体利益。

集权制与分权制各有千秋，各有长短。由于错综复杂的历史原因，有些国家侧重于集权，有些国家偏重于分权，也有些国家主张均权。总的原则是集权与分权要能达到调和与统一。哪些权力要集中于上级机关，哪些权力要分授给下级机关，集权应集到什么程度，分权应该分到什么程度，并没有一个固定的模式，必须根据不同的任务和不同的环境条件而加以具体规定。并且还要有动态观念，要不断地分析新形势，研究新问题，总结新经验，不断变革集权和分权相结合的领导体制。

9.2.3 层次制与职能制

在领导体制类型中，按组织系统内部各机构的职权范围和性质划分，有层次制与职能制。

层次制又称层级制、分级制等，是指一个组织纵向分为若干层级，每一个下属层级对上一个层级负责，各层级的管理内容大体相同，只是管辖范围随层级的降低而缩小。这是一种传统的领导体制和组织机构形式，它使从指挥中心到最基层形成一个像连续的台阶那样的指挥系统。如行政系统中的国务院、省、县、乡和军队系统中的军、师、团、营、连等即是这样。层次制有如下优点：指挥统一，权力集中，层次分明，整齐划一；各层次领导者业务性质大体相同，人员升迁或平行调动，均能很快胜任工作。其缺点是领导者管理的事情太多，事必躬亲，陷在事务堆里而不能自拔，难免滥用权力，草率处理事务。

职能制又称机能制、分职制，是指一个单位或组织中，在横向的水平线上设置若干职能部门，辅佐行政首长实施领导，每一部门所管辖、服务的范围都以本行政机关的整体为对象，只是各部工作的内容、性质不同，如国务院设的各部、委、办，部队的军部设的司令部、政治部、后勤部等。职能制的优点是：分工精细，各部门的领导者各司其职，业务熟悉，工作效率较高。缺点是分工精细，易造成机构臃肿、人浮于事；政出多门、互相扯皮，使领导者的协调任务增多；由于各部门只熟悉自身的业务，不了解全局，容易违反经济原则和效率原则。

层次制是一种传统的领导方式和领导体制。在现代经济、科技、社会高度地综合协调发展的条件下，大政府、大型组织的出现是不可避免的，职能制在这种背景下不断发展起来。现代大型组织所实施的领导方式大都是将层次制与职能制两种制度混合使用。

在实际运用中，可遵循以下原则来指导二者的科学设置。一是目标原则，即以有利于目标的实施为前提，根据目标和使命来设置层级和职能部门。二是效率原则，即组织系统层级和职能部门的设置与调整，必须有利于办事效率的提高。三是工作任务原则，即根据目标系统的具体任务设立机构的层级和部门，任务完成后又及时取消这些机构。四是尊重民众的原则，即组织系统层级和职能部门的设置与调整，要能方便民众，为民着想。

9.2.4 完整制与分散制

完整制与分散制是依据上级机关对下级机关的指挥、控制方式和程度来划分的。完整制与分散制也各有优劣利弊。

凡是同一个领导层级的各机关，或者一个机关中的各构成单位，所接受的指挥、控制和监督完全集中于一位行政首长或一个上级机关者，称为完整制，又称集约制或一元统属制，俗称一元化领导。

完整制发挥得好，就具有以下优点：权力集中，易统筹规划；责任明确，减少相互推诿、扯皮，提高工作效率；可以消除各单位之间的工作重复与权力冲突，减少“内耗”；可以减少独立单位，使国家集中进行财务预算、基本建设投资等的规划，避免财力、物力、人力的浪费。完整制也有缺点：权力高度集中，易使行政首长，特别是高层领导者独断专横，挫伤下属各单位在贯彻执行政策上的主动性、积极性和创造性，使下级养成对上级的依赖性，行动迟缓，效率低下，而且大权一旦落在坏人手里，则会产生严重的后果。

同一层级的各机关，或一个机关的各构成单位，怕受到上级的指挥、控制和监督，不集中于一位领导者或一个上级机关，称作分散制，或独立制、多元统属制。

分散制的优点是：权力分散，容易防止专断与滥用权力；各单位分立，彼此竞争，有利于培养和发现人才；各单位分头努力，易于发挥各单位的主动性、积极性和创造性；在分散制条件下，即使上级领导机关不健全、不称职或决策失误，也不至于对全局产生重大影响。分散制发挥不好，其缺点也是十分突出的：各独立的机构部门各自为政，互不买账，各行其是，遇到困难时，难以同心协力，不能同舟共济共渡难关；工作易重复，事权冲突，人、财、物力分散易浪费；政治权力分散，组织缺乏中心，监督难以实施，易致国家权力失控。

完整制与分散制是一个矛盾的两个方面，是对立的统一体。有效的领导体制应当是完整制与分散制的有机统一。严守完整制和分散制都是困难的。在实际运行中，完整制与分散制的固定形态实际上是不存在的。领导者只有不断地研究新情况、解决新问题，在体制结构上表现出动态性管理，才能使完整制、分散制两方面的功能在有机结合中发挥得更好，使两者的负效应压缩到最低限度。

9.3 领导体制对领导主体及领导业绩的影响

9.3.1 领导体制对领导主体的影响

领导体制对领导主体的影响主要在于对领导者的影响和对领导机构的影响两个方面。

1. 领导体制对领导者的影响

考察历史上领导体制的演变，特别是总结新中国领导体制发展过程中的经验、教训，我们就会看到领导体制对领导者具有十分重要的影响。正如邓小平在《党和国家领导制度的改革》一文中所指出的："制度好可以使坏人无法任意横行，制度不好可以使好人无法充分做好事，甚至会走向反面。即使像毛泽东同志这样伟大的人物，也受到一些不好的制度的严重影响，以至对党对国家对他个人都造成了很大的不幸。"① 领导体制对领导者的影响至少可从三个方面来进行理解：

（1）领导体制是领导者行使领导职能的制度保证。领导活动是一个复杂的社会活动过程，领导者要实施领导，使人们心甘情愿地为实现群体目标而努力，首先，要建立一定的领导组织机构，并把各级各类领导机构组织起来，形成一个有机的领导工作系统，这样才能架起领导者和被领导者相互联系、沟通的桥梁，形成实践主体。只有以领导机构为依托和基础，共同作用于客观世界，才能保证领导活动朝着明确的目标前进，实现领导的职能。否则，光靠领导者个人和领导者集体若干人是难以进行的。其次，领导体制是领导活动中人们的基本行为规范，它从根本上制约着领导者或领导集体以及被领导者的活动方式。因此，领导体制的建立及其科学性，是领导者实施有序领导、施展才能、实现领导目标的重要保证。

（2）领导体制关系到领导者积极性的发挥。在各种特定客观环境的条件下，领导者的积极性和工作热情是实现工作目标、提高领导效能的关键。而领导者的工作积极性和热情不是凭空产生的，它是工作性质、被领导者的支持、领导体制是否科学等各种因素综合作用的结果。其中领导体制的科学与否是一个十分重要的因素。如果领导机构设置健全，各机构职责权限划分合理，干部管理制度科学，各个领导机构及其成员在整个领导体系中各司其职、各显其能、和谐合作，就会令领导者心情舒畅，感到英雄有用武之地，从而产生高昂的斗志和热情。反之，体制不健全、不合理、不科学，就会决策迟缓、失误增多；各部门相互推诿、内耗丛生，领导者的聪明才智不能得到很好的发挥，从而挫伤领导者的工作积极性和热情。特别是干部管理制度的科学与否，与领导者积极性能否充分发挥的关系尤为密切。

（3）领导体制关系到领导者的健康成长。邓小平关于制度会对个人的行为产生重大而根本影响的论断，深刻揭示了体制与领导者个人成长变化的关系。这是由领导体制的本质特点决定的。如前所述，领导体制是关于领导活动中人们的基本行为规范，一旦建立起比较稳定的领导体制，领导者个人或者领导班子都得顺着领导体制的轨道和规范行动。一个好的领导体制，不仅可以充分调动领导者的积极性、创造性，而且也可以监督、制约领导者实施领导过程中的不良倾向，从而保证领导者健康成长，不断创造良好业绩。反之，领导体制不好，如干部选拔管理制度不能体现公平竞争和能者上、庸者下的原则，就会挫伤广大领导者的积极性和进取精神，进而将一部分人的精力引向做表面文章，跑官要官，导致吏治腐败；如果领导体制不能正确体现集权与分权的关系，权力过分集中，缺少监督的制度规定，则容易导致领导者独断专横、滥用权力，甚至可能犯下严重错误。此正所谓，好的制度可以使坏人无法任意横行，不好的制度可以使好人无法充分做好事，甚至会走向反面。

---

① 邓小平．邓小平文选：第2卷．2版．北京：人民出版社，1994：333.

2. 领导体制决定领导机构的设置

领导体制包括了制度规范系统和组织机构系统，组织机构系统中的“机构”，就是广义的领导机构。狭义的领导机构是指领导决策机构，即通常所说的领导班子。此处所指领导机构是就广义而言的。根据整体决定局部，局部服从整体的原理，领导体制的性质、类型决定领导机构的设置格局，领导体制的变化导致领导机构的改革变化。领导机构是领导职能的载体。设不设机构，设哪些机构，都要根据领导职能的配置而定。领导职能的配置即领导管理权限的划分，而这又和领导体制的性质、类型有关，如层级制和职能制要求的机构设置就不尽一致。

计划经济体制下，长期实行“政企合一”、高度集权的领导体制，不仅一切重大事务的决策权均保留在上级决策机关手中，而且政府机关还要直接管理企业的生产经营和发展，由此决定了不仅要有执行有关行政管理和社会管理两种基本职能的领导机构，而且还要有执行企业管理职能的专业领导部门。由于上级机关事无巨细都要干预下级机关的决策和行动，又要求执行各种职能的机构及配套机构相当完备，这必然导致领导机构庞大臃肿。当代中国政府机构虽经几次改革和调整，但是机构臃肿、人浮于事、运转不灵的问题仍然存在，这皆源于政企合一、高度集权的领导体制未改变。这一问题只能随着社会主义市场经济体制的建立和完善而逐步得到解决。行政改革力度加大，推进了政府职能转变、权力下放和机构调整，也极大改革了政企合一的体制。这一切正是领导权限重新划分、领导职能重新配置的反映。

9.3.2 科学的领导体制是提高整体领导业绩的重要因素

领导业绩亦即领导绩效，是领导过程中的效能效率和领导结果与领导标的的一致性，集中体现为领导活动带来的直接经济效益和社会效益。而领导效率的实质是完成目标过程中资源的利用情况，只充当领导绩效的影响要素或决定性因素，而且还必须在与领导目标一致时才有意义。尽管在领导活动中费时少而完成的事情多，或投入小而产出大，但如果对实现领导目标毫无益处甚至有害，就无所谓领导业绩了。如果领导目标完全错误，领导效率越高，产出的负效益就越大，不仅谈不上领导绩效，而且还会产生严重的领导后果。从领导动力的角度看，创造领导业绩而避免劳动失败正是一切领导活动所追求的直接目标。

事实上，领导业绩或领导绩效既是对领导者工作态度、能力的反映和评价，又是天时、地利、人和等各种主客观因素综合作用的结果，其中领导体制无疑是一个重要因素。另外，要提高领导业绩，就要确保目标正确、方向正确和运转高效，而这都同领导体制的科学与否直接相关。这就是说，领导体制对于领导绩效的提高发挥着非常重要的作用。

具体而言，正确的目标方向离不开充分可靠的信息、集思广益的民主决策。而这就与领导体制中的机构设置是否健全、职责权限划分是否合理、领导层次与幅度是否得当、领导方法是否科学直接相关。如果它们是健全、合理、得当和科学的，就能保证各类机构及其成员在整个领导体系中各司其职、各显其能、和谐合作，保证决策及时、正确；

反之，则会出现权责不清、互相扯皮、决策迟误或者独断专行等问题，导致领导目标方向和整个领导活动错误。

工作效率既与机构设置、权限划分、管理方法有关，更与干部管理制度相关。如果干部管理制度中引入竞争机制，能够公正客观评价领导者，能够实现优者胜、劣者汰，就会对各级领导者产生强大的吸引力和推动力，充分调动他们的积极性，从而极大地提高工作效率。反之，如果干部管理制度不合理、不科学，不能做到职责明确、竞争上岗、能上能下、奖惩兑现，那么就不能调动各级领导者的工作积极性，也不能优化领导干部队伍，就会出现优者不易上、劣者不易下的现象，组织人事渠道为封建性遗毒所梗阻，造成领导体制上的严重弊病，在这样的情况下，必然会官僚主义盛行，人浮于事，饱食终日，高效率工作也就无从谈起了。

总之，领导体制在提高领导业绩中扮演着非常重要的角色。要创造或获取优良的领导绩效，就必须建立科学、健全、运转优良的领导体制，并由此为领导工作的高绩效提供一个良好的体制基础和体制性保障。

9.4 领导体制的影响因素及变化发展规律

9.4.1 领导体制的影响因素

作为属于上层建筑范畴的领导体制，它的演变、发展必然受到生产力发展水平、政治制度、民族文化传统等因素的影响和制约。

（1）生产力是领导体制变革、发展的最终决定力量。经济基础决定上层建筑。领导体制作为上层建筑，不能脱离一定的经济发展水平孤立存在和发生作用。归根到底，它由生产力的发展变化所决定。适合生产力发展水平的领导体制，就是合理进步的，就能为领导者提供施展才能的舞台，就能为整个领导队伍的建设、领导机器的运转、领导事业的完成、整个经济和社会的进步提供极好的条件。生产力发展了，生产关系变化了，领导体制不适应甚至阻碍生产力发展时，就必定会成为改革的对象。现实生活中的情况通常是：领导体制不合理、不科学、不民主，就会压制领导主体的积极性和创造性，也会严重束缚和压制整个领导客体的积极性和创造性；而这就意味着生产力无法得到解放，作为上层建筑的领导体制就已经成为生产力发展的障碍，就需要加以变革了。

在工业革命前，生产规模小，生产力水平低下，所有者和经营管理者融为一体，一切由老板说了算，企业实行的是家长制领导。工业革命后，社会生产力有了长足的发展，生产规模扩大，生产劳动趋向专业化，组织生产活动需要有专门的管理，仅凭老板个人的经验对企业进行外行领导已难以继续，管理阶层应运而生，家长制转变为“硬专家”领导体制。由于生产社会化程度越来越高，企业规模越来越大，分工越来越细，现代科技与生产进一步结合，管理的作用扩大，复杂性增强。这样，只精通某一门技术的“硬专家”已不能胜任领导工作了，需要有专门管理知识和专长的“软专家”和专家集团来担任领导。

(2) 政治制度决定领导体制的性质。领导体制是政治体制的组成部分，也是一个社会政治制度的体现。首先，领导体制要反映一个国家的国体。国体是指一个国家中各阶级在国家中的地位，即国家政权掌握在哪个阶级手里，国体决定领导体制的根本原则。反映在领导体制内部的领导者的责、权、利必须是一致的，也必须是代表广大人民的根本利益的。其次，领导体制还要反映一个国家的政体。政体是由国体所决定的国家政权的组织形式。政体一般决定领导体制的具体组织原则。例如，我国政体是人民代表大会制度，这决定了我国的领导体制是按民主集中制原则组织起来的。总之，领导体制的更替、变化必须和政治制度相一致，政治制度决定领导体制的社会性质。

(3) 领导体制还受一个国家民族文化传统的影响与制约。领导体制具有历史的继承性和鲜明的民族个性。在本质相同的社会政治制度条件下，不同的国家在领导体制上往往存在差异，一个重要原因就在于民族文化传统的差异。例如，在实行资产阶级民主制中，美国、法国由于资产阶级民主革命比较彻底，它们建立的分权制衡制是总统制。而英国、日本则分别保留了女王和天皇，实行首相内阁制。同样，中国历朝历代都实行中央集权制的领导体制，这同我们历史上长期形成的多民族国家传统的现实是密切相关的。

9.4.2 领导体制的变化发展规律

领导体制的建立和发展具有一定的规律性。这可从以下几个方面来加以理解：

(1) 领导体制的发展变化与经济社会的发展相联系。马克思关于生产力与生产关系、经济基础与上层建筑的矛盾运动推动人类社会发展的原理认为，经济基础决定上层建筑，上层建筑是建立在一定经济基础之上并为经济基础服务的。随着经济基础的变更，全部庞大的上层建筑也或慢或快地发生变革。领导体制作为上层建筑的一个方面，其建立、演变同样要与生产力和经济基础发展变化相适应。

纵观领导体制演变的历史，迄今为止，在人类历史上，国家领导体制的演变大体经历了原始民主制、君主专制制、分权制衡制、民主集中制四种类型或四个阶段。这四种类型的领导体制正是不同历史时期生产力发展水平及其经济基础的反映，也是社会政治制度更替的反映。原始民主制对应于原始社会十分低下的生产力状况及其原始公有制经济基础；君主专制制与奴隶社会相适应，与封建社会以手工工具为标志的中世纪生产力、小农经济相适应；分权制衡制则是体现了机器大工业、人类社会进入资本主义社会的一种领导体制；民主集中制则是建立在机器大工业和生产资料公有制基础上的领导体制。在原始生产力水平和原始公有制经济基础上不会产生君主专制制，反之，在封建时代和资本主义时代，也不会出现原始民主制。

从现实看，建立在现代科技基础上的大生产具有动态多变的属性，要求领导体制不断进行调整。中国的领导体制从形成那天起就一直不断地进行着改革或调整。党的十一届三中全会之后，进入改革完善时期，总的宗旨是要解决与生产力和经济社会发展不相适应的问题。

(2) 体制类型长期稳定，具体内容不断调整。虽然领导体制与社会生产力发展必须相互适应，但是并非生产力一有发展，领导体制就会相应地改革或者出现大的飞跃。作为上层建筑，领导体制虽然为一定的经济基础所决定，但却主要地体现着领导集团及其代表的阶级利益与意志，它一旦形成，就要求所有领导者都必须达到体制所要求的水平和程度，同时又逐渐形成一种习惯、一种流行的价值观念而被社会认同，进而成为一种社会积淀，具有相对的稳定性和滞后性，而不会轻易地改变。这就是说，领导体制在它所能容纳的全部生产力发挥出来以前，是绝不会灭亡的。秦始皇创立的君主专制的中央集权制领导体制，并未因秦朝覆灭而消失，也未因生产力有了一定发展、出现了小商品生产和手工业等而消失，而是一直延续了两千多年，在整个封建社会时期都存在。

另外，在体制性质、类型长期稳定的条件下，其具体内容却是经常改变的。因为生产力最活跃，随着生产力的不断发展，生产关系的相应调整，领导体制也要不断地进行调整、改革。如资本主义实行的是“三权分立”的领导体制，但为了适应当今经济社会的发展，在坚持“三权分立”的同时，也推行了公务员制度，以充分发挥智囊团的作用。在坚持民主集中制的前提下，中国的领导体制也进行了深度改革。这些改革是整个体制改革最重要的部分之一，已经使领导体制从不适应生产力的旧态向适应生产力发展需要的新态转变，向集约、效率的方向前进。

（3）自上而下，整体推进。领导体制是领导活动中由领导机关制定的领导权限划分及相应组织机构设置等构成的制度体系。从主观与客观的关系来看，它是领导者与领导机关根据其对领导活动规律的认识和主观意愿而制定并采用的，是主观见之于客观的东西，属于领导者主观指导的范畴。同时，它作为领导活动的根本行为规范又具有客观性，主要将客观物质条件作为改变的依据。因此，作为上层建筑核心组成部分的领导体制，其建立、发展总是表现为自上而下的运动。综观领导体制变化的历史，无论是国家领导体制，还是企事业单位的领导体制，总是先有上级部门的改革，然后才有下级部门的对应和效仿。下级先行改革，上级部门才开始改革的事例也是有的。国务院进行的以转变职能、精简机构和人员为重点的机构体制改革，正是对领导体制自上而下变化规律的真切把握。

领导体制的改革是领导者自觉实施的，自上而下运行的，并且还是整体推进的。这是由其系统性特征决定的。领导体制是由制度规范系统、组织机构系统等要素构成的一个有机体，领导体制的整体功能同领导体制内部结构的有序、科学密切相关。因此，领导体制的改革、变化，必须是整体性的推进。如国家领导体制改革，既要转变职能、重新划分权限，又要调整机构和人员。我国历史上多次进行过精简机构的改革，但总是出现“精简—膨胀—再精简—再膨胀”的曲折和反复。其中一个重要原因就在于忽视了体制的系统性特征和体制改革必须整体推进的规律性要求。

（4）由集权向分权、由集中向民主演进的规律。这一规律主要从人类文明社会领导体制的历史演变过程中得来。从国家领导体制看，君主专制制向分权制衡制和民主集中制发展。君主专制制，就是皇帝、国王、君主一个人说了算，君主权力至高无上，不受任何限制。而分权制衡制和民主集中制的共性就是权力相对分散，民主行使权力。从企业领导体制看，经历了由家长制向经理制和“软专家”集团领导体制的演变。家长制，又称家长独断制，就是一切由老板说了算。专家集团领导制的突出特征是群体领导者按照领导和管理的一般规律，分工协作地进行领导，发挥集体智慧，提高领导水平。集权向分权，集中向民主的演变趋势，根源于生产力的现代化发展和小生产经济向市场瞬息万变的商品经济的发展。

9.5　领导体制改革与完善的重要性和必要性

9.5.1　改革和完善领导体制是解放和发展生产力提出的客观需要

领导体制属于上层建筑的组成部分，虽然一经建立就具有相对的稳定性，但必然要随着经济基础的变化而变革；否则就会失去生机与活力，就会走向僵化，阻碍生产力发展。领导关系作为一定的领导体制的具体表现，一方面有赖于领导体制的改变而改变；另一方面，领导关系的优化对领导体制的完善和发展，也会产生积极的作用。

事实上，经济体制改革和政治体制改革中遇到的种种问题，其实都与领导体制中存在的弊病及领导关系不顺有着重大的关系。良好的领导体制，有助于建立、维护良好的领导关系，可以充分发挥领导者个体和群体的主观能动作用，并对领导活动中的不良领导关系起制约作用；领导体制不好，不仅会压抑领导者的积极性、创造性，甚至可能使领导关系发生扭曲，使领导者犯错误，甚至犯严重错误。领导体制改革和科学化就能解决这些问题。

具体而言，领导体制改革和科学化是指领导组织机构设置、领导权限划分、领导关系规定等制度体系的变革与优化，也就是要把现代领导科学原理贯穿领导体制、领导机制和领导过程，消除各种漏洞，防止专制腐败，淘汰“南郭先生”，避免各种错误，理顺各种关系，减少各种阻力，获得最大顺合，形成最大合力，确保顺利成功，确保从能力效用到品质影响都不会出现相反或负面的结果，进而使领导力、核心竞争力由此源源形成。

其实，科学的领导体制、领导机制和领导过程本身就蕴含并生产着领导力，推进领导体制科学化，不仅能直接解放被旧体制束缚的生产力，而且能开发出大量的体制性、机构性领导力和竞争实力。

这就是说，领导体制改革和科学化就是一种改革和优化除领导素质以外整个领导系统的重要措施，是谋求使整个领导系统出领导力、出效率效益的要策，是开发和增强领导力和核心竞争力的又一条重要途径，是解放生产力的核心内容和关键举措，是 21 世纪领导发展的客观需要和重大现实取向，因而是十分重要且必要的。

9.5.2　完善领导体制是国家长治久安的重要条件

进行社会主义现代化建设，必须以安定团结为前提。这就需要一个具有高度民主和完备法制的生动活泼的政治局面，一个安定团结的社会环境。没有这样一个环境，国家就没有安定，社会就没有稳定，进行现代化建设也就成为一句空话。历史经验和现实状况告诉我们，一个地方、一个单位没有一个坚强的领导集体，就缺乏凝聚力，人心涣散；

一个国家、一个社会没有一个坚强的领导核心，就是一盘散沙，就会陷入四分五裂的局面。然而，我国领导体制还存在诸多不足，甚至封建主义毒素及其影响还没有完全肃清，外来的腐朽没落的思想观念、意识形态对少数意志薄弱的领导者产生了很大的腐蚀作用，妨碍了党和国家政治生活的民主化、法制化。

一些地方和单位存在的家长制作风，严重扭曲了领导关系，其主要表现是权力没有受到应有的限制，下级都要唯命是从，甚至形成不正常的人身依附关系，把上下关系搞成旧社会那种君臣父子关系或帮派关系。有的个人凌驾于组织之上，组织成为个人的工具，破坏了党内民主，破坏了党内同志之间的平等关系，不能使每个党员和干部都平等地享有一切应当享受的权利，履行一切应当履行的义务。

过去，我国领导体制存在的弊端，使我们经历了许多曲折，付出了巨大代价。现在推进领导体制改革和科学化正是为了实现党和国家政治生活民主化与法制化，保持社会安定团结，从而为经济建设提供领导体制上的良好保证。

9.5.3 完善领导体制是领导主体适应领导环境的客观要求

任何一种领导体制都有一个自身演变的过程。我国历史上高度集权的君主专制体制，在秦汉时期已建立了基本框架，经历了隋、唐，到了明清两代，才发展得更加完备。国外的企业领导体制，经历了从家长制领导到经理制领导，从“硬专家”领导到“软专家”领导、“软专家”集团领导的变迁过程。社会主义社会的领导体制也不是一下子完成的，同样需要经历从不完善到比较完善的发展过程。在这个过程中，领导者和领导集团面临着领导体制及环境的变化，其活动方式、方法也不断变化，领导活动要与这种变化相适应。随着领导活动的不断变化，领导经验的不断总结，领导关系所包含的内容、涉及的领域、调节的手段也日益丰富、广泛和多样化。因此，领导体制和领导关系的变化，实际上是领导主体对领导环境变化的适应过程。

在一段时间内，我们对于如何进行社会主义建设的经验不足，对所处的社会主义初级阶段的基本国情缺乏认识，因而对经济管理体制的理解和建构形成了若干不适合实际情况的固定观念和方式。这使经济体制上过度集中统一的问题不仅长期得不到解决，而且变得越来越严重，以致成为一种同社会生产力发展要求不相适应的僵化模式。这种僵化的经济体制阻碍了生产力的发展，不利于经济建设这个中心任务的完成。

党的十一届三中全会以来，我国的领导体制改革稳步前进，废除了干部领导职务实际存在的终身制，正在试行考试选拔和竞争上岗制、任期制、问责制、辞职辞退制等新型择优汰劣的制度；人民代表大会制度、中国共产党领导的多党合作和政治协商制度逐步走上制度化；领导决策的科学化、民主化的程度大大提高，并朝着建立一套民主科学的决策制度前进。领导体制的改革对优化领导关系、提高领导绩效和领导水平正起着十分显著的作用。

但是，在看到领导体制改革取得重大成就的同时，不能不看到我国领导体制改革和科学化方面还存在许多问题，包括官僚主义、官本位主义、权力过分集中、家长制、以权谋私、权钱交易、腐败堕落、违法犯罪等。这就需要加大力度深化领导体制的改革和科学化进程，确保领导主体适应社会主义现代化建设形势发展的需要。

9.5.4 完善领导体制是领导者实施有效领导的必要前提

领导活动是一种自觉的社会实践活动。成功的领导在于，它是在尊重客观规律的基础上充分发挥主观能动性、对客观实际的自觉把握。其重要表现就是，通过对领导体制进行改革和对领导关系进行调整，使主观符合客观。就以我国提出建立社会主义市场经济来说，在领导关系、领导方式、领导方法方面都面临许多新情况。这主要表现为如下诸方面：

（1）在领导关系上，领导者和被领导者之间，不再像计划经济体制时期那样，只是命令与服从、决策与执行的关系。社会主义市场经济的自主性，要求被领导者并不只是被动服从上级的命令，而是独立自主地自我发展；不是仅限于执行上级的决策，更重要的是自己要根据上级决策做出切合实际的决定。在社会主义市场经济条件下，“领导就是服务”得到了更充分的体现。领导者不只是靠命令驾驭被领导者，使之服从，更重要的是，要为被领导者的决策、执行提供保证，提供服务，使被领导者的活动更自觉地服从上级领导做出的全面性决策。

（2）在领导方式上，单纯依靠行政手段实施领导，是不适合领导工作实际的。在社会主义市场经济的活动中，大量的是经济活动。在领导活动中，要更多地运用经济手段和法律手段，规范经济社会生活。即便采用行政手段，也必须充分体现经济社会生活的客观要求，不违背客观规律。

（3）在领导方法上，那种对微观活动过多干预、不当干涉、大包大揽的“保姆”的方法，越来越不适应了。领导机关要把那些不该管、管不了、管不好的事情，交给下级，交给企事业单位，交给基层社会组织，真正管好宏观，放活微观，才能更好地调动被领导者和人民群众的积极性。这样一方面可以充分实现人民当家作主；另一方面，领导者和领导机关能够把精力和时间集中到主要工作上，实现更有效的领导。

在新的形势和条件下，原有的领导体制已经出现较大不适应和落后的情况了。因此，必须根据社会进步与发展的实际需要，及时进行改革，消除已经过时的和有害的体制内容，换上为现实发展所需要的新鲜内容，由此做到对领导体制加以科学的调整和完善，不断推进领导体制的科学化。

邓小平指出：“我们过去发生的各种错误，固然与某些领导人的思想、作风有关，但是组织制度、工作制度方面的问题更重要。”“不是说个人没有责任，而是说领导制度、组织制度问题更带有根本性、全局性、稳定性和长期性。”① 很明显，推进领导体制改革和科学化与发展大局重大相关，是非常重要和必要的。

---

① 邓小平．邓小平文选：第2卷．2版．北京：人民出版社，1994：333.

9.6 领导体制改革与科学化的目标和原则

9.6.1 领导体制改革与科学化的目标

依据我国社会主义现代化建设的需要，针对原有领导体制存在的弊端，邓小平早在1986年就已经指出，政治体制改革，要本着三个目标进行："第一个目标是始终保持党和国家的活力"，"第二个目标是克服官僚主义，提高工作效率"，"第三个目标是调动基层和工人、农民、知识分子的积极性"①。这三个目标至今仍是领导体制改革和科学化的根本目标。

据此可知，领导体制改革和科学化的长远目标就是要建立能够促进生产力更快发展，充分发挥社会主义优越性，创造出高度民主、法制完备、富有效率、充满活力的社会主义领导体制和领导关系。而领导体制改革和科学化的近期目标则是要建成有利于提高效率、增强活力和调动各方面积极性的领导体制和领导关系。

活力、效率和积极性三个因素是有机统一在一起的，是紧密相关的。具体说来，这种相互关系主要表现为如下两个要点：

第一，它们都是同权力过分集中的领导体制相对立的。权力过分集中的领导体制，造成官僚主义的各种弊端，窒息了党和国家组织的生机与活力，降低了领导效能，使体制僵化，领导关系紧张，压抑了基层和广大人民群众的积极性。

第二，它们又彼此相互关联。领导体制的活力、效率的基础，在于能否调动积极性。这种积极性包括领导层的活力，更重要的是被领导者、基层和广大人民群众的积极性。这是党和国家活力不竭的源泉。效率是领导活力的重要标志，也是领导的基本职能。活力则是领导效率的内在根据。

总之，上述三个目标都是社会主义本质特征对领导体制的客观要求。要实现这些根本目标，从我国领导体制改革和科学化实践看，还要遵循其他一些基本原则，进一步深化和优化。

9.6.2 领导体制改革与科学化的原则

进行领导体制改革，推进领导体制的科学化，需要注意遵循如下七个原则：

（1）政治性原则。这是指要最充分注意领导的组织性和社会性实质，因为领导的组织性和社会性决定了领导的政治性；要始终从组织的高度来看待和把握领导这个事物，从政治的角度来实施领导的变革。任何忽视领导政治性的领导发展都不可能成功。

（2）活力性原则。活力性原则是指领导体制必须与生产力发展水平相适应。这是社会化大生产的要求。现代化大生产与小生产相比，至少有两个特点：第一，大生产是千

---

① 邓小平．邓小平文选：第3卷．北京：人民出版社，1993：179-180.

百万人分工协作进行的社会化劳动，不仅有个体效率问题，而且有个体组织起来的系统效率；第二，建立现代化技术上的大生产具有动态多变的基础，规模大，涉及面广，情况复杂。这两个特点要求领导体制必须具有活力，不断地进行调整，以适应生产力的发展变化。任何忽视活力性原则的领导发展都是没有任何意义或价值的活动。

（3）效益性原则。效益性原则是检验领导体制是否科学的最主要标准，也是领导体制所要探讨的一个重要问题。怎样使领导体制具有一定的效益呢？应从以下三个方面来考虑：第一，领导体制的建立是否符合当时生产力发展的状况，能否促进生产的发展，这是考察领导体制是否具有效益的根本出发点；第二，领导体制的建立是否权限分明、责任明确，这是考察领导体制是否具有效益的基本出发点；第三，领导体制的建立是否机构精简、灵活高效，这是考察领导体制是否具有效益的一般出发点。

（4）实事求是原则。领导体制和领导关系是一定历史条件下的产物，是一定社会形态政治、经济、文化的必然反映，它们必须随着历史条件的变化而变化，既不能一成不变，也不能依主观想象而随意变化，只能实事求是地对待。

（5）科学原则。注重领导活动的科学性是现代领导活动的重要特征。这要求，必须在正确理论指导下按照领导活动的客观规律办事，科学地设置组织机构，科学地划分职能权限，用科学方法进行决策、管理、执行、监督和选人用人，促进领导工作科学化、合理化、高效化。然而，在实际的领导工作中，存在着许多不科学、不正常的现象，比如，习惯于凭过去的老经验和主观想象去设立机构，致使行政机构重叠，权限不清，职责不明，互相扯皮，工作效率低下，官僚主义严重，领导效能低下。这些问题阻碍了各项领导任务的实现。

（6）民主原则。民主政治是社会主义的本质要求和内在属性，是建设中国特色社会主义的政治核心问题，是巩固和完善社会主义经济制度、促进生产力发展的重要保证，也是领导体制改革和科学化的重要原则。社会民主化进程，实质是民主原则和精神向实践转化的过程。社会政治民主化程度的提高，不仅能够正确解决领导者的权力来源问题，还能建立起有效的权力监督制约机制。这样就能促使领导者正确认识和处理与其他领导者、被领导者之间的关系，从根本上倡廉清腐、扶正祛邪。同时，社会政治民主还要求各社会组织系统与社会成员之间进行顺畅的沟通，建立各种沟通制度和渠道，防止信息受阻，如建立社会协商对话制度、政务公开制度等。这样，就能保证和加强领导者与群众之间、不同利益群体之间的相互了解和理解，消除隔阂与矛盾，强化群众的民主意识，提高群众的参政、议政能力。所有这些，无疑都会提高领导者与群众之间交往的稳定性、直接性、多样性和有效性，从而促使领导关系不断得到优化。

（7）法制原则。这是指把法制贯穿领导体制的科学化建设的全过程，将领导人员、领导机关的活动及领导行为都纳入法制轨道，真正按法律规定办事，做到有法可依、有法必依、执法必严、违法必究，克服领导工作无规则、无程序和随意性现象。它包含以下三个方面内容：一是领导自身法制化，如领导组织、机构、权限划分、程序等，由法律法规调节；二是领导与被领导关系法制化，这由法律规范和调节；三是领导方法、手段规范化。总之，使领导者和全体干部都要按照宪法、法律、法令办事，学会使用法律武器。

从领导体制改革和科学化的实际情况看，当前重点要解决依法行使领导职权问题。领导职能必须法制化，即依法确立和规范领导机关的法律地位、相互关系、各自的职权，以及行使职能的方式和程序。要把领导职权主要由行政调控，逐渐过渡到主要依靠法律调控上来。领导者必须在法律授权的范围内行使职权，不能越权，不能专权，更不能凌驾于法律之上；领导者履行职责要按照法律规定，符合法律程序；领导者的领导行为要依法接受监督，有悖法律精神、违犯法律的行为必须依法纠正。

总之，要改革和完善领导体制，关键就是要以制定和实施人才强国战略为导向，以素质理论特别是领导素质理论和领导人才理论为基础，抓住组织人事和领导人才并以之为主轴，大力推进组织人事改革，建立能够确保“有能者上、无能者下，有德者上、无德者下，有为者上、混迹者下，为事业者昌、为内耗者亡，德才优良者上、德才低劣者下”的新型组织人事机制，使领导体制获得一个崭新、健康而不含带陈迹和封建遗毒的主干构成，从根本上变得科学、健康、完备和完善，最终实现领导体制改革与科学化在质上和深度上的突破，从根本上解决领导队伍建设和领导水平与执政能力提高的问题。

本章小结

领导体制是政治体制的核心部分，也是社会体制系统中最重要的成分之一。它决定着领导主体的产生或形成以及质量、作用、绩效与贡献，从根本上决定着领导队伍建设、廉政建设、党风政风和社会风气、领导效率和领导活力、领导水平和领导地位、执政水平和执政地位。因此，它是一个极其重要的基本领导因素。领导体制的核心部分在于组织人事体制，关键在于解决领导队伍质量、活力、效率、廉洁和业绩等问题，这里具有牵一发而动全身的敏感性和有效性。要抓好领导全局，关键就要抓好领导体制的改革与完善，其核心就在于要彻底解决领导主体，特别是领导者择优汰劣的机制建立与实际运作的问题。

关键术语

体制　领导体制　政治体制　人民代表大会制度　中国共产党领导的多党合作和政治协商制度　民主集中制　一长制　委员会制　集权制　分权制　层次制　职能制　完整制　分散制　组织人事制度　领导体制改革

复习思考题

1. 如何认识领导体制？它有什么样的内在构成？
2. 领导体制对领导主体和领导业绩有什么样的实际影响？
3. 为什么要进行领导体制的改革并推动其科学化？
4. 改革与完善领导体制的关键是什么？为什么？

案例研究

案例一

2013年9—10月间，美国又一次发生了驴象斗法。围绕如何解决政府预算危机、渡过财政悬崖，美国两党展开了互不让步、相互死磕的搏斗，从参议院打到众议院，以共和党人为主的众议院终于否决了民主党的政府预算案，结果造成了美国联邦政府为期16天的关门。这使美国总统奥巴马深陷内部危机而无暇参加APEC和东亚峰会，使美国少见地缺席了这次国际活动，还进一步削弱了美国对于全球的影响力。此外，这也给美国多个产业造成至少240亿美元的损失，降低了美国约0.6%的第四季度经济增长率，直接降低了美国的国际信用水平。

就在美国联邦政府关门期间，驴象两党围绕公共债务上限的确定问题在继续紧张地争论和搏斗。虽然美国众参两院在2013年10月16日晚投票通过议案，给予联邦政府临时拨款并调高其公共债务上限，奥巴马也在17日凌晨签署该议案而正式结束政府关门，但是该议案也只是让每个联邦政府部门预算运营到2014年1月15日，财政部发行国债的权限延长至2014年2月7日。也就是说，这并未解决根本问题，几个月后美国政府将再次面临“关门”的危险和考验。

从这个政府关门博弈闹剧来看，似乎驴象双方各有输赢，但是美国政府及其老百姓却成为最大的输家，因为总统与国会和民众的关系、国会与选区和民众的关系、国会内两党的相互关系及与民众的关系都完全脱节和扭曲。作为以投票决定领导的美国民主在这里遭遇滑铁卢，让那些信心满满、以为找到了代表自身利益者的当初投票者大失所望而又无可奈何。

▶ 分析与理解

1. 试分析作为一种要由民众投票才能产生领导的体制是否适合社会生产力发展？是否能切实尊重、有效回应民意？为什么？

2. 试分析美国所谓的民主体制决定了怎样一个领导体制？这个领导体制与真正达到民主、实现民意还有多大的距离和不胜任性？为什么？

案例二

“卡特里娜”飓风灾害发生的当天美国各部门及其领导们都做了些什么呢？这个特大飓风是在2005年8月29日清晨6点10分袭击新奥尔良的。在事发后的第一天，新奥尔良市市长纳金只是向路易斯安那州政府做了灾难报告，除此之外什么也没有做。与此相似，路易斯安那州女州长凯瑟琳·布兰科也只是向美国联邦紧急救援局报告灾情，提出了水、食物、药品和救助力量的紧急要求，然后也同样是什么也没做。到当天中午，美国联邦紧急救援局局长迈克尔·布朗接着又把灾情向国土安全部做了报告，并要求派遣1 000名救援人员“在两天内”赶赴灾区实施救援。下午，国土安全部部长汤姆·里奇也随即把这一灾害情况报告给了美国总统布什。而布什在接到报告后并没有做出任何应急反应，只是决定继续在自家农场里再度两天假，到9月1日回华盛顿后再来处理这件事。

▶ 分析与理解

1. 试析美国的实际领导体制在应对“卡特里娜”飓风时到底出现了什么问题？为什么？有什么值得反思之处？

2. 试析美国所谓以民主为实质的领导体制中包含的民主实质能有多少？为什么一面对重大突发事件就漏洞百出，常常掉链子？

案例三

2010年2月27日凌晨3时34分，智利首都圣地亚哥西南320公里的马乌莱附近海域发生里氏8.8级地震，释放的能量是此前不久海地大地震的800倍。早上5时10分，智利总统巴切莱特就抵达国家救灾办公室，与民防官员紧急面商，并开始发表全国电视讲话说，目前政府还需要几天时间去评估“巨大的损失”。当时，海军发来第一条信息通报说：“震中位于陆地，应该不会发生海啸。”于是，巴切莱特在电视讲话中就告诉公众，没有立即发生海啸的危险。然而，不久后海啸就发生了，巨大的海浪冲入沿海一些城镇，摧毁大量房屋，不少毫无防备的居民死亡，达156人。上午9时，巴切莱特搭直升机前往灾情最为严重的第二大城市康塞普西翁与地方官员会面。震后次日即28日，巴切莱特召集内阁紧急会议，宣布受灾最严重的地区进入紧急状态，同时决定派遣1.4万名军人前往地震灾区，帮助维持社会秩序，并参与灾后救助行动。3月2日，智利政府宣布延长宵禁时间，扩大宵禁范围，到3日中午才结束长达18小时的宵禁。

尽管在地震发生不久之后国际社会提供的救援物资便陆续运抵了智利境内，但由于智利政府部门的投送能力有限，直到3日午后，随着大批军人和军用车辆的就位，大规模的物资分发工作才最终得以展开。

在这段时间里，智利军方曾与政府就谁该为救援行动迟缓负责一事进行过针锋相对的争论。(1) 智利空军总司令奥尔特加曾表示，智利空军在震后两小时内就准备好了帮助运送救援物资的飞机，但直到一天后巴切莱特宣布进入紧急状态军方才被允许参与救援。而巴切莱特则反击说，由于奥尔特加的“信息滞后”，地震发生六小时后，巴西空军才派出了直升机供其视察灾区。(2) 灾情预警部门前高官阿方索·坎普萨诺直言，海军“最迟应该在地震10分钟后发出海啸预警”。紧急情况办公室负责人卡门·费尔南德斯则认为，最初获取的信息“含糊、非常不确切”，无法立即做出决断。海军司令爱德蒙多·冈萨雷斯承认，对于是否需要发布海啸预警，海军提供的信息“不够清晰”，“我们有些犹豫”。

于是，就在3日这天，为了平息与军方的争端，巴切莱特说，政府应对地震的举措不尽如人意，但“现在不是互相指责的时候，我们目前的最紧迫任务应该是救助灾民”。

▶ 分析与理解

1. 巴切莱特是一位勤勉务实、声誉良好的智利总统，但在应对这次大地震时却与海军、空军的司令们先后发生龃龉。试分析这个龃龉源自智利怎样的一种领导体制？为什么？

2. 从风险管理的特点和规律的角度看，当时智利的领导体制主要存在什么样的问题？按照理性原则应当选择和建立怎样的应急体制才能确保在应对危机时不出体制性问题？

第10章
领导与管理

重点问题

- 管理对于领导的意义
- 领导与管理的关系
- 领导工作中的管理构成
- 内务管理的架构与要点
- 业务管理的架构与要点
- 风险管理的架构与要点

10.1 领导与管理的基本原理

领导的工作有很多，可谓千头万绪。但是，从日常工作来看，领导最经常做并且一定要做好的事情就是抓管理。

10.1.1 管理对于领导的意义

一个单位、一个组织的事务纷繁复杂。从组织愿景到组织目标再到组织决策，从组织实施到组织动员再到组织指挥，从组织资源到组织条件再到组织支持，从组织实体到组织结构再到组织力量，从组织精神到组织原则再到组织文化，从组织环境到组织内部再到组织机体，从人力到物力和财力再到时间和空间等，大量的系列性组织要素都需要进行管理。

因此，缘管理而发的事务就不可谓不多。从达成领导目标和领导绩效的角度看，管理的事务简直就是无分巨细、极其繁杂，样样很具体、件件要落实。只有这样实施和完成管理，单位或组织的各组织要素才能得到有效整饬和利用；而这些要素的内在关系和外在表现才能按照组织群体的需要和领导的意图来具体、有序地发生、发展和变化。管理的实质内涵就在这里。确保管理正常启动、正常实施并产生正常的或高效的结果，就是领导所要主抓的日常工作。其实质是对一个单位或组织的维系、保健和优化等所进行的一系列领导工作。

在单位兴建或组织运行过程当中，如果没有管理，或者管理不善，这些组织要素就会丧失组织性而不能得到有效的组合，这些组织要素的内在关系和外在表现就会胡乱发生或者异化变态，而这一系列情况的发生则会使一个单位或组织日益变得低效、无效和浪费，以至于迅速走向散漫、瘫痪、散架和解体。而一旦发生这样的情况，那就意味着领导的无能、失职和失败。这时，领导连一个组织都不能维系，更不用说能够以这个单位或组织为平台来大显领导身手、大创领导业绩了。

很明显，管理是领导工作的一部分。要做好领导工作，就一定要抓好管理。只有抓管理，才能促成效；只有抓好管理，才能取得业绩。不抓管理，管理就会有疏漏，组织就会出问题，组织绩效就会上不去，领导绩效当然就会降下去。不抓管理，或者不善于抓管理，就证明不会当领导，不能做好领导工作。

在传统、落后的组织氛围里，领导一般都只重视、只强调或者只顾领导本身，而不太重视管理，甚至一般都不懂得管理，有时甚至还荒唐到认为不需要管理。这使得一个单位或组织乃至大型社会系统经常出现没有管理、没有好管理的现象，进而变得混乱不堪、半死不活，直至很快“寿终正寝”、淘汰出局。

在现代先进的组织环境下，领导不仅仅只看重领导本身，而且还一定要，也必定会高度重视并抓好管理；管理原本就是领导必须不断花费时间精力来认真抓细抓实的一项常规工作。不抓管理或者抓不好管理，领导就一天也维持不下去。

这就是说，只有抓管理，才能出生产力；只有抓管理，才能出成就、出绩效；只有抓管理，领导工作才算真正做实做对了。只不过，不能把领导抓管理变成领导代管理，也就是通常所说的“不要一竿子插到底”。这是做好领导工作的基本要求，也是领导职能职责的天然组成部分。

这方面的历史教训有不少，而且很沉重。对领导而言，需要引起高度重视，从观念到行动都要把领导和管理区别开来、同步抓好而不能失之偏颇乃至偏废，确保无论任何层面、规模的社会系统都不会再发生有领导、无管理的情况。

总之，管理事关领导的得失成败，领导不得不随时关注、高度重视管理工作。要善于当领导，就一定要善于抓管理；要做好领导工作，就一定要把管理抓好、抓出色。

10.1.2　抓好管理的核心

领导要抓好管理，关键要推重和实行现代意义上的科学规范管理。可以说，抓好管理的核心就在于确保管理科学规范。

不过，这里所谓的科学规范管理，既不同于泰勒所称的科学管理——那其实不过是一种基于推理设定而确立的简单数字性机械化管理，也不同于过去企业和社会所探索过的各种管理——这些管理都存在片面性而不可单独使用。在研究和实验的过程中人们有新发现和新整合，而这种由新发现和新整合所产生的新型管理理念、管理导向、管理原则和管理模式就是现代意义上的科学规范管理。

这种新型的现代管理实质是以人为本，同时重视人性化和效率化。它首先强调共同参与、共同治理和最大限度地减少官僚化和管理层级；其次强调借助现代手段和工具来更加精密有效地控制各组织要素的投入、组合、生效和结果，为此即实行能够带动各个层面管理活动科学规范的绩效管理；最后是追求并达成降低成本、提高成效、满足共同需要、实现共同愿景的目标。

现代领导要做好管理工作，只需要在管辖范围内实施管理变革，抛弃旧式管理，实行新型管理，整个管理工作就自然会焕然一新。领导这样抓管理，其结果是不仅管理工作将完全现代化，而且领导工作也将随之而现代化，从管理到领导都将取得巨大成功。

10.1.3 领导与管理关系的不同解说

要抓好管理工作，首先有两个理论层面需要充分把握好：第一是领导与管理的关系，第二是管理的不同范畴。那么，领导与管理到底是一种什么样的关系？这在不同的人那里会有不同的看法和答案。

有的管理学专家，如孔茨（Koontz）就认为，领导是管理的一个功能、一个环节。这是把领导看小、把管理看大的一种典型观点，在世界上还很有市场。而与此相反，有的领导学专家认为管理是领导工作的一部分，是领导者抓好本单位工作时不可忽略的一部分。这是把领导看大、把管理看小的一种典型观点，现在正成为新潮流。

在实践中实际发生的情况则常常令人吃惊。有很多领导在心目中基本上没有管理，在行动上就更是只有领导而没有管理了。而很多管理者则只知有管理，根本不认为领导是管理，只把领导看成是一个大的管理。

不过，在许多正式的国家规定中，特别是宪法这样的最高级别的制度中，领导和管理都被列为平等的一对范畴。对于国家来说，领导和管理是同样不可或缺、实际同等重要的两个层次的施治活动。

显然，对于领导与管理的关系，很有必要从科学理论和权威导向（如法律事实）上加以认识和把握，正确理解和处理好这对范畴的关系，从而把工作做好。

10.1.4 领导与管理的相互关系

领导是对一个社会系统进行主导、组织、指挥、协调、约束、监督的最高组织行为。在这一点上，它涉及整个组织系统的所有内在因素和外在因素，并且必须确保最充分地发挥出这些因素的积极作用而力争取得最大成效，必须尽量排除这些因素的消极作用，并力争最大限度地消除这些因素及其相互之间的种种不协调、内耗、外耗、浪费、低效、无效乃至负效，由此确保整个组织系统能够完全朝着领导目标顺利、有效地前进并尽早更好地实现它。而这些内容的全部实质就是管理。

领导要具体地操作运行起来，就必然要全面触及并处理组织系统所含和所涉的大量具体因素。而这就决定了领导必然是对这些因素的全面管理。这是领导在具体活动中最具典型意义的操作化表现，也是履行领导职能职责、实现领导目的目标的最实质过程。没有这一过程，就意味着没有具体、实在的领导，当然也就不会有一个社会系统诸因素的有效组合并发挥出正确有效的作用，因而也就意味着整个组织系统的失灵和失散。

这就是说，管理是领导实施或进行的具体表现，是领导维系一个系统的最基本行为举措。只有管理，才能真正兑现领导；脱离管理，领导就完全是一句空话。领导必须通过管理才能具体进行，管理是领导得以具体实现并在过程上基本重合一致的天然内容。

然而，管理并不等于领导，领导也只是有条件的管理。因为管理在面上比领导更广，在点上比领导更多，有不少实际面和实际点都超越了领导的范畴；而作为领导的管理本质上则主要是受领导性质的界定而集中在履行领导职能职责、实现领导目的目标上，其最大的特征就是操作性。事实上，领导的管理实质仅仅是领导主体为实现领导而实施的管理；而一般的管理则是包含了各种系统的能动主体为履行其职责、实现其目标所实施的管理，其中当然既包括了领导主体实施的管理，也包括了非领导主体所实施的管理，只是这些不同主体所实施的管理在性质、层次、依据、条件、要素、成本和作用等诸多方面存在显著不同而已。

总的来说，在实际地位上，领导是高于并大于管理的，管理则是从属于领导的并且是领导的一个工作内容和组成部分，但是在操作性上，领导与管理是交叉在一起的，特别是在领导性质的前提下、在表现为组织行为的活动过程中是基本重合一致的。

10.1.5　管理的不同范畴

如果从独立的学科领域来说，管理是一个内容广博、结构复杂的理论系统，从不同的角度，可以划分出不同的具体范畴来。

从内容或者纯事务的角度看，管理可分为内务管理和外勤管理。其中，内务管理是一套基于组织要素而形成的相应管理体系，实际就是在理事会制度框架下对一个单位或组织的制度、机构、人员、权力、关系、资金、物资、设备、时间、绩效和其他要素以及这些要素的相互关系实施的管理，理论上又叫作要素管理。它包括编制管理、机构管理、人事管理、财务管理、机关管理、安全管理、目标管理、绩效管理、机制管理和制度管理等许多具体种类，主要依靠组织内部的领导主体来主导、管理主体来执行。这在任何正式组织中都基本相同。外勤管理则由组织的使命、基本职能和主要任务所决定，是区别不同单位或组织的主要依据。由于这些使命、基本职能和主要任务在实践中都通俗地或者习惯性地称为“业务”，而“业务”实际就是该单位或组织的外勤，所以，外勤管理又通俗或习惯性地称为业务管理。这两种管理都与领导的工作内容、职能职责和业绩成效息息相关。领导抓管理，就是要两手抓，一手抓内务，一手抓业务，抓出水平，才能有绩效。

如果从形式或组织的运行状态来说，管理又分为常规管理和风险管理两大类。所谓常规管理，就是在没有异常情况的前提下按通常的习惯、规矩所进行的常态管理，也叫常规管理，其最大的特点是例行性。而所谓风险管理，就是在有异常情况的状态下一反平常惯例而实施的非常态管理，也叫特别管理，其最大的特点在于特行性。这两种管理与领导方式和领导责任都直接相关，前者可以为领导从容而成功地运作留有比较充分的余地，而后者却常常或基本不能为领导留有足够的余地来从容运作、谋取成功。

就上述两对、四个基本管理范畴来说，它们之间主要是一种内容与形式的关系。如果从包装内容的形式来着眼，就可以梳理出它们之间如下具体的基本关系与构成：常规管理一般地包含了内务管理和业务管理；风险管理很独特，一般而言是内务管理或业务管理在非常情况下的紧急化变形与浓缩，但在大多数情况下都是特例特行的暂时性或过渡性管理。然而，无论什么管理，最终都要归结到必须讲科学、讲规范上，只有科学规范的管理才能真正有助于领导成功。

10.2 内务管理

内务管理是常规管理的第一部分内容。下力气抓内务管理，就能卓有成效地把常规管理抓实抓好。而这里的核心就在于以高度的科学精神和严格的科学要求来开展管理的基本建设，优化和推进各项具体的管理。

10.2.1 制度管理

有的单位或组织因存在很多矛盾、复杂问题而常出现混乱现象，这时人们就会说："瞧，那就是没章法。"或者说："有制度不遵守，制度设了也白设。"有的则会指出："制度是根本，组织上的一切问题都源于制度还不够科学完善。"这一切其实都是对缺乏制度管理的批评，也是对领导必须首抓制度管理提出的要求。

制度管理，也叫规范管理，主要强调要建立和完善具体的管理制度，规范组织行为，使组织整体在制度框架下更加协调、规范、严谨和高效。其实质就是建设与落实各项更加科学、规范的规章制度。这就是说，领导要抓制度管理，首先要抓制度的建设，其次要抓制度的落实。但是，每个单位、每个组织的具体制度都相当多，因而，要抓制度管理就不能"眉毛胡子一把抓"，而要继续以"弹钢琴"的态度和艺术来对待和处理这些制度问题。

制度建设具体是制定和完善制度，而实质则是制度的设计和调整。设计是创新，调整是改革，每一项工作都具有很大的挑战性。首要的挑战是必须树立科学精神和实事求是的作风，坚持科学原则和务实原则，然而，要做到这一点，常常很困难。有些时候主观意志会大一些以至于失控，有些时候利益考量和权力顾虑会多一些，当然有不少时候则是缺乏必要的科学规范知识与指导而凑合着"出稿"就可以了。这就要靠也只能由领导来抓了。否则，这样制定出的制度不仅会不可避免地形同虚设，而且还会留下许多严重的隐患。

就目前的管理实践来看，一般而言，需要大力革新、完善和创设的制度主要有以下几方面：以任期制、公选制和科学考评制为核心的组织人事制度；能使组织行为更加规范有序的日常工作制度；能防止和化解冲突，创造更大和谐的利益分配制度；能创造更高绩效、有效奖勤罚懒和奖能罚庸的绩效管理制度；以职权职责与责任义务相平衡为核心的问责制度。这些制度对于一个单位或组织的活力和生机来说可谓“一抓就灵”。领导由此入手抓管理，就能收到非常好的工作成效，整个单位的管理工作和实际面貌都将因此焕然一新。

新制度一旦出台，领导就要抓落实。抓落实，最关键的就在于领导要带头遵守和执行这些制度，其次是要促使和确保各级管理者均认真执行这些制度。为此，还要有一个专门针对制度实施环节、只在管理圈层这个小范围内特殊适用的监督制度，使每个领导者和管理者都不敢怠慢，使每项实际制度都不会废弛。

10.2.2　机制管理

此处所讲的机制是指组织运作机制，通俗而言就是指在一个组织范围内习惯成自然的实际管理做法，实质是组织就某一事务实施管理的基本运行方式，即管理机制。一般来说，这样的机制并不单独以成文的方式呈现出来，而是首先与制度保持一致，同时还应该在制度的规范里边得到成文形式的规定和支持。

事实上，机制就是落实制度的实际途径和有效保障，制度脱离机制就会变成废纸。这表明，制度在设计时就必须酝酿成熟的、相应配套的一系列机制。这就是说，抓机制管理，就是要探寻建立和完善一整套与制度相匹配的组织运作机制，特别是在制度设计与完善阶段，要以领导者固有的战略眼光和预见性来充分考虑并孕育出一套长效机制。

在实际工作中，很多管理机制都很难奏效；有些管理机制虽然有效，但却很难保持长效；有些管理机制原本是长效的，但实际却变得无用而多余。于是，管理就总是不见成效，业绩出不来，水平上不去，领导绩效低。其原因至少有两个：一是领导抓机制建设不够——力度不够，科学的深度和饱满度也不够；二是领导抓机制运行保障不够——持续关注、投入和促进的力度不够，管理的深度和效度还远远不够。

就管理实践来说，当前要侧重抓好的机制管理，主要就是要探索建立一套科学规范、协调配套、灵敏高效的管理机制，包括决策机制、用人机制、执行机制、协调机制、公平机制、透明机制、责任机制、监督机制、激励机制、约束机制、效能保障机制、自动纠错调整机制以及变革创新机制。在此基础上，就要把这些机制完全运用到整个管理过程当中，不仅要使每个机制都能单独发挥重要作用，而且要使这些机制都紧密联合成一体，成为“一条龙”式的一整套管理机制。

在所有这些机制中，约束机制最有效验。这是一种产生并作用于一个单位或组织内部各组成部分和表现部分的内向性治理机制，实质就是一种在整个组织内部，借助信念、共识、责任感、制度、政策和奖惩措施，以专职机构为日常实体，以全体成员为主体，所建立和实施的主动性、自觉性和适当强制性的监督调控方式。它能带动和提高整个内务管理的有效性，是实现有效治理的重要保证，是建立并实施正常、完整的治理体系和机制的先决条件。

约束机制包括他律机制和自律机制两部分。他律机制是不可替代的约束机制，主要基于完善的行为规范来对整个组织成员进行合理、规范的约束。自律机制是一种基于组织内部监督的制度和手段，主要依靠组织及其成员的自觉性来约束和规范组织行为、成员行为的自我监督模式。这种机制对于权力管理具有特别重要的作用。一般来讲，自律机制适用于整个组织和全体成员。但就已有的实践倾向和关注重点来看，自律机制却常常集中或聚焦于领导和管理两个层面上，因为领导和管理是决策主体和执行系统，有很大的权力和实际影响力，一旦自律不足或丧失，就很容易在权力行使上越轨失控。其实，真正能够有效约束领导者和管理者的，主要是领导者和管理者自己。而就在这里即表现出极为强大的自律需求和自律压力。但是，这样的自律活动不能完全依靠理性的自觉性，还要借助各种工具、手段和方式来推动自律的启动，强化自律的效用。

总之，只要切实抓好机制建设和机制运行保障工作，就能真正抓好机制管理。只有这样，才能确保组织具有足够的吸引力和凝聚力，才能最大限度地激发出组织活力、发挥出人力效用，特别是能够更有效地规范和约束权力行使，克服工作上的低效或无效。

10.2.3 全面内务管理

领导工作对具体的管理事务尽管有所分工，但是一般还都要彼此协同互动，而且就领导主体这一整体概念而言，所有内务管理中所涉及的各种事务都必须独立而又相互照应地处理好。这就要具体抓管理，全面促管理。从领导实践和管理需要的角度上来说，领导需要着重抓好以下几方面的具体管理工作：

第一，机构管理。这是指对一个单位或组织的各种内设机构和岗位要加强规范管理，防止机构臃肿、编制庞大和岗位混乱，确保机构精干和高效。组织机构的科学合理是一个单位或组织得以有效治理的重要目标和前提。因而，很有必要加强一个单位或组织的机构建设与调理，确保在机构管理上切实到位、科学合理。

第二，人力管理，即人力资源管理。其目标是建设高素质的工作队伍，基点是大力提高所有组织内人员特别是领导人员的各方面素质，激发组织内人员的积极性、主动性和创造性，关键是要建立科学优良的以事业为导向的现代人事机制，坚决制止和彻底防止封建因素特别是低素质领导者在用人上乃至整个业务工作上发挥作用，从根本上解决组织发展问题、业务质量问题与工作成效问题。

第三，财务管理。重点是要开源节流，确保获得充裕的资金，做好财务预算与决算，加强财务审计与监督，防止有限财力遭到官僚主义的糟蹋和腐败分子的吞噬。它不仅跟整个内部治理特别是要素管理相关，而且跟业务管理特别是过程管理中的计划管理和生产管理，以及结果管理中的成本管理和效益管理交叉，对整个组织管理的得失成败具有重大影响。

第四，物力管理。对物资、设备、设施、房屋、车辆、办公用品等为机构运转所必需的诸种物质进行管理，其重点是确保合情合理，做到节约和珍惜，避免浪费、无效或低效，使有限的物力都能转化成创造业务成效的重大物质支持。

第五，文化管理。这是为突出组织的宗旨和价值理念而予以加强的组织文化建设，既要与前述过程管理中的宗旨管理、目的管理和战略管理结合起来，又要与要素管理中的制度管理、机制管理和绩效管理结合起来。

第六，时间管理。它是指为节约时间、提高单位时间内的工作成效而对任何具体的组织行为、组织活动实施的时间约束。但是，这种管理不能孤立地进行，而要同结果管理中的速度管理、成本管理和效率管理结合起来，还要同要素管理中的制度管理、机制管理和人力管理结合起来。其目的就是要用好宝贵而有限的时间资源，充分提高工作效率。

第七，绩效管理。这是一种只问结果不问过程、强调目标与结果一致的综合性管理。它着眼于最好成效和最佳效果；它强调成本意识、资源意识、效率意识、效益意识；不仅要将目标管理指标化，而且还要充分借助指标测评工具和考评系统进行绩效管理。这既是一种以目标与结果为导向的新型管理理念，也是一种综合解决效率与业绩、人才与资源、投入与产出等问题的新型管理模式。

以上各项管理中，制度管理最根本，机制管理最重要，绩效管理最关键。抓住这几个方面，就能大力强化和优化管理，就能抓住搞好内务管理的“牛鼻子”，取得优良的管理成效。

总之，内务管理的各个方面都很重要。要抓好这些管理，就必须下最大的功夫来确保每项管理都科学规范。其核心在于，要以抓绩效管理为龙头，建立和完善各方面的管理制度和管理机制，形成一个长期稳定、灵敏高效的制度和机制保障，从根本上解决管理不善或没有管理的问题，全面推进单位或组织基本架构与运行模式的科学化、规范化进程。

10.3　业务管理

业务就是一个单位、一个组织的基本职能和主要任务，实质是一个单位或组织从某一特定方面为社会公众提供特定社会产品的全部活动及其结果，反映的是该单位或组织的使命、价值和存在的依据。只有业务抓好了，才能证明该单位、该组织能够完成使命，具有存在的价值和必要。而要抓好业务，就一定要切实抓好业务管理，领导就一定要对此全力以赴。事实上，抓业务管理正是领导的实际主业。只有领导狠抓业务管理，才能确保本单位、本组织能够很好地履行职能、完成任务。

业务管理就是指一个单位或组织为了能够充分胜任从某一特定方面为社会公众提供特定产品，而确定本组织的宗旨、目的、目标、战略、计划，并且采取具体措施落实这些主旨和设想的资源活动和组织活动过程与质量和效率保证过程之和。其实，一个单位或组织的业务管理可以分解为一系列不同的具体管理。这些不同的管理又可以归结为价值管理、过程管理和结果管理三个层面，这些层面构成业务管理的实际主线。

10.3.1 价值管理

价值管理是为确保一个单位或组织不偏离自身初衷而进行的方向把握、调控与驾驭。其中的“自身初衷”就是该单位或组织得以成立的使命，也就是该单位和组织的核心价值。这个价值是一个单位或组织安身立命之所在，是整个单位或组织一切行动或行为的立足点、出发点、归宿点、根本准则和导向，可以说，它在一个单位或组织发展中始终处于轴心的地位。一个单位或组织的宗旨、目的、目标、计划和行动都是缘此而发的。

在价值上发生偏离，就意味着该单位或组织的性质已经开始异化，而其存在的依据也在开始发生变化。如果离开了初衷，则该单位或组织就已经没有存在的价值和必要了。所以，确保一个单位或组织不偏离初衷是头等重要的大事，其余一切工作其实都是围绕这一点来展开的。

这就是说，一个单位或组织要搞得好，就一定要首先从使命出发，始终以使命为轴心，确立和践行本单位或组织的宗旨、目的和实际方向，从源头上来梳理管理思路、抓好各项管理。而这一切，包括一系列的管理着眼点和活动要义，具体地构成了领导的价值管理。从这一点上看，价值管理实际就是宗旨管理、目的管理和方向管理，是整个组织的根本管理。具体而言，这一管理主要包含以下几个方面：

第一，目标管理。在宗旨和目的均已明确的情况下，为确保组织的行动有一个具体明确的方向和期待，而提出一个既符合宗旨和目的，又符合环境形势和实际条件的愿景。经过组织成员和决策层充分讨论，使之最终成为全体成员共同为之奋斗的具体方向和任务。事实上，目标管理就是指从愿景的提出，到它们作为目标的正式确立、颁布、宣传、分解、组织、动员、执行、实现以及检查，都予以充分的明确、具体和可操作化。这里最基本的要点是，必须构建一套实事求是、切实可行的目标体系，包括长远目标、中期目标和近期目标。

这里需要强调的是，要始终关注并确保目标从开始到结果整个过程的贯彻一致，要及时调整和化解各种不良的影响和偏差，要避免或防止目标在实施过程中发生异化、模糊、曲解和消失等问题。事实上，这是落实宗旨、达成目的的开始，也是正式启动宗旨确定的具体业务的开始。

第二，战略管理。在目标明确的情况下，为确保组织的各种目标特别是远大目标均能得到很好的实施和最终实现，应研究确定如何从宏观上、整体上找到通向目标的方式和途径（路线、政策和策略），从具体启动业务的那一刻起明确无误地把握和调控既定方针的贯彻执行，确保其完整准确、灵活机动和恰到好处。

这里最大的特点就是突出战略方针，所以，这一管理又被称为方针管理。这一管理非常重要，是达到目标的总渠道、主桥梁，从总体上关系到整个目标在大的方面能否不失误，关系到整个事业大局能否符合宗旨和价值取向，关系到所做努力是否会南辕北辙、能否达到目的、能否实现初衷。事实上，这里只要出现偏差，就会“失之毫厘，谬以千里”，即使其他方面的管理做得再好，也难以补救已经在大局上出现的缺漏和危机。它从总体上决定一个组织在具体博弈、走向目标的实际运行过程中会有什么样的结果和命运。

所以，一定要高度重视抓好战略管理。

第三，规划管理。为了具体落实本组织的战略，需要对本组织业务范围内的各种事情，最主要是进行社会产品生产的所有相关事务进行科学排序和抉择，并配套以相应的资源和手段。这实际就是对战略指导下的任务进行具体的安排，明确哪些事情是远期任务、近期任务和当前任务；同时，推动具体落实，及时调整和纠正执行中发生的偏差，确保计划和安排能够得到完整、充分的实施。

可以说，这一管理在很大程度上就是战略的具体化，其要点就是把战略转化为具体可行的任务，并对计划执行加以严格监督，因而，这一管理也常常被称为计划管理。它对于实现组织目标和组织战略具有非常现实的作用和意义。

总之，一个单位或组织的使命都是一定的，不能模糊、淡化或随意变更，即使是受到外来因素的影响和干扰也是不允许改变的。但是，在现实生活中，形形色色的思想意识随时都有可能影响、污染甚至异化该单位或组织的核心价值，进而影响到该单位接下来会做什么。因此，领导要有敏锐的目光，随时能够发现或觉察到在组织价值上发生的细微变化或异动，及时加以纠正并提高本单位或组织的免疫力，坚持自身核心价值的自觉性，切实抓好本单位或本组织的价值管理工作。

10.3.2 过程管理

在始终明确核心价值、时刻不忘使命的前提下，整个单位或组织就要围绕充分体现出价值核心的目标、战略和规划，具体地展开业务活动，并由此来切实履行为使命所决定的职能和任务。这里的整个过程就构成该单位或组织的过程性业务活动。领导对于这样的活动应该加强管理，而如此实施的管理就是依业务活动开展过程而发生的具体管理，即过程性业务管理。这个管理主要有以下诸多方面：

第一，项目管理。在组织规划的基础上，对于本组织的各项工作任务，采取划块分组、分别检查监督的办法来具体落实。要将每一块任务作为一个相对独立的工作单元来加以组织动员和操作完成。还有一点比较重要的是，必须使每个单位成为独立能动的工作系统，也使各单位之间能够得到很好的协调、配合和相互支持，由此构成一个完成战略规划的运作系统。

事实上，这一管理非常具体、实在，也非常重要，显著特点是“切块管理”，它是具体推进本组织业务的关键一环，在整个管理过程中起着承上启下的作用，是一种中观管理。在这里，切块管理和中观管理实际构成了项目管理的两大特征。

第二，生产管理。在项目既定的情况下，具体组织各种资源、原材料和生产工具，进行符合公共需求和市场需要的社会产品生产。这里应该注意的是，要及时以宗旨、目的、目标、战略要求、环境形势和客观条件为参照，对生产过程予以正确引导和调控，排除不当的变化和组合，及时发现和消除有害的因素或动向，确保投入生产加工过程的各种因素都能按预期水平特别是质量标准发生作用，并最终成为合格的社会产品。

这一管理的特点就是微观具体和客观实在，需要在每一个环节上倾注全部热情、知识、技能与力量，所以，这样的管理就是典型的微观管理，也叫作战术管理。没有这一过程，无论目的如何端正、目标如何恰当、战略如何高明、口号如何响亮，也无法生产出能满足社会公众愿望和需要的产品，也就意味着失去了一个单位或组织存在的价值。

第三，产出管理。各种要素因素通过加工，凝结为符合公共需要的产品后，要以恰当的方式及时向相应客户提供，同时全面准确地获得客户对于组织所提供的社会产品的意见，继而对存在的问题和缺陷予以修正。在一个周期结束后，对生产全过程进行全面总结，为下一个新的工作回合做好准备。这里的特点就是要将这种（具体或者抽象的）产出作为新型资源来加以对待，避免产品浪费或者被有意无意压制破坏。这一管理主要针对产品采取总结经验、扬长避短的积极措施，所以也叫作产品管理。

上述方面的管理既相对独立，又环环相扣，构成一个完整的过程业务管理体系。对于一个单位或组织来说，价值管理是根本，战略管理是主要方式，而项目管理和生产管理则是有效和关键的切入点。

10.3.3 结果管理

这里所谓的“结果”，是指一个单位或组织的管理过程、生产过程、产品形成与处置等活动反映在质量、数量、速度、成本、效率、效益和效果等指标上的所有情况。对这些情况的管理也就是为追求高标准严要求而采取的促进行动和措施，也叫作结果性业务管理。这一管理很重要，从实际行为和操作层面上影响甚至决定一个单位或组织的命运结局，所以，有的管理学者乃至领导者甚至提出：只看结果，不论过程。从实践上看，这一管理主要包含了以下诸方面：

第一，质量管理。这是指为了确保社会产品合格而从生产和管理两个方面、从整个过程，进行质量的强调、督促、检查、监测。这是全面质量管理的核心，是确保产品质量、业务成效和组织生命的关键一环。

第二，数量管理。这是指在确保质量的前提下，将生产及生产管理中一切可以量化的要素都加以量化，并根据量化指标来检查、监督、指导和促进各个生产活动的管理过程。其中的“数量”主要是指产品的数量。数量管理实际是一种常规化的管理，但也是一种容易引起单纯追求数字、出现浮夸和水分的管理，需要与严格的质量管理结合起来协同运作。

第三，速度管理。这是指为使生产活动在单位时间内确保质量和数量而采取诸如督促、监测等措施。速度管理在很大程度上是时间概念，也是时间的管理，但在操作上却主要落实到产品数量上，在实际内涵上主要着眼于确保工作的严谨缜密和效率稳定，实质是把快速高效、优质足量的人力活动加以程式化。所以，它与数量管理常常会不谋而合或最终重合，构成初步完备的定量管理体系。但是，这一管理不能被过分强调，否则就会重新回到泰勒式的科学管理这条老路上去。

第四，成本管理。这是指通过生产管理，能够以最小投入和代价，在单位时间内产出符合质量、数量和速度要求的社会产品。这里的成本主要是指资金、人力、设备、时间以及其他可计量要素的投入。成本管理的目标就是要尽量减少或降低消耗，避免任何浪费。必须在所有投入折算出的单位成本内，力争达到全社会同类组织进行同类生产的平均合格产品量及其以上，只有达到这样的要求，成本管理才算到位。另外，成本管理侧重于资金成本的计算，力争把一切可计量的投入要素与消耗内容都作为成本来加以计算，所以，它实际上也是一种计量管理，与数量管理、速度管理一起构成相对完整的定量管理体系。

第五，效率管理。这是指将成本、速度、数量、质量综合起来同产出进行对比，确认是否合算，并根据比率及其分析结论，提出并实施有关具体举措，以保证生产和生产管理更加合理。这种管理一部分为定性的比较，但大部分却是必须采用计算方法的比较。在这一点上，效率管理进一步丰富和完善了定量管理系统。它比起单纯的质量管理、数量管理或速度管理来要显得更综合、更全面和更有深度，因而也更有价值。

第六，效益管理。这是指超越具体质量、数量、成本的概念的社会结果管理。这里的效益主要是指所生产出来的社会产品在满足社会期待和公共需求方面的实际程度，即社会效益。不是经济组织的单位，它的价值趋向以及在此趋向基础上形成的宗旨和目的，决定了它的一切管理成败，最终都要以给社会带来的影响为衡量标准。一个单位或组织所生产和提供的产品的质量、数量、成本等，必须与公共利益紧密关联。一切管理的最后目的，都是要促进良好社会效益的增进。

上述各项管理其实是一个完整的结果性业务管理体系。其中，对于一个单位或组织来说，效益管理是根本目的，效率管理是主要方式，质量管理和成本管理则是有效管理的切入点。

10.4　风险管理

风险就是潜在危险，即可能发生的危险；实质则是危险发生概率。不同的因素和条件决定不同的危险发生概率。不同风险性质和关键特点决定危险发生概率的临界点。逼近临界点的风险就是“灰犀牛”，在人的麻痹疏忽之下突然达到和超越临界点的风险就是“黑天鹅”。风险管理就是在风险到达临界点前实施针对性驾驭和治理，让风险远离临界点，赶走“灰犀牛”“黑天鹅”，确保潜在危险不会变成现实。风险管理是管理的一个大方面，必须形成常态化，本质上属于常规管理而非应急管理，但在重要性、敏感性上具有区别于常规管理的独特性，因而是管理体系中相对独立的一种管理。

10.4.1　风险管理无小事

对于领导来说，风险管理一般不会是（最好就不是）重头工作，但应是必须时刻关注的工作方面。正常情况下，领导应该两手抓，一手抓常规管理，一手抓风险管理。

把这两方面的管理都抓好了，领导的管理工作就能打 100 分。有的领导习惯于也乐于抓常规管理，因为容易出成绩，而这实际就等于只抓了一部分，充其量是一半的管理工作，无论做得有多好也只能得50分，政绩平平，暗藏风险。事实上，疏于风险管理的领导，通常不太会把风险管理放在眼里，甚至即使在决策时也未必会考虑风险因素，因而就不会注意抓风险管理，也抓不好风险管理，使领导成了滋生风险的管理漏洞，成了风险管理中的薄弱一环，当然就很危险。风险一旦到了临界点，领导工作就不是只少了50分——可能没了形象和业绩，而是可能少了60分——要认错和道歉，更多可能是少了70分——要接受轻处分，实际是常会少了80分——要受到严重处分，甚至一不小心就会少了90分或100分——要被撤职或被开除和判刑。

这是因为，如果平时忽视（实则疏忽），那么风险一旦爆发，就会手忙脚乱、惊慌失措、束手无策，听任风险肆虐、恶果泛滥，就会给领导带来直接的重大责任，将其靠常规管理辛辛苦苦积累起来的业绩一并吞噬。此即谓，无论是“黑天鹅”还是“灰犀牛”，只要有一个光临，就会把领导业绩打回零起点甚至变为负数。

很明显，对于领导来说，风险管理是绝对不能忽视的重大管理，也是从来就不应该不受普遍重视的大事。这其实就是说，领导必须高度重视风险管理，必须善于抓好风险管理。所以，领导要认真看重并抓好风险管理，要在平时下好功夫，确保有效防范化解任何风险。只有这样，才能防患于未然、止祸于萌芽，才能使整个领导和管理工作正常、平稳进行下去。而这是一个善于抓管理、确保胜任领导工作的硬道理。

应当说，风险管理在整个领导生活中的地位和作用正在变得越来越凸显、越来越重要。只有加强风险管理，才能帮助领导更好地克服和战胜任何风险。领导必须比以往任何时候都更看重风险管理，都更下功夫抓实抓好风险管理。

10.4.2 风险的类型

风险存在于任何一个实际领域。风险在过程当中普遍存在、多种多样，并为实际领域的特点所决定。可以说，有多少种、什么样的实际领域，就会有多少种、什么样的实际风险。风险不仅多种多样，而且还千变万化。所以，这里关于风险类型的把握侧重于从公共视角来着重把握国家治理视阈下和我国当前面临的风险。

1. 不确定性维度下的基本风险类型

不确定性是风险最基本的特点，由此把握风险的构成，更方便于进行风险防控机制建设。而从不确定性上看，风险一般可分为可控风险和不可控风险。

可控风险是指利用现实主客观条件，特别是现有科技水平和手段能够认识和驾驭的风险，包括社会科学视阈内的大多数社会性风险和部分自然界风险。这类风险的不确定性低，是便于精准有力防范化解的基本风险。对于这样的风险，可以将风险治理成功的数量标准、质量标准和责任标准定得高一些。

不可控风险就是指那些超越人的认识水平、理论水平、科学技术水平、把握处理能力之外的风险，包括部分社会性风险和多数自然界风险。这类风险的不确定性高，是不太方便于精准有力防范化解的基本风险。对于这样的风险，可以将风险治理成功的数量标准、质量标准和责任标准定得低一些。

然而，风险能否被防控，是有前提条件的，是相对的而非绝对的。可控风险可被防控，所以必须做到位；否则，即可对当事主体进行问事追责。不可控风险难以防控，可认定为客观意外而非主观努力不足，基本不可或不应对当事主体问事追责。当然，不可控风险却能在一定条件下、依靠良好防控机制发挥阶段性的、有限但却积极能动的作用，尽量约束或抑制风险积聚、转化、升级而不断释放破坏性能量。

2. 国家治理维度下的主要风险类型

应当认识到，国家治理面临的风险是多层次、多种类的。它们既有各自固有的性质、特点和可能而彼此不同，又常常交织在一起，紧密关联，互引互动，或相互激发，或相互转化。就既有实践来看，国家治理所面临的主要风险大体包含七个方面。

第一，方向性风险。这个风险深切关乎国家治理朝哪个方向走、向什么样的价值目标推进，关乎国家治理能否走正确道路、形成优良的治理模式，从根本上关乎国家治理乃至整个国家发展的得失成败。因而，这是国家治理通常面临的最主要风险，具有最显著的政治性和根本性，最需高度关注、严阵以待、正确把握、科学处理，必须确保不发生丝毫价值性偏差。

第二，基础性风险。这是一种关乎国家治理会有何等实际基础得以支撑、坚持、推进以及会达到何等实际质量和水准的综合性常规风险，包括在外部环境、内部环境、基本支持、基本动力、基本实力、基本条件、基本关系等方面存在的具体风险。

第三，制度性风险。这是一种关乎国家治理在面临某种制度不健全不完善、部分过时或保守僵化情况下将受到何种局部或全局性影响或障碍的大前提性硬风险。

第四，手段性风险。这是一种关乎国家治理在何种具体情境下运用何种手段展开活动而带来某种意外负面和可预见负面的负作用性方法风险。这里最需要注意的是防止在方法论上发生缘木求鱼、南辕北辙的错误适用风险。

第五，过程性风险。这是一种关乎国家治理在程序、环节和脉络上能否始终沿着正确的方向和主线推进的偏差性行为风险，直接影响到国家治理会有什么样的端正性、严谨性、科学性和达到目标的曲直性与成本性。这里最需要防止的是在实际治理进程中悄然发生忘却初心、模糊目标、南辕北辙的脱轨和倒逆性风险。

第六，结果性风险。这是一种关乎国家治理会有什么样的效果和效应、结局或后果的定论性事实风险。这里的最严重情形是在前面多种风险共同作用下形成不符合治理目标要求的结果即颠覆性后果。而这正是几乎不可承受、绝对不可接受的最大风险，即颠覆性风险。这种风险的发生就意味着国家治理的失败。

第七，历史性风险。这是一种关乎国家治理在整个国家历史长河中会有什么作用、影响和定位的责任性事实风险。有些治理结果在一定历史阶段是正确、积极的，但放在整个历史上看却不一定或不那么正确、积极。与此相反，有些治理结果，特别是有伟大前瞻性和卓越智慧的治理结果，比如重大改革解决重大疑难问题，一时似乎复杂而或存疑义，但历史证明是正确、积极甚至伟大的。这里的风险实质上是一种必须经得起历史检验的巨大压力。

3. 当前我国面临的主要风险

当前我国面临的主要风险就是在以总体国家安全观为审视框架下面临的一系列重大风险，具体包括政治领域的风险、意识形态的风险、经济领域的风险、科技领域的风险、社会领域的风险、外部环境的风险。其中，政治领域的风险最突出的在于党建领域的风险，主要是党面临的“四大考验”具有长期性和复杂性，党面临的“四大危险”具有尖锐性和严峻性。

10.4.3 风险防控机制

风险防控就是抑制和化解潜在危险的积聚集合、加重升级，使潜在风险不成为现实风险，确保不会引发现实危害或带来现实恶果。这是风险管理的关键环节。风险防控机制是指为防范和化解风险而以风险治理条件和治理能力为基础所建立、实施、维持和不断完善发展的治理性规范安排和基本做法。

1. 基本的风险防控机制

在风险管理的不确定性维度下，风险防控机制主要包括两个基本部分：一是可控风险防范机制，二是不可控风险防范机制。

可控风险防范机制是基于人的主观能动性可达风险防控边际而建立实施的一整套风险防控操作机制，具有严密、精致、有效的治理性能，基本能够确保有效防范和化解重大风险。主要包括底线思维和风险意识，风险认识把握能力，风险防控的主客体关系定位、主体构成及其内部关系和责任设定、有关制度安排和运行规范、科技支持和人财物支持、评估督察与问事追责等因素及内在关联设计。

不可控风险防范机制是基于人的主观能动性不可达、充其量仅能在基本被动的状态下发挥，最大限度抑制风险负能量或破坏性能量的极限型风险防控操作机制，在治理性能上存在一定的效能局限和效用短缺，在满足风险治理要求上一般均定位于人的主观能动性有效边际。

2. 运作性风险防控机制

运作性风险防控机制是指在风险管理实施过程中由必经环节决定的、前后一条龙相关的风险治理机制；主要有如下四个具体的机制。

第一，风险研判机制。这是指当风险被捕捉到时，按该风险的特点和规律，以该风险治理的要求、责任、程序和专门理论与手段，由风险防控主体及时进行实情分析、性质确定、程度评估、趋势预测和可能性预判的一整套做法。

第二，决策风险评估机制。这是指决策主体在进行重大决策时对决策事项的内在风险和外在风险由自身或第三方进行有针对性、专业化和负责任的科学衡量、评判、归结、建议及反馈的一系列科学化民主化法治化决策正确保证范式。其核心是能确保决策科学、合理、合法而经得起人民、法律和历史的检验。

第三，风险防控协同机制。这是指某一领域的风险防控主体及所有相关力量支持和资源在面临重大风险逼近时所应及时集结、有序互动、高效协作、集成合力、快速生效、综合施治的一系列做法设定和操作办法。

第四，风险防控责任机制。这是指基于风险防控底线的主体责任和配合责任在制度设计和激励约束规范上设定和实施的一整套做法，主要包括责任主体的责任划分与承担确认机制、全过程责任履行与表现记录和追溯机制、各环节责任到位记录与评判机制、风险治理整体效能与能动性及其与治理结果的对应性评估认定机制、各责任主体的实际责任认定与问责落实机制等。

上述这些机制在风险治理科学理论与实践上存在内在联系。风险研判机制是风险治理的前提性机制。决策风险评估机制是风险治理的关键性机制，是在决策环节防止或消除发生决策风险的关键保证。风险防控协同机制是风险治理的基础性机制，主要是防止在复杂的风险防治过程中出现不协调、生内耗、降效率、添失控等乱象而确保治理力量更好地集成、统筹和发挥。风险防控责任机制是风险治理的杠杆性机制，主要有两个作用：一是倒逼事先、事中的风险意识、责任意识和施治能动性，引导、推动和确保前述各项机制落地高效；二是对治理全程出现的失职枉责情形进行事后问责，确保对党和人民有一个严肃的交代。

3. 风险防控机制建设的重大现实性

党的十八大以来，党中央反复强调要增强忧患意识，做到居安思危，并把它上升为我们党治国理政的一个重大原则。党的十九大报告还将“统筹发展和安全，增强忧患意识，做到居安思危”纳入全党必须贯彻的党的基本方略。这一重大原则要求领导干部必须高度重视风险应对工作，不能等到风险演变为突发事件后再做反应，必须把防范风险的关口前移到风险初萌，甚至风险未萌阶段，“图之于未有”，做到未雨绸缪、防患未然。

常言道，风起于青萍之末。只有在青萍之末着力，才能把将起之风遏阻消解。从这个朴素的科学认知原理来说，无论抓应急管理还是抓风险管理，都应该关口前移、溯源施治，把工作重心放到源头治理上，在风险欲起未起之时就将其化解，这就需要建立相应的一系列风险防控机制并保持其正常运行、发挥作用。

因此，我国已经把防控风险工作重心前移到了加强风险管理上，把原来更注重应急机制建设前推到了加强风险防控机制建设，将风险防控机制全面推向了突发事件酝酿之初的前期风险管理。在总体国家安全观的指导下，风险防控机制建设总体进展顺利、运转良好、收效显著，在整个国家治理体系建设中所占比重越来越大，正在形成比较全面的风险防控机制，为打赢防范化解重大风险攻坚战提供了机制保障。但实事求是地说，距离建成健全的风险防控机制还有一段较长的路要走。

当前，世界正处在百年未有之大变局当中，全球性的各种问题、各种矛盾纠结在一起，隐藏着巨大的风险。而我国还是发展中国家，还有大量的基础性工作要做，在现代化进程中存在各种问题、面临许多风险。在这样的国内外环境的影响下，我国面临的安全形势有了新变化，有些领域风险巨大、情形严峻，特别是在政治、意识形态、经济、科技、社会、外部环境、党的建设等领域还存在重大风险。这些新形势、新情况对建立健全风险防控机制、确保有效防范化解重大风险提出了新期待、新要求。大力加强风险防控机制建设意义重大、非常迫切。

领导干部要立足形势任务变化，深刻理解和明确重大风险治理的极端重要性、必要性和紧迫性，负起防范化解重大风险的政治责任，以更大的紧迫感建立健全风险防控机制，使风险防控成为风险治理的稳定过程和有效行动，确保当前重大而急迫的风险治理落地生效、长期运行。加强风险防控机制建设、确保长治久安时不我待。

4. 风险防控机制建设还存在的突出问题

第一，领导干部忧患意识的思想底线、居安思危的主观防线尚不牢靠。这是决定风险防控机制建立和有效运行的思想基础。思想基础牢靠，风险防控机制就容易反应灵敏、运行有效，也能快速健全完善；如果不够牢靠，即使风险防控机制再完备也难以发挥作用。从当前形势来看，有些身处发展一线的机构和干部，特别是一把手受追求显绩的影响，重视改革发展成绩，而对风险防控不够重视、有所忽视甚至藐视，有的领导干部风险意识淡薄，麻痹大意，对风险充耳不闻、熟视无睹，甚至讳疾忌医、养痈遗患。这些情况必须引起高度重视。

第二，风险防控机制在专业化、科学化上存在不足。风险管理、风险治理是一门专业性和实践性极强的学科。要满足当前的风险治理要求，必须提供能够覆盖所有风险领域的科学理论指导。然而，目前的风险管理学科、风险治理理论还很不全面，既有的学科成果和科学理论更多偏重于金融、投资、保险和财务，远不能适应和满足全面治理视野下的风险防控需要。这使风险防控机制从设计到建设运行各环节难以达到全覆盖要求，存在体系上的疏漏、效能上的欠缺，在科学性、健全性、完善性和有效性上缺乏专业支撑，存在先天不足。

第三，在协调配合方面还不完善。风险是系统的、相互关联且易相互引爆和加剧的。相应地，风险防控机制在理论上也应是系统的、彼此联动的，需要协调协作和合力施治。由于在思想基础和学理支撑上存在不足，风险防控机制在设立和运行上无法确保机制之间相互协调的关系和综合施治时相互协作的关系顺畅运行。有时受各自为战的传统体制与习性影响，机制之间反而会相互摩擦、相互抑制和相互抵消。

第四，缺乏刚性制度保障和硬平台、硬抓手作支撑。在一些重要经济领域和社会治理领域中，风险防控机制从建设到运行都有较严格的制度规定和法制约束，也有相应的信息平台和科技手段作治理工作的具体抓手。但在除此之外的广大领域里，相应的风险防控机制缺乏必要的制度化强力保障，也没有必要的硬平台、硬抓手作支撑，存在明显弱化、虚化的情况。比如，风险防控失之于虚浮散漫、软弱无力、低能低效等情况，甚至存在将风险治理特别是重大风险防范化解仅停留在会议、文件、培训、口头、口号或文字游戏上。究其原因，既有思想认识和主管重视程度不到位的问题，也有缺乏必要的投入和行动的问题；既有缺乏充分法治精神、不能用法治思维来开展机制建设的问题，也有现代科技条件和信息化手段引入机制建设不够的问题。

这些问题使风险防控机制建设和运行从制度设计到建设、实施，达不到科学健全、严肃规范、权威有力和行之有效的客观需要，无法保证风险防控的目标要求得到坚决有力、严格高效和常态化的落实。

5. 推进风险防控机制建设

第一，增强忧患意识，做到居安思危，夯实风险防控机制建设、运行的前提基础。应当把它确立为党委、政府落实主体责任的一项具体工作，确保做实做好。具体而言，各级党委政府自觉着力提高和强化忧患意识，推动各部门普遍形成浓厚牢固、体现到日常细节中的风险意识，让每个干部时刻绷紧风险意识这根弦，使之对工作时刻保持高度的风险敏锐性、洞察力和预见力，对风险看在前、想在前、防在前，促进形成既牢固又敏锐的心理机制，筑牢应对风险的思想底线和主观防线。

第二，凸显系统思维和科学精神，以总体国家安全观为指导，全面加强风险防控机制的专业化、科学化建设。在总体国家安全观的指导下，以系统思维和科学精神突破原有认识，准确把握风险防控机制的多层次、多种类内涵及其相互关系，深刻理解其系统性、全面性，增强全域风险防控理念、风险治理理念，建立风险管理科学理论体系，为加强风险防控机制建设和风险治理提供科学指导和专业支撑。全面审度现有风险防控机制，扫除风险治理的所有盲区，围绕空白领域、薄弱环节及时建立健全相关机制，确保各方面形成健全的风险治理体系和风险防控机制。

第三，按科学原理和方法论，正确把握处理风险防控机制的协调配合关系。针对不同层面、种类风险的性质、特点和规律，各方面风险防控机制需要进行严谨专业的科学设计和精细建设。既要按照风险管理科学的专业理论，充分强调和把握住具体机制的针对性、专适性，建设高度专业化、个性化的风险防控机制；也要按照事物普遍联系的原理，注意挖掘、把握各机制间的相互联系，兼顾对接兼容、相互协调，在相辅相成性、形成综合成效上下功夫，把这些要求体现到风险防控机制的单独和综合设计建设中，科学认识和有效处理机制之间的相互关系。

第四，强化法治思维，推动构建覆盖全层级的全方位风险治理实体、信息化平台，明确法治措施，增强制度刚性。要强化法治思维，着力构建覆盖中央到乡镇的全方位风险治理实体体系并以法律制度加以固定，全面建立实行一套关口前移、事先施治、高度法治的风险治理制度，为风险治理的有效运行和目标实现提供硬保证。针对风险治理过程中易发的各种形式主义、官僚主义和治理不实、随意及空转等现象，出台针对性法制措施，大力增强制度刚性。基于现代科技条件，推动建立高度信息化法治化、能确保风险防控机制发挥高效强力作用的硬平台和硬抓手，形成一个高度协调统一和严密灵敏的风险治理体系。

第五，抓住领导干部这个关键，充分发挥党员干部的模范带头作用。党员领导干部要发挥关键作用，认真学习掌握习近平总书记在省部级主要领导干部坚持底线思维着力防范化解重大风险专题研讨班开班式上的讲话精神，把其转化为更加积极主动、坚实有力的具体行动，看在前、防在前，以更高的政治觉悟、认真负责的态度和科学理论水平来抓实抓细抓好这项工作，以卓越的风险防控能力和治理成效向党和人民交出一份合格的答卷。

10.5 危机管理

10.5.1 危机与危机管理

1. 危机的实质、过程与构成

危机既是一种具有很强破坏力的严重事件，更是一种连续释放破坏力的危急过程，实质就是一种现实危险的状态和趋势。危机经常发生，甚至就是一种常态，只不过是以不同的形式出现并致害而已。一般而言，危机过程均可划分为三个基本阶段：一是危机孕育，二是危机发生，三是危机结束。危机的构成主要表现为如下三种不同的性质和形态。

一是渐显性危机。它一般均在意料之内而有规则地发生和演进，会逐渐造成日益严重的破坏，存在可以把握的预兆或迹象，也存在较稳定重复的周期和比较明显的确定性与规律。在危机周期内具有明显不同的危机阶段，包括危机孕育、危机崭露、危机形成、危机持续和危机消逝五个阶段。这些危机周期和危机阶段一般都可以通过掌握危机规律来加以把握，由此做到比较明智、主动、稳妥、有效地把握和应对危机。这决定了这类危机必定是可预防的危机，也决定了相应的危机管理必然是可以事先处置和事先进行战略应对的。

二是突发性危机。它一般在意料之外不规则地发生和演进，会快速造成重大而强烈的破坏，几乎没有能够事先加以有效把握的预兆、迹象和规律，没有相对稳定、重复的周期和确定性，应对起来更加困难。这决定了该危机主要是不可预防的危机，也决定了危机管理主要是事后应急与事后战略应对。但就一般情况而言，它存在着相对明确、能在过程上加以把握的危机阶段，包括危机蕴积、危机爆发、危机肆虐和危机消逝四个阶段。

三是错杂性危机。这是在同一时间段内不同比重倾斜地并发和并进渐显危机过程与突发危机过程的混成状态，一部分有规则、有确定性而较容易把握，另一部分无规则、无确定性而难以把握，有无规则之间的不确定互动也造成新一层面的把握难度。

上述三种危机具有不同程度的破坏作用和现实影响，会带来不同性质和程度的后果。

2. 危机管理的实质与领导教训

危机管理就是对危机进行有效应对和防范化解的重大安全行动，具体则是一个由危机预管理、危机处治、危机后管理构成的完整过程。在实践中，危机管理主要分为三个层面：一是事先进行的危机前期应对与预防，二是事发后迅即进行的危机现时应对与处置，三是事后进行的危机后期应对与善后。

抓好危机管理事关重大。领导要抓危机管理，要善于针对危机的性质、形态和过程来分别采取措施，实施具有较高针对性、科学性和有效性的危机治理，只有这样才能有效驾驭危机、化解危机，确保在危机面前扛得过去、过得了关。

然而，在现实生活中，很多领导面对危机都过不了关，都因为不善于开展危机管理而被危机伏击、打败而招致各种各样的严重后果。这方面的惨重教训实在是太多了，仅看当代国内外发生的危机事件就能发现太多让人触目惊心的事实。

1997 年亚洲金融危机突然爆发，印尼、泰国等东南亚国家遭到重大冲击，或政府倒台或政府领导被替换。2001 年年底至 2002 年年初，阿根廷爆发外汇挤兑风潮，致使几个月内就连换三任总统，还冲击到乌拉圭等邻近的几个国家。特别是当前暴发的新冠肺炎疫情更是现代社会空前的全球性危机：美国、巴西、印度、多米尼加、洪都拉斯、玻利维亚、危地马拉的总统以及英国首相都感染了新冠病毒。美国、巴西、印度的第一波疫情还未结束、持续走高，英法意等不少国家已开始第二波疫情。由此引发的各种次生危机不断出现，形成史无前例的重大危机叠加。这些都是非常严峻、无比凶险的危机现实，给这些国家的领导带来了无比严峻的挑战和考验。对于领导来说，这是颇具一般意义的重大教训，值得从确保领导成功的角度进行深刻的反思、系统的总结和永久的警醒。

10.5.2　危机预管理

危机预管理是指在危机正式到来之前领导对于潜在危机和即将爆发的危机所进行的各项管理活动。这些管理活动是否恰当、切要、有力，决定着危机预管理是否到位和有效，领导的危机管理水平与成效也决定着危机是否完全释放出其破坏力而给国家和人民带来最严重的后果。因此，这是最基础、最重要的危机管理阶段和内容之一。对此可从以下六个方面进行相应的把握。

1. 有效的危机预测和监视

要进行危机管理，就必须首先对危机进行有效的预测和监视。预测和监视危机是实施危机管理的第一步，也是一种对危机事先保持全方位的高度关心、注意和警觉的措施——尽可能从源头上及早把握住危机以便赢得更多的时间和更大的主动权来应对和制服即将发生的具体危机。这一步必须对危机保持一种科学的紧张状态，形象地说就是必须始终以“举轻若重”的心态和价值选择来对待危机。

危机预测与监视主要是指专门从事早期危机管理的主题系统进行专门的危机早期把握，包括数据资料的收集、甄别与分析，政策信息的集成、分析与传输，专门的调查、访谈与采信，专门的态势分析与理论推究等一系列定量与定性研究活动。它包括动态预测与监视和静态预测与监视两种类型。

动态预测与监视是指领导经常围绕某一具体危机主题，运用相关的历史资料和最新信息以及最好的技术手段，对危机发生的可能性进行跟踪捕捉，以及全面审度与评估，包括对危机发生的时间、轨迹和风险度进行预测和评估。静态预测与监视是指对危机发生的可能性和基本性状所进行的单纯理论推演和结论，主要是在专家层面上进行预测与监视活动。将这两种预测结合起来，就能形成并进行有效的危机预测与监视。

对于渐显危机过程的预测和监视实质上并没有什么困难和特别要求，只要能保持高度的警觉性和责任心，一般就能做到并做好，就能非常有效地识别和把握危机的孕育、萌芽与变化轨迹或者早期事态的初现、演进与发展，从而为事先采取有效措施提供在预测和监视上的有效保证。但在现实生活中，危机最容易发生的问题却多在这里：因为渐显危机过程大多比较漫长且不剧烈，既容易使人松懈而麻木，又容易使人轻视而丧失警惕，结果则是预测无效、监视无力。

对于错杂危机过程的预测与监视则存在较大的复杂性，但一般都是可以根据事态的逻辑与规律、相关要素及其变化来推知一个危机主导下其他危机并发的情况，从而为综合应对同时或先后出现的危机提供预测和监视上的保证。只要有强烈的责任心和一定的经验与知识，就能够较好地做到早期预测与监视。

2. 灵敏及时准确的危机预警

危机预警是一种根据危机预测和监视结果而预先提醒人们对危机进行关注和防范的管理机制与活动。这其实是扩大危机预测与监视结果影响的第二步危机信息过程，在危机管理过程中是一个要直接发生社会影响、对整体预防危机产生重要影响并产生一定现实结果的重要环节。它可以避免人们对于危机麻木无知，更能帮助领导尽早地赢得制胜的时间和机会，而不会造成事先毫无知觉和戒备以至于事到临头时措手不及、一败涂地的后果。

早期危机管理过程实际是当危机预测与监视得出某一危机可能或即将发生的结论时，即发出危机警报、警告和提示，及早提请领导、有关机构或部门乃至广大公众引起重视。一方面使之保持高度警惕，做好充分的思想准备、心理准备和其他精神上的准备；另一方面也能激发起其胜利的斗志、信心和勇气，调动起各方面的积极性、创造性，并尽快有效地组织动员起来，及早准备去化解潜在的和可能发生的危机，去迎战即将发生的或不可避免的危机。

为此，不仅要对危机预测与监视的结果进行科学而深入的分析论证，而且还要及时进行领导层次上充分的危机信息交流沟通，在领导充分重视和准备的基础上逐步对全社会进行预警。这就要求确保实事求是、客观严正，避免过激反应或过分自信，避免盲目、愚昧或迷信，使整个社会的神经系统保持在恰当的紧张强度和健康的心理水平之上，达到危机预警的目的。

其实，危机预警是早期危机管理的关键性基础。在此基础上，危机预管理先后或同时做出如下诸项应急反应：（1）规避危机；（2）研制和预备危机应对方案；（3）危机防范的准备与预演；（4）进行战略层面的应对准备。其中，前三项均是战术性的危机应对措施，是必要的具体解决问题的对策；最后一项则是着眼于夺取抗击危机的全面胜利而进行的高级准备。

3. 有效的危机规避

在危机预警的基础上，领导乃至全社会最应做出的第一反应和采取的应对办法就是立即采取紧急避险措施，使人们避免直接遭受危机的正面冲击，确保人们乃至整个社会不会因为危机的首次袭击而丧失进一步做出反应的能力甚至生存能力。这就是危机规避。

从人类抵抗危机的实践看，有效的危机规避有两种不同的界定、内涵和用途。

第一种是狭义的危机规避，指由于情势危急、无法从容采取全面措施以预先应对危机，而决定以首先能够保护人们和社会有生力量为主要目的采取规避危机的临时性措施。这种危机规避是在无法达到全面保护目的的情况下为保住最主要的保护对象，以求日后逐步组织对危机的抵抗和反攻而不得不采取的措施，代价和损失都很大，但除此之外并无他途可以选择。

第二种是广义的危机规避，指由于情势和时间均允许相对从容地做出全面应对安排，而决定以最大限度地保全所有可能被危机损害的对象为目的采取规避危机的全面性措施。这种危机规避能够尽量减弱危害、减少损失，而且不会付出太大的代价，所以是最好的危机预管理选择。但是，这种危机规避却几乎等于整个危机预管理甚至整个危机管理，而且还是有条件的——必须是在危机不那么紧急凶险而且人们也有能力进行充分应对的情况下才可能进行的。所以，这不是危机预管理本义上的危机规避。

4. 应对方案的研制与预备

无论是否经过了或是否有必要经过危机规避阶段，对于作为危机防范主体的领导而言，危机预管理都必须迅速进入危机应对方案的研制与预备阶段。事实上，这个阶段就是危机预管理过程中的战术性决策阶段，危机应对方案就是危机预管理过程中最重要最具实质性的一个环节，即讲求目前实效的危机决策。

研究制定危机应急方案就是这样一种决策过程：根据危机监测和危机预警的信息，由决策者在危机造成实质性重大危害之前的有限时间和空间里迅速集合有关专家组成科学决策集体，充分尊重、听取和集中专家的科学意见，结合领导自身运作的特点和要求，充分考虑紧急时刻组织动员一切力量的操作特点与要求，最后拿出一整套完备的紧急应对方案，包括第一方案、第二方案乃至第三、第四方案。

在制定出来的一系列方案中，第一方案是必须马上实施的主要行动方案，其余方案都是辅助或准备顶替第一方案的预备方案，是确保万无一失的决策预备。这样做是危机决策所特别需要的，因为危机监测和危机预警所获得的信息是有限的，专家和决策者自身的知识经验也是有限的，而危机信息以及相关的不确定因素则更是常常出乎意料，这决定了必须准备多套应对方案才能稳健赢得对危机的预控制、预管理。如果没有多套应急方案，就会在未知因素或不确定性出现时慌忙错乱、痛失良机、任危机肆虐而坐以待毙，亦即只能是无备而十分容易陷于被动、恐慌和失败的境地。

一般而言，无论第几方案都必须是针对危机的性质、特点、规模（包括潜在规模）估计、危害预估、有效治因、容备时限等要素，发掘应对危机的全部有效和可能的途径、方法、手段、工具、人力、物力、财力、智力、关系等一切资源。因时因地，确立明确的危机预防目标和预防效果指标，设计出组织各种资源进行事先化解潜在危机或显在危机的方式、办法和步骤；同时，提出明确的操作要求、质量要求、纪律要求、监督要求、沟通协调要求和奖惩兑现的规定。最终要收到的效果是事先做到最大限度抑制和化解危机，最大限度转移危机直接危及的对象，力争迟滞危机的爆发，把危机及其危害降到最低限度。

总之，在危机预警之后，必须立即进行事先的以预防为主要目的、为后续的危机管理奠定良好基础的危机决策，亦即制定危机管理预备方案（此即通常所说的“预案”），为危机预管理的成功和下一步克服危机、化险为夷提供决策上的保障。

5. 危机防范的准备与应对预演

根据危机管理预案，领导必须立即依照预备方案行动起来，为打赢抗击危机的战斗做好最充分的实际准备。这个准备包括两个基本方面：

第一，硬性准备。所谓硬性准备是指为防范和战胜危机所必需的各项重要预备条件。根据预案，领导必须立即动员所有相关的物质和实际力量，进行实地、实战性的部署，确保这些硬性准备在最短的时间内到位。具体说来，这些硬性准备主要包括人力准备、财政准备、物资准备、手段工具准备、心理准备、社会准备和组织准备。

第二，软性准备。所谓软性准备是指在硬性准备基础上就实战性组织运作进行尝试、熟悉和习惯化的综合性预备的活动。其实质就是针对具体的危机进行实战性的危机应对预演。它主要包括培训和演习，其中的演习最为重要。20 世纪 80 年代美国旧金山大地震前一个星期，全市刚刚做过全民大演习，所以在灾难降临时人们可以很好地应对，损失很小。

应该说，演习就是对危机预管理方案进行实验和对前述所有准备进行检验的战前演练，是最重要、最全面的综合性预先准备。就已有的实践来看，只有将这一步做好，才算真正完成了防范和抗击危机的全部准备，才算真正能够打一场有把握之仗，才算真正把危机预管理做到了家。

6. 事前危机应对的战略策略与决策

如果说前述诸环节都是针对目前面临的危机而进行的操作性、战术性危机预管理，那么事前全面的危机应对管理就是相对超脱的理论性、战略性危机预管理。准确来说，事前全面的危机应对管理就是领导根据历史经验和事实，也根据当前的危机实际，进行举一反三、由此及彼的理论性探讨、政策性研究和宏观性决策的高层次、综合性管理活动。

事前全面危机应对管理的最大特点是根据非实用主义的实战标准和要求对目前面临的危机类型以及可能面临的危机类型进行全面、系统的战略考虑。包括危机类型及其根源与危害的认识和把握、不同危机的有效应对思路、不同危机应对的组织建设与战略部署、不同危机应对的力量考量与准备、目前危机应急能力的缺陷和差距的评估与改进、专门的危机应急制度和常效的危机应急机制及危机应急系统的建立、社会发展水平和国家实力对于各种危机应对的承受限度、为应对不同危机所需事先努力做好的基础工作和战略准备等，都是事前危机应对必须考虑的范围，也是它所固有的内容。总之，它是事关危机应对全局的战略管理活动。

为此，领导必须确保头脑清醒、目光高远，必须以战略的眼光来看待整个危机应对过程与效果，必须从根本上、从战略的高度来考虑解决危机问题，不能只限于事前的战术性危机应对，而要从微观层面上升到宏观层面，使危机防范和应对从根本上避免或完全扭转诸如滞后被动、顾此失彼、损失巨大、痛心疾首的局面和结果。具体要注意以下几点：

第一，事先全面认识和把握不同危机，分析危机的特点、要害、危害与根源，对危机形势和局面做出正确的评估，目光长远，制定出完备、科学、可行的战略规划和危机应急计划。

第二，事先建立起一套相当完善、完备、灵敏、高效的危机预测系统、危机监视系统和危机预警系统。

第三，事先建立尽可能覆盖或囊括所有可能或潜在危机的，全方位、功能强大、灵敏、完备的危机应对网络和应对预案，确保事先能够最大限度地降低或减少危机损害。

第四，事先建设能够专门应付危机的、强大而发达的专家库、智囊机构、咨询机构、政策研究机构和官方长效机构，建立完备的专门人力资源开发系统，加强专业人员培训，通过极大提高素质解决应对危机的根本问题，最终建立起一套完备、发达的人才储备、人力储备和组织准备系统。

第五，建立强大、发达的技术储备、物质储备、经验储备、知识储备和其他方面的专门储备，把官方、半官方和社会的所有相关力量尽量纳入危机预防战略体系之中，随时应对处理危机的不时之需。

第六，事先建立完备、发达的应急机制体系与措施体系，构建起一套适合在危机状态下实施有效管理的良性激励机制，包括奖励机制、惩罚机制等，确保危机一旦出现，这些机制即自动开启并付诸实战运作。

10.5.3　危机处治

危机处治是指在危机正式到来之后直到危机正式结束为止的时期内领导对于现实危机所进行的各项治理活动。这是最实质、最重要的危机管理阶段和内容之一。一般而言，它包括危机决策、危机处置、紧急动员与组织、紧急协调、全面迎战、破击危机、结束危机等活动，主要有以下五个方面。

1. 紧急决策

危机爆发后，领导的第一项工作就是针对紧急情况，充分利用现代信息技术，创新并运用危机决策工具，开展自愿、互动和立体的信息交流，辨识危机性质，诊断危机问题，把握危机实质，找出危机根源，判明危机的类型与形式，分析危机的严重性、风险性、危害性和不确定性；针对当前危机的特点和致命弱点，立即做出用于当前行动的决策，以直接表示决策者和整个领导对于危机的反应和态度，更重要的是直接通过由这种决策形成的紧急举措来最快速地实施危机处治，从而赢得危机反应主动权和最大限度的胜算机会。这就是应急决策，而且是最典型的危机决策。其具体要点如下：

第一，紧急决策不是一次性决策，而是视危机紧急情况的大小多寡而先后分别进行的连续性决策，其实就是一个在危机状态下的紧急决策系列。其中，无论哪一个决策都非常重要，但是第一个决策是最重要的。

第二，紧急决策就是快速反应和正确而果断地做出决定。从此开始的每一步危机处治都必须确保非常快速、果断、冷静、严谨、细密和全力以赴，都必须坚决、彻底地避免和消除诸如心不在焉、拖拖拉拉、敷衍了事、忘乎所以、滥显权位、目空一切、门难进、脸难看、话难说、事难办、打官腔、唱高调、形式主义和“报喜不报忧”等恶劣作风。

第三，以公众利益至上和效率至上为原则，考虑最坏的可能，在有限的时间内迅速做出正确的决策，做出最大限度符合原则的紧急安排。迅速组织专家队伍和智囊群体，进行专业、内行、有深度的决策研究与政策考量，进而明智、科学地策划和制定微观而具体的危机管理计划和措施；同时，邀请专业、权威、公正的有关机构来帮助解决危机。

第四，决策者要提高决策系统对环境的敏感性，增强对正在迅速变化的环境的快速反应，增强决策方案的预见性、防范性、时效性、互动性、切要性、创新性和信息性，避免或解决危机决策中容易发生的迟滞、错乱、杂沓、错误等问题。

第五，要更加严密地和全方位地关注事态的发展和决策信息，由此制定更加周密细致、强力有效的危机治理对策和危机控制计划，更加悉心、细密地改进应对措施，研究出新的有效对策，并且更加细致、到位地组织好、落实好各项具体应对举措的实施。

第六，不能依赖危机预管理中的决策。情况是不断变化的，特别是危机发生后的各种情况更是随时变化。先前所做的预防准备、所制定的预防措施并不一定因为完美就能生效，其防守范围和效度都是有限的，而危机出现的决口和概率却是多变的，尤其错杂的危机过程是最为复杂多变的。因此，在抗击危机之初，无论是否有了良好开局，都必须严阵以待，更仔细地监测危机、掌握信息、集思广益、科学决策和有效行动，进行连续不断的应急决策。

2. 紧急举措

根据第一次的应急决策，领导要立即启动整个应急系统，实行各种力量应急联动，迅速有效地应对初发危机，最大限度地遏制住危机狂潮，初步稳定局势，为后续的整个危机处治奠定良好的现实基础。这是危机处治的第二个最紧要的环节。

从根本上看，紧急举措的实质就是具体落实第一次的应急决策，迅速具体地组织与危机的第一次正面交手。这一步做得如何将直接决定整个危机处治是否能够主动和卓有成效，从大局上直接影响到对危机的后续抗击。因而，事关重大，必须确保迅速、果断和强效有力。具体而言，紧急举措包括如下方面：

第一，立即切实落实危机防范预案、危机应急决策和危机处治紧急措施，立即启动一切事先做好的充分准备，立即调动一切可以和应当调动的力量，迅速而科学地组织运作起来，与逐步迫近的危机进行首次作战。

第二，几乎与第一个紧急举措同步，以最快的速度，立即成立“应急办公室”、危机领导小组或危机控制中心，并迅速调配训练有素的专业人员和装备系统加以充实。由一个明确的领导核心和指挥中心来具体负责组织危机战斗，集中领导和组织实施专门、高效的危机处治与应对工作。

第三，设立专线电话，由专业人员来负责，用以应付危机期间外部打来的大量电话，加强横向而及时的第一手信息沟通与交流。结合其他渠道、方法和手段来最切实地了解和把握广大社会公众与公民的实际状态、处境、心态、情绪、想法和意见，最快收集到危机变化的最前沿信息，随时向危机决策中心进行汇报，并保持密切的联络；同时，竭诚、直接地关心和帮助危机影响的对象，对社会做好有关政策的答复与应急指导工作。

第四，迅速掌握好对外报道的主动权，以领导为第一消息发布源，利用好媒介，使之同领导保持一致，与公众进行传播、沟通。领导要用清晰、通俗、明确的语言来告诉公众，设法使受到危机影响的公众充分信任和信赖领导，并与之同心同德、团结一致、共同抗战，以确保从一开始就形成良好的危机控制势头。

第五，为一切积极因素和潜在能量开辟直接参与到危机治理当中的捷径，使大家有钱的出钱，有力的出力，有谋的出谋，共赴危机抗战第一线。其中最重要的是，高度重视并充分发挥各界专家群体和政策咨询机构的作用，同时，高度重视和充分发挥社会各界和全体民众的智慧与作用，把这一切积极的力量凝聚到一起，团结到一块，集中投入到抗击危机所急需的战斗之中。

第六，密切关注每一个直接遭受危机影响的区域、单位、人群和其他方面，密切跟踪、掌握危机进展、变化的情况和实质，以及实际扩展、波及的范围、速度和程度，尽可能全面、详细地了解、掌握目前危机的来源、特性、规则、规律和实质要点，迅速、全面而准确地掌握具体危机给具体对象带来损失、危害、破坏的实际情况和后果信息以及全社会的实际反映和反应。同时，将这一切真实、有效的信息快速汇总，送交领导中心或决策中心，以便进一步采取更具体有效的措施，做出快速、有力、针对性强的有效反应，尽快扑灭燃眉之急的危机浪头。

3. 组织动员与有效指挥

组织动员和有效指挥就是目标明确、严谨有效地调动和运用好一切积极因素及有限资源，确保内部井然有序、应对有条不紊、流程清晰、组织坚强、阵脚不乱、支持到位、全面顾及、不留死角、不遗后患、相互呼应、相互支援、快速反应、及时调动、部署迅速、施治切要、作战有力、处治有效，并尽量节约资源，使有限资源发挥出最大效用。

这实际是一个非常重要的具体管理环节。它在危机处治之初主要是配合紧急举措而组织实施危机治理，在危机浪潮初步遏制之后则成为主要的危机管理活动和危机处治形式。它将具体作用到每一个微观的危机治理活动之中，而且将一直持续下去，不断削弱危机的能量，不断降解危机危害的效度与程度，不断化解危机，直至打垮危机为止。事实上，这个环节的有效性将具体决定着危机处治的成效和危机解决的进程。

这里，领导必须以对人民、对国家极端负责的精神，运用科学的风险管理知识和熟练的风险管理能力，快速、高效地发动多方积极因素，调集和动用人员、智力、精力、体力、权力、时间、信息、资金、财物和其他相关资源，恰到好处地将其用到应对危机的每个环节、每个进程中，由此切实有效地解决危机。

显然，危机处治就是一个大规模聚集、高强度消耗各种资源，切中社会症状而急剧施治的危机处治活动，也是一个事关危机处治成败的纯操作性重要管理环节，是继应急的危机决策之后与紧急举措几乎同步实施的组织动员和有效指挥。

4. 协调整合与全力处置

协调就是领导对于危机管理系统内部各组成部分之间的协调、对于其自身同危机管理系统外的社会各系统之间的协调、对于本国本社会全体力量和所有资源的协调，以及对于国内外之间进行危机应对合作之间的协调等一系列活动的总和，实际是实施组织动员和有效指挥之后最主要也是最重要的管理行为。它是整合的前提，是实现沟通和协作的基本手段及保证。只有协调才能消除各种各样的迟疑、误解、不知道主动配合、未能相互对接联动、关系不顺、各自为政、引起混乱、互动无理、造成浪费、激化矛盾、增加复杂、自我消耗等问题。

为了把危机状态下的协调做好，领导必须在启动应急系统的同时就立即建立起一个健康、正常的危机管理协调机制，非常细致、具体地制定并实施协调规定。由其自身带头，在组织动员的过程中，在实施应急决策的过程中，高度关注协调问题，及时、迅速地提供信息和建议，及时、有效地把双方或多方组织在一起，切实致力于具体双方或多方之间的沟通、疏浚、说服、推动，使之一致起来，使之相互衔接和配合，使所有直接因素和间接因素都朝着同一个目的、同一个目标来规划、调动自己，使各种关系最大限度地被理顺，使各种复杂的、难以驾驭的，甚至本来有可能异化和有害化的消极因素都转变成积极因素，最终使危机治理所需要的所有因素都作为有机整体的一部分科学、成功地整合在一起，形成战胜危机的抵抗与破击力量。

整合就是在有效协调的基础上以顾全大局、严谨务实、科学民主的态度把各项危机治理要素很好地组合起来，把各种力量有效地组织起来，把所有相关因素的共同点和积极方面集结起来，铸造一个集体化的、更加能动有效的综合性力量，或者形成一个加倍放大韧性、耐力、效力和战斗力的巨大合力。从某种角度看，这其实是更高层次的危机抗击组织活动，是领导必须认真做好的内务性工作。这时如果出现疏忽或者工作不力，则必将面临顾此失彼、难以指挥和驾驭的局面，最终贻误战机而损害危机管理。

其实，协调和整合就是为了更好地组织起来，自始至终皆能全力以赴，以最大的有效力量和手段投入到应对危机的战斗中。其中，协调是直接有助于解除全力以赴的后顾之忧的手段和机制，而整合则是全力以赴所需合力的制造过程和直接来源。特别是在抗击危机的相持阶段最需要全力以赴的时候，协调和整合对于危机管理的作用就显得尤其突出。这时，只要协调和整合略微跟不上，就会立即产生相互脱节、离散甚或背离的消极化动态和倾向，进而已成的合力则迅速软弱、化解，全社会的力量就难以有效地集中组织起来全面、主动、积极地抗击危机，甚至于因此而“报销”前期已经取得的危机治理成果。

5. 攻坚制胜，解决危机

危机处治的攻坚关键其实不在于危机本身的难度和顽固度有多大，而在于人，即由危机抗击主体的勇气、信心、豪情、气势、心力、智力、体力、精力、耐力、意志力以及健康强大的综合心理基础所构成的战斗力和后劲到底有多大、能持续多久、能否形成不可战胜而能绝对压倒危机的优势。从危机处治的实际需要来看，这种精神状态的转变和持续是完全有必要的，而且必须一直持续到抗击危机的斗争取得完全胜利为止。

科学的态度应该是，既充分承认和重视在最后时刻必须继续保持强大的精神优势来战胜危机，也充分承认和重视危机在前面连续遭到重大破击之后还剩下最难克服，还需要更大处治力度才能破击的难点和盲点。

因此，在最后解决危机的时刻，不仅要继续加大力度解决好人自身的最大难关，而且还要以更严谨的科学精神、更大的研究力度及更强的协同作战的有效组织能力和手段从科学上解决危机的实质性难题。从科学角度来看，只有继续以最高度的重视态度和实际投入来不断启动和运用科学力量，才能真正强有力地彻底解决当前的危机。

此外，在诸如资金、物资和各项相关力量的聚集和调遣上，在赢得组织内外、社会上下、国家内外的普遍支持上，在确保危机应急系统的健康正常上，在对危机的每一变化和进展能够快速准确地做出反应上，都必须一如既往地保持着高效、灵敏的运作，而不能有所松懈，更不能“刀枪入库，马放南山”，断送最后战胜危机的机会和成果。

10.5.4 危机后管理

危机后管理是指在危机正式结束之后领导所进行的善后性管理活动。它主要包括对已发生的危机进行全面的反思，对已实施的危机管理进行全面的总结，对危机带来的影响和后遗症进行全面的清理，对未来的同类危机管理以及其他方面的危机管理进行系统的和战略的考虑与安排，形成可预测可防范的危机管理机制、体制、手段以及各种必要的准备，从长远着眼来谋求长治久安、稳步升平等内容。概而言之则有四个基本方面。

1. 消除危机后果，逐步进行有效的恢复

危机结束了，与危机作战的战时状态也解除了，人们的生活也开始逐渐恢复正常了，社会的秩序也开始回到正常状态了。但是，危机造成的危害和带来的后果却刚刚开始在人们的意识中、在社会的实际运作过程中凸显出来，成为不可逾越的现实障碍和不得不继续投入大量力量和资源来解决的现实问题。为此，这一阶段的危机后管理要从以下几点着手：

第一，着手解决灾后安定的问题。这是危机过后的首要大事。为此，作为领导，首先要做到既不灰心丧气也不懈怠散漫，要以清醒、坚强、关爱的态度和形象来引导受灾的个人、家庭、群体、社区、社会乃至整个国家，特别是要以具体有效的实际措施，主要是以实际的物质支持和公共服务来帮助大家逐渐走出危机后的困境。首先是保证大家至少在最低限度内没有物质上的后顾之忧，进而通过加强新的精神文明建设来逐渐消除无形的危机后果，帮助大家淡忘灾害带来的痛苦，最终使人们、使社会真正普遍地逐渐安定下来，真正形成一个逐渐恢复的良好形势。

第二，做好危机之后的奖惩工作。这是消除危机后果所必做的头一件事情，是危机

后果处理中最实质、最必要、最不能含糊的地方。为此，首先，采取褒奖、激励措施，表彰、鼓励危机管理过程中一切值得赞扬和歌颂的人和事，弘扬正气，振奋精神，重振信心，加强团结，加快全面恢复的进程，为接下来新的发展打好积极的人气基础。其次，采取惩罚、处理措施，追究负有道德责任、管理责任、行政责任、刑事责任者的责任，分别予以相应的惩处，以正视听，以儆效尤，以服人心，由此促进灾后的恢复与重建。

第三，着手解决灾后重建的问题。这一步旨在进一步促进安定团结、治理危机后遗症、彻底消除危机后果。这个重建既包括重建信心和信念，也包括重建秩序和关系；既包括重建家园和环境，也包括重建生活方式和生活条件；既包括重建经济基础和社会基础等，也包括重建生产方式和生产条件。为此，领导必须不断进行计划、经营和投入，还必须调动一切积极力量来参与到重建的过程和具体活动当中，特别是要利用专家智慧进行新的全面的设计，避免重建走上对过去破旧的、落后的那些东西的简单重复的老路。

第四，尽快启动灾后发展战略。这是彻底消除危机后果的最高举措。所谓灾后发展，主要就是指根据当前的财力、物力、人力和基础条件等实际情况，领导着手规划既超越原来水平也超越重建水平，以实现更美好建设和生活等为目标的未来发展蓝图。其中，自然包括了更好的生活水准和生活条件，更好更多的就业机会和收入水平，更道德更安全的生存状态和发展条件，更文明更理想的人际环境和社会环境。

2. 重振社会信心，激发新的生机

在组织进行恢复的同时，领导要把目光放得更远更高一些，采取的措施要更积极更超前一些，使得这些非恢复性积极举措同恢复性措施结合起来而相辅相成，由此加快作为重要危机治理一环的危机善后进程并获得更加良好的善后综合成效，而这样的举措就是重振社会信心，激发新的生机。

为此，在着手消除危机后果的同时，就必须采取“解渴”、得力、有效的措施来激发人们的信心和社会的信心，让人们乃至全社会都迸发出振奋之心、之情，积极投入到重建秩序、重建家园和重建乐土的事业中去，积极投入到开辟新生活、新世界、新前景的创造当中去，真正激发起普遍的热情、豪情、希望、团结精神和奋斗精神，使人们在危机之后拥有健康的心态，促成新的生机在全社会普遍萌芽。

在此过程中，领导必须广泛倾听专家群体、政策咨询机构和广大民众的意见，同时采取社会的和官方的激励措施，采取科学的和命令的激励措施，采取物质的和精神的激励措施，采取生产的和生活的激励措施，采取扩大就业的和改善条件的激励措施，由此来直接作用于相关的个人和群体、地区或单位乃至整个社会，使之完全振作起来，为新生活而奋斗，为新的创造而奋斗，进而充满活力和生机。这样，就必定能够化危机之灾为新生之祥，化危机之祸为新生之福，彻底走出困境，彻底摆脱危机的影响，并由此而实现更大的发展和成功。

3. 总结经验教训，进行危机后的学习

当前述的危机处治过程基本结束而整个社会完全恢复正常安定和发展之时，领导紧接着就必须静下心来，痛定思痛，反思过去，居安思危，总结经验教训，从理论上和实

践上，从主观上和科学上进行全面、深刻的思考，并从此拉开从战略上同任何危机进行战斗和克服危机的危机管理新序幕。这是转折性的危机管理环节，危机管理将由此进入一个新的境界和水平。

有的学者把这一阶段的活动称为危机学习，即在危机过后思考从付出的代价、消耗的成本、切身的经历、巨大的伤痛、惨重的教训中能得到什么、应该得到什么，并实际着手去得到这些该得到的东西。这就是从危机中学习关于危机的知识、经验和其他东西，明确应该做哪些反思、吸取哪些教训，特别是再遇上同样的危机该如何应对，应该从危机事件中得到新的认识，并提高人们对于危机的免疫力。

具体而言，这里主要应注意以下几点：（1）要对原因进行反思；（2）要寻找危机根源；（3）重新审度危机过程；（4）重新审度危机知识；（5）重新审度危机管理过程；（6）进行事后的价值评价与应对等。

总之，一场危机过后，必定留下很多需要思考的问题，也必定留下很多学习的难题，对于已经掠过现实生活的危机，必须下功夫对其有全面的认识。只有把握住了危机的本质、规律、机制和条件等问题之后，才能更好地防范和治理危机，才不算枉付了代价、白受了苦难。因而，必须组织专门力量，将所有的经验教训总结为书面的结果，并将其作为一笔宝贵的财富，供今后防范、治理和化解危机之用。

4. 居安思危，着眼长远，从战略上全面防治危机

在前述各项工作都做好做扎实的同时，领导还必须着手全面的和战略的危机管理工作。这是危机后管理乃至整个危机管理过程中最高的境界和目标，在很大程度上就是从战略上全面做好危机善后工作，是危机后管理的最后一个环节，也是整个危机管理过程中事关以后危机治理全局的最后一个环节，所以必须做好、做彻底。具体来说有如下要点需要注意：

第一，彻底消除危机隐患。要针对危机的症结、根源、诱因、基础和其他相关条件，采取有力的措施，破解危机症结，破除危机温床，铲除危机根源，消除危机诱因和危机基础，消灭危机发生和肆虐所凭借的所有条件，从而真正彻底地解决危机忧患，真正确保人们和社会免遭危机袭击与祸害，从而实现广泛、持久的安全。

第二，警惕和防范其他危机。不能因为已发生危机的消逝而以为天下就从此完全太平了，而要注意到有可能还会发生其他形式、性质的危机。同时，还要为此制定出一整套非常灵敏、高效的广谱危机预警系统、防治系统和治理手段系统；还要极大提高对于所有可能发生的危机的预防能力、预先化解能力、心理承受能力、应变能力、应对能力、处治能力和根治能力，以及危机后的善后能力、恢复能力、新生能力和发展能力。由此确保具有充分的准备来应对以后来袭的任何危机。

第三，着手强化和优化危机管理系统自身的建设。要针对危机管理系统和工作中还存在的问题特别是对于紧急处治危机的不适应不胜任之处，就危机管理本身进行广泛、深入的整顿、整改活动，由此最彻底地消除、整顿其自身不适应应急需要的各种弊病，使其自身由此而得到极大的改进、优化和完善，使其自身从此提高到一个新的危机管理水平，使领导成为“扑灭”危机的铁拳或实力型“消防队”。

第四，着手对危机进行全面系统的战略管理。从长远安全和发展的需要出发，调动一切力量特别是各学科相关的专家力量，设计和建立起一套全面、完善、灵敏、有效的危机预警系统、应急系统和支持系统，确保整个国家都有一个全面系统、灵敏高效、确保安全的危机应对战略。

综上所述，危机后管理就是要最充分地发挥领导的能动性、灵活性和创造性，同时全面依靠、调动和利用社会上的一切积极因素，共同来消除最后的危机阴影，共同来构建最全面、强大、灵敏、高效的未来危机应对体系。这不仅能够确保及时应对和化解未来突发的危机事件，而且还能确保最有效地防范各种危机，甚至能够事先就消除各种各样的潜在危机，为全社会带来最大限度的安宁。

本章小结

领导的日常工作就是抓管理，不仅要切实抓好常规管理，而且还要特别重视抓好风险管理。常规管理包括内务管理和业务管理两大部分，风险管理包括危机预管理、危机处治和危机后管理。其中，内务管理又包括制度管理、机制管理、机构管理、人力管理、财务管理、物力管理、文化管理、时间管理和绩效管理，业务管理则包括价值管理、过程管理和结果管理，而价值管理又包括目标管理、战略管理和规划管理，过程管理则包括项目管理、生产管理和产出管理，结果管理则包括质量管理、数量管理、速度管理、成本管理、效率管理和效益管理等。这些管理都与领导工作的得失成败息息相关。要做好领导工作，就一定要抓好管理。要善于抓管理，才能真正善于实施领导，才能取得优良的领导业绩。

关键术语

管理　常规管理　内务管理　业务管理　价值管理　过程管理　结果管理　风险　风险管理　风险防控机制　潜在危险　现实危险　“灰犀牛”　“黑天鹅”　危机　危机预管理　危机处治　危机后管理

复习思考题

1. 管理与领导的得失成败有什么关系？
2. 领导与管理在实践中是一种什么样的相互关系？
3. 试述在领导工作范围内的管理构成。
4. 试从加强管理、稳定全局的角度谈谈领导应如何理解和抓好内务管理。
5. 试从要当好内行的角度谈谈领导应该如何理解和做好业务管理。
6. 试从领导的全方位管理职责和领导干部主体责任的角度分析要重视风险管理的原因。
7. 试析风险与危机、重大风险与“灰犀牛”和“黑天鹅”的关系。

8. 试析风险管理与危机管理的内在联系。
9. 如何加强风险防控机制建设？
10. 如何做好危机预管理工作？
11. 当危机突然爆发时，应如何紧急应对？
12. 在初步解决危机后，领导应该着重抓好哪些工作？

案例研究

案例一

2001 年，S 省科技厅副厅长吴某所管辖的信息处出现了问题。信息处的梁处长“出问题”后，吴某就想让副处长刘某来主持信息处的工作。刘某原先总被认为是一个“头重脚轻根底浅、嘴尖皮厚腹中空”的人物，很是被梁处长瞧不起。但是，她也人如其名，很玲珑，一有机会就在吴某面前卖乖。吴某因此很信任她，还委她以重任。

刘某在吴某的支持下开始扬眉吐气起来。首先是把另外一个副处长纳入打击范围，经常到吴某那里说长道短，使吴某彻底相信另外一个副处长原来就是梁处长的人而把他打入“冷宫”。于是，她就得到了全处的领导权。然而，大权在握的她热衷于找事整人，而没有把心思用到工作上。一件件紧急事情、重要文件在她那里都不当回事，只有一个老早就让她倍感厌恶的硕士、副主任科员小王才是她一心“关注”的对象。刘某总是找他的碴儿，跑到吴某那里打他的小报告。而吴某不辨是非，不论曲直，一概听信她的话，处处针对小王，包括不让他工作。小王对近来自己老是没事儿干、老挨批很是苦恼却不知就里。

刘某把信息处的另外几个成员当成自己的人。可是，处里常常活多事急，这些人员也受不了了。特别是刘某本来就外行，对他们起草的文件总是瞎改胡批，常常是连改十几次，之后又回到当初的第一稿上。这使大家都很烦她。于是，她就又跑到吴某那里去告状，说这人不行、那人也不可以。吴某也都听信她，就找机会整这些人。这些人觉得痛苦不堪、无处伸张、前途渺茫。

信息处一团乌烟瘴气，工作几乎陷于停顿状态，这样下去，迟早会出问题。果然，有一天，吴某被厅长叫去痛骂了一顿。原来是科技厅居然向全省发了一份文件，而这份文件就是吴某签批的，内容、时间、方式和措施都不适当，是一个影响非常坏的政策文件，在社会上已经引起了混乱。省里主要领导得知后，非常愤怒，分管的副省长对此高度关注，提出要追查责任。

吴某回到办公室后很恼火，怎么会出这样的大娄子呢？他仔细一想，觉得全怪刘某。就是因为她还没有把工作做细做好，就把文件胡乱报上来要自己签发，自己就是因为太过信任她，也很忙，所以没多看几眼就挥笔签发了。

于是，吴某把刘某叫来，痛骂她一顿，要她赶紧写检查，说明原因，承担责任。刘某当时就觉得非常委屈并号啕大哭。刘某回到自己的办公室后并不是坐下来反思，而是咬牙切齿地暗骂吴某，并且琢磨出了一个主意，就是把吴某的“种种劣迹”汇集起来，向党委书记和厅长反映，也向省纪检监察部门反映，想借此来推脱自己的责任。

吴某一知道这个消息，就马上到信息处开会。在会上，他不是检讨自己的问题，而是当着全处的面要求刘某做出解释。此外，还说了一句让全处每个人都难以忘记的话："真没想到，我居然被自己最信任的干部给卖了！"

▶ 分析与理解

1. 按照内务管理的有关原理，试析吴某对信息处实施的常规管理存在什么问题？主要有什么在管理上的经验教训？

2. 按照业务管理的有关原理，试析吴某、刘某在业务管理上是什么样的水平，存在什么样的问题和缺陷？导致这些问题的根源是什么？

案例二

1941 年 6 月 22 日凌晨 3 点 30 分，希特勒用闪电战突然进攻苏联，在 2 000 多公里的战线上发动全面侵略战争。就在这一天，德军摧毁了苏联西线的所有机场和 1 200 架飞机，其中 800 架还未起飞就被炸毁；苏联各条战线像潮水一样地后退，可谓兵败如山倒。

其实，就在德军抵达苏联边境的 27 分钟之前，苏联黑海舰队司令奥克恰布里海军上将就发现有大量来历不明的飞机正向苏联海岸接近，并报告给了苏联最高统帅部。3 时 30 分，西部军区也向斯大林报告说：德军空袭白俄罗斯城市。3 时 33 分钟，基辅军区报告：乌克兰的城市遭遇空袭。3 时 40 分，波罗的海沿岸军区报告，敌机空袭考那斯和其他城市。4 时 30 分，斯大林命令立即给德国大使馆打电话；而这时已经离德军正式进攻有一小时之久。几分钟后，莫洛托夫向斯大林报告，德国已向苏联宣战。

从战争开始的最初时间看，没有预警的时间，没有做出迅速反应的条件，从最高统帅斯大林到各级军事将领基本上都对这场战争感到很意外，都还不太相信这场战争已真的来临。特别是在德军闪电进攻一小时后，斯大林还想通过问德国驻苏使馆来印证一下是否真的"狼"来了。这表明斯大林不相信希特勒会侵略苏联，也表明一小时内苏联根本就没有做也没来得及做出应有的有效反应。这使苏联从一开始就陷入了巨大的战略被动和灾祸之中。

在随后的 19 天时间里，德国持续进行闪击，危机浪潮劈头盖脸而来。苏联因此便有 28 个师被全歼，有 70 个师的人员武器损失过半，有 2 000 列火车的军火遭到损失，有 3 000 门大炮、2 000 架飞机、1 500 辆坦克被缴获，30 万苏军被俘。而与此同时，德军却向苏联腹地纵深推进了 300～600 公里，苏联的大片国土迅速沦陷。在 7 月 16 日这天，就连斯大林的长子雅可夫·朱加什维里，作为第 14 装甲坦克师的连长，在维布斯克附近与几千名官兵同时被俘。8 月 25 日，基辅战役失败，士兵惊慌失措，自动放弃阵地，四散逃跑，向德军投降，苏军西南方面军共损失 70 万人，其中有 60 万人或投降或被俘。苏联在战争之初便遭遇了空前的惨败和灾祸。

此后，在斯大林的领导下，苏军经过 515 天的苦战，才在 1942 年 11 月底遏制住了德军大规模的战略进攻，使反法西斯战争出现了历史性的转折，并且最终赢得了反法西斯战争的完全胜利，但是也付出了不可挽回的巨大代价，至少牺牲了 2 700 万人，损失了 7 000 亿卢布，毁坏了 1 700 个城市和市镇、10 万多个集体农庄和国营农场、7 万多个村庄、3 万多个工业企业、6.5 万公里铁路。

▶ 分析与理解

1. 试用“温水煮青蛙”原理来分析法西斯德国对苏联能够闪击成功、苏联在战争初期遭到惨重失败的根本原因特别是领导原因是什么？为什么？

2. 苏联领导特别是斯大林为什么没有嗅出来一点战争危险正在逼近的气息？斯大林在苏联遭到德国闪击一小时之后还想通过德国驻苏使馆来证实是否真的发生战争了，这说明了什么？试运用危机预管理的有关原理来总结其中的危机应对经验教训。

案例三

2008 年年初，我国南方发生了罕见的特大雨雪冰冻灾害。从 1 月 12 日到 2 月 2 日，就先后下了四场暴雪，电力、航空、铁路、公路等都受到严重影响。广州火车站因此滞留了很多旅客，特别是返乡农民工聚集了很多，在站前广场最多时每天有 50 万人。返乡过年的农民工有增无减，而有效的火车运力却几乎达到极限。这使站前维持秩序、避免发生群体性事件的压力空前高涨。公安、武警连续执勤，非常疲劳。2 月 4 日，在广州火车站内有 4 名战士连续执勤了 39 小时，一换防休息就背靠铁栅栏站着睡着了。情形危急！

对此，广东省委省政府、广州市委市政府的领导都亲临一线，进行应急调研和应急指导。在铁道部门调研时发现，对于人员疏散和尽快运出的问题，铁道部门的回答总是说火车要晚点一些，但到底晚多少却说不出具体的数字，包括运量数据。大家都觉得，1 小时是晚，10 小时也是晚，晚点没概念，没有确切回答，实在不靠谱。这样，地方政府就不好安排，也增大了应急处置工作的难度。对此，群众着急，广东省和广州市的领导就更着急。原有的应急预案实际上起不了什么作用。

2 月 3 日晚上 7—10 时，省委常委、市委书记、市人大常委会主任朱小丹与苏志佳、凌伟宪、吴沙、吕保山、甘新、陈国等广州市的其他领导，来到广州市公安局越秀分局流花地区视频监控中心召开视频现场会。朱小丹首先听取了 2 月 2 日滞留旅客的疏导情况，认真查看了广州火车站发出列车运送旅客统计表，并了解临时安置点琶洲展馆旅客往火车站运送的情况。接着，通过视频了解火车站广场周边旅客积聚区的现场情况，对春运指挥部负责人说：“一定要保持滞留旅客在广场周边的分区均衡分布，不要出现密疏不均的状况，以免疏导速度受阻。要合理控制分区旅客数量，以加快疏导速度，更有序疏导旅客进站。”在会上，朱小丹提出：“要按照科学划线、分区安置、有序疏导、控制外围的原则，继续做好广州火车站广场地区滞留旅客的疏导工作。要充分估计年关将近可能出现的新情况，做好明、后两天的各种应急预案，通盘考虑，完善部署，打好节前春运关键之战。”从这里可以看出，应急预案还是要靠现场制定，而这其实就是根据当时的实情进行权变应对。

面对持续复杂而紧急的情况，广东省、广州市迅速做出了口径一致、高效有力的应急决策并迅速付诸实施。所采取的应对举措主要是：“分片疏导，集中安置，提供服务，有序进展；科学划线，分区安置，有序疏导，控制外围。”此外，还创造了很多新的保安方式和做法：网格管理、摆渡式疏导、曲线形行进、特警渐行楔入、分片切割、渐进式引导放流和外围管制。这些措施很快得以实施并取得了显著成效。这些举措都是原先预案里没有的，更不会有相应的治理方案设定。

在最紧急的11天时间里，共动用了22.1万人次的安保力量，其中警力16.8万人次，有力地维护了广州火车站地区的社会秩序；在井然有序的情况下，有效输送了212.6万名旅客，化解了春节前旅客大量滞留在站前的严重压力。在维持秩序和人员疏导的整个过程中，除每天偶尔还发生一起治安案件外，没有发生诸如骚乱、打砸抢烧和踩踏性群死群伤等群体性事件，也没有发生人员伤亡情况。就这样，广东省、广州市的整个应急处置工作以超强的战斗力、忍耐力和有效性完成了重大而艰巨的紧急任务。

▶ 分析与理解

1. 案例中朱小丹提出："要按照科学划线、分区安置、有序疏导、控制外围的原则，继续做好广州火车站广场地区滞留旅客的疏导工作。要充分估计年关将近可能出现的新情况，做好明、后两天的各种应急预案，通盘考虑，完善部署，打好节前春运关键之战。"这是否是领导的应急决策？为什么？

2. 案例中朱小丹提出："要按照科学划线、分区安置、有序疏导、控制外围的原则，继续做好广州火车站广场地区滞留旅客的疏导工作。要充分估计年关将近可能出现的新情况，做好明、后两天的各种应急预案。"这是否说明疏导站前广场地区滞留旅客的工作原本就没有预案或者原预案已经不适用了？为什么？

3. 广州火车站前广场的这场应急处置实践表明了领导应急决策与应急预案之间是一种怎样的关系？试用危机处治原理，特别是应急变通原理来分析这次严重态势得到成功化解的领导原因、管理原因以及宝贵的经验启示。

第11章
领导决策

重点问题

- 领导决策的实质与意义
- 科学决策的原理
- 科学决策的程序与步骤
- 科学决策的原则与要则
- 科学决策的方法

11.1 领导决策的实质与意义

11.1.1 领导决策的界定、实质与意义

领导决策是领导活动的初始和起步，亦即领导过程的第一环节。领导就是从决策开始的。

领导决策在科学原理上与其他任何决策都是一样的，但在一些具体的实质和特征上略微有别于其他决策。这个区别其实仅在于决策主体及其行为影响、行为结果和行为责任上存在一些性质和程度的差异。决策主体就是领导主体，主要是领导者，决策影响和结果均事关组织系统全局，决策责任因决策结果涉及整个组织系统而比其他所有决策的责任都更大更重。

那么，什么是领导决策呢？领导决策就是通常讲的领导“拍板”，即出主意、定方向、拟计划、提任务、想对策、拿办法，是领导主体履行职能职责的最重要行为。它有

两种形态：

（1）表现为权威过程形态的决策。决策就是领导主体做出倾向性决定的一系列具体操作过程，本质上集中体现为对未来行动的抉择。这是实施领导的第一步，是领导过程的龙头，也是领导运行的最关键环节。这个过程是领导主体对自身职能职责和现实问题做出职业性反应——定向、综合、效率地释放其素质能量的行为过程，即领导主体对其职能职责的具体履行过程。有人把这一职能活动归结为领导的运行职能。

（2）表现为权威结果形态的决策。这种决策是指领导主体为维持其自身和领导客体的良好存在、正常运作与理想发展，为维护其自身和领导客体的利益，为创造性地完成领导事业而达到群众和群体或组织乃至社会提出的目标要求与准则，满足他（它）们的合理愿望和需要，根据领导环境，考虑所有相关因素而最后在行动方案上做出的倾向性决定。

总之，决策是领导的开始，也是最实质的领导。它贯穿整个领导过程，一切领导活动都围绕它或随之而产生。最常规最重大的领导活动就是决策，领导首先是靠决策来实现的，领导过程的起始环节是决策。领导活动要正常展开，领导工作要正常进行，都必须先从决策开始。领导决策通常成为群体或组织乃至社会的行动依据和指针，规划和指导着群体或组织乃至社会的具体行为，直接影响到行为方向、行为内容和行为结果，直接造成群体或组织乃至社会的某种必然。这种必然是人为的、可控的、有强大主观因素参与而产生的现实结果，其影响具有根本性。

一个重大决策足以决定一个群体或组织乃至一个社会的命运。决策能够决定随后发生的领导行为，能够带来重大现实结果，事关全局利益，决定成败祸福，决定领导主体所代表所领导的群体或组织乃至整个社会的命运。它直接构成最重要的领导内容。可以说，没有决策就没有领导。

决策同主观因素的联系最密切，比其他任何领导行为都更依赖领导素质。决策过程中领导者的思想素质、智慧素质和能力素质起着关键的作用。领导素质到底如何，素质中的能量纯度、力度、效度到底如何，都将直接决定决策的质量和水平。政治素质和道德素质在这个行为中表现得最为根本，直接决定决策的取向和性质；特别是在重大的决策中、在国家层次或社会层次上的决策中所起的作用就更大。如果这些领导素质高，就会在决策中倾向于顾全大局、体恤百姓，进而使决策有利于大局和百姓；反之，就会使大局受损、百姓遭殃。决策错误就会造成全局性被动或失败，决策正确才能为领导活动、群体活动和组织活动带来顺利和成功。

领导工作的成效取决于决策的正确程度，取决于决策的科学水平。因此，做领导工作、搞领导活动就应抓住决策这一环，在决策的正确性和科学性上大做文章，以决策来确保整个领导活动的成功。

11.1.2 领导决策的具体含义

根据领导决策的实际运作过程，可以从如下十个方面理解领导决策的含义：

（1）决策是要产生或引发集体行为的特殊行为。任何一个群体或组织的领导主体做出决策，实际上就为这些群体或组织直接提供了必须兑现的现实行动依据和动力权威。这些群体或组织就必定在此决策下展开相应的行动。而决策事实上已经成为这些行动的龙头行为。

（2）决策是同领导职能职责密切相关且要产生并承担严肃责任的领导行为。决策本身就是体现领导职责的一种操作性领导职能，直接关系到整个领导职能职责能否得到很好的履行，集中体现出一个群体或组织乃至社会的愿望和要求，负有相当严肃、重大的责任。一旦做出决策，就会有影响有责任，来不得丝毫马虎。

（3）决策是要产生现实结果甚或重大后果的领导行为。领导决策带来的集体行为必定产生相应的行为结果。这些结果与群体或组织乃至社会中的每一位成员的某个现实部分都直接相关，因而具有重大的现实性。这些结果对他们有利，就皆大欢喜；这些结果一旦出现问题，就会引起各种各样的矛盾。特别是决策作为龙头行为一旦出错，则必将一错百错，导致一系列领导行为的错误，进而引起一系列集体行为的错误，后果是不堪设想的。

（4）决策是具有高度倾向性和价值色彩的领导行为。无论什么群体或组织的领导决策都具有明显的价值取向。领导主体站在什么角度、站在哪一方立场上考虑问题，都首先直接表现到决策行为中。决策一般都涉及利益问题。这就使领导决策更加具有鲜明的倾向性和价值色彩。

（5）决策是目标明确、具有绝对目的性的关键组织行为。决策本质上是一种以完全明确的目的和目标为核心的组织行为，即决策具有绝对明确的目的性。这种目的性是由领导事业的需要决定的。目的目标模糊的决策已经不是本义上的决策，而是一种盲目莽撞的行为，“拍脑袋决策”或“瞎决策”就属于这种情况。

（6）决策是一种凝聚了领导意志、权力权威的综合性信息行为。决策始终是信息行为，是收集、整理、加工、判别和决断信息的过程，也是形成和产出具有权威性的新信息的过程。没有信息，就不会有决策；没有信息的决策是不存在的。决策本身就是信息流，是加入了领导权力、领导权威和领导意志的特殊信息流。权力权威在这种信息流中已经成为特定的标志，将它彻底界定成了领导行为。作为领导活动，决策包含了领导行为所要触及的各个层次、各个方面，诸如用人、指挥等具体领导行为都有决策的问题。这里体现和证明了决策的根本性及综合性以及以信息流为基本内容或基本线索的基本特征。

（7）决策是以抉择为关键环节的领导行为。既然决策是倾向性领导行为，那么领导主体在做出决策时很明显就有一个难关即抉择。决策往往处在两难甚至多难的交叉路口，总是面临复杂的矛盾，特别是棘手的利益问题，因而必须根据有关原则和价值判断做出更有利的选择。这个选择是难度最大、主观性最强的关键性行动和过程。没有这个抉择就不会有决策，但抉择仅仅是决策的一个关键环节，尽管重要，也绝不等同于决策。

（8）决策是集领导科学与领导艺术于一体的领导行为。领导科学所揭示的客观规律和科学原理、领导艺术所包含的各种经验和技艺都不是孤立、静止、超脱现实的理论存在，更不是谁为了建立某种理论而故意进行的想象或捏造，而是始终贯穿领导过程，它首先集中表现在决策过程中的行为智慧。决策必须按照科学原理进行，也必须最充分发挥经验技艺的作用，才能真正做到科学、正确，甚至高超卓越。事实上，科学、正确的决策就是理论同实践相结合、主观与客观相统一、将精神变为行动和现实的高级活动形态，其实也是科学和艺术具体转变为行为和现实的特定过程。没有这个过程，决策就体现不了高水平，也难以保证科学、正确。可以说，领导决策就是领导科学与领导艺术最精彩的行为展现过程。

（9）决策是高度依赖领导素质的领导行为。科学理论也好，领导艺术也好，都是首先凝结在领导主体内部成为领导素质之后才参与到决策过程中发挥作用的。事实上，任何一方面的领导素质都能直接影响决策，都是科学、正确决策的内在基础或前提条件。如果说能力素质和智慧素质是最直接决定决策质量和水平的内在条件，那么教育素质、文化素质、职业素质、社会素质、生活素质等就是直接相关的重要基础，而政治素质、思想素质尤其是道德素质则是掌握智慧和能力、调动所有素质及相关资源参与决策的统帅。当然，心理素质和身体素质则为前述所有素质提供基本平台。缺乏良好的领导素质，就不应决策，否则决策就必定错误甚至恶劣而贻害深远。

（10）决策是广泛存在的领导行为。只要有领导主体存在，就一定有决策行为发生。因为领导主体的广泛存在，所以决策也广泛存在。小至一个非正式群体、一个家庭，中至一个企业、一个团体，大至一个政党、一个政府、一个国家、一个社会，都普遍存在领导主体，所以作为领导行为的决策就同样广泛地存在，同样广泛地发挥着作用。决策水平的高低反映出领导活动的质量和领导水平的高低。

总之，决策是以利益为轴心、决定集体行动、触及具体利益的权力性、权威性和意志性领导活动，充分体现着决策者的价值观，具有十分突出的主观性、倾向性、阶级性、集团性，在现代社会还有一定的科学性。这些情况正是现实领导决策的根本特征。

11.2 科学决策的原理

11.2.1 科学决策的含义与特征

科学决策是相对于经验决策而言的。如果说经验决策是小生产时代的传统产物，那么科学决策就是社会化大生产时代的科学产物，是适合现代发展需要的一种新型决策类型，反映着现代文明对领导决策提出的现代标准和要求。

科学决策主要有两层含义：一是指决策富有科学性，二是指决策富有真理性。

决策富有科学性指决策通过借助科学条件实现科学化的程度和效果以及由此形成的决策特性。这里所谓的科学条件主要是科学的决策体制、科学的决策程序、科学的决策原理和标准、科学的决策方法与技术、科学的决策思维等。这些条件直接构成科学决策的科学基础。决策在这个意义上的科学性其实是一种借助某种外在形式条件表现出来的纯科学性质。

富有真理性的决策是具有更高层次科学内含的决策，即建立在实事求是思想路线基础上，严格反映客观事物的真实面貌和发展规律的决策，是从决策内容上确保决策科学性的实质性决策。可以说，它是最高水平、最高境界的一种决策。它以决策的科学手段为基础，着重于以确保内容科学为根本，以实事求是的原则为保障。

其实，上述两者的综合就是科学决策，其内核就是对于决策的科学保证。科学保证这一点充分体现在科学决策程序和科学决策手段上，也决定了科学决策具有如下十个特征：

（1）严格实行科学的决策程序，与现代社会发展中的科学化潮流相呼应相吻合。

（2）依靠现代科学技术，有完善的科学决策手段。

（3）有科学的决策体制和领导体制作保障，有科学、完善的决策系统和决策程序。

（4）依赖并取决于专业知识基础和深入的调查研究。

（5）借助专家智囊直接运用决策技术，有坚实的科研力量作后盾和较大的民主性。

（6）充分重视和善于利用各种媒体及信息，有较强的公开性和较高的透明度。

（7）充分论证决策方案的可行性、可靠性和结果的可能性，权力参与程度趋弱。

（8）在多种备选方案中择优决定一个执行方案，并保留一定的备用方案。

（9）及时、准确地根据真实的实际情况修正和完善决策方案。

（10）包含极高的科学性和真理性，反映和忠实于客观规律和事物的本来面貌。

概括起来，科学决策的总特征即以决策条件为决策变量，以决策方案为决策因变量，通过科学的体制、程序和手段确保决策条件和决策方案之间即决策变量和决策因变量之间建立一种科学的函数关系。

以上诸特征也是现代决策的特征和标志。可以依据这些特征检验所做出的决策是否科学。只有合乎以上大多数特征的决策才算是真正的科学决策。

11.2.2　科学决策程序和科学决策手段

1. 科学决策程序

决策程序指的是决策过程中的决策环节或决策步骤，包括发现问题、提出问题、分析问题、解决问题。这些步骤反映了基本的认识规律。

在此基础上，不同的决策研究对此有不同的划分。大多是五环节论或五步骤论，还有四步骤论、六步骤论和八步骤论。尽管在具体的决策步骤上有不同的划分法，但是在实质上却完全一致，都是基于科学的思维规律、行为规律和认识规律，对决策行为进行适当的阶段划分，个中充盈和贯穿了饱满的科学精神，都力求减少经验决策过程中的主观性和随意性。事实上，只要严格按照这些步骤进行决策，不论用哪一种划分法，都能够直接提高决策的科学含量。这里的关键问题还有必要进一步研究，需要找到更严谨更科学的步骤体系，并加以固定为需要严格执行的程序，这即要形成常规的科学决策程序。

最适合领导主体决策实践的科学决策程序由如下七大环节组成：（1）确定问题；（2）把握情况；（3）确定目标；（4）确定标准；（5）设计方案；（6）方案论证；（7）方案抉择。

这里每个环节都是具体的决策步骤，都很重要，不可相互取代，缺少任何一个环节都会直接破坏决策的科学性；其中第三和第七环节最为重要，都是在进行抉择。这些步骤先后连贯，构成完整的科学决策程序和科学决策过程，是领导主体具体制订计划、出台政策的真实过程，是整个领导过程的第一环节。

2. 科学决策手段

科学决策手段主要是科学决策的方法和技术，包括现代调查研究技术、统计、运筹、预测、智囊、专门决策分析、环境分析、可行性分析、可靠性分析、计算机及网络等多种科学方法和专门技术。这些手段是整个领导手段系统中的一部分，在方案抉择前的每一个阶段都要大量使用，在决策后期也需要用来对方案进行监测和评估。

3. 决策函数关系

科学决策要保证在决策方案与决策条件之间建立一种高度紧密、高度有机的内在关系。这种内在关系就是要在科学决策的因变量和变量之间建立一种函数关系——在数理统计所及之处即为定量研究的关系，在经验性和观念性为主的具体领域即为定性研究的关系。

要做到科学决策，就要在决策变量即决策条件和决策因变量即决策方案之间建立和保持科学、健康的决策函数关系。这个关系要求保证决策问题和相关情况等决策条件与决策目标和决策内容等决策方案紧密相关和对应，能够根据决策条件的变化做出快速、及时、灵敏、正确的反应，及时修正和完善决策方案，确保决策的现实性、及时性、高效性、准确性、科学性和真理性。

这里所说的函数关系不一定就是纯数学关系，而多是定性抽象的变与因变的关系；既可以是定量关系，也可以是定性关系。这种关系尽管不能直接获得纯数学意义上的结果，但是至少可以改变在原来决策过程中存在的模糊散漫的观念，可以向精确化靠拢，至少能够在定性的层次上向科学的方向推进一步，确保决策的科学性和可信度。

11. 2. 3 决策失误与决策低效

领导决策经常容易出现失误和低效。这些是危害甚大的决策病态，是决策过程中直接影响决策质量和决策水平的最常见问题。在传统决策或经验决策中，这些问题是非常突出的，就是在现代决策或科学决策中这类问题也并不少见。这些问题有客观上的原因，但更多是主观上的原因。

1. 决策失误的原因

首先，决策环境和决策对象变化很大，不确定因素太多，决策难度很大。决策者的科学决策能力有限，不能保证在整个决策过程中、在整个决策的所有具体组成部分（包括细微但又常常比较关键的决策角落）中贯之以强大的科学力量。这就在客观上决定了不可避免地要发生一些决策失误。

在传统决策背景下，整个决策都以经验和权力为手段，主观性极强，没有科学保障，而面临的决策情况又非常复杂，所以决策不可能不出现失误。在现代决策背景下，由于人们活动的社会化程度乃至国际化程度都已有了极大提高，领导决策所面临的决策环境和情况就更为复杂，决策的科学性虽然有了极大的提高，但仍然赶不上决策情况复杂化的速度，因而仍然会有遗漏和不当之处。

其次，决策者自身存在主观上的问题。由于决策者素质的局限，在决策实践中往往是越碰到决策难题，一些决策者就越容易固执己见，容不得别人的意见，甚至以势压人，只让权力和地位说话，而不是尊重科学、尊重知识，让真理说话。这是最普遍、最致命的原因。在这样的情况下，没有决策失误是不可能的。而这种决策失误本来是可以避免的，是纯粹由主观原因造成的。

2. 决策低效

决策低效是最普遍的不良决策现象，主要表现为决策不及时、决策低效率、决策低信度、决策低效度、决策多内耗、决策多分歧、决策形式化、决策不负责等，其实质就是官僚主义。其原因主要有以下几点：

（1）领导主体内部有利益上的分歧，代表着不同的利益群体和利益观点。

（2）领导主体有意见上的分歧，代表着不同的思想派别。

（3）决策者的决策程序和决策方法十分落后，决策的科学基础薄弱。

（4）领导者的素质比较低，无法或不能从事复杂、高级的领导决策，官僚主义严重，把根本不合格的决策方案直接付诸实施，还美其名曰“实验法”或“试错法”。

这些现象都会产生恶劣的现实结果，特别是在决策环境和决策对象变化极其迅速的今天，就必定会贻误决策时机，错过发展机遇，也必定会使整个领导事业遭受空前的损失，使每前进一步都要付出极其沉重的代价。

3. 避免两种决策病态的主要途径

（1）建立科学的领导体制和决策体制。

（2）建立和严格执行科学决策程序，努力使之法制化。

（3）汇集、运用一切实用的决策科学技术和相关技术。

（4）大力提高决策者的素质，亦即大力提高领导主体的领导素质。

（5）从现代决策中彻底清算并排除尚且存在的、由传统决策或经验决策带来的一切落后过时的因素。

总之，根本出路是加快决策民主化、科学化的进程。

11.2.4 科学决策的价值与意义

科学决策具有多重的价值和意义。具体说来，科学决策的价值和意义主要表现在如下六个方面：

（1）能够直接提高决策质量和决策水平，确保领导工作从一开始就步入科学轨道，为后续的一系列领导工作开一个好头，为工作成功提供科学保证。

（2）能够尽量减少决策失误，避免决策低效，避免其他非科学决策所产生的一切决策问题。

（3）能够直接改善领导决策方式和领导工作作风，进而规范和优化整个领导方式、领导行为和领导活动，有助于提高领导效能和领导水平，尤其是能够带来领导工作的成功和巨大收益，能够提高领导主体的权威。

（4）能够把决策思维模式和整个领导思维模式甚至思想观念和精神意识由传统状态直接改变过来，彻底推进到现代状态；使领导主体在整个领导客体面前树立一个现代派的新形象，从而带动领导客体一起完全达到思想观念上的现代化。

（5）能够在决策环节就做到真正保护领导客体的利益，使领导行为从一开始就树立正确的权力观点、服务观点和服务目标；使领导客体真正愉快、自觉并充满信心地服从、维护和跟随领导，十分愿意在这样的领导主体领导下竭心尽智、努力奋斗。

（6）能够直接推动领导过程的民主化、科学化进程。这对一切公共部门的领导来说显得尤其重要：一方面能够产出高质量的决策产品，包括切实可行、效益显著的计划和得到大多数人拥护的政策，从而很好地完成领导职能职责；另一方面能够巩固和加强领导地位，直接提高和发挥领导作用，实现更大的领导效用和价值，充分增强领导的权威性、合法性和不可替代性。

11.3 科学决策的程序与步骤

11.3.1 确定问题

领导主体展开工作所要做的第一件事就是要知道该干什么。知道该干什么，就是要确定工作问题。在不了解工作问题的情况下，领导主体是无法做什么的，也就不会有什么作为。显然，领导工作的第一步就是要确定问题，而这也正是领导决策的第一环节。具体来说，这个环节就是完成在领导活动中经常提到的“发现问题和提出问题”的任务，即要确定决策问题。这些问题是领导主体的第一个决策之源，也是决策函数中的第一个决策变量。

确定决策问题有以下两个具体的步骤。

1. 考察决策环境，收集问题信息

领导主体为完成领导职能职责，在就任之始就应以当家人的身份来考察所做的工作及所处的实际环境。领导主体最应该关心的包括如下几点：

（1）所做的工作是什么性质，有什么特点，有什么实质性内容，有什么背景和条件，有什么问题和压力；

（2）所领导的人是什么样的，有什么样的面貌、关系、特点、愿望、需要、意见、优点和不足，还有什么困难、问题需要解决；

（3）所处具体环境有什么特点，对领导工作有什么要求，有什么影响和阻碍，有什么难题和压力，还存在什么需要领导出面加以解决的问题；

（4）在整个领导体系中自身处于什么位置和状态，应该有什么样的具体准则、要求、规范或标准，已经有什么样的来自高层和法律的领导指针和要求，当前处在逆境还是顺境，要开展工作实际还缺乏什么，还面临什么困难和挑战；

（5）所在的组织群体本身质量如何，有何特点，存在什么矛盾、困难和问题，面临什么紧迫问题，可能有或应该有什么样的发展前景。

上述这些问题是最实际最具体的领导工作启动信息。缺乏它们，领导工作将无从做起，决策过程也不能起步。通过了解上述问题，充分掌握了各方面真实信息，就能真正熟悉和把握决策条件而做到心中有数，就能真正踏实、科学地进行决策并开展随后的一系列领导工作了。

因而，领导主体应该极其敏锐地意识到和觉察到决策环境或整个领导环境中存在的各种问题，广泛、深入地考察决策环境，在真正实施领导前扎实地做好调查研究工作，尽可能多、广、细地收集各方面实质性的与问题有关的信息，摸清存在的大部分问题和工作的主要脉络，为领导工作提供实实在在的现实工作基础。

2. 处理问题信息：诊断问题，提炼问题，建立问题系统

面对大量的问题信息，领导主体要从决策需要的角度，从整个领导工作需要的角度对它们加以判断、界定、整理、分类和筛选，进行细致深入的加工处理。

（1）诊断问题。这是要对已经收集到的现实问题信息进行价值过滤和科学过滤。判断不同问题信息的不同性质、分量、类别、原因、根源、症结、重要性和可能性。这就需要进行大量的科学研究，确认问题的实质、本原和面貌。

（2）提炼问题。这是在已经弄明白问题信息的基础上对主要的问题、重要的问题、紧急的问题和尖锐的问题加以概括、提炼，同时还要确定主要问题的主要方面。此外，还要善于不断发现一些新问题，透视问题的深层次内在关系和潜在信息，分离出大小主次各类不同的具体问题。最后对问题进行权威的确定，并进入目标确定阶段。

（3）建立问题系统。这是要在问题清楚的基础上建立一个完整的领导工作问题系统。这个系统也是决策所要处理的所有现实问题的基本框架。可以说，这些现实问题只要存在，不管如何变化，均能直接构成决策问题系统，直接构成领导决策的问题库，也均能构成领导主体提出工作目标和任务的现实源泉和决策源泉。

一般来说，这些问题均可按如下两类基本标准加以归类和构建成便于领导工作和进行决策活动的现实问题体系：第一类是获取利益与分配利益两个标准，第二类是人和事两个标准。这两类标准都是同领导二字最密切相关的实质性标准，由此构建起来的问题体系才能切合领导工作及决策的实际。

以上两个具体步骤构成确定决策问题的完整环节。特别需要强调的是，整个环节都是一个必须由领导主体自己来完成的调查研究活动。这个调查研究非常重要而复杂，是整个领导工作的初始起步。没有调查研究就不能完成这个环节的工作。低质量的或缺乏深度的调查研究都不能真实地反映现实问题，其内容也不会是充实的、实际的和真实的，

而只能是肤浅的、空洞的，甚至是哗众取宠的。这就不利于科学决策，不利于领导工作。

11.3.2 把握情况

既然工作问题已经确定，那么就要弄清楚与问题相关的所有情况。这些情况可以叫作决策相关情况。首先，要把握住同解决这些问题密切相关的最直接的情况，包括问题的性质、类别、现状、基础、背景、条件、变化、发展趋势和各种现实可能。其次，要了解清楚领导主体自身与此相关的各种因素，包括适应性、条件、能力、智慧、处理该问题的各种力量和基础。此外，还要充分了解本组织及各成员的所有相关情况，尤其是愿望、情绪、倾向、需要、心态、能力和其他各种素质构成，以及资源储备包括决策系统支持、关系支持、物质支持、时机成熟与否、形势与环境等各种具体的客观条件。这些情况就是领导的第二个决策之源，是决策函数中的第二个决策变量。

把握这些情况正是"知己知彼"。显然，这第二个决策环节就是要完成知己知彼的准备工作的。掌握决策相关情况的渠道主要有如下三种：

1. 调查研究

这里要求围绕已经确定的决策问题展开系统的调查研究，包括以下两个方面：

（1）迅速掌握各种具体的相关资料和数据以及尽可能多的信息。首先，可以运用诸如访问法、座谈法、观察法、体会法、反证法、测验法、问卷法、抽样调查法、个案法、统计法等方法，直接收集第一手材料，其中包括所有问题的历史背景、形势条件和当前状况，也包括是否存在竞争对手或敌手以及他们的所有情况。其次，可以运用资料法、文献法、翻译法等方法或通过新闻媒体直接收集有用的第二手材料。最后，把这些情况系统地分类、积累、建档备用。

（2）要最充分地利用这些材料、数据和各种有用的信息。首先，要深入到这些材料信息之中，寻找与决策问题密切相关的各种有用的具体信息，并适当地进行微观归类，对每一类信息都大致地确定其性质、特点、价值和效用倾向。其次，要从这些有用的资料、数据和信息中具体地提炼出与决策问题直接相关的观点、论据，并且界定这些情况在解决问题的哪个时间段和场合适用，如何能够支持决策，哪些是最有效最有力的佐证和支持。再次，要根据对问题的初步思考和倾向，审度现有的资料、数据和信息是否还存在不足或者欠缺，并迅速着手加以弥补。最后，要在研究资料、数据和有关信息的同时，逐步加深对决策问题的理解和把握，使得材料信息与决策问题保持有机的联系和同步的研究；待到研究结束时，对问题的看法和处理意见已基本成熟了，已能做到心中有数、从容自信了。

2. 经验估计

经验是对现实生活的长期观察、体验、认知、总结的结果，是行之有效的直接知识和技能；尽管其中掺杂了大量非科学的主观成分，但是也同样包含了大量的科学成分，特别是直接反映了现实中人们的行为规则、心理状态等，这些关于人的行为逻辑、心理规律和行动规律，是真实的、实际的、不能从书本上得来的知识。凭着丰富的经验可以对现实生活中出现的问题进行基本的推论和主观预测，有时仅凭直觉就能够把问题和情况看准看透，把所要决策的问题的实质抓准抓实，能够较好地把握住事物发展的走势、可能发生的各种情况和运动变化实质，进而走在事物发展的前头，确保决策和整个领导活动的高明和主动。

这种经验实际上是一种潜力和智慧的表现，在决策和整个领导过程中都表现为高超的决策艺术和领导艺术。任何一位领导者或决策者都要适当地发挥自身的这种潜能，以便提高决策的水平和质量。这是对前述科学的调查研究所做的必要补充。不过，这一点不能滥用，不能只凭经验来做决策，否则就会出现大问题、大失误。

毛泽东的经验不可谓不多，其智慧不可谓不高深，但是毛泽东本人却从来不据之以为宝，而是十分强调要调查研究，甚至还提出“没有调查，就没有发言权”的观点。可以说，他的经验估计其实是建立在调查研究基础之上的，是有充分的事实依据和科学根据的。其经验本身纯主观成分并不多，而是以科学成分为主，所以，他能创造许多决策奇迹和领导奇迹。

3. 科学预测

这一步是为解决已经发现或提出的主要问题而提供直接相关的重要信息，为具体地确定决策目标和解决方案提供科学素材。

科学预测是完全在调查研究的基础上对局势与未来所进行的一种把握。这是一个非常有用的微观决策步骤，是对经验估计的一种科学验证和补充，而且还能直接提供有力的决策参考意见。借助预测，领导主体将始终站在解决问题的最前沿。没有这一步，决策就会具有极大的盲目性，领导工作将会严重缺乏预见性和针对性。要成功地完成这一步，就要在有关专家、有关智囊的协助下进行科学预测。

一般来说，科学预测即根据事物自身固有的规律和节奏，利用调查研究得来的真实资料和有效信息，运用科学预测的方法手段，以概率的形式比较准确地反映事物的现实状况和未来可能。特别是与领导主体最关心的问题直接相关的情况会有什么必然的变化、在假定进行处理的框架内会出现什么样的危难等情况，为领导主体决策提供可信的数据和决策信息，提供“兵牌”和“王牌”，帮助决策者打开视野、树立信心，使决策者在随后的决策过程和整个领导过程中做到心中有数，直接给决策者提供做出决策的科学依据和决心勇气。

11.3.3 确定目标

在问题明确、情况清楚的基础上，就应该考虑选择合适、可行的工作目标了。这时应考虑朝什么方向走、到什么地方去、找什么事情做、具体要解决什么问题、怎样从根本上解决问题等。这是领导主体最重要的核心工作之一，是最重要的科学决策环节之一。从纯领导过程看，这是领导主体在领导工作中把关掌舵的事情，是只有领导主体自己才能完成的工作。

确定目标不单单是为了决策的需要，更重要的是为所代表所领导的群体或组织乃至整个社会提出目标、指明方向，为所属整个领导主客体提出明确具体的目标和方向。这些目标常常被称为群体目标、组织目标或社会目标，实际上就是领导主客体的共同前进方向，是大家要努力为之奋斗的共同目标，是具有权威性合法性的集体行动总依据，也是协调大家行动、凝聚群体人心的精神标的和旗帜。

这就是说，在这里领导者要确定作为领导工作所要处理的问题，并根据所掌握的相关决策情况在目标层次上拿出一个处方，做出先决性的处理即在目标方向上首先做出抉择。显然，这个环节正是决定要把一个群体或组织乃至一个社会引向什么方向、带到什么地方的重大决策。这一步本身就是决策，是一种确定方向的决策。这比拿出具体的行动方案更重要、更关键——领导主体的决定地位和权威地位就集中体现在这里。高明的或者称职的领导主体或决策者都会在这一步上狠下功夫。要很好地完成这一步，最重要的是要有思想、有创见，有十分明确、清晰、坚定、牢固的方向感。那么，应该按照怎样的步骤来确定目标呢？

1. 确定决策目标

领导主体所要确定的目标主要分为三类：一是以获取利益为基本内容的进取性目标；二是以利益处分为基本内容的分享性目标；三是兼有获取利益和分配利益的目标，可以称为综合性目标。在这样的目标下，还有各种具体不同的目标。这就在理论上构成领导决策的现实目标体系，为领导主体确定自己的目标体系做了准备。

领导主体对于所面临的具体问题和所掌握的具体情况，要进行反复比较、研究，要深入地分析每一种问题及其相互关系。然后，根据一定的价值标准——主要是目标的合理性和准确性——对这些即将确立为目标的问题进行判断，确定哪些是当前和未来领导工作可能和必须确立的目标，这些目标就是可能目标和绝对目标。最后，把这些不同的目标按照一定的逻辑关系，特别是对问题本身的内在联系进行组合、排序，并由此构成一个完整的目标体系。这个体系实际上就是领导主体未来行动所要面对和解决的问题框架。

那么，领导主体在建立起这个框架以后怎么办呢？

首先，要注意决策函数关系。这里情况比较复杂。相对于决策之源来说，决策目标就是因变量。决策目标将因决策问题及情况而被决定。但是，相对于方案制定而言又是决策的变量了，目标的变化将直接引起决策方案的变化。当然，目标一旦确定，一般就不会再发生大的变化；决策变量再有变化也多是决策问题，特别是所掌握的各种主客观情况在变化。具体地说，就是要在确定目标的过程中充分注意目标的两种角色、两种作用，以及对整个决策函数关系的影响。

其次，要确定主目标和分目标。在目标框架下，有很多目标都要进入领导过程中，首先是要进入决策过程中。但是，它们要一齐进入是不可能的。这就需要领导主体或决策者充分发挥主观能动性，要根据领导性质、工作重点、发展需要、环境条件、合理性和可行性，特别是要根据领导客体的正当愿望和要求以及公共道德和客观真理，对目标体系中的各种目标进行筛选、择定，并最后确定下来，使之成为未来行动的方向标，成为领导工作的内容主线。对于所确定的目标，一方面可以作为一种决策结果进行公布，另一方面就要将其作为进一步决策的依据来推进决策过程。

按照唯物辩证法的观点，所确定的目标应该有主次之分。因而在确定目标时，第一要确定主目标，即今后一段时期内领导工作和全体所属成员、所有力量均要为之奋斗的总目标；第二要确立分目标，即要按照目标性质、目标范围、目标时间性和空间性、目标的相互关系，划分出各种子目标，构成目标树。至此，就算完成了目标确定的工作。

2. 审度决策目标

审度决策目标主要是对已经纳入考虑范围、即将确定颁布的目标再做一次检查、评判，确保不出遗漏和错误。这主要从以下八个方面入手：

（1）目标水平。检查目标水平是过高还是过低、过激还是过缓，是否会超过群众和群体的现实承受能力。一定要确保目标水平适度。一般是通过民意测验、民心把握、成员意见和愿望测验与把握来确定目标水平。通常是把目标水平同群众接受程度极限偏下的高度作为最高目标水平的定位极限，而不能与接受极限重合；而且还要适当考虑在加大压力以后所要采取的压力缓解措施和补偿措施。否则就是过激目标，不容易实施和兑现，甚至还会适得其反，导致决策失败。

（2）目标期望值。这主要是考察目标所带来的期望值是否适度，覆盖面有多大，所代表的对象有哪些，是否真实而全面地反映了群体的共同愿望。这决定着群众和群体对所确定目标是否具有很高的认同性、归属感和向往感，决定着该目标有多大的向心力、凝聚力和对领导的支持力。如果确定的期望值过大而到时兑现不了，那么就会降低群众对领导主体的信任度；如果确定的期望值过低而又满足不了群众和群体的需要，那么就会影响领导主体的威信。

（3）目标偏颇度。这里主要是检查所定目标是否存在偏颇，其偏颇是大还是小；确保及时纠正偏颇现象，彻底端正所定目标，保证目标具有完全的正确性和准确性。现实中，往往因为顾虑各种意见、照顾各种要求而迷失应有的正确界限和方向。当然，问题最大的是决策者自身带有偏颇的倾向，特别是素质较低会造成目标的偏颇和失准。因此，审度、把握和消除目标偏颇度就成为科学决策的关键一环。这些目标如不端正，就会引发腐败和失败，就会贻误整个领导事业。事实上，最好的决策目标是偏颇度为零。领导者的良好道德素质是达到这个水平的最大保证。

（4）目标的准确性、明确性和具体性。这里主要是检查目标是否模糊、混乱，是否准确、有针对性，是否会把人们的思想搞乱、把集体行动搞乱，能否为所有领导主客体所理解所明白，能否充分调动积极性，是否方便于具体操作和逐步实现。好的决策目标是具体明确的，好理解，好掌握，好实施，好检测，好考核，能够直接保证决策的效力和领导的效力。

（5）目标的实在性和可行性。这里主要是检查目标是否实实在在、有针对性、能解决实际问题。要确保充分考虑决策目标的现实基础，分析和把握有哪些切实可用的条件，有多少支持目标的资源，有多大的可靠性和成功可能。要绝对排除任何假大空或好高骛远的毛病，在确定目标之初就把可能导致决策失误和领导失败的因素排除掉。

（6）目标的规范性。主要是检查所定目标与大系统范围内的最权威目标之间是否冲突、异样，与最权威的各种法律法令、制度规范是否矛盾、冲突，与一般原理原则乃至伦理道德是否存在冲突，与一般的目标确定行为是否相冲突。总之，要规范、严谨。

（7）目标的协同程度。这主要指对目标体系内部大小主次目标之间、目标与手段之间进行协调配合的审度考查，确保目标之间均匀配合、取长补短、有效协调、整体平衡，确保目标与手段、条件之间的同步性、适应性和系统性。特别要处理好同向目标、异向目标和冲突目标等内部关系和相互关系，要处理好长期目标与短期目标、远期目标与近期目标、量化目标与非量化目标等之间的关系；从实际出发，充分考虑人心、资源及其他条件的可能支持度，确定好目标体系的大小、其中所含目标的性质种类和数量多少。要在确定目标的阶段就全部排除目标之间的冲突，事先化解在决策过程和领导过程中因目标的不协调而产生的不必要的矛盾和内耗。作为决策者的领导主体若没有搞清楚这些问题，或没有妥善地处理好问题，就会导致决策失败，掉入自己所设的目标陷阱而不能自拔。

（8）目标的群众支持度。目标最后的决定还要看群众的意见。在这一点上，民主化和科学化是一体的。领导主体在领导过程中的民主水平和科学水平在这里就可以得到充分验证。群众的支持度是最后确定目标的标尺。这就要求在公布目标之前必须验证群众对此目标的支持度。在制定目标时就要有群众的广泛参与，这才能充分吸收群众意见，确保正确性。

如果群众根本不能理解或者坚决反对，那么所定目标就很有可能因得不到群众的理解和支持而半途而废，这其实是领导的失败。有不少领导主体就喜欢在确定目标时武断独行，而后来则往往很难成功。还有的领导主体则唯上级马首是瞻，根本不考虑群众的意见，不顾及群众的情绪，排除群众参与。这些都是决策不民主、不科学的表现，领导必定失败。

11.3.4 确定标准

在目标明确以后，就应该考虑达到目标的具体标准了。这是一个要为决策明确科学、规范的指导思想或决策标准的问题。其实就是要直接为设计方案、论证方案、选择方案、评估方案提供一整套保证达到目标的有关准则、规范和原则，做到决策有章可依，避免随意性，避免随后的抉择和执行行为走样。这一步显然很重要，确保决策方案同决策条件始终紧密挂钩，是决策科学化、规范化和现代化的关键一步。

从领导实践中我们看到，过去一部分人不太重视标准问题，不太把标准问题引入领导过程特别是决策过程之中，说话、做事、争论、思考、选择等均无客观标准，几乎无公共依据和最高依据，结果是权大者说了算，权力就成为标准，这就导致决策和整个领导工作具有很大的随意性。

应该说，决策过程和领导工作没有标准，就不可避免地要走入主观随意、权大于理、权大于法、以势压人的死胡同；决策的客观性就大打折扣以致丧失客观基础，进而就势必丧失科学性和真理性。因此，确定标准是非常严肃、必要和科学的取向，是一个非常重要的决策环节，是现代领导决策必经的一个科学步骤。

决策标准是科学决策的规划依据、论证准则、仲裁规则和检查标准，是价值标准和科学内容的规范性综合，必须科学、规范、可行。这要由领导主体和有关专家共同协商，把思想标准、价值标准和科学依据融合到一起，形成决策所要依凭的权威参照和公正准则。

确定决策标准有两个最基本的现实依据：一是未来行动以进取创业为基本取向，二是未来行动以守成分享为基本取向。这两种不同的决策取向界定出了两种不同的基本决策类型，即计划和政策。显然，能够权威地界定和指导这两种决策的具体科学标准必定是不同的。因而，决策标准就有两个基本的类别和系列。在这样的基本范围里，各决策者和决策参与者就可以明确地制定适合自己实际情况的具体的科学标准了。

11.3.5 设计方案

既然目标和标准都已经明确，那么就要根据目标和标准进行决策备选方案设计了，这也叫方案制定或方案拟订，是具体落实领导意志和客观需要的关键一步。

从根本上说，这个环节就是要对未来行动提出具体设想、安排，也就是要描绘未来行动蓝图，实际是决策制定过程。它针对获取利益这个基本目标，制定未来行动的具体计划；针对分配利益这个基本目标，制定界定利益划分、分享、配置的具体政策。具体来说，这个环境就是要根据所确定的目标和已经明确的习惯情况，针对所要解决的问题开出具体的处方，即为具体地解决问题进行具体的方案设计。

这个设计必须以决策目标为主轴，针对主要问题，对所有相关材料进行综合分析和提炼，从各种各样的可能中探索解决问题的具体对策、办法和措施，探索达到目标的所有手段和途径，做出所有有利于解决问题、达到目标的合理规划和精密安排，从而形成一系列可以论证的各种具体行动方案。也就是说，必须始终注意变量和因变量的紧密关系，确保方案制定能够及时反映决策条件的变化情况，进而保证正在拟订的方案是触角延伸到最前沿、内容最新、信息最可靠、对策最切实的高质量备选方案。

显然，不同的具体决策背景和决策条件就会有不同的决策可能，不同的决策方案就会有不同的决策思路。在起草方案的具体过程中，情况则更是千差万别，没有定法。在这里，将发挥出方案拟订者的全部学识和才智、全部谋略，也将最充分地发挥出决策者和决策参与者的全部潜力；稍微的偏差、些许的自私或无知，都将造成方案不科学和有失公允，都将带来严重的决策后果和领导后果。这就是说，政策制定者的专业知识水平、道德水平和政治水平都将直接影响决策备选方案的性质、倾向、质量和水平。这里的最高境界就是具有超越其他决策者特别是对手的最高明智慧。在这里，决策艺术就要占很大的比例了。

不过，这里仍然有一定的规律可循，有一定的规则可依。一般来说，可以从如下几个方面来着手：

（1）参考或借鉴已有的经验和做法（包括自己的和别人的决策历史），运用新的思维角度和优良的思维方式，思考对策，提出有力的措施。

（2）从现有的问题和情况中寻找和确定解决问题的各种机会和可能。对每一个细节都不忽视，都要进行一次或多次解决问题的可能性试探；不放过每一种可能，要将每一种可能作为设计一种解决办法的突破口。这种拟订方案的做法是最具适应力和创造力的做法，能够适应各种新问题和没有借鉴的决策情况。

（3）按照逐步成熟和由简单到复杂、由初级到高级的事物发展基本规律，初步拟订一个简单的方案，然后逐步推开，衍生出多个方案和复杂的方案，最后完善和成熟。

（4）结合决策实践、领导实践和集体工作的具体展开，分步进行决策方案的拟订。首先拟订微观、局部的方案，并先行局部应用，进行尝试或实验；然后总结经验、摸透规律，重新进行多角度、全方位的审视；最后制定出多个备选决策方案。

（5）对于新问题、新情况、新思想，要善于运用恰当的概念加以准确的表述。没有现成的概念，就要创造新的合适的概念。往往一个新的概念就会产生新的思路，进而形成新的对策和办法。很多学者将这一步骤称作“决策的概念化阶段”。因此，形成概念的能力在领导决策中就显得十分重要。在现代领导过程中的领导主体和决策参与者如果没有形成概念的能力，就不能进行现代决策；勉强为之，亦不过是传统决策或经验决策的翻版。

总之，在这个决策环节上，要不断地改变思维方式和思维角度进行创造性的思量和审度，对决策的变量做出系统而正确的分析和灵活而合理的反应，运用全部智慧求解决策函数。这个决策函数的解往往是多个的，也可能是唯一的，能否找到较好的解或最佳的解，就取决于制定方案者的能力和智慧了。

11.3.6 方案论证

在未来行动方案已经初步成形，又有明确的决策目标和决策标准的情况下，就可以对方案进行充分论证了。这一步主要是确定一系列备选决策方案，目的是要给领导主体拍板定案提供直接的科学前提和依据，便于其下定决心，做出抉择和决断。这一步如果完成得好，就能将这些方案递交给决策主体，领导主体要做出科学抉择也就容易得多了。

这一步其实就是对被选方案进行可行性论证，是要对具体方案在优劣、长短上做出比较和分析，回答哪个方案更能解决问题，更能达到目标，更有操作性，更有实效。与此同时，还要论证解决问题的成本是否合适，所有有用资源是否最充分而又最节省地得到利用，所设计的方案是否最佳。特别是要考虑和论证这种处方开出以后会有什么反应和后果，会有什么副作用，会有什么实际困难和障碍，会出现什么意外的事情，有什么后续处理措施和应急措施以及应对意外事件的备用方案。这里主要以专家审议、分析和评价为主。

论证决策方案其实是最充分发挥专家特长的决策阶段或时机。领导主体要组织各种专家和有代表性的专门决策咨询机构对这些备选方案进行考察、审度、计算、比较、分析、批评、举证、反证、挑战、答疑、论战、辩释、提议、佐证、添补、完善和肯定。这对现代决策尤其是重大决策来说是必经的一个环节。这个过程其实就是运用大量的科学原理、客观事实、有力论据进行严密论证，对各种备选方案进行科学性和可行性分析与证明。这是保证决策科学和科学决策程序正常运行的关键一环。

进行方案论证需要最大限度地发扬民主、尊重科学、服从真理；要坚决反对唯意志论，更要坚决反对唯权力论和唯地位论。是否有兼听和容人的领导美德在这里就要起到关键的作用，它常常决定着领导主体的命运。如果这时领导主体无法听取各种不同的意见包括反对的意见，那么就有可能丧失客观性和正确性，进而铸成大错，导致失败。如果这时能够最充分利用或发挥外脑智囊的作用，那么还来得及即时修改、完善方案，就能够汇集更大的智慧去审度和定夺未来行动蓝图，最大限度地减少失误，在领导之初就消除失败之源，从而确保决策和整个领导的成功。

事实上，只有经过如此充分民主、科学严谨的论证，所拟订的决策方案才可能真正趋于成熟，才可能具有高水平高质量，才可能是较有说服力的科学可行的可选方案，才能有资格进入下一个决策阶段。不过这一关，尽管也可能有高明的决策者凭其经验、智慧和天才能够制定很好的决策，但是一般而言，如此通过的决策方案，其风险都很大，其科学性都很可疑。

11.3.7　方案抉择

这是领导主体科学决策的另一个最重要环节。这个环节就是要根据明确的决策目标和决策习惯，对经过充分论证的系列备选方案进行权威性抉择，要在充分对照、比较的情况下，择优而定。要经过正确的抉择，产生出领导主客体均要服从和执行的具体行动方案。这也就是要对未来行动方案、权威取向和具体工作任务做出正式的权威决定。

这是决策的最终步骤，是人的主观能动性直接反作用于客观对象的决定性环节。这以后只是实施领导决策或人的主观意志的事情了。这时可以说问题已经在决策层次上或在决策范围内得到解决了。特别是在有关政策的问题上，这个环节的决策行为将一锤定音，相关政策问题将因此立即解决，相关领导客体的命运也将因此而被权威地决定。

总的来说，进行抉择就是要权衡利弊，抓住时机，当机立断，择优决定。具体地说，要按如下四步进行抉择——这里仍然要高度注意决策方案与决策条件的函数关系。

（1）严格对照决策目标、决策标准，仔细审度所要解决的问题和所要达到的目标是否真实全面地体现到了决策方案中，仔细审度方案中的目标和所要解决的问题是否在体系上、内在关系上还存在不协调甚至冲突的情况。筛选出矛盾和问题最少的方案。

（2）从方案的效能和可行性方面进行优势比较，确定出不同优势的备选方案序列。

（3）从符合领导意图、切合时机和实际情况、击中问题要害、颇有解决问题的力度等角度审度备选方案，并建立最佳方案序列和可取序列。

（4）瞄准效果最好而副作用最小、成本最小而收益最大的备选方案，力求全面优化，但是不搞求全责备，由此作为最恰当的抉择，最后决定采用和实施。

完成上述诸步骤之后，就可以说完成了领导决策过程，随后就是执行决策、实施行动方案的工作了。

11.4　科学决策的原则与要则

11.4.1　科学决策原则

科学决策原则就是适用于整个科学决策活动的总规范，是所有决策者和决策参与者都必须共同遵守的基本准则。事实上，科学决策也是决策实践家们和决策科学家们总结、研究出来的智慧结晶。它既包含总原则，也包含适合于科学决策环节具体操作的专门原则。这些原则是一个大系统，是成体系的现代决策原则论和标准论。具体地说，这些原则主要有以下几点：

（1）真实性原则。领导主体的行为有着非常强烈的现实性，这一点尤其体现在决策工作上。这里来不得丝毫脱离实际、虚假浮夸、歪曲真理和官僚主义，否则必定会在决策上造成严重失误，并为以后的一系列领导活动埋下错误和失败的根源。领导主体在工作一开始就要强调实事求是，坚持真理。这就要求决策内容必须绝对真实、客观、全面，能够真切地反映事物的本来面貌和内在关系。这就是领导决策的第一原则，是决策科学性乃至领导工作科学性的绝对前提。

（2）务实性原则。领导工作既然是讲求实际的，那么在实事求是地得来现实信息之后，领导主体就必须抓住现实问题，着手领导工作。这就是说，领导工作就是围绕现实问题、现实需要而展开的，就必须务实，必须运用一切理论武器、知识力量和各种手段去解决这些问题，满足这些需要。但是，这时如果脱离了所处环境、现实基础和现实条件而去确立超越现实可能的目标，搞一些超越现实运作能力和承受能力的项目，那么就会脱离实际、下场可悲；即使当初坚持了真理，获得了真实信息，这时也无法用来确保决策的科学性，使领导工作做真做实。这里要求领导工作要理论联系实际，一切从实际出发。

（3）民主性原则。共产党的领导者强调尊重人民、尊重领导客体，要最充分发挥群众的积极性和创造性，要让他们积极参加到共同的领导事业特别是决策中去，充分享有和行使当家作主的民主权利。事实上，凡是充分走群众路线而做出的决策往往是科学可行的，充分发扬民主是决策的前提基础。但是，这也需要实行正确的集中，要有领导主体来代表群众实施民主的意见和决策，否则也只是一盘散沙，成不了大事。

（4）科学性原则。这是最起码的准则。既然要搞科学决策，那么就必须保证将最饱满的科学精神贯彻到最具体的决策过程中。其核心的一条，就是要尊重科学，运用科学手段。

（5）系统性原则。现代决策所要处理的问题比过去任何时候都复杂，彼此之间盘根错节，互为因果。如果孤立、静止、片面地看待它们，那么就不能准确、全面、正确地认识和把握它们，也不能做出正确的决策。系统性本身是科学性的表现。因此，领导决策就必须做到系统全面，严谨规范。

（6）灵活性原则。领导决策事关重大，没有过硬的原则性作保障必定会出现严重问题。然而，所做的决策、所处理的问题以及所依托的领导环境总是错综复杂、千变万化的，每种情况都有不同。因而，领导主体在决策时不能只看一点而不计其余，不能僵化、绝对地看待事物，进行决策。而要在变化着的形势中找到有利的位置和角度，从容地采取措施，逐步地解决问题。这就要求领导主体解放思想，讲究灵活，防止刻板、保守和简单化。也就是说，领导决策不仅要有原则性，而且要有灵活性。

（7）创造性原则。由于领导性质本身就决定了必须以创造性为主要行为特征，所以整个领导工作都必须是也必然是充满创造性的。作为领导工作的第一步，决策当然就要以创造性为最起码的准则。事实上，领导工作的创造性还主要地取决于决策的创造性含量和高度，领导工作的质量根本上取决于决策中的创造性。因此，创造性对于决策和整个领导工作来说，都是具有实质性作用的。这要求领导者在决策中必须摆脱各种落后观念和习惯势力以及偏见的束缚，勇于探索、开拓和创新。

（8）可行性原则。决策从开始构思到最后拿出具体方案，都是为了能够最好地解决实际问题，达到既定目标。如果所做决策是哗众取宠的，什么问题也解决不了，那就是偏离了决策的目的，丧失了决策的价值。而要切实管用，就必须有针对性和操作性，能够直接改变所要触及的领导客体，即方案中蕴含着能解决问题的领导智慧力量。这即是说，领导决策必须要切中要害、运作得当。

（9）时效性原则。机不可失，时不再来。领导决策必须做到及时、快速、果断。这事关所做决策是否能够及时解决问题，是否能够迅即产生良好效果和效应。如果领导决策慢慢腾腾、拖拖拉拉，那么就会错失机遇，造成严重损失和其他一系列严重后果。这就要求领导主体必须在决策过程中做到及时果断、顺势应变、确保效果、追求效率。

（10）价值性原则。领导决策是目的明确的活动。这个目的就是要以完全负责的精神和自觉性去做好决策工作，确保能够正常履行领导职能职责，为其所领导的群体和组织做一些有用的事情，解决他们的问题，满足他们的愿望和需要，这在本质上是服务，在形态上却是价值。因而，领导决策必须具有鲜明的价值性。

（11）道德性原则。领导主体掌握着权力，负责决策活动和整个领导活动。如果他们不能容忍群众参与决策，那么群众就不能发挥作用。如果他们以其私心为自己或者为少数人谋利益，那么在决策过程中就不会使计划或政策倾向于大多数人。这样，领导行为就变成了忘却领导之本的行为了，实际上是在走向了反动和罪恶。因此，道德原则在这里起着十分关键的作用。领导主体只有坚持以群众为本，全心全意为人民服务，特别是在决策时认真为群众着想，才能保持领导的人民性和合法性，也才能实施正确的领导，并取得实绩和实效。

（12）界度性原则。领导决策要谨防越俎代庖和毫无约束。一方面，这些决策活动都是在一定的社会环境中进行的，就必须受到该社会的政治、制度和法律的约束；另一方面，这些决策活动都是针对性很强的具体活动，具有相对明确的决策适用范围和作用对象。这些范围和对象之间都有明确的边界，所以，领导决策就必须高度注意政治法律规范的范围界限和现实可能的边际，由此注意决策的界限和分寸，可以适度临界，使决策效能达到最大可能的限度。

11.4.2 科学决策专门要则

科学决策的专门要则是操作性决策要则，主要有目标确定、方案设计、方案论证和方案抉择等几个方面。下面分别进行简述。

1. 目标确定的要则

为进行科学决策而确定决策目标，要注意遵循如下具体要则：

（1）调查深入，熟悉情境。

（2）问题明确，主题突出。

（3）尊重事实，情况清楚。

（4）材料充足，精研细究。

（5）知己知彼，心中有数。

（6）贴合实力，踏实稳步。

（7）戒骄戒躁，明智务实。

2. 方案设计的要则

要设计出理想的决策方案，要遵循如下要则：

（1）联系目标准确紧密。

（2）解决问题切实有力。

（3）利用资源恰当充分。

（4）用足智谋和专业知识。

（5）不拘一格，刻意创新。

（6）无懈可击，完备周密。

（7）切实有效，方便易行。

3. 方案论证的要则

要做好方案论证工作，确保论证过程真正充满民主精神和敬业精神，就要确保论证过程中的心理和行为都有一个明确的框框和依据，不能以势压人。这些框框和依据主要有如下十条：

（1）充分占有和消化相关材料。

（2）突出主问题和主目标。

（3）深入研究决策函数关系。

（4）全面考虑决策结果与后果。

（5）精确计算决策全程成本。

（6）确切估计决策实力基础。

（7）验证对策措施的根据与效力。

（8）纠正方案中的所有偏差和错漏。

（9）敢于纠正错误，不惜从头开始。

（10）服从科学真理，更讲道德境界。

4. 方案抉择的要则

方案抉择原则实际也是科学抉择的标准，以合理性为基础，以择优为主轴。领导者在进行抉择时要充分把握、娴熟地运用如下要则：

（1）能最大限度地实现决策目标。

（2）收效最大，代价最小。

（3）正值最大，负值最小。

（4）把握最大，风险最小。

（5）切合实际，条件适度。

（6）顺应潮流，符合民意。

（7）道德公平，合理合法。

抉择已经是决策的最后一关。决策的目标是否已经达到，决策的总原则是否已经得到彻底的贯彻执行，就看是否真正把好了这一关。如果这里出现疏忽，前面的所有决策努力都将付诸东流。决策的性质和结果以及可能的后果最后都将取决于抉择行动中的决断。因此，这一阶段极为关键。只要仔细体味上述原则并烂熟于心，就能够把好抉择关。

11.5　科学决策的方法

11.5.1　科学决策的基本方法

科学决策方法是人们对决策规律深刻把握的一种反映，是具体解决决策问题和决策技术性问题的手段或工具。掌握它们将有助于驾轻就熟地做好决策工作，完成领导过程关键阶段的工作任务。科学决策的基本方法是现代领导决策所必须依赖的方法论或基本的方法指导思想，主要包括如下几种方法：

（1）唯物辩证法。唯物辩证法是人类迄今为止最科学的思想方法，是能够解释和把握各种复杂情况和事物的最有力武器，是科学决策的最基本方法保障。它使人总是能够一分为二、全面和发展地看问题，能够看到矛盾的两个方面及其相互运动，进而把握住事物的发展规律，直接使决策者在做决策时更明智和具有一定的预见性，而这正是科学决策最需要的。

（2）群众路线方法。这是所有现代决策者或成功决策者取得决策成功和领导成功的最基本方法，是以向群众学习、听群众意见、和群众打成一片为基本内容和特征的做法。这种做法能够直接激发、调动和吸取广泛蕴藏于群众之中的智慧力量而为领导决策所用，更为重要的是能够使决策直接反映群众的愿望和需要，能够确保决策的正确性、准确性、科学性和可行性，使决策直接获得良好的群众基础，从而得以产生最好的决策结果，直接对领导工作发挥实质性的推动作用。这其实是决策过程所必须依赖的、能够保证决策面对实际的一种操作性指导思想。

（3）定量分析与定性分析相结合的方法。这两者都是决策研究的基本方法。

定量分析方法侧重于注意和强调决策因素与决策结论、决策条件与决策方案、决策依据与抉择之间的数量关系和精确论证的关系，主要是数量的运动和变化及其反映或体现的实质。它本身只是这种思路的一个概念，而不是具体的操作方法。在实践中它还必须借助于具体的操作方法，包括数学方法、运筹方法和统计方法等。它的缺陷主要是比较机械、有限。现实社会生活中有大量的事情是数学无法涵盖的，并非都能以数字的方式或关系表现和反映出来。

定性分析方法侧重于注意和强调对所有决策因素进行一种感性的、直觉的、推理的和思辨的认识和把握，多能掌握非数量关系所能反映的事物实质，而且就是数量本身所包含的本质和性质等内在的抽象内容也要依靠定性方法加以深入、系统地概括、抽取和界定。它是直接触及事物性质的基本思想方法。但是，它也有欠缺，主要是不精确、思辨色彩太浓厚、容易流于主观空泛、缺乏坚实确凿的说服力。

这两种方法之间有一种特殊的关系：前者的优点正好能弥补后者的缺点，后者的优点正好能弥补前者的缺点。这两者结合起来，发挥各自的优点，就能做到优势互补，形成完整的把握事物的方法。

（4）系统方法。这是科学的思想方法，也是一门基本的决策技术。从动态发展与全面的角度看，系统方法还是辩证唯物主义方法论具体、科学的体现。它把所要处理的问题和情况加以分门别类、确定边界，又强调把握各门类之间和各门类内部诸因素之间的内在联系和完整性、整体性，否定片面和静止的方法。在此基础上，它有区别地针对主要问题、主要情况和全过程，运用有效工具进行全面的分析和处理。

（5）建模方法。从现代科学活动和社会活动的具体操作来看，建模方法是一种高度科学化而非经验化的决策方法。这个方法的实质就是一个建模的过程。在这个过程中，对于具有明显规律性的决策问题和情况，可以通过建立技术模型来进行基本的技术处理，然后找到最佳的解，即理想的决策方案。这里所讲的模型具体种类很多，但主要有如下四种：

1）形象模型。它把现实物体的尺寸加以缩小或放大，使经过模型处理的事物看起来和实际的东西基本相似。

2）图表模型。它以最少的文字、简明的数字和直观的线条，形象地表现出系统的本质和规律。

3）模拟模型。它主要是利用某一种系统取代或近似描述所要研究的系统。

4）数学模型。它主要是运用数学方法去描述系统变量之间的相互作用和因果关系，通过揭示数量之间的内在关系和规律来精确地反映系统的真实状况和本质，具体分为线性模型和非线性模型。这是使用得最多最广的模型。

其他一些模型主要有以下几种：1）连续性模型和离散性模型；2）描述性模型和指示性模型；3）确定性模型和不确定性模型；4）物理模型、思维模型和混合模型；5）宏观模型和微观模型；6）静态模型和动态模型；7）政策模型、经济模型、军事模型、文化模型、生活模型、社会模型、城市模型、环境模型、工厂模型和商店模型。

建模方法主要有如下特征：1）是对实体的抽象或模仿；2）由与分析系统相关的主要因素构成；3）能集中表明这些主要因素之间的关系；4）能有效地反映被描摹事物或决策对象所蕴含的关系和规律；5）多次反复使用或运作而效果相同，可以验证，科学性极其充分、鲜明；6）在决策过程中成为决策信息的科学处理器，为决策提供科学处理结果或决策参考；7）最终目的是要帮助决策者科学地形成最优化的决策方案。

总之，这是一个完备的基本决策手段，包括目的、可行方案、模型、费用、效用和评价标准六项基本要素。它要求对这些要素都以系统的观念去加以分解，得出每个因素的系统构成图，并在这些要素的范围里对决策方案进行全面的检测评价，实际上就是要求对决策全过程进行系统全面的把握、分析、设计、论证和检测评价。其实用化、操作化就在于要将其变成固定、必经的决策程序——这种决策程序具有高度的科学性，而这就是科学决策程序。

11.5.2　获取真实决策信息的方法

1. 问卷法

问卷法即发放询问表或调查表法，是收集与决策相关者意见的科学工具。问卷有两种：一种是普通问卷，由研究者直接交给调查对象填答，或者由研究者通过口头询问代调查对象填答问卷；另一种是邮寄问卷，即通过邮局把问卷交到调查对象手上，由调查对象填答好以后寄回给研究者。

问卷法有如下特点：目标明确，设问精巧，卷面标准化、结构化，信息规整，由调查对象自行填答，方便适用、省时、省力、省费用，可以进行数量分析。

其基本做法是依据调查对象的心理特点和问题目标设计问卷；然后通过一定的方式将问卷送达调查对象手中，在一定的时间内答完并收回；最后整理问卷，分别进行定量和定性处理，汇总成有用的第一手真实信息。

在调查过程中，要注意符合调查对象的心理规律，不能操之过急；要注意克服其心理障碍，避免其紧张情绪和担心顾虑；要繁简得当，难易适度，规范，但不死板；要明确、具体、精当、简练，重点突出，不能不分主次轻重；要注意不能问陌生内容，不能有倾向性和暗示性，以确保客观性。

2. 测验法

测验法是领导主体为摸清民意人心而进行调查的一种常规方法。它主要分为民意测验和心理测验两大类。民意测验在进行所有领导决策时都很有用。心理测验则主要在进行用人的领导决策时比较有用。这些测验结果在领导决策时都是很有分量的砝码。测验法与问卷法大同小异，是同类性质的方法。它们的主要不同就在于测验法要比问卷法更精细、更周密。特别是心理测验，完全以心理学原理为科学基础，设计得更为精巧，不过这主要是专家所做的事情。

3. 会议法

这是最常规的收集信息的办法。一般在任何一种会议场合，都能不同程度地呈现出对决策有用的信息。对调查者来说，可以采取如下方式收集真实信息：（1）召开目的明确的专题会议，直接听取与会者的意见；（2）召开综合性会议，直接获得各种意见；（3）利用各种组织者主持召开的会议所产生的结果，间接获取有用的信息；（4）委托召开会议，间接获取有用的前沿信息。

4. 研讨法

研讨法是常规的调查研究方法。调查者一般利用两种方式进行研讨：一是正式的专题研讨，就某个专门问题召集专家或者有关代表进行专门的研究探讨，这也可以作为一种会议形式，但这种集体活动的方式、目的、内容和信息质量都要大大优越于会议。二是非正式的研讨，即通过私下、半私下有意识的专门交流，了解真实有用的信息。

5. 观察法与考察法

（1）观察法是最基本的获取信息的办法。其做法是在未受控制的决策活动中，有目的有计划地了解和分析决策主客体的有关行为、举止、言谈、表情和反应等情况，由此发现和掌握调查对象与某一专门决策问题相关的内心状态、情绪、愿望、需要和思想倾向。（2）考察法是就某一专门领域、专门问题和专门目标，确立为专门课题，直接到相关群体、单位、地方去进行专门的考察。通过调查者自己的耳闻目睹，直接掌握第一手材料。这个材料是最直接反映现实问题的一组有用信息。调查者在考察中，还能形成许多可供决策参考的各种现实想法——这是另一层意义上的有用信息。

6. 访谈法

这是调查者直接采访调查对象、进行有目的有针对性的交谈后获得信息的方法。这种方法在尽可能不让调查对象产生心理障碍的前提下，就调查者所关心的所有问题进行广泛、纵深的直接了解，提问、设问、反问、征询等方式均可使用。但是，一般由于采访时间有限，不能随意展开或者漫无边际地交谈，所以，调查者必须事先做好细致的安排，保证访谈主题鲜明、过程紧凑，避免浪费时间。

7. 报告法

报告法是领导主体常用的调查研究方法。它利用上级、同级和下级的报告以及其他各种形式和渠道的报告，直接获取有用的第二手材料和信息。另外，领导客体特别是群众也可以专门向领导主体反映情况和问题，反映意见愿望和要求；此类信息具有报告性质，是直接、真实甚至是尖锐的第一手材料和信息。领导主体将借此更透彻地认识和把握最真实的现实情况，便于确立决策目标和拿定决策主张，在抉择的关键时刻更能保持清醒的头脑。

8. 体验法与侦探法

（1）体验法是以调查者切身体会的方式获得真实信息的方法。美国心理学家怀特（Wright）在研究社区心理时，为了了解黑社会组织的群体心理和个体心理的第一手材料，竟然化装成乞丐进入这一群体进行亲身体验。这样得来的材料是最具说服力的。领导者亲临第一线，深入基层生活，就能得到最真实的信息，它直接影响着领导决策。（2）侦探法是一种古老而又颇具生命力的调查方法。这在国家生活、军事生活、经济生活、科技生活中都普遍存在。这是"知彼"的最直接方法。尽管说这种方法有时存在不光明的一面，但是在大多数情况下却是公开的和正面的，比如治安调查、刑事调查、检察调查、监察调查、情报部门活动等都是常用的做法。

9. 文献法与个案法

（1）文献法是利用历史文献资料作为真实信息来源的调查方法。这样做将能获得具有说服力的第二手材料和信息。（2）个案法是领导主体根据其对专门人和专门事所做的长时间专门了解和积累而获取有用信息的方法。用这个方法得来的信息具有很强的针对性，既可以是第一手材料和信息，也可以是第二手材料和信息。领导主体借此将能对专门的情况把握透彻。

10. 统计法

这是最权威的、最准确的调查方法。它运用统计工具，包括统计原理、数学模型和统计模型，对决策所要处理和涉及的问题和情况进行科学、系统的调查，为决策提供直接可用的事实依据。但是，这个方法只有统计专家才能娴熟运用，因此，领导主体在决策时要依靠和借助统计专家和统计部门进行专门的统计服务。

以上十种方法实际上都是调查研究方法，能够使领导主体较好地掌握真实信息，给领导工作带来丰富、真实、全面、科学的决策信息，为领导科学决策提供客观依据和材料，为成功决策和领导奠定丰厚、坚实的信息基础。

11.5.3 决策信息分析方法

决策信息分析方法是通用的一般决策分析方法，是科学决策基本方法的更具体运用。如果说获得决策信息的方法是以调查为主的方法，那么就可以说这个分析决策信息的方法是以研究为主的方法。这个方法的运用过程实际上是对决策变量的一种深入把握，同时也是决策因变量发生相应变化而较为妥当地转化为决策方案的一个关键过程。

（1）原因分析法。这是确定决策问题产生原因的方法，也叫问题诊断法。它要求按照系统的原则对已掌握的问题和情况及其产生原因进行全面系统的分析，判断出原因的性质和类别，确定决策问题产生的可能原因、合理原因和可行原因，使决策的思维得以逼近问题核心并最终找出决策问题的根源。这里所谓的原因分析实际上是要面对利益核心，同时也要充分注意分析者的利益背景、理论观点、价值观念和思想倾向对这种分析的影响。

（2）环境分析法。环境分析法是综合把握决策环境的决策研究方法。它要求在收集大量的决策信息后，首先对决策环境做出整体的准确反应。这要通过综合分析这些各不相同的大量信息，从中找到各因素之间的内在联系，进而发现决策问题所处的实际环境是一种什么状态，有什么性质和特点，对决策提供了什么样的要求、条件和约束，在这样的环境下如何才能做出比较切实可行的决策。

（3）态势分析法。这是一种决策初始的研究方法。它分为初态分析和趋势分析两种，要求在调查研究的基础上对相关问题的历史现状和未来发展进行分析，为决策提供直接的态势参考。这将使决策者在此基础上下定决心、确定目标，并直接形成决策方案的基本定位和基本倾向。它由两个部分组成：

一是初态分析。这是对已经纳入决策信息库或决策信息系统中的全部信息进行综合的、基本的分析，了解整个决策系统的历史与现状、优势与劣势、特点与问题，探究其中存在的和潜在的种种困难、障碍、差距、风险、危机与挑战，做到对当前形势有一个初步而又准确的估计和判断，从而确保决策能够充分反映现实形势。

二是趋势分析。这是对决策系统及其周围的现实环境特别是大环境（主要是国际环境）所显示出的种种发展基础和未来目标以及各种正在运动的信号、信息和动态进行预测、估计和探析，发现这些现实情况所显示出来的运动去向、潜在势能、发展前景、影响范围和结果、未来的种种可能性等，并将这些发现综合成一个完整的认识，得出结论，说明在决策环境中存在的大走向、大趋势。这将直接给领导主体提供一系列关于大局的基本情况，使之在决策中不会走偏，不会有悖于大局。这里要避免简单化、表面化和绝对化，要防止主观偏执和孤立静止地看问题。

（4）假设分析法。这种方法实际上是一种逆向思维方法，在科学研究中经常使用。一般进行科学研究都要先从事实开始，不断纵深探析，最后得出观点和结论，而这个方法却是先提出假设的观点和结论，而后对此进行举证论证，最后得出假设是真是伪、想法可行不可行的结论。这种方法的关键环节是提出假设，这个环节不仅要有深邃的思想力和敏锐的洞察力，而且还要有正当的主观动机和尽量少的主观倾向，此外还有假设比较、假设汇集、假设综合等环节。这多适用于决策目标确定和方案制定与论证阶段。

（5）类比分析法。这是一种同类比较研究方法。它要求将相同或相似的问题、情况和决策事实放到一起对比，找到彼此之间的异同，得出同类决策所共同面临的基本问题和规律，从而为当前决策提供基于经验或实际的直接理论指导。它主要有直接类比、间接类比、模式类比和想象类比等形式。这种方法适用于整个决策阶段。

（6）可行性分析法。这是对决策基础和决策实施的把关诊断法，即对所确定的问题、目标和所拟订的方案能否被接受、能否良好实施进行分析。一方面要分析这些问题、目标和方案与现实基础的吻合程度，确保它们完全建立在客观现实基础上尤其是群众基础之上；另一方面要从政治、法律、管理、经济和技术等各方面进行全面考察，确保它们规范、适度、合理和便于操作。这里最核心的一条就是一旦被公布，这些决策能否顺利成功得到实施。可行性分析法主要分三个阶段：1）机会研究，即根据客观情况对拟订中的决策目标和方案进行随机的和粗略的估计；2）初步可行性研究，即在粗略估计的基础上，进行初步的审度、衡量和评价；3）可行性研究，即做出最后的论证、确定。

（7）可靠性分析法。这是对决策质量、决策信度和决策效度的把关诊断法。它要求从内容上对决策问题、决策目标和决策方案的针对性、准确性、有效性、稳定性、全面性、权威性和风险性进行全面的检测和论证，防止和避免各种遗漏、歧义、潜在失误和缺乏说服力。

（8）价值分析法。价值分析法是从价值存在与变化的角度把握决策的方法。价值存在主要指已经出现的现实价值思想、价值观念、价值规范和价值体系，价值变化指价值存在的现实变化和潜在变化、当前变化和未来变化。研究和掌握与决策相关的整个价值领域，既是决策的重要手段和方法，更是决策的重要内容与任务。决策是以利益为轴心的领导活动，没有价值分析是根本不可能的。因此，它要求：首先要研究和掌握领导客体关于决策的态度、愿望、要求和倾向；其次要深入了解和掌握诸如人生态度、道德风尚、审美标准、生活方式、思维方式和领导作风等方面，充分把握这些价值内容对决策的可能影响；最后要分析规范性的价值体系，包括利益观念、伦理道德、精神文明、意识形态以及各种具体的规范准则，掌握普遍的、主流的公共价值观。

11.6　领导决策的科学化、民主化

11.6.1　一个重大的命题

1. 重大的实践命题：实战对阵前的正确选择与目标

领导决策科学化和民主化是领导实践不断深入和创造所必然面临或提出的一个重大现实课题。但是，这个课题实际并不是决策活动本身的某一个具体组成部分，而是关于整个领导决策方式和质量要求及变化趋势的一种标杆，所以，这实际就是一个带有极其显著理论内涵和实践意义，既无理论缺陷又能完全指导和转化为事件的重大价值取向。显然，这个重大的实践命题，需要获得实践的证明、修正和完善，同时也反过来影响着决策实践，并成为领导决策的方式目标、模式目标和质量目标，最终成为自然而完善的领导决策模型。

领导决策科学化和民主化其实是来自真刀真枪、实战较量的经验结论和教训反馈。领导决策的关键性、实质性、全面性、资源性和结果性（后果性）决定了它必然会对领导客体乃至领导关联所及的整个现实都产生重大影响。有大量成功的领导决策带来了一个组织、一个单位乃至一个社会的成功和幸运，也有许多失败的领导决策给现实造成了重大损失，甚至带来了重大的灾难。

事实上，没有领导决策，就绝不会有大范围、深程度的现实影响，因为领导决策是事关全局、事关命运，在性质和重要性上均高度区别于其他任何决策的最重要决策。组织、单位或社会系统也许能忍受住其他各种活动带来的损失，但却几乎不能经受住领导决策失误或错误所造成的损害，几乎无法承担由此而产生的组织行为代价或成本。

因此，极大提高领导决策水平从而避免领导决策失误或错误非常有必要，而这就成为一个能否变成现实或者能否使领导实践站得住脚并成为最重要的核心活动模式的重大实践命题。

作为重大的实践命题，领导决策科学化和民主化其实很早就提出来了，似乎是一个老话题，但却是一个极为艰深难为的现实课题。事实上，在过去的实际生活中，它尽管是实质性提高领导水平的目标和关键保证，但却主要表现为最重大的现实需要和希望之一，而且还常常表现为几乎就是最重大的现实渴望与梦想。这反映了一个“难”字，也说明这一命题至今并未得到有效的解答，问题依然没有得到真正的解决。不过，这却并不说明这个命题的解答、这个问题的解决是不可能的。

基于重大的现实性、复杂性和高难度特点，领导决策科学化和民主化必然一再成为全社会关注的焦点、领导实践的最大热点和难点、做好领导工作或提高领导水平和执政成效的最大轴心和关键。所以，中央对这一问题也一直颇为重视，并把它提到事关执政能力建设、改善和优化领导工作、提高领导水平和执政成效的高度，温家宝总理甚至把科学、民主的决策当作中央政府的三件大事中的第一件。

2. 重大的理论命题：实践的认识前提、理性把握与理论依据

领导决策科学化和民主化本质上是实践的命题，但形态上却是重大的理论命题，是领导实践对社会科学特别是最重大的社会科学领域之一——领导科学的最重大理论挑战之一。基于它的极度复杂和艰深，所以，它实际上就是整个社会科学特别是领导科学的最尖端、最重要课题之一。如何从理论认识上论证和解答这一实践命题、解决和突破这一实践问题，就构成了当前社会科学特别是领导科学的最重大任务之一。

领导决策实践提出的命题靠实践本身是无法解决的，而只有靠专业理论的深入研究和突破才能得到解答，而且还要靠这个解答来指导、优化实践使之模式化。所以，进行这方面的理论探索和创新，就成为推进和实现领导决策科学化、民主化的认识前提，实际上也就是进行领导决策科学化和民主化所必须事先做到的理性把握，而不是仅仅停留在要求、愿望甚或梦想的水平上，最终就是要为真正做到领导决策科学化和民主化提供正确、完善、可行、有效的科学理论依据。总之，从理论上进行这样的论证和解答就是认识和确保决策科学化、民主化的唯一途径，即理论途径，如果缺乏理论途径，实现领导决策科学化和民主化就无从谈起。

事实上，领导决策科学化和民主化是理论界特别是领导科学界根据领导实践情况很早就提出过的一个重大命题。但是，由于这一问题极度复杂和艰深，也由于受到现实条件和认识规律、认识能力的限制，所以，它在理论界也就只能是一个总是被当作新话题的老问题。

这就是说，这个问题尚未在理论上得到全面而科学的解决，所以，就需要也必然会一再地提出这个老问题。换言之，这既总是老问题，也总是新问题，只是希望以后不要再成为新问题而已。

3. 迫切的解题需要：来自提高领导水平和执政成效的要求与压力

随着建设进程和发展速度的加快以及形势变化所带来的挑战压力，切实提高领导水平和执政成效的客观要求就变得越来越迫切、显著，而且已经没有后退的余地了。事实上，改革开放和建设发展的实际过程、现实条件、资源状况都是经受不起领导决策失误和错误的，是无法承受也不能忍受领导决策失误和错误带来的额外巨大成本或代价、重大损失或灾难的。所以，就到了要彻底解决领导决策问题的时候了，这对实质、有效地推进领导决策科学化和民主化提出了迫切的要求，也带来了巨大的压力和动力。

这就是说，客观形势已经提出了要求，必须加快推进领导决策的科学化和民主化。解答这一命题具有极为显著的紧迫性、重要性和现实性。为此，党的十六届四中全会在《中共中央关于加强党的执政能力建设的决定》中提出要“改革和完善决策机制，推进决策的科学化、民主化”。

党的十六届四中全会决议还对此进一步提出，要完善重大决策的规则和程序，通过多种渠道和形式广泛集中民智，使决策真正建立在科学、民主的基础之上。对涉及经济社会发展全局的重大事项，要广泛征询意见，充分进行协调；对专业性、技术性较强的重大事项，要认真进行专家论证、技术咨询、决策评估；对同群众利益密切相关的重大事项，要实行公示、听证等制度，提高群众参与的程度。建立决策失误追究制度，健全纠错改正机制。有组织地广泛联系专家学者，建立多种形式的决策咨询机制和信息支持系统。

这不仅为领导决策科学化和民主化提出了具体的方向和实践框架，而且还充分表明领导决策科学化和民主化同提高领导水平和执政能力、巩固领导地位和发展成果的确关系重大，大力推进领导决策科学化和民主化已经到了“箭在弦上，不得不发”的时候了。

11.6.2　领导决策科学化民主化的实质内涵与基本要义

1. 领导决策科学化与领导决策民主化的实质

领导决策科学化就是要使领导决策逐渐变得科学起来，其实质就是要以科学的精神和理念、科学的知识和理论、科学的标准和要求、科学的依据和原则、科学的方法和手段来改善与优化领导决策过程，由此使领导决策达到在务实、客观、理性、经验、智慧、效率和效果上完全避免失误或错误而确保正确和科学，进而形成优质的甚至是卓越的决策产出，包括一级、二级和三级的直接决策产品和间接决策产品。其最大特点就是确保领导决策行为的正确性、精确性、可行性和高效性，亦即科学意义上的高质量，旨在确保领导决策真正科学、管用、完善和最优。

领导决策民主化就是要使领导决策逐渐变得民主起来，其实质就是要用民主精神、民主原则、民主机理、民主方式和民主途径来改善和优化领导决策过程，由此使领导决策达到在价值取向、利益、权利、权力、权威、地位、阶层、民意、公平、有效性乃至科学性等方面保持平衡、稳定、正确无误和综合成效最大化，并通过与科学化的结合而最终形成比较完善、能照顾大多数或主流与全局的决策结果，包括一级、二级和三级的直接决策产品和间接决策产品。其最大特点就是具有人民当家作主、一切以人为本、全心全意为人民服务的鲜明价值性，并以此为标准来确保领导决策行为的端正性、恰当性、合理性、合规性、合法性和可接受性，亦即以人为本的高质量，旨在确保领导决策能够富有妥善性、有益性和真正的可行性。

2. 领导决策科学化、民主化的目标和意义

领导决策科学化、民主化的目标主要有两个：（1）加快推进领导决策的科学化民主化，切实提高决策的科学化民主化程度和水平；（2）大力提高领导者的决策素质，优化决策机制，完善决策体制，确保决策信息，端正决策标的，最终建立一个融科学化民主化于一体、成功率极大提高的现代领导决策模型。

领导决策科学化、民主化的意义主要有三个方面：（1）提高领导水平；（2）提高领导决策水平；（3）提高执政能力。

3. 领导决策科学化的要素和关键

领导决策科学化的要素是指推进领导决策科学化所必然涉及的重要因素，包括两个方面：（1）科学要素，它包括科学精神和理念、科学的知识和理论、科学的标准和要求、科学的依据与原则、科学的方法和手段；（2）决策要素。

领导决策科学化主要包括两个方面：（1）决策主体或领导主体（中枢系统）的高素质化和高效化，使决策素质完全适合或满足运用科学精神、科学理论、科学方法和科学手段的需要。（2）决策体制民主化、科学化和法制化，确保决策权力的行使完全服从于客观事实和客观规律，服从于科学的精神、原则、标准和机理；要避免权大于理，亦即要防止权力大于科学真理，要避免权大于道，亦即要防止权力超越客观事实、违背客观规律。

4. 领导决策民主化的要素和关键

领导决策民主化的要素是指推进领导决策民主化所必然涉及的重要因素，包括两个方面：（1）民主要素，它包括民主精神、民主原则、民主机理、民主方式和民主途径等；（2）决策要素。

领导决策民主化的关键包括三个方面：（1）决策素质必须完全适合或满足运用民主精神、民主原则、民主机理、民主方式和民主途径的需要；（2）决策权力的行使要完全服从于以人为本、服务于民和有利于民的价值取向，服从于民主的精神、原则、标准和机理；要避免和防止权力大于民意或违背民意，要避免和防止权力超越或背弃决策的价值取向和标准；（3）决策标准、决策倾向和决策筹码应该完全向民利和民意倾斜，确保形成真正有利于民、顺合于民和服务于民的自由裁量空间。

5. 领导决策科学化与领导决策民主化的相互关系

领导决策科学化与领导决策民主化既相互区别又相互联系。两者不仅如前所述在实

质、要素和具体标准与价值取向上存在一定的差异，而且在实际决策过程中甚至还会有所矛盾或冲突。此外，两者不仅如前所述在决策要素上有着大体相近的范围，而且还互为基础和条件，相互补充和支持，科学决策的有效进行就建立在民主的基础上，民主决策的成功必须以科学为前提，可以说，在确保决策正确和成功这一点上，二者已经达到了一体化。

6. 领导决策过程中科学化、民主化的配合与综合

受两者相互关系的影响，实际决策过程中的科学化和民主化必须是相互配合的，才能发挥出共同促进和确保决策成功的作用、价值与优势。这个过程需要在科学精神与民主精神、科学标准与民主标准、科学原则与民主原则、科学过程与民主过程之间进行大量的协调，恰当地把握和处理好价值观念的关系和操作实务的关系，最大限度地达成一致，形成一个兼具多种科学手段和民主途径、能够广泛获得并善于提炼民意民智、优质高效、完整完善的决策机制和决策程序，使决策真正建立在科学、民主的基础之上并确保能有最优质、最令人满意的决策产出。

事实上，最新理论与实践成果表明，现在比较流行的科学决策就是建立在充分民主的基础之上的理论和方法，其整个决策程序都依托于民主并贯穿着一根民主的红线。这使两者在理论上和实践上都趋于一致，有利于避免决策失误或错误，确保决策的正确和成功。

11.6.3 科学化、民主化的领导决策

1. 科学化、民主化决策的实质与特征

科学化、民主化决策可以简称为科学、民主的决策。其实质就是综合了科学与民主的能动优势和价值、协调了科学与民主在某些情境下不一定能够互利或一致的相互关系而能充分配合互动和支持、能够最大限度地确保科学优质和顺合民意的一种理想而完美的决策。

通俗来讲，这个实质就是运用科学的理论、方法和途径确保最充分地做到“从群众中来，到群众中去”和“从现实中来，到现实中去”，使决策最优、最可靠、最符合实际、最节省成本或代价、最能满足解决实际问题的需要。

科学化、民主化的决策有如下特征：（1）仍然保留一般决策的操作性特征，包括预测性、针对性、目标性、选择性、综合性、优化性、可行性、实施性、结果性和影响性十个特点。（2）具有自己所独有的特征，包括操作和质量上的完备性与最佳性、代表一定群体利益的倾向性和政策性、广泛的涉及性和约束性、不可置疑的权威性和有效性、必须服从的强制性和法定性、必定导致领导客体或决策客体变化的致变性和重大性等特点。

2. 领导决策科学化、民主化的基础和决定性条件

（1）领导素质：领导决策科学化、民主化的主观性内在基础和条件。

（2）决策机制：领导决策科学化、民主化的客观性内在基础和条件。

（3）决策体制：领导决策科学化、民主化的主观性外在基础和条件。

（4）决策信息：领导决策科学化、民主化的客观性外在基础和条件（广泛、畅通的领导信息渠道，完善、发达的决策信息系统）。

（5）决策目标：领导决策科学化、民主化的综合性基础和条件（价值性、方向性、引导性、指挥性、杠杆性、压力性、动力性、集中内外因的综合性）。

（6）决策系统：领导决策科学化、民主化的实质性基础和条件（优质、有效的咨询参谋系统，优质、高效的中枢决策系统，灵敏、真实的实验执行系统）。

（7）决策工具：领导决策科学化、民主化的操作性基础和条件（恰当的领导决策方法，科学、现代的领导决策手段，高效率的电子政务平台）。

3. 科学化、民主化决策的实践要点与要义

科学化、民主化决策的实践要点主要有四个方面：（1）同时体现科学精神和民主精神；（2）排除科学与民主在具体操作上的一些不适应性，最大限度地放大科学与民主的共同性和一致性，使两者达到最大的相互配合与综合；（3）在确保决策无误而优质的同时，确保民意的参与和民利的实现；（4）区分决策情境、决策任务和决策类型来实现更具灵活性和更有针对性的决策，确保决策的变通、及时、切实和有效。

科学化、民主化决策的实质要义主要有六点：（1）解放思想、实事求是；（2）坚持民主集中制；（3）坚持“从群众中来，到群众中去”；（4）坚持以人为本；（5）坚持人民利益至上、国家利益至上；（6）坚持着眼全局。

11.6.4 领导决策科学化、民主化的实践审度

1. 领导决策科学化、民主化的基本现状

一方面，上上下下都已经意识到了决策科学化、民主化的重要性，并且已经在积极推动决策的科学化、民主化了。换言之，推动领导决策科学化、民主化已是大势所趋，并且已渐成主流。这具体表现为以下四点：（1）思想认识有所提高；（2）组织体系不断完善；（3）各项制度逐步健全（如重大决策协商和征求意见制度、各级领导机关的会议制度和议事规则、决策公示制度等）；（4）最新决策理论、方法和现代技术手段（如数据统计、模型分析、信息技术等）得到更多的采用。

另一方面，也存在一些不容忽视的问题。这些问题实质是背弃科学与民主的原则，突出表现为以下九点：（1）随意性较大，主观性过强，权力性过大；（2）真理性、原则性和法制性过弱；（3）专业性不强；（4）咨询系统建设和利用得不充分，咨询职能也不明确；（5）民意申达渠道的作用没有得到有效发挥，民情民愿特别是民利实现要求及公众需要在决策筹码中常常没有分量；（6）政绩形象和追求升迁常常成为决策的关键筹码和主要动力，决策价值机制出现严重偏差，科学发展观、正确的人才观和政绩观未能成为扣动决策的“扳机”；（7）暗箱操作依然严重，有些透明做法也近似作秀；（8）常常按

习惯的和传统的观念意识、方法来进行实际的决策，在实际决策过程中个人习惯、家长作风、无知愚昧、谋私不公、武断专横、不讲科学、不听意见、心地狭窄、排斥先进、嫉妒优强、压制才德、鼠目寸光、没有远见等直接介入或变成决策活动；（9）在决策失误追究上，制度仍不健全，机制仍不完善，力度仍不到位，效果极其微弱，纪检、监察尚未将此类问题纳入监督范围，即使决策严重失误的领导者也能异地为官，而深受其害的百姓和国家都对他们没有办法。

2. 领导决策科学化、民主化的实践制约、障碍与困难

领导决策科学化、民主化实践所面临的制约有很多，但从实际情况来看则主要有以下几个方面：（1）素质制约（特别是认识上的制约）；（2）利益制约；（3）关系制约；（4）条件制约；（5）制度制约；（6）权力制约。

领导决策科学化、民主化实践所面临的障碍与制约几乎同出一源，具体包括以下几个方面：（1）素质障碍（特别是主观障碍）；（2）利益障碍；（3）导向障碍；（4）关系障碍；（5）体制障碍；（6）权力障碍；（7）文化障碍；（8）社会障碍；（9）技术障碍。

领导决策科学化、民主化实践所面临的困难确实多种多样，但归根结底都是上述各种制约与障碍的同构结果。其中，素质制约和障碍给领导决策科学化和民主化造成的困难最大。

11.6.5　领导决策科学化、民主化的推动与提高

1. 推动和提高领导决策科学化、民主化的主要内容

要抓住领导决策科学化、民主化的基础和条件，以提高领导素质为根本，以优化决策机制为实质，以完善决策体制为条件，以确保决策信息为基础，以端正决策标的为关键，解决推进领导决策科学化、民主化过程中遇到的各种具体问题，力图从理论到实践都有所创新甚至有所突破，最终论证和完成领导决策科学化、民主化这一重大实践命题与理论命题。

2. 推动领导决策科学化、民主化的重点和必要举措

领导决策科学化、民主化的总体思想是：将注意力集中并落实到一点上，即建构一个兼具科学和民主特质、完善而优质的实际决策机制和决策程序，由此最终建立一个融科学化、民主化于一体的现代领导决策模型。

领导决策科学化、民主化应抓住重点。领导决策科学化、民主化作为一个典型的系统工程，所涉及的方方面面和所要做的事情很多，为此，要突出重点，具体来说即要优先考虑并切实做到以下几点：真正提高领导素质、优化决策机制、完善决策体制、确保决策信息、端正决策目标。

领导决策科学化、民主化的必要举措有如下几点：（1）要加强瞄准实践的理论研究，求得理论创新，实现理论突破；（2）要加强理论应用的实践探索，推动实践创新，实现

实践突破，具体解答两个重大命题；（3）要用更加科学、管用、有效的方法和手段，特别是组织人事手段（不仅是培训手段，还应该包括素质测评、绩效测评、庸人淘汰和人才更新等实质性手段）来大力提高领导素质。

3. 提高领导决策科学化、民主化水平的途径和方法

（1）改革创新的途径和方法。这主要是在现有的决策实践、决策理论、决策方法的基础上重新审度现行决策机制和体制在科学化、民主化方面存在哪些可取和不可取之处，然后采取保留和发扬长处和优点、针对并克服短处和缺陷的措施，对现有决策机制、体制和程序进行改革创新，由此逐渐形成甚或研制出一套将科学化、民主化完全有机融合在一起的新型决策规则、决策机制、决策程序、决策制度和决策组织，形成一个能够充分落实科学发展观、充分保障和实现人民利益和国家利益的新型决策模型和决策体系，由此从根本上确保领导决策真正科学民主、为国为民、有利大局。

（2）分类改进的途径和方法。根据不同的领导决策类型，找到并采取针对性极强的完善方略和具体改进办法，包括新的决策理念和方法本身，再分别针对每一类决策本身及相关因素进行具体的改进和完善，而避免用"一刀切"的思路、习惯和做法来不加区分地、实质是不科学地具体决策改造，由此使每一类领导决策都能更具个性特点，得到切实改进与完善。例如，对于重大决策，可以采取如下办法来改进其规则和程序：

1）扩大民主渠道，加大调查研究力度，广泛征询意见，充分进行协调，确保决策信息完备无遗，社情民意得到最充分的反映，而后对涉及经济社会发展全局的重大事项进行决策。

2）高度重视决策咨询系统的建设、完善和利用，广泛联系专家学者，建立多种形式的决策咨询机制和信息支持系统，认真进行专家论证、技术咨询和决策评估，由此真正确保最大限度地集中和提炼民智，而后对专业性、技术性较强的重大事项进行决策。

3）建成平等透明的官民互动机制和非常完善发达的民意联络渠道（包括完备、方便的社区电子政务系统），实行公示、听证等制度，提高群众参与的程度，然后对同群众利益密切相关的重大事项进行决策。

4）建立灵敏、迅捷、及时、高效、到位、有力的领导决策监控机制，包括决策的预警机制、权力制约机制、内部监督机制、外部监督机制、资源控制机制、关系协调机制、矛盾化解机制、利益平衡机制、运作透明机制、方案试验机制、民意反馈机制、追踪决策机制、纠错改正机制和问责追究机制，由此构建一套完善的科学化、民主化决策保障制度。

本章小结

领导决策是领导的开始，也是领导权力运作和领导责任发生的开始。决策科学化程度不仅直接关系到决策本身的效率和成败，而且直接关系到整个领导的得失成败，也直接关系到整个领导客体的切身利益和现实命运，影响深远而重大。科学决策既有相应的具体环节，更有在每个环节下的具体决策步骤，还有一系列的原则、要则与方法，这些

都必须在同一决策过程中一并综合起来，因而是一个极其复杂的做决定机制与过程，是领导的第一实战，需要有高度的智慧、责任心、专业知识和决策能力。领导主体特别是领导者是否适合和胜任领导工作，首先就看是否能通过决策这一关。

关键术语

决策　领导决策　科学决策　决策程序　决策环节　确定问题　把握情况　确定目标　确定标准　设计方案　方案论证　方案抉择　决策函数关系　决策手段　决策失误　决策低效　决策失败　决策目标　目标水平　决策标准　决策方案　科学决策原则　科学决策要则　科学决策方法　决策科学化　决策民主化

复习思考题

1. 如何理解科学决策中的“科学”二字？在决策实践中怎样才能做到科学？
2. 试分析决策目标与领导价值、领导取向、领导目的、领导目标的关系。
3. 决策过程或决策活动中哪个环节最关键、最重要？为什么？
4. 为什么要提出决策标准的问题？决策标准的实际内涵是什么？
5. 经验决策是否完全退出历史舞台了？为什么？
6. 科学决策是否要全面把握、熟练操作各决策环节及其步骤？为什么？
7. 如果由你进行决策，你将如何依程序进行？依据什么才能确保高效和成功？
8. 根据我国国情，应该怎样做才能有效推进领导决策科学化、民主化？

案例研究

案例一

1956 年 6 月，毛泽东发表词作《水调歌头·游泳》，写道“更立西江石壁，截断巫山云雨，高峡出平湖。神女应无恙，当惊世界殊”，用浪漫的方式提出要建设三峡水库。长江水利委员会主任林一山接着就发表了两万字论文，正式提出并首次论证可以搞也应该搞三峡水库。然而，长江是世界第三大河，涉及许多重大科学技术问题，从 1958 年 1 月开始，在毛泽东的亲自关注和发起之下，全国就是否建设三峡水库展开了长达近 40 年的探讨研究和科学论证。

当时，全社会正搞“大跃进”，盛行“浮夸风”，几乎不会尊重科学，也不愿意按客观规律办事。但是，毛泽东还是充分注意听取业内专家意见，根据科学数据来进行分析判断上马该项目的利弊得失。在后来的无数论证活动中，历届领导都高度注意从科学原则出发，用科学数据说话，不断进行科学论证。20 世纪 80 年代，国家要求水利部以及 400 多名专家对此进行专门的讨论和论证，到 1989 年重新做可行性研究。到 1992 年，三峡水库建设的论证结果已达到非常成熟、完备和可信可靠的程度，证明了这个项目上马不仅可行，而且正确。所以，全国人民代表大会就表决通过了这个项目。

2010 年 12 月底，中国工程院三峡工程阶段性评估项目组完成了对三峡水库原论证报告的科学评估，认定三峡工程生态环境问题及其影响基本上没有超出原论证报告的预测范围。以温度为例，增温的幅度不超过 0.1～0.3 度，这就是原论证报告中所预测的范围。经测量，虽然取水后的实测数据有所增加，但增加的幅度也没有超过这个范围。

三峡水库是一项伟大而复杂的工程。从工程论证到设计、施工，业界曾做过缜密的科学调查和讨论研究。例如，针对其中通航技术存在的大量问题就进行了严密的讨论，最终使这些问题都得到了较好解决。三峡大坝建成后，工程综合效益正在充分发挥和显示出来，川江运量一直在快速增长。实践表明，当初在三峡工程建设时机的决策、三峡水库特征水位的选定、三峡通航建筑物规模和布置设计的优化、通航尺度标准及其保障措施的论证确定、施工期通航方案的认定与实践，以及三峡水库调度方案的优化等问题上所做的工作及其成果都是有效的和成功的。后来的大量事实证明，这个三峡工程决策是正确的，是利大于弊的。

在我国的所有工程里，没有一个项目是像三峡工程这样经过近 40 年酝酿、探讨、论证和可行性研究的。做出这个决策过程体现的精髓是，理性战胜了想象，明智战胜了盲动，严谨战胜了浪漫，科学战胜了“文学”。所以，三峡水库建设的决策是科学决策的伟大典范。

▶ **分析与理解**

1. 试用决策目的与目标的有关原理，分析“高峡出平湖”的浪漫畅想与建设三峡水库的科学决策之间是怎样对接并演绎出一个伟大的过程和结果来的？同时分析、归纳出做好重大决策所应遵循的一些规则要理。

2. 试用决策程序有关原理分析说明上马三峡水库项目走了怎样一个决策程序？

3. 试分析上马三峡水库项目的决策包含了多少科学成分和民主成分？这些科学、民主成分是以什么形式表现出来的？是如何体现到决策过程中的？这为推进决策科学化、民主化提供了什么样的标杆？

案例二

2013 年，包头市对内蒙古最大的棚户区东河区北梁棚户区进行改造。初版方案遭到 83.7%的人的反对。此后，花了 4 个月，动员全市 2 167 名党员干部深入每间小屋调查研究，综合各户意见，进行了 30 多轮修改，最后形成新版方案，该方案一出台，就得到了 80%多人的赞成。从 83.7%的反对到 80%的支持的民意逆转，就是民主决策的成功，充分表明决策的务实、切实和深得民心。就因为这样，领导工作起来才会得到群众的拥护，才能顺利开展。所以，6 月 15 日，包头市大规模城市改造工程顺利开工，而且推进顺利。

▶ **分析与理解**

1. 试分析包头棚户区改造项目实际上启用了怎样的决策机制？有一个什么样的决策过程？这对领导决策在今后的改进来说具有什么样的意义？

2. 试结合领导之本、领导价值和领导取向等有关原理分析包头此项目的决策过程、结果的发生机理，并试推演、归纳出民主决策的重要原则和有效方法。

案例三

1941 年 7 月 31 日，朱可夫走马上任预备队方面军司令。他一到位，就到前线进行实地侦察，发现德军已经把整个叶尔尼亚突出部变成了一个壁垒阵地。于是，他立刻制定了五项应对措施：一是命令第 24 集团军采用各种侦察方法，弄清敌人火力系统的情况；二是增调 2～3 个师和炮兵部队；三是运送各种物资、器材；四是用 10～20 天完成反击德军的全部准备；五是不早于 8 月下旬发起进攻。

8 月 18 日，他向斯大林详细汇报了当前德军调整部署的形势分析，并又一次提出建议，要求在布良斯克地区集结一支强大的部队，用以对敌人侧翼实施突击。这次终于得到斯大林的认可和采纳。于是，朱可夫命令第 24 集团军与西方面军一部对叶尔尼亚地区的德军发动总攻，虽然伤亡与德军同样极为惨重，但苏军进展顺利，德军开始溃逃。

9 月 6 日，苏军收复了叶尔尼亚城，随后即追击德军。8 日，终于打掉了德军在叶尔尼亚地区的这个突出部，共歼灭德军 5 个师、4.7 万余人，彻底遏制了德军对莫斯科方向的攻势，彻底解除了德军对苏军的战略威胁，取得了苏军自开战以来的第一次重大胜利，极大鼓舞和提高了苏军士气，也使苏军从战斗中学到了许多与德军斗争的经验。

对于这次战争，朱可夫在回忆录里总结说："战争经验表明，侦察情报和对侦察情报的正确分析是判断情况、下定决心和制定作战计划的依据。如果侦察不能提供正确的情报或者在分析情报时犯了错误，那么各级首长、司令部的决定就不可能正确，其结果就是战役的进程将不会像最初设想的那样发展。"

▶ 分析与理解

1. 朱可夫这次具有重要历史意义的成功决策包含了怎样的决策原则和决策要则？

2. 试述朱可夫进行决策的基本特点和方法，归纳出能够确保决策成功、具有一般意义的关键要点。

案例四

1943 年 2 月，美军获悉一支日本舰队集结在南太平洋的新不列颠岛，准备越过俾斯麦海，开往新几内亚。美西南太平洋空军司令肯尼奉命拦截日军。当时得到的情报是：日军路线上有两条航线，一南一北，都需要三天时间才能结束航程，而近三天内北路航线是阴雨天气，南路航线则天气晴朗，不知日军会选择哪条航线。为此，需要对日军进一步侦察。侦察的可选择方案有很多，主要是如下四个备选方案：一是集中搜索北路，日军亦走北路。虽能见度低，但可能尽早发现日军，而赢得两天的轰炸时间。二是集中搜索北路，日军走南路。只有少量飞机搜索南路，即使发现日军，也要花一天时间，轰炸时间仍是两天。三是集中搜索南路，而日军走北路。少量飞机搜索北路，要花两天才能发现日军。四是集中搜索南路，日军走南路。轰炸时间可争取到三天。肯尼断定：第四种方案对己最有利，日军也知道，肯定不能选它；日军肯定会找有天气隐蔽、较安全些的北路。于是，肯尼选择实施第一方案，结果很正确：美军在俾斯麦海的预期地点截击了日军，取得了胜利。

▶ 分析与理解

1. 试析太平洋战争中美军这次对日军作战所进行的决策有什么突出特点？用了哪些科学方法？

2. 试从本案例中提炼、归纳出某种具有通用价值的一般决策原理和要诀。

第12章

领导决策的实施

重点问题

- 动员的方法与艺术
- 指挥的方法与艺术
- 沟通的方法与艺术
- 协调的方法与艺术
- 控制的方法与艺术
- 纠错与追踪决策

12.1 动员

12.1.1 动员的含义与意义

动员是对执行人员及有关人员有目的地施加有说服力的影响，借助于这种影响，把决策意图灌输到他们的意识中去，促使和引导他们的行为向着领导者所希望的方向发展。因此，动员不仅包括对决策的宣布或公布，还包括领导者对决策执行者及有关人员的教育、说服和鼓动。

一般来说，决策执行离不开动员，动员不仅是决策执行的一个主要方法和手段，也是决策执行活动不可缺少的有机组成部分。决策的执行要由多人一起协作去完成。而要达到这一点，就要利用各种手段，充分发动群众，使所有人员都了解决策，正确地理解和接受决策，决心努力去实现决策。换言之，决策做出以后，就要靠组织、动员和指挥来加以落实了。动员与指挥、组织落实一样，都是领导过程中以“事”为主线、为目标、为取向的领导活动。这些活动是执行决策的具体操作过程。没有这个过程，领导就只能是一句空话。说穿了，这就是最实质性的领导活动之一，其中包含并运用了大量的权力权威，是在行动中体现领导作用力的领导资源效用过程。

毛泽东曾说：“善于把党的政策变为群众的行动，善于使我们的每一个运动、每一次斗争，不但领导干部懂得，而且广大的群众都能懂得，都能掌握，这是一项马克思列宁主义的领导艺术。”这表明，领导决策之后，就必须通过动员的途径让各级干部和广大人民群众充分了解、深刻认识、自觉执行和有效贯彻落实，也就是要让群众充分认识自己的利益，并且团结起来为实现自己的利益而奋斗。这是马克思主义的重要原则，也是党的路线、方针、政策能够正确、顺利地得到贯彻实施的重要前提。

事实上，正确的方针、政策和奋斗目标，对于广大干部群众具有巨大的鼓舞和动员作用，但这种作用只有当这些方针政策为广大群众深刻理解和掌握之后才能发挥出来。也就是说，不论执行什么决策，不仅决策本身要符合群众的利益，而且要通过动员使群众认识到决策和他们的切身利益之间的紧密关系，使他们自觉自愿地积极地接受和执行决策。只有这样，决策的执行才能获得坚实的基础。

实践证明，领导作用的发挥，各项路线方针政策的执行，各项具体任务的落实，都要通过向群众宣传、发动群众、调动一切积极因素才能充分实现。这是因为，政策制定后并不能自动地被执行，也不能自发地被人们所接受。作为政策制定者的领导干部了解了政策不等于各级政策执行者也了解政策，作为政策执行者的干部了解了政策也不等于作为政策对象的广大人民群众都了解了政策。只有加强宣传和沟通，即做好动员的工作，才能真正卓有成效地开始落实领导决策。

在决策本身能够符合和满足人们利益的条件下，动员的目的是要加深人们对决策的理解和认同，推动人们努力去执行决策，这是动员的一个重要作用。当出现决策本身在总体上符合人们根本利益和长远利益，但在目前要对人们的眼前利益和固有观念进行重大调整和改变的情况时，动员的作用还表现为要说服人们，促使人们改变观念，提高认识，正确对待和适应社会利益的调整和社会观念的新变化，这是动员的一个更为艰巨和重要的作用。动员还要通过控制舆论趋向，创造特定的舆论环境来引导、劝说、规范人们的思想和行为，为决策的顺利执行提供保证。

12.1.2 动员的内容

动员的内容包括决策的公布和决策的宣传、说明。除了秘密的决策以外，决策制定后都有正式公布的环节。

决策公布并不是一个简单的问题。决策公布的内容含混不清，或者相互矛盾，人们分析决策公布的内容时出发点和理解不同，都会给决策执行活动带来不同的影响。决策公布既要有时机的选择，以便把握决策的时效，在社会上产生特殊的影响效果，也要有范围上的控制，对决策执行者和决策对象采取有区别的原则，以利于决策的执行。决策的公布还是人们认识和看待决策的重要窗口。尽管决策的公布和决策的结果之间可能存在重大差别，但决策公布给人们造成的影响，仍然是人们评价决策的一个重要方面。因此，在实际的动员过程中，决策的公布往往不是对有关决策内容信息的简单传播，而是和决策的宣传、说明紧紧结合在一起的。

对决策的宣传、说明，就是通过各种有影响力的渠道和方式，向决策执行者、决策对象和社会各个方面传播决策的合法性、合理性、必要性和效益性等方面的信息，以获得决策执行者和决策对象对决策的理解、支持和接受，并形成有利于决策执行的社会舆论环境。社会舆论的发展方向和趋势对人们具有强烈的、直接的制约和规范作用。动员以决策为中心，但它又表现为新闻报道、艺术活动、理论研究、会议发言、课堂讲授、人们之间的互相交谈等广泛的形式，通过这些活动在社会形成某种特定的舆论趋势，引导人们的思想和行为。

在现实生活中，各阶级、阶层、集团和个人总是在特定的社会舆论环境中活动的，超出舆论许可的范围，其活动就会受到压制。动员就要创造这样的舆论环境，以“约束”人们的行为不向与决策目标要求相反的方向发展。形成一定的舆论趋向和舆论环境的方法很多，在我们国家常用的有：时事宣传、形势宣传，以及理论、方针、政策的宣传和思想政治工作等。这些都是日常实践中的动员内容，它们不仅能加强动员中的说服作用，而且能直接为决策的执行服务。

12.1.3　动员的方法

动员的方法主要有两种，即直接动员方法和间接动员方法。

1. 直接动员方法

这个方法包括四个方面的要义：

第一，发动群众，直接动员。这是一种经常使用的方法。为了形成大的行动局面，领导者要大张旗鼓地向全体群众做直接的动员。这种动员需要大的气魄、声势和覆盖面。比如，新中国成立初期，毛泽东对“三反”工作就做出过这样的指示：应把反贪污、反浪费、反官僚主义的斗争看作如同镇压反革命的斗争一样重要，一样的发动广大群众，包括民主党派及社会各界人士去进行。一样的大张旗鼓去进行，一样的首长负责，亲自动手，号召坦白和检举，轻者批评教育，重者撤职，惩办，判处徒刑（劳动改造），直至枪毙一批最严重的贪污犯，才能解决问题。

第二，讲话动员，亲自号召。这也是一种常用的动员方法。美国总统罗斯福的“炉边讲话”很是被人称道。那时候还没有电视，但他在当政的 12 年间，在壁炉前通过广播面向全国进行过 300 多次讲话。每有国家大事，他都用这种方式同群众沟通情况，联络感情。作为一个国家元首尚且能不断进行动员，作为直接面对群众的基层领导者，就更应该经常把情况告知群众，做好群众动员工作。

第三，下发文件，书面动员。这种方式虽然不如面向群众的直接动员影响力大，但也不失为一种可行的办法。它还具有较强的严肃性，而且比直接动员更为灵活，覆盖面可大可小，层级可高可低。

第四，临场动员，鼓舞士气。这是临战状态下的人们特别需要的。他们需要见到他们的指挥官，需要领导者向他们说些鼓舞士气的话。1943 年 10 月，德国法西斯兵临莫斯科城下，形势十分危急，在这样的形势下我们可以想象，斯大林的检阅和他饱含激情的讲话是如何鼓舞那些军官和士兵以十足的勇气走向战场的。

2. 间接动员方法

这个方法主要有如下两方面的内容：

第一，公之于众，让群众产生自觉行动。著名企业领导人亚科卡说过一句话："我发现，发动人的最好办法是让他们了解工作计划，使他们都成为实现计划的力量之一。"无论遇到什么情况，尤其是困难的情况，把情况交给群众，让群众产生自驱力，这是一种十分必要的方法。问题是，一些领导者缺少对群众的信任，也不大懂得要把群众动员起来。如果领导者真的把情况说清楚了，群众会产生信赖的心理，即便他们起不到直接的作用，也会从各方面去支持领导的工作。周恩来曾经说："任何政策的决定或改变，任何政策中之正确或错误的部分，必须适时地不但向干部而且向群众公开指出，才能得到群众的了解和拥护而成为力量。"①

第二，参与进来，在干中动员。任何观念和思想都是在实践中产生的，让实践本身来说服人，这是最有力的，所以使人参与进来也是一种动员。有的人处于潮流之外，让他参与进来，他就成了潮流里的人；有的人处在工作之外，让他参与进来，他就会从这个工作的角度说话、想问题。

12.2 指挥

12.2.1 指挥的含义

所谓指挥，是一种具体地调遣力量、应对实际的过程。这个过程就是领导主体采用适当的方式和科学的手段，把社会系统内各相关因素，主要是人员和机构集中到统一的领导意志下，并按计划或者按政策安排和调遣这些因素，使之有效地发挥作用，实现决策目标。

作为领导者，有了正确的路线、方针、政策，有了正确的决策和计划，还必须依靠下属或全体组织成员的认真贯彻执行，才能将它们落到实处，取得应有的效果。从这个层面上来说，领导就是指挥，当然，事实上，指挥只是领导的一个具体环节、具体过程。指挥水平的高低，反映了领导主体的领导能力和领导水平。一个合格的领导者，应具有调动千百万人服从统一意志的指挥艺术。

现代的领导活动，参与的人员较多，分工较细，协作复杂，连续性强，各项工作任务一环扣一环，相互联系，相互制约，必须有高度统一的指挥。通过有效的指挥，将决

① 周恩来．周恩来选集：上卷．北京：人民出版社，1980：301．

策执行活动从静态推向动态，沿着预定的轨道前进；通过有效的指挥，调动全体执行人员的积极性和创造性，激发起高昂的士气。俗话说得好，“强将手下无弱兵”，说的就是强将有善于引导弱兵致强之道。反之，指挥无方，即使执行人马很强，也无法充分发挥作用。强有力的指挥必须集中统一，政出多门、多头指挥必然会乱套。

12.2.2　指挥的方式

领导主体为落实决策而进行指挥，会采用多种不同的方式，通常采用的方式有五种：

第一种是口头指挥。这种指挥方式简明、及时、方便，因而最常用。运用口头指挥，要注意语言艺术，面向不同的对象指挥语气也要有区别。

第二种是书面指挥。在指挥层次多，时间、地域等条件又受到限制，不便以口头方式进行指挥时，为了确保指挥信息传达不走样，以后又便于核查，适宜采用书面方式。但指挥者不可过分依靠文字指挥，要防止滥发文件的文牍主义。

第三种是会议指挥。比如执行前的动员会，执行中的协调会、调研会，执行后的总结会等，都能起到指导和推动工作的作用。在会议指挥时应特别注意提高会议质量，防止会议过多，开会时间过长。

第四种是现场指挥。比如在发生重大突发事件和自然灾害或重大事故时，领导者需要亲临现场，直接把握实情，当场拍板决定，及时调兵遣将，面对面地进行指挥，直接控制事态的发展。这种现场指挥具有较强的应变性和时效性。

第五种是电子指挥。这主要是运用一切电子信息手段进行跨区域、高效率的直接指挥，包括电话指挥、无线电通信指挥、电子网络指挥等。这些方式将大大提高指挥的直接性、有效性、质量和速度，同时大大降低指挥的成本、间接性和信息失真度，有助于使领导的决策得到更快更好的贯彻落实。

12.2.3　指挥的方法与艺术

指挥方法与艺术的核心问题就是“灵活”二字，就是对于指挥的理论原则能活用，灵活地指挥，做到“运用之妙”。这里所说的“妙”就是基于客观情况而审时度势、灵活应变，及时采取恰当有效的措施加以应对和处置。毛泽东说，只要运用得妙，就能指挥得当，就能转变敌我优劣形势，就能实现我对于敌的主动权，就能压倒敌人而击破之，而最后胜利就属于我们了。不仅作战时的领导活动要这样，平时的领导活动也要这样。只有活用原则，灵活指挥，才能出奇制胜，圆满实现决策目标。

那么，怎样才能做到指挥灵活呢？

第一，要确保可靠。就是要保证有把握。毛泽东曾指出：“不打无准备之仗，不打无把握之仗。”这是对领导者灵活指挥的基本要求。灵活，并不是说要不管三七二十一地乱来，而是有前提的，这个前提就是情况要确实可靠。“灵活”能够提高取得战斗胜利或工作成果的可能性，但应有足够的把握，包含在不确定条件下的某种程度的确定性。离开了这个前提，“活”就成了盲动性、盲目性和机会主义。

第二，要确保及时。就是要抓住时机。机不可失，失不再来。看准时机，当机立断，果断指挥，是掌握指挥主动权和灵活处置的关键。竞争和角逐中经常讲“最佳时机”，领导活动中讲“恰到好处”，都是指把握时机。客观形势千变万化，许多现象和机会稍纵即逝，一旦错过就无法弥补甚至会造成不堪设想的后果。在竞争、角逐时，过早则会暴露自己，给对手以防备的机会和应对的时间；过迟则对手准备完毕，实力强大，这将增加制胜的困难，使制胜对手难上加难。这就是时机问题。时机把握不好，就有可能使一切努力付诸东流；把握好时机，就能在具体指挥过程中灵活、机动。

第三，要确保有针对性。这就是要针对客观形势的复杂多变而动，要针对具体对象的情况变化而动。如果把握不好问题的关键要点，那么再怎么灵活也都无济于事。无论什么社会系统，时间、空间、机构、人员、设备等条件都富于变化，即使原本的对策能制胜，若弃活守死，也会变成最为拙劣的一着。

第四，要确保准确。此即要注意确保信息准确。作为一个领导者，遇到事情，处理和解决问题要做到“胸中有数”。这个“数”必须是“实数”和“准数”。领导者获取的信息、进行的预测、做出的判断、下定的决心都必须是准确的，不能含糊其词，模棱两可。“知彼知己，百战不殆。”这就是说不单要了解各方面的情况，还要对这些情况做出及时、准确的判断。

第五，要确保明确坚定。任何事物的发展变化都是以相对稳定为基础，指挥亦然。稳定性蕴含着坚定性。离开了相对的稳定，就是缺乏必要的坚定和沉着，就是没有决心和信心，就不能完成领导任务，更谈不上指挥艺术。作为一名领导者，一旦决心下定，指令发出，只要方向没有错，不管遇到什么阻力或障碍，都要坚定不移地围绕组织目标实施指挥，直到实现目标。当然，坚定并非固执，它不否认随着客观情况的变化适当修正决策方案，以使其更符合客观实际。及时改正错误，也是坚定性的一个方面。

第六，要确保机灵应变。此即要善于变通。领导工作建立在科学预测、科学决策的基础上。决策要经过仔细分析，反复论证，三思而后行。客观世界时时刻刻都在发生着变化，领导活动要适应客观世界，领导主体的认识和应对也必须随变化而变化。面对不断变化的环境，领导主体既要以不变应万变，又要以变化应变化。指挥中如果没有高度的变通性，指挥就很难起作用，领导活动就会非常刻板和僵化。所以，实施决策就必须根据具体情况随时进行变通。毛泽东曾经就此指出，把已定计划加以改变，使之适合于新的情况。部分改变的事差不多每次作战都有，全部改变的事也是间或有之的。如果不知改变，或不愿改变，只是一味盲干，结果非碰壁不可。

第七，要确保权威。领导者如果没有足够的权威，就无法有效指挥，更谈不上“活”。在实际工作中，常有这样的事情，同样一项工作，甲领导指挥得非常灵便，部属心情舒畅，工作顺利完成。而乙领导指挥的是同样的人，办的是同样的事，虽然费更多的口舌，下边却没有行动，为什么呢？这里面就有个权威问题。权威是一种影响力，是权力和威信的综合。权力是支配人按照某种要求而行动的力量，是一种强制性力量。这种强制性以法规、法律、纪律和命令等形式来实现，伴随着严明的奖惩。为了实现统一意志，这种强制是必需的。但是，若强制过当则会适得其反。威信则是领导者的一种自身影响因素，表现为能力与人格。它随领导者的才能及成功机会的增多而增高。威信越高的人越容易成功。这种“马太效应”常使一些领导者的威信越来越高。在实际工作中权力大，威信小，领导权则贬值；威信先行，权力随后，领导权会增值。所以，领导者进行指挥，要充分重视权威。适度的权力运用和高度的威信，会使指挥一呼百应、得心应手。如果滥用权威，即使有独到的见解或可行的计划，也难以取得领导的成功。

第八，要确保民主。领导者在任何时候和场合进行指挥，都是要调动人们朝着一定的目标或方向前进。指挥过程要进行信息的沟通，包括指示、命令、情报以及感情等多方面的传递。沟通有效，指挥才能发生作用。信息沟通过程是各方面思想交流的过程。这要求领导者必须注意发扬民主。它是我党我军的光荣传统。毛泽东曾指出：“中国不但人民需要民主主义，军队也需要民主主义。军队内的民主主义制度，将是破坏封建雇佣军队的一个重要的武器。”后来，他将军队内部的民主概括为三大民主，即政治、军事和经济民主。我们党、军队的许多优秀领导者一直是很重视发扬民主的。民主，就是走群众路线，从群众中来，到群众中去，集思广益。在领导过程中应广泛听取群众意见，这对于有效指挥是十分有益的。领导者与被领导者之间，通过发扬民主，沟通了思想、感情，领导者就能针对不同的人采取不同的指挥方式方法，提高指挥效果，从而树立威信。同时，让被领导者清楚了解领导者的意图，有利于调动其积极性。

12.2.4 影响指挥权威的性格因素

领导指挥是领导者与被领导者之间的一种命令与服从关系。领导者之所以能够发布命令、进行调度，被领导者之所以能够接受命令、服从调度，主要是因为领导者具有一定的指挥权威。而这种指挥权威是由领导者的权力和威信两个方面构成的。领导者要想实现有效的指挥，不能光靠权力，还要靠威信。影响领导者指挥权威的性格主要有以下几种：

一是自负和傲慢。有的领导者在平常言谈举止中，或在决策、指挥过程中，常常表现出傲慢固执乃至狂妄自大。比如，讲话爱用讥讽口吻，抢别人的话头，轻易否决别人的观点，自以为是，看不起别人；目中无人，盛气凌人；工作有了成绩，就认为“都是我的主意”，出了问题就指责下属。这样的领导者，不管工作能力有多强，都会因为自负和傲慢的性格而使指挥权威受到削弱。

二是草率马虎，随便表态。工作不严谨、不认真，处理问题考虑不周全，还没搞清楚情况就急于表态；出了问题，则追究下属的责任，看上去很有“魄力”。实际上这种草率行事、工作马虎、随便乱表态的性格会严重影响领导者的指挥威信。

三是好疑多变，失信无义。这种性格的领导者，一般不太信任同志和下属，怀疑下属争权夺利，把权力和各种资源都尽量集中在自己手里，独断专享；在组织系统内对组织成员不仅敢开大口、许大诺，而且还敢随意变化、背信弃义，而几乎无须找借口，无所谓形象和人格；为了自身利益，不善于也不愿意团结同志、信任下属，总是疑忌单位里的人会坏自己的事，不能把更多的人团结在自己的周围，只能搞小团伙；这一切导致其与成员之间丧失信任和融洽，实质上会把人际关系搞得比较僵；这样，即使领导者手握大权，也会完全失去威望和公信力，降低直至丧失凝聚力和影响力，当然也就无法进行指挥。

四是粗暴，缺乏节制。有的领导者说话、处事无约束，好动肝火，爱发脾气，张口就骂人，动不动就火冒三丈；待人不能心平气和，谈问题缺乏商量的口气。没有一个下属会愿意在上级的骂声中工作。这种性格的领导者，时间长了，其指挥权威就会不断降低甚至丧失。

五是优柔寡断，缺乏自信。有这种性格的领导者办事迟疑，遇到问题拿不定主意，犹豫不决，反复不定，经常反悔；会上已经表态决定了的事情，会后听了一些人的汇报，觉得有理又反过来否定决议，既无主见，又不民主，搞得下属左右为难，不知怎么办，徒增困难。这样，必然引起下属对工作的烦躁，进而引起对这种工作方法的反感，因此，也就影响和削弱领导者的指挥权威。

六是只顾自己，不关心体谅下属。如果一个领导者所想、所做只是为了自己，一事当前总是先想到自己，谁也不会对这样的领导者产生信赖感、服从感，更谈不上尊重拥戴。领导者用人不体谅人，只知道让别人去干，却不管工作中遇到什么问题，很少体谅下属的苦衷，甚至不让下属提个人问题。这样的领导者就不会受群众拥护，其指挥权威也不会很高。

12.2.5 提高指挥艺术的性格优化

要克服指挥的性格障碍，提高指挥的艺术水平，关键要从以下方面优化性格品质：

第一，要培养刚柔相济的弹性性格。刚就是领导者要刚毅果断，不论面临什么困难、多么艰难复杂的局面，都能处变不惊，但同时必须刚强而不固执，不刚愎自用。柔就是对待具体的困难和矛盾要采用巧妙的策略方法，以柔取胜。刚和柔是对立的统一，柔中带刚、刚柔相济的弹性性格，是领导者要实现有效的指挥必须注重培养的。

第二，要培养具有自知之明和知人之明的性格。领导者首先必须清楚地知道自己的长处和短处，若过高地估计自己，狂妄自大，必然会瞎指挥，造成失误。同时，领导者还要有知人之明，即要对自己的指挥对象有充分的了解，了解他们的能力、特长、短处、品质，以及性格、爱好、兴趣等。只有这样，才能做到指挥得当，在使用下级时能做到扬长避短。

第三，要培养平易近人、和蔼可亲的性格。指挥应是充满友爱的指导，也就是要赢得人心，激发潜能。这种潜能，任何人身上都有，问题是如何发掘出来。有着平易近人、和蔼可亲性格的领导者会经常同下属交换意见，有事同大家商量，同被指挥者思想交融、感情相通，允许部下对领导工作进行批评，以平等态度待人，尽量消除下属的不满。这样的指挥，就能抓住人心，发挥人的潜能，起到事半功倍的效果。

第四，要培养灵活机动、随机应变的性格。领导者的日常指挥具有多样性的特征，应具备灵活机动、随机应变的性格。这是因为，领导者进行指挥所面临的是不同的基层组织和个人。指挥的对象、时间、地点、条件不同，指挥的方法和形式自然也会有所不同。这就要求领导者不能墨守成规、刻板行事，一定要根据具体情况决定指挥的战略战术，不能照抄书本，纸上谈兵。另外，要注意随机应变、采取对策。指挥中不善于抓战机，就有可能导致失败；但如果抓住战机，但不善于随机应变，采取相应的对策，那么再宝贵的机会也会失去价值。在指挥时，能否随机应变是关系到能否达到领导活动目标的大问题。

总之，优化性格是提高领导指挥能力和有效性的一个关键，领导者必须大力克服自身的性格弱点或缺陷。要做到这些，领导者必须首先全面提高自身素质修养。

12.3　沟通

12.3.1　沟通的含义与功能

一般意义上的沟通是指人际联络交流，是群体相互理解的桥梁、团结的枢纽和统一步调的有效机制。在领导活动过程中，沟通是指领导者与被领导者、领导部门与被领导部门之间相互联络、互通信息和加强关系以便达到行动上的配合与一致的活动和机制。

沟通就是领导主体为实现领导目标而与上下左右互通信息、交换情况以求得思想认识上统一和行动上相互呼应配合的内务性保障活动。领导主体要获得领导成功，就必须充分掌握和娴熟运用它。不借助它，领导实践将无法正常运作，其效率和效果都将大打折扣。应该说，沟通对于整个领导活动起着“轴承”的作用。它是领导过程中具有特殊人际功能和组织功能的重要环节。具体而言，沟通主要有三个方面的功能：

（1）加深理解。理解是人们在工作和生活中的感情上的互融与认可。只有互相理解，才能互相接受、容忍、赞同和支持。正如《孙子兵法·始计篇》中所说：“道者，令民与上同意也，故可与之死，可与之生，而不畏危。”如果不理解，就容易产生心理隔阂与情绪对立。领导者必须深谙此道，通过思想感情、谋略决策、步骤方法等的理解和沟通，设身处地地考虑对方与他人的思想动机与行为原因，从而做到双向理解、双向沟通，顺利实现领导意志，达到领导目的。

（2）增进感情。感情是人们团结、合作的基础。领导者与部属之间只有以诚相待，感情真挚，才能和谐默契，工作事半功倍。《孙子兵法·地形篇》云“视卒如婴儿，故可与之赴深溪；视卒如爱子，故可与之俱死”，讲的就是这个道理。反之，如果互相猜忌，感情疏远，就容易闹别扭，困难重重，工作事倍功半。沟通是增进感情的重要途径。沟通是人们之间感情和心灵的交往，沟通是互相尊重与信任的前提。

（3）统一认识。认识是行动的先导，只有统一认识，才能统一行动。但是人们由于各自所处的地位、阅历、责任以及个性的不同，对事物观察和判断的角度、评价的标准不同，往往会产生不同的认识，得出不同的结论。所以，沟通非常重要。如果缺少沟通，认识不能统一，行动不能一致，就难以顺利行使权力，也难以实现领导目标。

12.3.2　沟通的内容与范围

1. 沟通的内容

沟通主要有如下几方面的内容：

（1）目标沟通。这又包括两个具体的方面。一是整体目标沟通。要使被领导者认识到各部门、个人对整体贡献的重要性，以及相互协调配合的必要性；力争把部门利益与整体目标结合起来，增强集体观念和责任感，减少部门之间和个人之间不必要的冲突。二是具体目标沟通。部门之间在确定目标时，要相互理解和沟通；在目标实施过程中，要相互支持和帮助；在目标相冲突时，要相互调整和适应；在目标实现时，要相互鼓励和总结。

（2）思想沟通。部门领导一定要避免单纯本位主义思想，要多从全局出发考虑问题，多从部门之间、上级和下级之间的协调合作上考虑问题，以期达成共识。对于思想观念、思想方法、思维方式等方面的差异，要通过平等的交流、启发，努力缩小认识上的差距；对于因工作关系引发的思想误会和隔阂，要严于律己，宽以待人，互谅互让。

（3）感情沟通。没有感情上的沟通与交流，就不会有工作上的合作与融洽。领导主体之间、领导主体与领导客体之间只有不断增加感情交流，取得思想上的共识和情感上的认同，才能共同创造一种和谐融洽的人际环境。工作交流、文体活动、公共交往等都是感情沟通的有效方式。

（4）信息沟通。情报信息的传达与交流也是沟通的重要内容。只有信息畅通，部门之间才能减少隔阂，化解矛盾，促进工作。一般而言，凡主动沟通的部门，信息就流畅，部门之间就协调，就能相互信任，领导工作就能掌握主动；反之，缺乏沟通的部门，信息流通不畅，部门之间就会有矛盾，甚至发生冲突，领导工作就会陷入被动。

总之，沟通能够消除各种误解和矛盾，能够及时提供有效有用的信息。在很多情况下，它实际上已经成为协调的必要过程和重要手段。

2. 沟通的范围

领导活动过程中的沟通非常广泛，但是最重要的有如下几个方面：

（1）与班子成员沟通。与班子成员的沟通事关成败。要让一个班子握紧拳头，拧成一股绳，沟通是关键。班子内部的沟通可以不拘形式随时随地进行，办公室、家里、路上、闲聊之间，都可以互通情况，商讨问题，形成意见。班子成员之间的沟通内容很多，会议讨论前，事先沟通；不必开会讨论，只需单独沟通；随着工作的进展，及时沟通。在这里，领导班子一把手的作用很重要，因为他处在领导活动和决策的核心地位，更加需要谦虚谨慎，需要提高与成员沟通的自觉性和主动性。

（2）与部属沟通。群众是实践的主体。没有他们的参与和努力，权力的行使就不会顺利，工作目标就难以实现。与部属的沟通是先做学生后做先生，先虚心请教再用权力、下命令，这也是群众路线的体现。与部属的沟通十分有助于发动群众，组织群众，排除阻力，形成合力。此外，还要坚持先沟通后落实，沟通了就一定要落实的原则，避免“不见风就下雨”或者“干打雷不下雨”等现象，避免部属产生逆反心理而造成工作上的混乱。

（3）与上级沟通。与上级的沟通，包括与领导机关和职能部门的沟通。它可以明确工作方向，增强工作信心，克服工作阻力，解除后顾之忧。与上级沟通的一般都是比较重要的问题。与业务职能部门的沟通，则有利于协调关系，开展工作，同样不能忽视。

（4）与友邻沟通。人们的社会联系和交往是多方面的，同行业同系统单位之间的联系非常密切，所属人员在一些问题上也常常与其他单位攀比。所以，加强同友邻单位之间的沟通，在可行的情况下，制定出相同或相似的规定，有利于协调相互之间的关系，调动双方的工作积极性。

12.3.3 沟通的方法与艺术

1. 沟通的方法

沟通的方法有很多。不同的领导主体有不同的沟通方法。但是，在领导过程中经常使用的沟通方法主要有如下几种：

（1）逐一沟通。领导者要与班子成员和下属逐个沟通，这样能分别了解每个人不同的看法，广泛征求意见、掌握情况、交流看法。领导者通过个别逐一沟通，还能够进一步了解每个人之所以赞成、附和或反对的程度和真实原因，这有助于决策者得出全面正确的结论。

（2）座谈沟通。领导者要定期、适时地召集班子成员、下属人员，或两方面人员一起，通过座谈会的形式进行沟通。座谈沟通，一是可以听取各方面不同意见；二是可以对几种不同方案进行讨论；三是参加座谈的每个人对问题进行补充，不断完善，可以把探讨推向深入。座谈的结果无论是基本一致，还是截然相反，对领导者实施决策都是十分有益的。

（3）重点沟通。在有些情况下，根据问题的性质和难易程度，领导者可以选择重点人员进行沟通。这些人员可以是班子成员和下属成员，也可以是其他举足轻重、左右大局的人物。领导者只要准确掌握他们的看法、意愿，赢得他们的理解和支持，决策的阻力就会减少，工作就不难完成。

2. 沟通的艺术

沟通是一门艺术。沟通艺术就是充分个性化和创造性地运用沟通方法与沟通技巧所达到的领导行为水平；其本质上仍然是方法，但在具体形态上却与具体的方法区别较大，几乎就是纯经验性的和哲学层面上的现象和事物了。非凡的沟通艺术不仅能够最好地达到沟通的目的和效果，而且还能给人以美的感觉和享受。

作为一种领导方法，沟通艺术的具体做法和技巧是非常丰富的，概括起来主要有如下几种常用的方法：

（1）虚心请教。沟通首先是请教。领导者一定要勇于放下架子，虚心求教，千万不能先入为主，强加于人。只有这样，才能达到请教、交流、说明、求助的目的。

（2）坦诚相见。沟通的过程是交流思想的过程。古人说得好，“以诚感人者，人亦诚以应”。领导者只有首先把自己真实的想法毫不保留地讲出来，不似是而非、模棱两可，不怕暴露缺点，才能使对方充分发表意见，坦诚交流，在交流中进行决策，行使权力。

（3）不走过场。沟通不是装门面、走过场，做表面文章，而是真心实意地集中群众智慧，正确决策，用好权，办好事。因此，领导者在沟通时必须态度诚恳，充分启发，多方听取意见，而不是蜻蜓点水，一扫而过。

（4）防止庸俗。沟通是领导技巧和艺术，是光明正大的事情，绝不能将它庸俗化。如果不择手段，用拉拉扯扯、请客送礼甚至封官许愿、行贿谋私以及其他不端行为去沟通，则势必事与愿违，贻误事业。

（5）综合分析。经过沟通得来的意见是多方面、多角度、多类型、多层次的。所以，整理、归纳和分析、判断，得出结论，做出决策，是领导者最终的也是最重要的工作。在这一过程中，切忌主观性、片面性和表面性，要妥善处理，不能草率行事。

其实，沟通的方法和技巧有很多，只有在实际的领导过程中创造性地运用这些方法，才能畅通无阻地运用领导的影响力，最终达到理想的领导效果。

12.4 协调

12.4.1 协调的含义与作用

协调是领导主体为了更好地实现领导目标而采取不同的方法和手段协同各方面的力量，以达到相互配合，形成最大合力和支持力的具体过程。它主要是领导主体之间的协调，也包括领导主体与领导客体之间的协调。它能消除同一社会系统内的各种“杂音”和“乱步”，能够减少或消除行动上的紊乱和矛盾，能够为领导工作的顺利开展和成功创造良好的环境。

协调是现代领导实践的重要环节。凡进行领导活动总离不开协调。协调可以使党的路线、方针、政策得以落实，可以充分调动群众的积极性，可以创造一个稳定和谐的社会环境，可以使部门之间密切协作，减少内耗，提高效率，可以有效地利用人力、物力、财力和信息资源，取得良好的领导效果。

在领导过程中，协调常常扮演着非常重要的角色，具有很多层面的作用。但就通常显得比较突出的情况来看，协调的作用主要有如下两个方面：

第一，协调是实现领导职能的重要条件。任何部门、任何工作，在实现领导职能、达到工作目标的过程中，都必然会存在各种各样的矛盾，影响着思想的统一和行动的一致。这些矛盾往往是为了追求个人和部门的利益而产生的。对此加以协调是正常的，也是必要的和有益的。但如果不能妥善处理，就有可能使困难加重，妨碍工作，对单位建设和个人发展都不利。领导者必须学会协调的方法和艺术，确保领导职能的实现。

第二，协调是提高领导工作效率的重要保证。协调与领导工作效率的关系非常密切，加强协调是提高效率的一个行之有效、事半功倍的好办法。一是通过协调可以理顺部门之间的关系，减少决策失误；二是通过协调可以理顺人际关系，创造良好的工作环境；三是通过协调可以很好地处理工作中的矛盾，减少摩擦，提高领导工作效率。

12.4.2　协调的内容

可以说，领导活动范围有多广，领导协调的内容就有多广。但是，在日常领导工作中出现的领导协调一般是如下方面的日常操作性协调内容：

（1）纵向协调。领导工作纵向协调是指与有隶属关系或上下级关系的部门或人员之间的协调。与上级领导和机关的协调：一是要认真贯彻上级决定、指示和命令，树立下级服从上级的良好形象，取得上级的信任，这是下级与上级协调的前提；二是主动与上级沟通，做到沟通渠道畅通，下情及时上达，采取口头汇报、信息传播、请示报告等方式，使上级了解情况，取得上级支持；三是及时反馈信息，在上级决策前后都要及时反馈信息，使上级了解下情，有利于上级做好决策，完善决策。

与下级部门和所属人员的协调：一是要经常通报信息和工作情况，使下属及时了解领导意图，以利贯彻执行；二是尊重下属的权力和利益，在决策和执行过程中，都要充分考虑下属的承受能力，不损害下属的利益；三是要经常深入调查研究，了解下情，主动关心下属的工作和生活情况，增加下属对领导者的尊重和信任，达到上下协调的目的。

（2）横向协调。领导工作横向协调是指与其他各部门和领导之间的协调。与部门之间的协调：一是目标协调，使每个部门了解自己与总目标的关系和责任，为实现总目标共同努力；二是信息协调，加强沟通与交流，互通情报；三是工作协调，包括计划协调、组织协调、控制协调等，在实现总目标的前提下，协调开展工作。

与领导者之间的协调，即同级协调。一是相互尊重，做到热情诚恳，严于律己，宽以待人，气氛融洽。二是彼此理解，做到相互关心和信任，消除分歧和隔阂。三是团结协作，做到分工不分家，同心同德，通力合作。四是同舟共济，做到相互协调，相互依存，患难与共。

（3）综合协调。多数情况下，领导决策乃至整个领导工作都是综合性的，都必须同时涉及多个方面、解决多种问题、梳理多层关系。这就要求领导者必须站在组织系统和领导客体的中间进行有效、全方位、有重点、有先后的协调。这种协调一般都具有多维度、规模化、复杂化、变化大和难度大的特点，需要统筹安排、集中精力和资源，需要运用各种各样的具体办法和对策来进行协调，因而也就需要专门的协调机构来具体组织实施。

12.4.3　协调艺术

协调艺术是一门实用艺术。协调方法和技巧的运用发展到高级阶段，就形成了协调艺术。协调艺术是一门学问，每个领导者都应该掌握协调艺术的基本内容。协调艺术归结起来主要有以下几个方面：

（1）虚怀若谷。作为一名领导者，一是不可擅权，不能把领导分工当作个人物权；二是不可傲才，要客观看待自己的个人能力，应意识到是集体和组织培养的结果；三是不要“落寡”，要有群体意识，要把协调共进作为领导者必备的一项基本素质。

（2）以诚相待。一要开诚布公，使别人感到自己可信、可亲。二要替别人着想，多想想上级、同级和下属。三要平等待人，特别是对下属和一般群众，要平等待人，与人为善。

（3）循循善诱。领导者要搞好协调，既要善于改变对方的意见，又要尊重对方，实事求是地做好转化工作。也就是说，在改变对方意见的同时，还应采取相应办法表示出对对方的肯定与尊重，使之乐于接受意见又不在思想上留后遗症。

（4）刚柔相济。此即要做到原则性与灵活性的统一。讲究协调艺术，一方面要以柔为主，但另一方面也要讲原则，柔要以刚为基础，刚要寓于柔之中。

（5）朴实无华。协调要注重形式，但不能搞形式主义。它应更注重内容，要实实在在，讲求实效。领导者搞好协调一定要心胸宽，态度好，方法得当，注重实效。

（6）因势利导。就是要求领导者巧妙地运用智慧，诱发事物内部矛盾及矛盾各个方面的积极因素，使其作用得到充分发挥；同时，巧妙地抑制、削弱或转换事物内部矛盾及事物各方面的消极因素，使其转化为有利因素，促使事物向好的方向发展。

（7）坚定有力。要通过坚定有力的协调来解决不同因素和力量之间的衔接、对应、一致与配合的问题，特别是要通过坚定有力的协调来解决领导系统内部、组织系统内部、组织系统外部等之间的各种消极化问题，包括误解、偏执、各自为政、矛盾对立、相互抵消、混乱无序、严重内耗等问题。必须借助这种坚定有力的协调来很好地整合各种因素和力量并将它们引向积极的方面，形成真正有效、正向和强大的合力，为更好地落实决策提供好的环境。

总之，只有协调才能真正有效地理顺领导关系、组织关系、系统运作、行动方向和心理行为，才能化逆境为顺境、变顺境为成功，最为显著有效地落实并实现领导决策和组织目标。要做好领导工作，就一定要做好协调工作。

12.5 控制

12.5.1 控制的概念

在确定领导工作任务并付诸执行以后，领导过程还远没有结束。为了使决策落到实处，并使决策更趋于完善，领导者必须对整个执行情况进行控制，发现和认识决策中不符合客观要求的部分，及时反馈，及时修正，时时把握住整个领导过程的方向、进度、质量和速度。另外，控制也是一个领导主体对自身、对领导客体主要是被领导者进行控制的过程，特别是领导主体决定并实施利益处分性决策时的更多的后续行为都是领导控制。领导主体只有依靠控制才能维系住所领导的整个社会系统，才能把握住整个领导过程直至取得领导成功。

在领导过程中，控制就是领导主体牢牢把握领导系统、领导过程和整个被领导系统的过程，是实现有效领导的关键环节之一。普通来说，只要能够发挥这种作用的手段和领导活动都算作领导的控制，所以控制本质上包括了沟通、协调、团结、批评、监督等方面。但是，就贯穿领导过程的日常控制内容和范围来看，控制还有一个狭义的层面，即主要指对决策实施的控制。因而可以说，控制是以监督为主要内容的强力性内务保障活动。这里即取此概念。

控制是领导活动的一个重要环节和基本要素。所谓控制，是指对下属的业务工作进行考核、计量和纠正，以确保目标和计划的实现。在领导活动中的控制，具体来说，是指根据决策执行的目标和计划，对执行活动进行监督检查，为消除目标实施和预期目标之间的差异所进行的领导活动。

控制的根本任务是在决策制定之后，通过一定的组织机构，运用控制和调节机制，保证决策方案的实施，从而使领导决策所确定的具体目标、计划和步骤得到严格落实，使决策方案具体化、决策实施程序化。

12.5.2　控制的类型

在领导活动中，控制的形式是多种多样的，也就是说，控制的类型是十分复杂的。在这里我们只是从控制组织系统和控制过程系统进行分类。

（1）从控制组织系统的角度来看，控制可以分为集中控制、分散控制和等级结构控制。

1）集中控制。这是指由一个集中的控制机构进行的控制。也就是各个被控对象及其相互关系的信息，以及执行过程中与外部环境相互作用的信息，都汇入一个控制中心。控制中心根据这些信息与决策的目标以及为此而拟订的计划目标进行比较，加工处理，找出它们之间存在的偏差，然后制定出对策并发出指令给各个被控对象。这种控制的优点是信息集中，控制也集中，具有统一的目标，便于整体协调；缺点是信息传输率低，适应性差，控制过程复杂。

2）分散控制。这是指由若干个分散、相对独立的控制机构分别进行控制，共同完成控制目标的控制形式。其特点是由若干机构共同进行控制。每个分散的控制机构都不能对全局进行控制，只能是对局部进行控制。分散控制的优点是信息传输率高，适应性强，控制简单，局部控制效果好；缺点是缺乏统一的目标，难以进行整体协调。

3）等级结构控制。由多层次控制机构所进行的多级控制的形式就是等级结构控制。等级结构的控制形式是现代管理组织中统一指挥、分级管理原则的具体表现，因而也称分级控制。这种控制的特点是各级控制机构之间具有隶属关系，最高层次的控制机构直接指挥和控制下一层次的活动，并协调它们之间的相互关系。这在行政系统中是一种常见的控制类型。等级结构控制很明显是吸收了集中控制和分散控制的优点，它既注意了整体的协调，又注意了控制的适应性。整体的协调是指对全局的控制有一个控制中心，这样注意了控制的集中，使整个执行过程具有统一的整体目标，有利于整体协调。控制的适应性是指在一个控制中心，分散为各个控制机构对行政执行过程进行控制，这样使得各方面更能适应实际情况，增强适应性。

（2）从控制过程的角度来看，控制可以分为事前控制、事中控制和事后控制。

1）事前控制。这是指控制中心事先所采取的控制活动的形式。其特点是针对未来的可能发生的活动及其结果而进行的事前控制。在控制过程中，只有当能够对于即将出现的偏差有所察觉并及时采取某些措施时，人们才能进行有效控制，因此事前控制是一种很有效的控制。但是在实际的领导活动中，许多领导者和领导机构在很大程度上忽视了事前控制。这主要是因为领导者一直过于依赖实际运行结果的各种数据资料和情况来进行控制，这使得控制总是发生在事后或事中。也就是说，控制发生在偏差产生后。作为一个有效的控制机构和领导者，应在事前采取控制行动。

事前控制所采用的普通方式是利用能得到的最新信息进行认真和反复的预测，把计划所要达到的目标同预测相比较，找出其中存在的偏差，并采取措施修改计划以便预测成为计划目标，同时制定具体的实施程序、规则，使实施者明确应该怎样做，不应该怎样做，设计出各种应急方案、措施，防止影响计划目标的因素出现，这就是我们通常所说的"防患于未然""先发制人"。

2）事中控制。这是指在执行过程中以保证目标实现为目的的一种控制活动。其特点是这种控制方式是在事件发生之中采用的。在具体的行政执行过程中，根据执行情况中的各种信息，一旦发现活动结果与目标之间出现某些偏差，立即进行调整。这种控制形式在领导活动中经常出现，与事后控制相比，它对事态发展的控制要有力得多。这是因为当它发现某些细微的迹象就可以进行调整，涉及面不大，损失较小，效果也较好。

3）事后控制。这是根据目标实施所获得的实际结果，与预期目标进行比较而进行的控制。其特点是在事情发生以后进行。由于这种控制发生在事后，也就是说，是造成既成事实之后而采取的纠正措施，控制时间已滞后，已经造成了失误或浪费，虽然在一定程度上能够进行一定的弥补，但是已经造成的损失是不可能挽回，或不可能完全挽回的，因此，一个有效的控制系统和领导者应该尽可能避免采用事后控制，应尽可能地在事前或事中采取控制手段，这样才能避免更大的损失。

12.5.3 控制的基本原则

领导控制是对组织系统的控制，是有效地控制和推动下属和组织高效地实现决策目标的活动，除了有合适的领导控制类型外，还必须确定有效的原则，既要实现控制职能，又要防止包办代替、指手画脚，人为地破坏组织的稳定和下属的积极性。

（1）反映决策目标原则。这条原则可表述为：控制是实现决策目标的保证。控制的目的是实现决策目标，因此，决策目标越明确、全面、完整，所设计的控制系统就越能反映该目标，控制工作也就越有效。但是，领导控制是通过人来实现的，甚至最优秀的领导者也不可能不受自身个性及经验等主观因素的影响，因而，在实施控制过程中由人的主观因素造成的偏差是不可避免的。因此，在领导控制过程中，控制目标与决策目标的冲突也是经常发生的事情。

一个好的领导者之所以能进行有效的控制来实现决策目标，就在于他能把所有人员的眼光和精力都集中在一个共同的目标上。一定要使每一个人员都了解，要求他们做出什么样的成果，必须使他们朝着正确的方向做出最大的努力。

（2）组织适宜性原则。组织适宜性原则要求施控者的控制必须适宜于受控者的不同特点，要有针对性而不是千篇一律。因此，一个组织结构越明确、完整和完善，其所设计的控制系统就越符合组织机构中的职能的要求，越有助于纠正偏离目标的偏差。组织适宜性原则就是要求组织结构合理、控制措施适宜。在此，组织结构是有效控制的前提，组织结构合理，则控制效果会事半功倍；若组织结构不合理，则导致事倍功半或失控。所以，有效的控制不仅要适宜组织结构，而且要优化、改造组织结构。

（3）控制关键点原则。这条原则可表述为，为了进行有效控制，特别需要注意在根据各种决策目标和计划来衡量工作绩效时有关键意义的那些因素。对一个领导者来说，面面俱到地关注决策执行过程中的每一个细节，通常来看是在浪费时间、精力，是没有必要的，他们应当也只能把注意力集中于决策执行中的一些主要影响因素上。事实上，控制住关键点，也就控制住了全局。

控制关键点的意义在于实施有效控制，提高控制效率。控制效率是指能够以最低的费用或代价来探明实际偏离或可能偏离决策目标的偏差及其原因，控制的效率也就是控制的经济性问题，为此，只能在被认为是重要的问题上选择关键因素来进行控制。

选择关键控制点的能力是领导工作的一种艺术，而有效的控制在很大程度上取决于这种能力。如目前在国外通行的计划评审法（PERT）、关键线路法（CPM）和规划预算法（PPB）等都是控制关键点原则在实际中的运用。

（4）控制趋势原则。这条原则表述为，对控制全局的领导者来说，重要的是现状所预示的趋势，而不是现状本身。正如维纳（Wiener）所讲的，控制无论采取什么方法、方式都是“根据过去的操作情况去调整未来的行为”。但是对未来的行为趋势的控制比仅仅改善现状要重要得多，也困难得多。一般说来，趋势是多种复杂的因素综合作用的结果，是在较长的时间内逐渐形成的，并对控制的成效和决策目标的实现起着长期的制约作用。趋势往往容易被现象所掩盖，它不易觉察，也不易控制和扭转。特别是在对未来趋势的控制上，往往会受到来自下属的反对或拥护，使之更加复杂。

除了上述四个重要原则外，还有弹性控制原则。弹性控制原则是指领导控制的对象是一个相对独立的、具有一定活力的、自我控制、自己运动的系统。它揭示的是：领导者越是只注意一些重要的、例外的偏差，也就是说，越是把控制的注意力集中在那些超出一般情况的特别好或者特别坏的情况上，控制工作的效能就越高。所以，领导控制不是简单的直线式，而是在时间、空间、精神等多种要素弹性发展基础上实现能动的前进的过程，是具有波浪式与周期性等特性的发展过程。

12.5.4　提高控制效能的方法

（1）明确控制的目标。控制作为特殊的实践活动，总是在一定的目的指导下进行的，这就是人们常说的控制的目的性特征。这种目的性贯穿控制过程的始终。控制的目的既是控制活动的出发点，又是控制活动的归宿。所以，有效控制要建立控制目标。目标是衡量活动结果的规范和准则，规定着控制过程的发展方向。

控制目标是决策目标的具体化，是一种较为具体的衡量标准。一项控制是否有效，就要看它所提供的资料是否清晰详尽，是否说明在特定的时间应该达到的进度。依据资料，领导者可以确定基本的工作单位，把工作划分成若干部分。有种意见认为公务机构的事务无法计量，所以，不宜制定标准进行控制。其实不然，任何工作都是可分解、预测和控制的。

一个组织中的工作有三大类。第一类工作有着严格的标准，易于衡量。第二类工作有相当的重复性和可衡量性，又并非绝对可靠，可以用统计的方法计算出一定时期的相对准确的标准。第三类是变化莫测的工作，随时会有新问题出现。这类工作是最难制定标准的，但可以通过收集变化的资料，如工作类别、主题事物和处理方法等，分析工作负荷量的变化，统计并处理一个单位内或数个单位内的工作量，加以标准化。当然，并不是说，各项工作的每一个细节都要标准化，抓住主要的部分进行衡量即可。

在确定了这些控制制度（各种衡量标准）之后，在未付诸实施前，领导者应让有关人员加以讨论和批评，以便做出修改，同时使大家在理智上接受它，了解它。这是提高组织成员工作积极性和保证控制有效的重要环节。领导者务必重视它。

（2）增强控制的感受灵敏度。没有灵敏的感受，不能及时掌握实际工作进展情况及其发生偏差的信息，也就无法进行有效控制。为此，要进行必要的检查和评估。通过对工作的实际情况及其结果的质和量进行评价，获取一定的信息，与既定目标做比较，从中发现问题。控制的实质是纠偏，纠偏要及时。

当然，在大规模的组织活动中，测量获取实际工作进展情况的信息，不一定每次都要由领导亲自来做，可由相应的职能部门来负责。但是，领导者必须保持清醒的头脑，一旦对下属实际工作情况失控，领导者的感受灵敏度失灵，就会有问题发生。这时候再去惩处那些不尽职责者，虽有作用，可损失就大了。因此，要有效控制，领导者必须敏感，这是不容忽视的。

（3）增强控制的适应性。通过对工作情况的测量和评估，能够确定行为成果与控制目标的符合程度。当发现偏差之后，就要采取措施加以纠正。若不加分析，简单纠正，不仅不能修正偏差，反而会使偏差更大。所以，纠正偏差有一个积极适应问题。所谓积极适应，就是说采取的纠正措施是主动的，而不是消极防范性质的。

在日常工作中，经常碰到这样的领导者，一旦发现部属工作中存在问题，不问青红皂白就是一顿批评，或者点名，或者处分，看起来很重视，大有不抓到底、不抓出成效就誓不罢休的势头。事实上，如果不坐下来仔细分析问题的来龙去脉，不寻找问题产生的原因，那么存在其中的制约因素或者说病根就找不到，问题就不能得到解决。这样即使今天处分了下属，明天还会有人遇到同样的问题。所以，这种防范性的办法是不可取的。

控制通常要借助和运用激励与考评的手段和方法。激励可以使人自觉自愿地接受控制，这是高明而积极的控制。考评下属的工作实绩可以更有效地认识和把握住实际工作的进展情况和下属的表现，便于实施有针对性的控制，但这却有赖于实际工作的进行情况及偏差信息的反馈。在运用考评手段和方法时，可以通过被测量者本人、被测量人的直接领导人、中层领导人、参谋及人事部门、高层领导人等进行反馈，有时候也可以直接反馈给个人。采取哪种办法，应视情况而定。

（4）排除控制中的障碍。障碍太多或有障碍不除，都会给控制工作带来不同程度的影响。领导者和被领导者就是一对矛盾，潜藏着产生各种障碍的因素。领导者会经常碰到有的部属对控制做出的反抗行为，这些反抗行为可能是由多方面因素造成的，既有领导者方面的因素，也有被领导者方面的因素；既有主观因素，也有客观因素。这些因素在一定条件下会形成各种不同的障碍，干扰控制工作。领导者要有效控制，就必须清除这些障碍。那么，控制过程中的障碍有哪些呢？

1）控制过程中的障碍以目标不正确为最大。目标是控制的依据，如果目标失误，就会“失之毫厘，谬以千里”。所以，从实际操作来看，领导者要认真确定目标，要不断考核目标，发现问题，立即纠正。

2）标准不恰当的障碍。在控制目标的基础上确定的控制标准，必须恰当准确，否则就会影响有效控制。该控的不控制，该定质的标准定了量，标准或高或低，都难以保证控制目标的实现。

3）控制规章制度不合理的障碍。确定控制标准的同时，控制的规章制度也相伴而生。作为行为规范的规章制度，宽严要适度。过于宽松的制度会带来散漫的行为，过度的控制又会引起反抗，挫伤组织成员积极性。无论什么样的制度，既要适宜合理，又要宜于成员接受。

4）执行不坚决的障碍。由于某些原因，有些人仍置法律法令于不顾，视上级命令为儿戏，我行我素，或者消极怠工，或者公开对抗。这种现象多是由情感因素造成的背离情绪所致，是一种不忠诚于组织的行为，对此种障碍应采取必要措施予以消除。对这样的人或批评教育，或以纪律约束之，甚至予以撤换。对此绝不能手软，如果手软，就等于放弃了原则，失去了控制权。

5）领导者自身素质的障碍，如私心杂念、认识局限性造成的偏见等。这些现象反映了领导者自身素质状况，是控制过程中产生各种障碍的根源。领导者本身的障碍多，控制中必然不能公平、正派。在人们心目中没有威信，又怎能有效地实施控制呢？因此，提高领导者的控制能力，根本在于提高领导者的素质修养。

12.6　纠错与追踪决策

12.6.1　纠错

在决策执行过程中，反馈信息通过信息系统传输到决策中心，决策中心根据反馈信息，又必须对原有决策进行修正或追踪。在这一决策执行完成后又必须进行新的决策，因而决策过程处在连续不断的运动之中。

决策的正确性总是相对的，任何一项决策都很难说在一开始就是绝对正确的，它的完善需要一个过程。经验表明，一项决策即使制定时是正确，但一开始总是不够完善的，而是在执行过程中经过不断修正而逐步地完善起来的。

所谓纠错，是指在已做出的决策基本正确并能继续执行的前提下，为了更好地实现决策目标，对决策方案所进行的部分调整和补充。纠错具有如下几个特点：

第一，其前提必须是原有决策基本正确，且有条件继续执行下去。这就是说，纠错并不是在因为原有决策已经错误或因条件的改变而无法执行的情况下从根本上改变决策，而是使正确的并正在执行且将继续执行的决策更加完善。如果原有决策本身或因条件改变无法执行，那就不是一个需要修正的问题，而是一个需要重新决策的问题。

第二，纠错以不改变原有决策目标为原则。也就是说，纠错并不是为了确立一个新的目标或达到一个新的目标，而是为了更好地实现原有目标。因此，纠错是在决策目标基本不变的基础上进行的。当然，决策目标的基本不变并不意味着一点也不变，在必要的时候也可以做小部分的改变，但无论如何不能做根本改变，否则就超出了纠错的范围。

第三，纠错主要是对决策方案的修正。纠错不是对原有方案推倒重来，而是对原有方案稍加改变，即做适当调整和补充，主要是去掉一些可有可无的措施，增加一些必要的新措施。

第四，纠错是在决策的执行过程中进行的。一项决策一旦做出，紧接着的就是进入执行阶段。在执行过程中，执行者发现原有方案还存在某种缺陷，并将信息反馈到决策中心，于是决策中心一边指挥执行，一边对原有决策方案进行调整和补充，方案执行中的调整和补充便构成了纠错的一个重要特征。

第五，纠错在决策中是经常性的。这是因为，正如前面所述，领导决策的环境极为复杂，由于受到主客观条件的限制，绝大多数的决策都不是一次完成的，都要经过多次修正，直到决策执行阶段完成并达到原有目标。对有些决策来说，决策目标最初本来就是不十分明确的，只有在决策的执行过程中边执行边修正才能逐步地明确目标。在这种情况下，纠错还包括对决策目标的明确和小部分的修改。

总之，在决策的执行过程中，纠错不仅是一件正常的事情，而且是不可避免的。它本身就是决策过程中不可缺少的一个重要组成部分。可以这样说，对决策而言，没有纠错就没有决策的完善，因而也就不可能有完善的决策。

12.6.2 追踪决策的概念与比较特征

追踪决策是指在决策执行过程中由于发现原有决策失误或无法继续执行下去而对决策目标和方案所做的一种根本性修改，它本质上是就原有决策问题在新的情况下所做的一次重新决策。追踪决策实质上是就原来的问题重新进行决策。不言而喻，它应该按照决策程序图所示的科学程序重新进行一遍。然而，这种重新决策又不是简单重复，因为主客观情况已今非昔比了，而是有更多复杂的问题和因素需要考虑。

我们要通过区别追踪决策与纠错来认识追踪决策的特征，以便更好地理解和把握追踪决策，并在实践中做得更好。追踪决策与纠错的区别主要有如下四点：

第一，追踪决策必须以原有决策失误或原有决策无法执行下去为前提。一般来说，原有决策的失误主要表现为决策目标太高或太低，以及与之相应的决策方案的错误。

第二，追踪决策必须从根本上改变原有决策目标。之所以要实行追踪决策，就在于原有决策的失误或因为情况改变而改变，使原有决策无法实现，这就首先要求对原有决策目标进行重大调整，或者使之更加正确，或者使之符合新的情况。

第三，追踪决策过程中，为了实现新的目标往往需要重新制定方案，至少也要对原决策方案做出重大调整。

第四，追踪决策往往造成原有决策执行过程的暂时中断。如前所述，追踪决策是在原有决策失误或因情况的变化而使原有决策无法执行的情况下进行的，因此追踪决策不可能像纠错那样在原有的决策执行过程中进行，而是在原有决策执行过程暂时中断的情况下进行的。从这个意义上讲，如果说纠错是决策过程的一种量变，那么就可以说追踪决策是决策过程的一种质变。

12.6.3　追踪决策的原理

追踪决策在操作上具有如下几方面的原理：

（1）回溯分析。一般决策是在分析当时条件与预测未来的基础上寻找最佳方案，而追踪决策是在这样的情况下进行的，即原有决策业已实施，而在实施中情况发生了极大的变化，追踪原有决策面临失效的危险，必须重新决策。因此，决策的分析过程，首先应从回溯分析开始，对原有决策的产生机制与产生环境进行客观分析，列出失误的产生过程并究其原因，以便去误取正，转误为正，使追踪决策建立在现实的正确的基础之上。反之，如果不能正确地总结出失误的原因，就不可能找到有效的对策，那么追踪决策就可能是又一次的失误。

回溯分析必须从原有决策的起点开始，一步一步地顺序进行，才可能看出在哪一步开始失误。越是在前面的环节出了差错，其影响也就越大，可谓“失之毫厘，谬以千里”。因此，找出最初几个“失误点”的意义更为重要。如果“眉毛胡子一把抓”，当然也可以找出一些原因，但是常常理不出头绪，分不清主次，很可能“捡了芝麻，丢了西瓜”。而且，由于最近的事态最容易引起注意，因此很有可能会忽视了最初的几个“失误点”。

（2）非零起点。一般决策指的是人们为了达到一定的目标，从两个以上的方案中，经过分析比较，选择一个最佳的或满意的方案。这种决策所选定的方案，尚未付诸实施，处于“纸上谈兵”的阶段，客观对象与环境也未受到人的决策的干扰与影响，就这一点而言，一般决策仍是以零为起点。

追踪决策则不然。它所面临的对象与条件已经不是处于初始状态，而是人们按照既定方案，对之施加了一定时期的改造、干扰与影响。也就是说，原有决策已经实施了一段时间，这种实施不仅伴随着人、财、物等资源的消耗，而且这些消耗的结果已对周围环境发生了实际的影响。因而，追踪决策极为重要的一个特征，即是非零起点。这一特征是决策者进行追踪决策时万万不能等闲视之的。

“非零起点”这一特征必然导致追踪决策的两个基本要求：1）必须慎之又慎。任何鲁莽都可能带来巨大的损失，而失去追踪决策的意义。2）必须尽力抓紧。拖延不得，拖延一分钟就会有一分钟的后果。拖延时间越长，后果越严重，而且大多是不利的后果。

（3）双重优化。一般决策的方案优选是从几个并列的方案中一次择优敲定即可。然而，追踪决策的方案的选择却具有双重优化的性质。它所选择的方案必须做到以下两点：

1）优于原有决策方案。追踪决策不是简单地改变原有决策，而是要优于原有决策，只有这样才可以带来比原有决策更多的好处，才有意义。否则，追踪决策就是多余的。

2）在诸多方案中进一步择优。达到比原有决策优化的追踪决策并不十分困难，比原有决策优化的方案也可以有很多。追踪决策还要求我们在新的主客观情况下，在诸多方案中选择出一个最优的方案，以获得最佳效益。

（4）心理效应。心理效应在决策中占有重要地位，而对于追踪决策，这个效应更为强烈。因为追踪决策是在原有决策已经实施而又要改变的背景下进行的，这必然会给人们的心理造成一定的影响，因为这些人已经与原有决策发生了一定的联系，包括各种利益关系和情感关系。这种心理影响又会反过来影响追踪决策的进行。因此，在进行追踪决策时，必须把心理效应放在更重要的位置上。

综合以上四点，追踪决策较一般决策更为复杂，更难决断。所以，决策必须谨慎冷静，应“三思而后行”。为此，在追踪决策时必须注意处理如下四对关系：

第一，是与非的关系。在决策过程中，追踪决策的前提是原有决策的失误或因情况的变化使原有决策无法执行（这在一定程度上说也是一种失误，因为决策者对情况变化的可能性估计不足或不准确）。原有决策并不是没有一点正确之处，因此，在追踪决策过程中，必须对原有决策进行认真分析，既要找出其失误的地方，又要找出其正确的、在追踪决策中可以吸收的东西。在对原有决策进行分析时，应从原有决策的起点开始，采用顺藤摸瓜的办法，一步一步地按顺序进行，直至找到失误点。通过分析找出原有决策的“是”与“非”后，尤其要注意深入分析其失误的原因，在此基础上调整决策目标，修改或重新设计新的决策方案。对原有的决策中正确的东西必须加以保留或吸收，失误的地方必须坚决抛弃并针对其原因采取补救措施，使之成为一项新的正确的决策。

第二，功与过的关系。追踪决策是在原有决策的基础上进行的，这必然要涉及原有决策制定者的“功”与“过”的问题。原有决策失误，其决策者当然应承担一定责任，也就是说有其过错，但需要追踪决策的原因是多方面的，有的是因为客观情况发生了重大变化，有的是因为主观情况发生了重大变化，即使原有决策失误，也不能过分地责备其决策者，因为绝大多数的决策者从主观上来讲都希望制定出正确的决策。尤其值得注意的是，在追踪决策之前及其过程之中，千万不要急于评价原有决策制定者的功过，否则就会因为牵涉复杂的人际关系而失去客观标准，从而造成新的决策失误。

第三，旧与新的关系。决策在本质上就包含着创新，追踪决策要使原有决策实现一种新的质变，当然也离不开创新。但是，由于追踪决策具有“非零起点”这一特点，因此在追踪决策时不能一味追求新，认为越新越好，而必须结合实际情况，将原有决策已造成的结果考虑进去，制定切合实际的决策目标和方案。

第四，事与人的关系。心理效应的存在要求我们在追踪决策过程中正确处理好事与人的关系，即决策改变有关现实关系，防止因有关人员存在消极心理而影响追踪决策的进行。

追踪决策必须改变原有决策，这会受有关人员的感情的影响，容易失去公正的客观尺度。同时，因为原有决策已经实施，它就必然使决策对象的内部和外部人员处在既有利害之中。从内部来说，参加原有决策实施的人员，不仅不可避免地会对自己的劳动成果充满感情，而且会产生命运相系的心理。在重新决策时，他们容易因前途未卜而产生不安。这一切会反过来影响追踪决策的进行。

就外部而言，任何决策都是一个系统，与外界有各种各样的联系，因此也会引起一系列连锁心理反应。倘若追踪决策的论证尚在进行之中，而决策方案的主要精神已经外泄，就会引起某种社会心理的浮动，特别是与之相关的系统就会纷纷采取对策，结果必然会改变追踪决策最初赖以确立的客观条件，反过来严重影响决策的进行。

关于心理效应对追踪决策的影响，我们不能仅仅从消极方面去理解，而应该积极地利用它。对于上述两种情形，应该采取积极的态度加以克服。为了克服内部人员的不安心理状态对追踪决策的消极影响，较好的办法是让不同层次的内部人员了解不同程度的情况，参与追踪决策，以消除他们心理上的不安。为了克服外部人员的不安心理状态对追踪决策的消极影响，在追踪决策完成之前，对外必须严格保密，在实施过程中逐渐解密。

这就是说，尽可能做好思想工作，处理好人与人之间的关系，这也是消除人们的不安心理状态对追踪决策所产生的消极影响的一个好办法。因此，在追踪决策时，必须做好相关人员的思想工作，在追踪决策完成后，必须做好宣传解释工作。

本章小结

领导决策的组织实施集中表现为动员、指挥、沟通、协调、控制、纠错和追踪决策等一系列执行性活动。这些活动是继决策之后的典型领导环节，与决策一起构成完整的运行性领导职能和领导过程。只有经过这些活动，才能产生现实的领导结果。尽管决策对于整个领导成败几乎会产生一半以上的直接作用，但仅凭决策还不足以产生真正意义上的现实领导结果。所以，必须抓好领导决策的组织实施各环节，否则，决策无论多高明，也将无济于事。其中，纠错是确保正确落实决策的重要环节和机制，追踪决策则是重要的决策完善环节和决策补救机制。领导过程必须将所有这些环节完备而有机地结合在一起，才能形成完整、科学、有效的领导整体，才能进而产生良好的成效与结果，并达到预期的领导目的和领导目标。

关键术语

动员　直接动员　间接动员　指挥　口头指挥　书面指挥　会议指挥　现场指挥　电子指挥　沟通　协调　纵向协调　横向协调　综合协调　控制　集中控制　分散控制　等级结构控制　事前控制　事中控制　事后控制　纠错　追踪决策　回溯分析　非零起点　双重优化

复习思考题

1. 为了落实领导决策，应该如何进行动员？要确保动员成功，需要注意什么？

2. 指挥失败的主观因素主要有哪些？领导者应该如何克服或避免？

3. 你认为应该怎样才能做好协调工作？

4. 试分析集中控制与事中控制的利与弊。

5. 试阐述控制的目的和用途以及搞好控制的方法。

6. 为什么要纠错？纠错在决策实施的过程中起什么作用？应该怎样对待和完成纠错？

7. 追踪决策的实质与核心要义是什么？怎样才能做好追踪决策的工作？

案例研究

2008年春，某县招商引资，引来了一个贸易园区开发商，在一片山地搞开发。县政府与该开发商之间达成协议，开发商不仅是这个园区的投资商，而且是这个园区的所有者和运营商；县政府在这个园区里派驻管委会，对这个园区进行监管和服务，同时与开发商对半分享贸易利润和市场收益；如果效益好，双方都满意，就在一期项目完成之后尽快着手二期项目，县政府给地，投资商出钱。根据这个协议，到2010年年底，用地150亩的第一期开发工作基本完成，初步建成了一个小规模的贸易园区并开始投入试运营。试运营的头半年，效果不理想，还亏本；半年之后就开始有起色，双方每月净收益由三四十万逐渐上涨到五六十万；到2012年年初就开始显现出良好的收益前景，双方每月净收益由五六十万逐渐上涨到七八十万；到2012年9月，双方每月净收益首次突破100万，10月，双方的收益居然迅速上涨到120万。

但是，双方随即就闹别扭了。早在2012年3月，双方都因看好园区前景而准备落实关于进一步扩展园区的协议。当时，开发商提出要搞就搞大一点，用2 000亩土地来进行开发；县政府同意给地，但只给300亩，还要开发商打报告、走程序。开发商通过管委会主任将报告送到常务副县长手里，就启动二期工程、用地300亩的打算和意义进行了申述。过了半年，没有收到来自县政府的全面答复，只有作为二期项目的110亩土地开始了征地工作。到10月底，开发商突然接到县政府的通知，要求尽快启动二期项目，而与此同时，同样没有任何关于300亩用地的正式回应。对此，开发商没有与县政府积极沟通，而是带着情绪提出要等到300亩地批准并做好统一规划后再动工。县政府这边也绝口不谈给足300亩地的事儿，而只是责备开发商迟疑误事、不可理喻，并强力催促开发商尽快启动二期工程。对此，开发商觉得太窝心、太闹心，怀疑县政府没有诚信，讲好的给300亩地这件事都不能兑现，怎么启动二期工程？于是，一场矛盾就发生了：双方彼此都在怀疑和责备对方，都在很焦虑地期待对方能够给自己一个满意的回应和答复。这种矛盾主要以“打肚皮官司”的方式延续了一个多月，直到上级领导前来调研时才弄清原委。

原来，县政府常务副县长并没有注意到管委会替开发商送上来的报告，管委会主任也没有适时催问那位常务副县长。县政府开会研究该园区用地时虽然也保持二期项目300亩的目标面积，但考虑到用地指标极度紧张，特别是一期用地还有剩余，就决定先给110亩并着手征地，同时要求开发商立即启动二期工程，确保抓住有利的发展势头，尽快取得更多的收益。开发商并不知道县政府居然对所谓一期的剩余土地还那么在意，只是想到不能一点一点地搞，总是要按照 300 亩地来做好规划然后才能动工；眼下只给了 110 亩地，二期规划怎么做呢？二期项目怎能动工呢？据调查，所谓一期的剩余土地确实有两块：一块是实测出来只有 6 亩的山跟地还未用；另外一块是 8 亩多、由开山填沟造出来的地，土质疏松，按规定要 5 年以后才可考虑使用。这些实情在双方心理一明一暗，就是在此情况下各自考虑自己的选择、做出自己的决定。

在上级领导前来调研后不到一个月，县政府主要领导对这些基本情况进行了一番梳理和对接，重新回到共同的目标和基础上，研究解决了纠结不清的问题，消除了政府自身的疑虑和开发商的焦虑，而开发商则在认识和行动上又顺合并达到了县政府的要求，二期项目工程建设的前期工作很快就开展起来了。

▶ 分析与理解

1. 试分析该县政府领导落实贸易园区合作开发项目的特点、成效及原因。

2. 试从指挥、沟通、协调和控制的角度评价县政府设立和依靠园区管理委员会的做法和成效。

3. 试从指挥、沟通、协调和控制的角度评价该园区管理委员会在合作和运转过程中的实际作用、到位情况及具体成效。

4. 试析县政府与开发商合作过程中出现失调主要发生在哪个领导环节？为什么？

5. 试用纠错和追踪决策的原理分析可以使该失调问题得到良好解决的机理和机制。

第13章

领导用人与驭人

重点问题

- 领导用人与驭人的含义和意义
- 选人用人的标准、原则、要义与方法
- 驭人的艺术
- 团结与激励的艺术
- 批评与惩处的艺术

13.1 领导用人与驭人的含义和意义

领导用人就是领导主体主要是领导者发现、选拔和任用人才的过程与活动，本质上是从领导的角度和全局的角度进行的人力资源开发。其中，领导环境和组织人事体制特别是领导关系和现实利益总是起着非常重要的作用，不过，领导者的素质却更为关键，总是起着根本性的作用，因为不同的领导素质，特别是其中的人才观等思想素质总是决定着领导者将会做出何种人才抉择，即起用人的人事决定、开发人力资源的实践。

领导驭人是指领导主体在选定人、起用人之后驾驭、管理、引导和制约这些人的一系列行为与活动，实质就是人事管理与领导过程中的控制之和。这是事关领导主体特别是领导者能否控制组织、控制人力、控制局势、巩固领导地位、确保目标正常实施和实现领导的关键环节。这里能否顺利和成功，就决定着领导主体是否站稳了脚跟、是否能够在赢得领导权威方面真正胜任领导工作。很多领导主体成功也就成功在这一点上，失败也是失败在这一点上，而这一环节的领导十分微妙，也是几乎无法借助外力的，它取决于现实领导环境特别是领导关系和现实利益格局，更取决于领导素质或领导主体的内在条件与功夫。

事实上，领导用人与驭人是最具领导本义实质和特征的领导活动，是领导决策及其实施这种纯领导过程之外的单独一类领导行为；只不过这类领导行为同决策一类的领导行为互为表里、互为辅助、互为要件而已。应该说，领导用人与驭人既是领导的固有目的、目标和内容本身，也是实施领导、进行和落实决策的要件。这可以从以下两个方面来理解：

一方面，领导主体特别是领导者本来就是民众之中的统帅和将领，只有以人为基础并加以启用和统驭，才能成为正常的和正当的领导角色。这就是说，用人和驭人本身就是领导的固有内涵和实质，目的和功用就在于直接而具体地形成现实或实际的领导，非此则无以为领导，换言之，不用人、不驭人就不成其为领导。所以，用人和驭人是最实际也是最实在、最重大的领导内容之一，是领导权力权威存在、发生、行使或生效的最直接所在。不过，从领导的本质看，领导用人与驭人在这一层面的实质与用途仍然只能算作一个初级的和基本的领导内容和领导要件。

另一方面，领导用人与驭人并不仅仅是为了成为领导而存在或发生的，因为这实际上还仅仅是一个初级的领导内涵与需要。对领导而言还有更重要、更高级的实质与需要，即以事业为导向为内容、以决策为方式为途径的领导成功与业绩。而这个更高层面的领导取向与行为不仅要靠领导主体自己来首先把决策工作做好，而且还要靠领导主体发动、协调、控制和引导大家来完成已经做出的决策，实现已经提出的组织目标。所以，领导用人与驭人其实还有为落实决策服务的这一层含义与取向，只不过相对而言要更高一层级而已。

其实，领导用人与驭人本身也有一个决策及其落实的问题，只不过仅仅是组织人事范围内的领导决策而已。而领导决策过程之中也有一个用人与驭人的需要和任务，因为只有首先用好了人才能进行集体决策，只有驾驭好了人才能使决策得以正常、顺利地进行直至取得成功；也就是说，领导用人与驭人的作用也远非仅仅是服务于领导决策的实施或执行并确保其产生成效、取得成功和结果圆满。

总的来说，领导用人与驭人同领导决策关系紧密，彼此之间是一种“你中有我，我中有你”的关系。

另外，领导用人与驭人实质上是站在实施领导、实现领导的角度和立场上来看待组织的人事职能、过程和行为，比单纯的组织人事工作和活动要范围更大、层次更高、视角更宽、意涵更深。它不仅具有相对独立而崇高的权威与地位，是一个方面的领导行为和领导过程，而且也是同单纯的领导决策一起构成从根本上决定或事关领导得失成败的两个最重大领导行为根源之一。

得人者昌，失人者亡；人才兴则天下昌，人才衰则天下亡。古代社会如此，现代社会更是如此。特别是在当今世界竞争日益激烈的情况下，各种竞争的焦点集中在人才上，要想在竞争中取得优势，就必须抢占人才的制高点。

正是基于人才的关键作用，有远见的领导者都极为重视人才问题。毛泽东曾经说过，“政治路线确定之后，干部就是决定的因素”。邓小平在多种场合强调人才问题的重要性。

他曾提到，改革经济体制，最重要的是人才。改革科技体制，最重要的还是人才。他向全党、全国提出“尊重知识，尊重人才”的口号。1992 年他在南方谈话中强调：“正确的政治路线要靠正确的组织路线来保证。中国的事情能不能办好，社会主义和改革开放能不能坚持，经济能不能快一点发展起来，国家能不能长治久安，从一定意义上说，关键在人。”

国外也重视人才问题，也深知人才对于发起挑战、进行竞争的重要性。比如，美国前总统克林顿就曾大声疾呼，要提高美国产品的竞争力，提高美国企业的竞争力，提高美国的竞争力。这三个竞争力，归根到底是来自美国培养、开发、引进的人才在全球人才竞争中所处的优势地位。

因此，人才问题始终是领导主体的中心工作之一，也是赢得新世纪所必须解决的最重大问题之一。用人上出了偏差，同样会错过发展机遇，会丧失关键力量即竞争实力，尤其是在领导人才的开发和使用上出了问题，就必将直接造成领导力即核心竞争力的损失，就有可能在 21 世纪的竞争中遭到失败。这是 21 世纪领导主体必须时时刻刻挂念心中的大事。

总之，这一切表明，领导用人与驭人事关领导得失和领导成败，是实施和实行领导的最重要保证之一，也是领导决策能否真正正确和成功、领导决策能否真正得到有效落实、组织任务与目标能否真正得以成功完成和实现的最重要保障之一。领导用人与驭人非常重要，因此，任何领导主体都应该也必然要高度注意和重视用人与驭人的问题，并在实际工作中真正确保把用人与驭人的工作做好、做优。

13.2 选人用人的标准、原则、要义与方法

13.2.1 选人用人的标准

选人用人的标准，总的来讲就是德才兼备。坚持德才兼备的标准，应注意以下几个要点：

（1）把德放在首位。德主要指一个人的政治素质、思想品德、工作作风、职业道德等。德表现了人的社会性，是对人的社会化要求。德与选人用人的其他条件相比，居于首要地位，具有特殊意义。

对此司马光就说，“自古昔以来，国之乱臣，家之败子，才有余而德不足，以至于颠覆者多矣”。这就是说，有德的人，如果有才能就会为人们做好事，才能越多，本领越大，能为人们做的好事就会越多。相反，无德的小人，如果有了本事，就会干坏事，本事越大，所干的伤天害理的事就会越多，后果就越严重。

其实，无数事实早已证明，用人必须把德放在首位，否则就会造成用人上的失误。在党的历史上，由于重才轻德而造成的用人上的失误和教训是令人深思的。徐向前在他的回忆录中曾写道：“张国焘这个人不是没有能力，但品质不好，他是借口肃反，剪除异己，建立个人统治。不仅搞军队，也搞地方。被清肃掉的大都是有能力、有战斗经验、

和群众有密切联系的领导骨干。”

作为无产阶级的政党，中国共产党在选人用人时更是坚持把德放在首位。毛泽东指出：共产党的干部政策，应是以能否坚决地执行党的路线、服从党的纪律、和群众有密切的联系、有独立的工作能力、积极肯干、不谋私利为标准，这就是“任人唯贤”的路线。陈云也说：德才并重，以德为主。反对只顾才不顾德，也反对只顾德不顾才的倾向。

的确，用人不能不讲德，无论哪个阶级都是如此。只有把领导权交给有德有才的人，改革开放和社会主义现代化建设事业才会兴旺发达。当然，德的标准不是抽象的，它具有明显的阶级性和时代性，不同的阶级和时代，德的具体内容有所不同。

在新的历史条件下，以德为先的标准主要包含这样一些内容：政治立场坚定，忠诚于党和人民的事业，始终坚持四项基本原则，经得起斗争的考验；具有一定的马克思主义的理论素养，政治上敏锐，能够运用马克思主义的立场、观点、方法观察和分析事物，一切从实际出发，密切联系群众，勇于批评和自我批评，勇于开拓创新；维护团结，顾全大局，权为民所用、情为民所系、利为民所谋，清正廉洁，无私奉献，不计名利，一切为了人民，全心全意为人民服务。

（2）正确看待“才”或能力条件。选人用人虽然要强调和突出“德”，但却绝不是说因此就可以不重视“才”的条件了。对于德与才，司马光曾说：“才者，德之资也；德者，才之帅也。”这就说明了德与才原本是不可偏废任一的。

具体而言，才就是才学、智慧和能力等条件的总称，包括了十分丰富的内容，诸如政策理论水平、文化程度、专业知识与技能，以及表达能力、分析和解决问题的能力、理解与判断能力、规划预测能力、组织协调能力、领导管理能力、调研综合能力、团结协作能力、开拓创新能力等，这些都是才的具体方面。只是其中的能力在习惯上要显得相对突出而已。

（3）要年富力强。在选用人才的“四化”标准中，有一条不可缺少的条件就是“年轻化”。年轻化是指要不断选拔年富力强的优秀人才和培养后备力量，选人用人要向年轻人倾斜，使整个队伍保持合理的年龄结构，使社会主义现代化建设事业后继有人、代代相传。年轻化是由社会主义现代化建设的长期性、艰巨性和现实需要决定的。

在现实生活中，有些领导者思想上往往存在着“姜还是老的辣”的观念，认为当干部时间长了，资历深、见识广、经验丰富，上下左右关系容易摆平，能压住阵，工作开展起来也较顺利。诚然，资格老的同志在上述方面确实比资格浅的年轻人“辣”一点，但从另一方面来讲，资格老的领导者很容易拘泥于老经验、老框框、老观念，而创造性、进取心不足。因此，非常需要发现和使用年富力强、有朝气、有能力、有作为的人才，尤其需要把他们充实到各级领导班子中去。只有这样，才能使整个组织系统和人员队伍保持旺盛的活力和生机，才能确保我们的奋斗和共同事业不断成功。

13.2.2　人才选用的原则

人才选用的目的是选到事业所需要的各种人才，并把他们合理地安置在相应的职位上，实现人与事的科学结合，以推动事业的发展。为此，在人才选用中，应遵循以下原则：

（1）因事择人。这是指必须根据事业的需要、职位的空缺和职位对人员资格的要求来选用人才。唐太宗李世民早就说过："为官择人者治，为人择官者乱。"宋代大臣许应龙也曾说："为官择人，则官虽简而常若有余；为人择官，则官虽繁而常若不足。"这些都是根据工作需要来选用人才的道理。坚持这一原则，就是为了确保达成人与事的科学结合，做到以事定职、以职选人和人事相宜，而避免机构臃肿、人浮于事、效率低下、增加成本。事实上，只有从实际需要出发，以事业和职位提出的要求为标准，然后去选用合适的人员，才能达到科学开发人力资源的目的；如果因人设事、为人择官，那么就决然不能保证事得其人、人到其位和人尽其才，或者大材小用，或者小材大用，造成严重的人才错位和人才浪费。

（2）竞争择优。在人才选用中所说的竞争择优，就是指在公开平等的前提下，让求职者依靠自身的素质进行竞争，用人单位择优选用人才。用公开竞争的方法选人，比古人传统的"伯乐相马"的方法有更多的优点：一则它拓宽了选人的视野，开辟了赛场选马的天地，使用人单位能够在更广阔的范围内享有充分的挑选人才的权利；二则它将选用工作置于人们的监督之下，增加了选用工作的透明度，可以防止和克服在用人问题上的不正之风。

在人才选用中坚持这一原则，应将竞争贯穿选用工作的各个环节，即从报名、资格审查，到笔试、面试以及考核、体检等，要使求职者始终处在一种激烈的竞争状态中。这样，经过层层筛选，最后，根据工作的需要择优选用合适的人才。

（3）适才适用。所谓适才适用，就是根据每个人的性格特点、专长和志趣等将其安排在适宜的职位上，使每个人都能各得其所，充分施展自己的才能。适才适用是人才选用中必须遵循的一条重要原则。遵守它就能实现人尽其才、才尽其用、事竟其功的目的；反之，则会造成人与事俱损的结果，既不利于人才的成长，也不利于事业的发展。

正因为这一原则非常重要，古今中外大凡明智的领导者、管理者都给予高度的重视。唐太宗李世民曾讲："人之行能，不能兼备，朕常弃其所短，取其所长。"著名管理专家彼得·德鲁克指出：人之长处，才是真正的机会。发挥人之长处，才是组织的唯一的目的。须知任何人均必有甚多弱点，而弱点是很难克服的，但是我们却可以设法使弱点不发生作用。管理者的任务，即在于运用每一个人的长处，作为共同绩效的建筑材料。周恩来更是强调，有了政治信任，用得其当（适时、适地、适合条件）也很重要。陈云也认为应该坚持人、事两宜的原则，用人得当，适得其所。这些论述都表明，人才选用必须坚持做到适才适用。

（4）充分信任。既然将人才安排到了合适的位置上，就应该对其给予充分的信任，让其大胆地开展工作，创造业绩。尊重、信任是用人的前提。如果领导者既要用人，而又不充分信任他，就会使下级在工作中缩手缩脚，并导致下级产生离心倾向。

领导者对下属必须总是给予充分的尊重和信任，必须尽量发现和发挥出他们的长处，不断地鼓励他们，大胆地任用他们，做到"用人不疑，疑人不用"。只有这样才能使其才智得到最充分的发挥。否则，如果总是找部下的短处，总是怀疑他们，挑剔和指责他们，他们就会畏缩不前，就难以也不愿意把能力才智充分发挥出来，结果就只能是直接损害组织的业绩和领导的业绩，只能是争相落后、争相混迹和总体衰败。

这一原则的主要内容是领导做领导的事，下级做下级的事。上级领导只是给直接下级指明目的和要求，并创造必要的条件，最后考核其结果。至于具体工作，下级有权自行处理，上级一概不予干涉。而其核心就是要按下级的职务和实际才干予以充分授权，使之在其职务范围内达到权责一致，在能力范围内放手大干。这样做不但使下级有一定的压力，而且也能使下级感受到信任，从而产生巨大的动力和工作积极性。

事实上，信任下级是领导者自信的表现，表明其具有强大的驭人能力和掌控形势的本领。如果任命了一个下级来负责某项工作，而后又不能对他放心，那么这表明领导者做了一件自己本就没有把握的事，还表明他严重的不自信和无力胜任领导工作。而如果领导者对下级不授权，或者授权超越了层次，那么就必将造成严重的管理紊乱和积极性受挫，下级就会“依赖”领导，在出问题之后向上推，使领导者忙于具体事务而无暇谋大局、抓大事。

总之，提拔人、使用人应当遵循两条最基本的原则：第一是称职，这一原则是“德才兼备”标准和“量才任职”原则的引申和具体化，只有胜任现有职务并确实获得成绩者，方可予以提升；第二是适时，对于的确具有较高才能的下属，应当及时地把他们提拔到更为重要的岗位上来，让他们得以尽早地、充分地发挥才干，只有这样才能早出人才、快出人才。

13.2.3　人才使用的要义

(1) 用人之长。所谓用人，就是用人所长，避人所短，这样才有可用之人、可用之才。

汉武帝时东方朔上书陈述求才不可求全的观点说：“水至清则无鱼，人至察则无徒。”唐太宗也提出：“人之行能，不能兼备，朕常弃其所短，取其所长。”清朝魏源则更是系统地论述了这个观点：“用人者，取人之长，避人之短”，“不知人之短，不知人之长，不知人长中之短，不知人短中之长，则不可以用人，不可以教人”。

事实上，每个人身上都有闪光的地方，用其所长就是把这些宝贵的东西发掘出来，亦即要善于发现人才的长处，使其具有用武之地。这样就能使其工作积极性得到充分发挥，进而也使工作出现新局面。

应该说，用人所长不仅是能否发现人才长处的问题，而且还是一个敢不敢用的问题。也就是说，领导用人不仅要有智慧，而且还要有魄力，敢用人才，尤其是敢于使用有明显缺点的人才。一方面，要从大局出发，要以事业需要为标准决定起用人才，在这一点上甚至要力排众议，敢于大胆起用有争议的人才、在某一方面有突出专长甚至比自己更强的人才，也就是说，宁用有缺点的人才，也决不用“无缺点”的庸才。另一方面，不能对人才求全责备，因为没有人是完美无缺的，人才并非尽是长处，客观正确地看待人才之长短，才能正确对待和使用人才，而不会贻误人才、造成损失。当然，只有真正出于公心和为了事业的领导者才有这种用人的雅量和魄力，也只有这样的领导者才是真正坚强有力、雄才大略、能有作为和大有前途的领导者。

总之，用人就要用其所长，要善于知人所长，更要敢于用人所长。而这正是领导用人之道的精髓，也应是领导用人的第一要则。

（2）量才任职，职能相称。所谓量才任职，就是按照每个下属的实际才能来安排相应的职务，做到人尽其才。要做到量才任职，首先要全面衡量每一个下属的长处和短处。人皆有所长，亦有所短；有其所能，亦有其所不能。一个人立足于世靠其长处，而非短处。同样，领导者用人是为了完成特定的任务，故只能用其所能，避其所不能。

量才任职，还必须对各种职位的具体要求、任务和职责等有一个明确详细的规定。有了这种规定，量才任职才有了客观的标准和依据。设计合理的、科学的职位，必须在深入调查研究的基础上，根据各部门的工作性质、特点和要求，对机构中的各种职位进行严格科学的分析，务必解决由于分工不明、职责不清带来的各种官僚主义现象。

工作职位有层次、行业之分，人才也有层次、类型之别，不同工作职位对人才有不同要求，不同人才对工作职位也有不同的适应性。把二者恰当结合起来，以做到既保证圆满地完成工作任务，又充分地发挥人才能力。否则，小材大用，贻误工作；大材小用，又造成人才浪费。这就是现代管理学中所说的能级原则。能级原则，简单说来，就是使人才处于相对应的能级岗位，使人的才能、专长与岗位、职务、责任相匹配。

领导者要想做到量才使用、职能相称，必须做到三点：1）正确鉴别人才的类型、特点、层次；2）按能力大小安排相应的职位；3）发现职能不对应者，应果断调整，该升的升，该降的降，只有这样，才能使人才各得其位，各尽其能。

职、权、责是三位一体、互相统一的。担负一定的职务，就有一定的职责，同时行使一定的权力。在其位才能谋其政，而谋其政必须有其权，才能尽其责。这样才能各尽所能，充分发挥人才的能动作用。这就是说，要合理使用人才，就一定要坚持做到有职有权就必有责，决不能有职有责却无权或者有职有权而无责。

（3）层次授权。领导者不可能只靠自己就能把方方面面的工作都做好，特别是有些专业性很强的工作，领导者可能远不如下属做得好。但是，高明的领导者却善于通过授权、调动下属的积极性来做好千头万绪的工作。

这就是说，授权是必要的。在任何单位工作，不仅有着各项重大任务，而且还有许多具体事务性工作。作为领导者，不可能也没有能力去总揽一切事务。这样就必须把许多工作交由下属办理。交给下属任务，必须授予下属一定的权力，否则任务很难完成。于是，在授权中，出现了单位内部集权与分权的矛盾。

从单位工作的整体性来说，必须统一决策、统一指挥和统一行动，需要集权。从领导者有限的时间、精力和能力来说，不可能事必躬亲，因而必然实行分权。分权弥补了集权的不足，调动了下属的积极性和创造性，增强了单位的内在活力和适应外界环境变化的能力，但也可能会损害单位工作的整体性。集权与分权这种既对立又统一的特点，集中体现在授权上。因此，所谓授权的艺术，就是在集权与分权的对立中把握二者的统一，使领导者能够做领导的事，下属能够做下属的事，使单位内部的各项工作统而不死，活而不乱。

授权不是交权，也不是“大权旁落”，而是授予下级相应的权力和责任，从而使每一个层次的人员都能司其职，尽其责，使其智，成其事。领导者除了把握大的方向和原则外，对下级无须太多干预，如果事必躬亲，必然成为事务主义者。特别是高层次的领导者，其职能不是纠缠于具体的事务中，而是应组织、指挥、协调下属去办事。

领导者在授权时，应首先考虑单位或组织的规模。单位规模越大，上层领导与基层工作距离越远，需要处理的各种事务就越多、越复杂，领导者就应把更多的权力分层授予熟悉情况的下属，授权范围应视领导者能够弄清问题并做出正确决策的范围而定。其次，要看单位或组织业务活动的性质。业务活动的专业性越强，领导者就应授予负责该项业务活动的下属以更大的权力，允许其在业务活动范围内做出决策。

(4) 建立人才保护制度。人才是成就事业的根本，人才浪费是最大的浪费，不能允许发生人才浪费的现象。因此，应该建立一个完整、配套的人才保护制度。对人才的保护应有六大系统，即鉴别系统、使用系统、监督系统、服务系统、教育系统和退休安置系统。根据这六大系统建章立制，分层次建立人才的各种保护制度。对无端浪费人才者，要追究其责任。

同时，还要注意“潜人才”的开发。所谓“潜人才”，就是指具备成才的内在条件，但由于缺乏必要的外部条件和机会，而尚未做出较大实际贡献的人。一切人才都有一个从潜人才成长为显人才的发展过程，而潜人才的数量比显人才更多。因此，人才开发，一方面要启用那些公认的人才，做到量才使用；另一方面要创造条件使大量潜人才迅速成长为显人才。领导者要具备超乎常人的洞察力，有“识人才于未显之时”的慧眼，精心培养和大胆启用潜人才，只有这样才能使人才辈出而不会后继乏人。

公平竞争有利于人才脱颖而出。人才的健康成长有赖于良好的社会环境。机会均等、优胜劣汰的竞争机制，是人才健康成长重要的社会条件之一。领导者要为人才脱颖而出创造良好的条件，提供最好的机会。

13.2.4　人才选用的方式

随着时代的变迁和社会经济的发展，人才选用方式也在不断地变化和发展。目前，人才选用的主要方式有以下几种：

(1) 选任。选任制是以选举的形式产生被任用者。它是由公众直接向被选举人授权的行为，是权力的集聚过程，也就是说，权力主体将自己的某些权力交给自己的代表来行使。

选任制产生的是利益代表。授权的前提是政治信任和政治认同。因此，它适用于产生各种代议机关（如各种代表大会、代表会议和常委会等）的组成人员、行政首长和委员会的主持人。

选任制有如下优点：一是权力来源有明显的合法性，权威性有较牢固的基础；二是选举人能广泛表达自己的选择意愿，被选举人必须对选举人负责；三是真正的民主选举能避免被人们所不信任的人篡夺权力，避免任人唯亲、形成人身依附关系等弊端；四是有利于当选人之间互相监督、互相制约，防止个人滥用权力；五是由于选举是定期举行的，并且对任期任届有明确的限制，这就有利于解决领导人员的“终身制”问题。

选任制有如下不足：一是选举人对利益的考虑易注重局部利益和眼前利益，当选人在这种压力下也容易忽视整体利益、长远利益，导致行为短期化；二是选任有时考量的是被选举人的人际关系，而不是能力，选上去的人也可能不是才智超群者，而是绝大多数人可接受者；三是对未担任过公职或不熟悉的候选人，选举人对其是否能代表自己的利益并无把握，选举具有一定的盲目性。

选任制的主要价值取向是民主。因此，在实行选任制时要保证选举人能够充分地行使民主选举权利。

（2）委任。委任制是由有任免权的机关按自身的权限来指定被任用者。它是由上级向下级授权的行为，是权力的发散过程，即权力的再分配过程。被任命者向任命者负责。委任制可适用于任用领导人的助手、秘书等辅助人员。

这种方式的优点是委任者与被委任者之间联系密切，有利于形成高效率的决策和执行系统，权力集中、指挥统一，任用方法简便、灵活，适用范围比较广。

委任制也容易产生一些弊端。一是难免出现“任人唯亲”的情况。由于是根据领导者个人的印象和判断来选人，这就使任用带有很大的主观随意性，难以摆脱个人的好恶和情感恩怨的影响，易导致“人治”，出现“任人唯亲”的现象也就在所难免。二是选拔视野狭窄。由于选拔工作是在领导和少数组织人事干部主持下单方面、小范围地进行，局限于某一系统或某一单位，而且就是在这个小范围内，也只能任用显人才，而许多潜人才则没有获选机会。三是难免任用失误。由于选拔工作是由少数人单方面、小范围地进行，很难全面了解选拔对象的德才各方面情况，因此，任用难免有失误。四是诱导“归附”思想，由于领导手中握有选拔与委任的大权，个别思想意识不够健康的人便会巴结逢迎上司以便获得升迁机会，也有些人会因为自己被领导委以重任而产生“感恩”思想，一心想着如何报恩，却不把为人民服务放在心上。

（3）聘任。聘任制是用人单位以合同为契约产生被任用者。它的优点是可以保证合同期限内用人单位和受聘者个人的工作稳定性，从而便于管理。同时，它还具有灵活性。因为用人单位和受聘人之间只是合同关系，合同是在自愿的基础上签订的，合则留，不合则去，从而有助于人才竞争和人才的合理流动。聘任制的局限性也类似于委任制，带有一定的主观随意性，如果没有配套措施，易造成任人唯亲，导致人治。

（4）考任。考任制是以公开的竞争性考试择优产生被任用者。它的优点主要表现在以下方面：一是具有明确、统一的评价标准，体现公平原则，可以防止徇私舞弊、弄虚作假的现象，克服选任、委任和聘任制的主观随意弊端；二是公开竞争、机会均等，优胜劣汰，成绩面前人人平等，体现平等竞争原则，可以在全社会范围内广招贤才，避免委任制选拔视野狭窄、埋没潜人才等弊病；三是适用范围广泛，考任方式是古今中外选用人才中最为普遍的方式之一。当然，这种方式也并不是尽善尽美的，其考试内容的科学性、全面性和结果的准确性都有待进一步的研究。

上述几种选用人才方式，都有各自的优点和不足。在改革实践中，人们在此基础上，取长补短，探索出几种新的方式。例如，把考任制与聘任制相结合，形成了考聘任用方式；把考任制与委任制相结合，形成了考试委任方式；把考试与选任相结合，形成了考选任用方式。这些新的任用方式将在今后的改革实践中得到逐步完善。

13.2.5　人才选用的方法

人才选用的具体方法多种多样，就常用的来讲，主要有以下几种：

（1）笔试法。笔试是通过文字描述、解答考卷问题来鉴别应考者的知识水平、理论水平、写作能力和阅读能力的方法。笔试有如下优点：简便易行，省时省力，花费较少，一份内容相同的考卷，可以同时对大批应考人员进行考试，并且易于管理；考试评分的标准尺度客观统一，能较好地防止和避免考试和评阅试卷中的主观随意性，有较强的客观性和可信性。笔试也有不少缺陷，如不易考察应考者的实际工作能力，有时可能出现“高分低能”现象等。一般地说，选用较高层次的人，多用论文式考试；选用较低层次的人，多用简答式进行考试。

（2）面试法。面试是要求应考者在规定的时间和场所，口头回答主考人的提问和考试题目，以考察应考者是否具备拟任职位所需要的实际知识和工作能力，观察应试者的仪表、性格以及机敏度等。面试具有如下优点：考察内容比较广泛，方法比较灵活，易于发现应考者的逻辑思维能力、综合分析问题能力、语言表达能力、应变能力和社交能力，以及仪表、气质等方面的优缺点。面试具有如下缺点：耗费人力、时间比较多，考试的规模也受到限制，评分易受主考人的思想、性格、情感的影响，难以做到完全公正。由于人的应变能力在现代社会显得越来越重要，因此，从发展趋势看，面试在人才选用中越来越受到重视，并不断得到完善。

（3）操作式考试法。操作式考试要求应试者运用其所具有的专业知识和技能，按拟任职位的要求进行实地操作表演，主考人据此判断应试者的专业知识水平和实际工作能力。这种考试方法通常用于选用从事专业性较强的工作人员，如电脑操作员、会计人员等。由于实际操作考察的内容是该职位要求具备的知识、技能和工作能力，因此，这种考试方法具有较强的针对性和实用性。

（4）心理测验法。心理测验法是借助各种测量仪器和量表来测定人的各种心理特点。其测验主要包括如下内容：

1）智力测验。主要是测定个人的观察能力、理解能力、表达能力、应用能力、记忆能力、推理能力、判断能力和想象能力等。

2）性向测验。它是测验某个人适合于从事某种专业或职业的特殊能力，以鉴别和确定应试者从事的工作岗位或职业。

3）兴趣测验。兴趣是指一个人主动经常地倾向于认识掌握某种事物或某项工作，并愿意参与该种工作活动的心理特征。兴趣测验就是对这种心理特征的测验。事实证明，一项工作如果由有兴趣从事该工作的人担任，往往能产生创造性的成就。

4）人格测验。这种测验除了测定个人的毅力、勤奋性、进取心、认真程度等人格因素外，还测定个人在处理人际关系时的个性特征，如合作性、服从性、宽容性、领导性等。

心理测验法一般多用于选用特殊人才。在使用此法时，由于需要借助各种测量仪器和量表，因此要求主持考试的人必须具备必要的专业知识。

（5）群众评议法。群众评议法是通过走群众路线的办法来考察被任用者，评论其是否具备担任一定职务的资格。此法一般适用于选用领导者。选用领导者时听取群众的意见，有利于全面了解选用对象的情况。孟子云："左右皆曰贤，未可也；诸大夫皆曰贤，未可也；国人皆曰贤，然后察之；见贤焉，然后用之。"（《孟子·梁惠王下》）一个人的德才只有在实践中才能表现出来，而一个人的表现只有他周围的人及和他有联系的人才能真正了解。因此，如果一个人能得到广大群众的称赞、拥护，那么这从一定意义上说明他具备担任一定职务的群众基础和能力。

群众评议法通常是由有关部门通过召开各种形式的座谈会、个别访问、问卷调查等形式，向与被考察人有联系的人员了解被考察人的德才情况。评议结束后整理出书面材料，作为选用依据之一。

（6）短期试用法。短期试用法是将被选用人员安排到一定的职位上，让其工作一段时间，考察其是否适合担任此职。此法是了解人的一种切实有效的方法。古人在选用人才时也曾主张采用试用法。南宋的陈亮就曾说，了解人要"策之以言，而试之以事"。了解一个人的特长是一个相当复杂和困难的过程，不可能一蹴而就，往往需要若干次的反复过程才能比较确切地了解清楚。

了解人的特长之所以困难，一是因为一个人的特长是由他的素质结构的特征决定的，而对人的素质的测定不仅是一个复杂的过程，而且这种测定往往受测定者主观因素的影响，从而使测定不可能完全客观地反映被测定者的真实素质；二是因为人们往往把个人兴趣与特长简单等同起来，认为有兴趣干什么，就是在那方面有特长。

当然，有些人由于具有某种特殊能力而产生某种兴趣，这种兴趣是以他的专长为基础的，但也确有相当多的人的兴趣并不和他们的特长相联系，因为人的兴趣除了由自己的特殊才能产生外，还受外部条件的刺激而产生。社会提供的机会、别人的成就的诱惑等，都可以使人萌发某种兴趣。可见，要真正了解一个人及其特长需要一个过程。

总的来说，短期试用法实际上就是为了解人提供一个便于全面认识他的过程。通过这个过程来了解他的特长是否符合职位的要求，然后根据考察了解到的情况，决定能否选用。

13.3 领导用人与驭人的艺术

13.3.1 领导驭人艺术概述

领导者能否获取事业上的成功，在很大程度上取决于他是否掌握了高超的驭人艺术。

领导者在掌握了科学的驭人方法并创造性地加以运用时，或者在诸多的方法中灵活选择最优方法时，便进入了更高的领导境界。这个境界就是艺术化的领导境界。所以，驭人艺术是领导者在掌握和运用科学驭人方法的基础上，根据特定情况灵活运用驭人方法和驭人技巧。当驭人水平达到相当高度时，驭人方法和驭人技巧就成为一种高超的领导艺术。正因如此，在各级领导者从事的驭人活动中，它始终发挥着极其重要的统御、指导作用。驭人艺术是领导艺术中最重要的部分之一。这可从以下几方面来理解：

第一，驭人艺术是领导者根据驭人原则和驭人需要之间的复杂关系，根据被使用对象与他所处的客观环境之间的发展变化情况，对驭人技术做出的大胆选择和灵活运用。这是因为，当精明的领导者试图运用自己的权力和智谋去驾驭下属时，他首先需要考虑的是如何以最小的人才成本去获取最大的人才效益。为此，他总要在多种驭人方案之间进行认真的比较和筛选，然后从中选用某种被他视为最切实可行、最有价值的驭人谋略。

第二，驭人艺术很难用简单的数学方法、定量方法来描述，它所解决的主要是驭人矛盾的特殊性方面。因此，它的表现形态与相对完整、固定的领导方法相比，表现出多样性和多变性的特点。

第三，指导驭人艺术的是领导者个人的价值观念。任何领导者只会采用被他视为有价值的驭人手段，为此，驭人艺术带有明显的个性化特点。

第四，具体到某个被使用对象身上，驭人艺术通常把使用与开发巧妙地结合起来。它不仅注重挖掘下属的显能，更注重挖掘他的潜能。这就是现代管理学所说的，“在使用中开发，在开发中使用”。为了取得使用与开发并重的效果，驭人艺术十分重视在多种驭人方案中进行仔细比较和巧妙选择，力求使下属充分发挥才智。

以上四个方面其实也可以理解为驭人艺术的特征所在。它们是一切立志高远的领导者所必须学习、研究和运用的特定内容。的确，任何领导者要想获得事业上的巨大成功，都必须熟练掌握一整套高超的驭人艺术。同时还应该指出，在整个驭人过程中，无论是领导者，还是被使用对象，双方都处于动态变化中，这使本来就十分复杂的驭人行为，更显得变幻莫测和难以驾驭。因此，作为一个领导者，在具体运用驭人艺术时，必须牢记“适人适时”的决策原则，时时处处注意对某一驭人艺术的灵活运用和对多种驭人艺术的综合运用。下面，简要介绍五种常见的驭人艺术。

13. 3. 2　常见的驭人艺术

1. 攻心为上

在所有的驭人艺术中，攻心为上是一条最重要、最关键的驭人艺术。攻心，就是征服人心。作为一种驭人艺术，攻心就是指领导者不仅需要准确了解下属的内心世界，而且还要在此基础上，进一步征服下属的心，使下属从心里信服你、敬重你、服从你、爱戴你，心甘情愿为你效力。事实上，攻心艺术在驭人行为中总是起着非常重要而显著的作用。攻心的方法有很多，在此只将实践中常用的四种介绍如下：

（1）以情起始。人是十分珍视感情的，中国人又有注重感情的传统，在人与人的接触和交往中，感情的作用就十分重要。

（2）先顺后逆。心理学中的“名片效应”，指与人接触时要先向人家介绍自己的情况，让人家了解自己，取得信任。心理学还有个“自己人效应”的说法，指如要取得别人的信任，就应该先让人家认可你是他的“自己人”。如果采用这种先顺后逆的方法，就可以消除对方的怀疑、紧张、戒备甚至对立的情绪，进而拉近双方距离，促成相互认同。

（3）寻找共同点。它是指如何引起对方注意。实际上，无论在心理上、感情上，还是在理性上和语言上，彼此都可以找到双方的共鸣之处，即共同点。共同的爱好、兴趣，共同的性格、情感，共同的方向、理想，共同的行业、工作等，都是很好的沟通媒介。

（4）求大同存小异。在具体问题上发生分歧，使问题停留在具体问题上，事情往往不好解决。如果把这个问题提到如目标、理想等相关层次上，就容易找到共同点。这样，自然就有共同点了，而且是大共同点，统一认识和看法也就好办了。

需要指出的是，有些领导者误以为，攻心行为只不过是掌权者为了自己的管理目标所玩弄的一种收买人心的权术。倘若这样来认识攻心行为，那就大错特错了。诚然，在中外历史上，确有不少统治者是通过玩弄政治权术来收买人心的，但这只能得逞于一时，而很难长久维持，一旦下属识破了他所玩弄的权术，他的攻心企图也就彻底失败了。真正合格的领导者是靠“以己之心，换人之心”，特别是出于事业和工作的需要来实施领导，所以能够得到下属的信任和拥戴，从而达到更好地实施领导的目的。

2. 以柔克刚

在驭人活动中，下属有时由于种种原因，难免会对领导者的某项驭人决策做出强烈的情绪反应，甚至形成矛盾冲突，用以表示他们的不满。这不仅严重干扰和分散了领导者的精力，而且也对领导者的权力和威望构成了现实的或潜在的威胁。如何理智地处理和解决这些矛盾冲突，是每个领导者在驭人过程中必须认真对待的一个重要问题。

作为成熟老练的领导者常用的一种驭人艺术，以柔克刚有它自己的丰富内涵和特定用途。它是指领导者在驭人过程中，面对下属的过激行为，采取理智和冷静的方式，既坚持原则，又缓解矛盾的一种艺术。这里说的“柔”，并不意味着软弱、迁就和退让，而是领导者在知己知彼和有充分把握的条件下表现出理智、机敏、冷静、克制、坚定、沉着和自信，以有原则的、机智的柔，去碰撞无原则的、粗暴的刚，就会势如破竹，无往而不胜。

在领导驭人的实践活动中，以柔克刚通常包括以下一些策略和手段：

（1）以理服人。以理服人，主要指以符合党纪国法、规章制度、道德准则的规范行为疏导下属。对无理的下属，耐心疏导，晓之以理，促其醒悟，是以柔克刚艺术的重要行为准则。

（2）以礼待人。对失礼的下属，既坚持原则，又以礼相待，是以柔克刚艺术的又一行为准则。以礼待人，就是尊重下属的独立人格。对下属的正当行为，诸如批评、抗议、越级反映、公开反对等，即使冒犯了领导，也不宜采取过激的决策；要相信自己的威望和能力，相信多数群众的是非鉴别力，相信失礼下属内在素质中的积极方面。十分巧妙地通过“有礼”来显示自己作为一个领导者应有的涵养和气度，显示自己的诚挚、宽厚、豁达和强大。用“有礼”的威慑力使下属折服。

（3）以智驭人。从根本上说，柔之所以能够克刚，是由于柔代表智。有智之柔，是领导的艺术方法，在柔中一步步引导过激的下属用理智约束自己，最后达到对领导者心悦诚服的目的。所以，这种柔是建立在领导者的自信和威望的基础上的。无智之柔，则是软弱和无原则的忍让，这样不仅不能克刚，反而会加剧下属的过激行为。所以，运用以智取人的方法来达到以柔克刚的目的，关键在于领导者要凭着自己对下属心理的把握和对自己的行动可能导致的结果的判断来选取恰当的柔的形式，以此来驾驭各具个性的众多下属。

（4）以情动人。这是以柔克刚艺术的催化剂和润滑剂。这是因为，人都有思想、有感情，任何领导活动包括驭人活动，都不可避免地会有领导者与被领导者之间的思想传递和感情传递。因此，领导者在处理下级的过激行动时，要怀着与人为善的诚挚态度，批评、帮助乃至惩处下属的缺点和过失。以高尚、诚挚的真情去感动下属，下属才能心悦诚服地接受你的批评乃至惩处，进而达到感情上的沟通。

（5）以信处人。信即信用，表现在驭人行为上，就是说到做到，言必信，行必果，获取下属对领导者的信任和支持。在此基础上运用“柔”术，展开柔的攻势，则势必无刚不克，无坚不摧。倘若能做到这一点，领导者就能卓有成效地领导众多的下属。

（6）以法治人。以柔克刚尽管是一种人格化个性化的驭人艺术，但是，它毕竟不能超越法律允许的范围，对于个别无理取闹、违反原则、故意给领导活动设置障碍、经教育仍不悔改的下属，领导者只有在柔的行为方式中维护法的尊严，才能真正治服一切无原则的、粗暴的刚，使自己永远立于不败之地。以法治人正是在这一点上为以柔克刚艺术提供了一块极其重要的基石。

上述策略和手段的有机结合和灵活运用，构成了以柔克刚艺术的丰富内涵和多姿多彩的表现形式。由此不难看出，这是一种以“静”制“动”的艺术，这里的“柔”是“强”的代名词，也就是说，只有强大的、有水平的领导者，才能娴熟地运用以柔克刚的驭人艺术。

3. 维持平衡

领导者的责任之一就是平衡、协调好各方面的关系。在对待各项关系时，既不能简单粗暴，也不能迁就推诿，更不能做“老好人”，丧失原则，这就要把握好原则性和灵活性，恰当地将二者结合起来。世界上任何国家、任何地区、任何部门、任何单位的领导者，只要从事领导活动，就必然会面临处理与各种势力的关系问题，而要打算处理好与各种势力的关系问题，就必须首先考虑巧妙运用维持平衡的驭人艺术。在这里，“势力”一词的涵盖面很广，大到各种党派、社会团体、集团，小到部门中关系相对密切的某些个人形成的隐性小群体。这些势力或小团体是领导者进行领导活动、实施驭人行为的对象，也常常是领导活动的中坚力量。领导者在领导活动中，就是要巧妙处理各种势力之间的动态平衡关系。领导者在处理这一问题时，必须注意如下客观事实：

其一，各种势力的产生非一朝一夕的事，它的消失，自然也绝非短期内就能办到的，而且，各种势力既然能在复杂的环境中生存下来，就可能有其存在的价值。

其二，每一种势力都能在组织管理活动中发挥其特有的作用，都能对其他势力，甚至对领导者自身，产生微妙的影响和牵制作用。

其三，各种势力之间，既相容又排他，既对立又统一，既协调合作又互相制约，往往呈现出一种十分复杂的情形。

其四，领导者与各种势力之间存在着法定的领导与被领导的关系。但是，这种关系也是可以改变的，而且，领导者与各种势力之间只能建立较为合理的关系，而几乎很难建立最佳关系。

正因如此，领导者在运用维持平衡的谋略时，就应该注意以下四点：

（1）区别对待，用其所长。每一种势力，都有各自的不同特点和无法取代的特殊作用。领导者对这些势力的不同情况，必须做到心中有数，了如指掌。然后根据组织管理活动的需要，区别对待，用其所长，让它们充分发挥自己的特殊作用。只有这样，组织管理活动才可能协调进行。

（2）不偏不倚，一视同仁。领导者应该始终居于支配全局的有利地位，对各种势力起到领导、协调、引导、监督、制约的作用，为了做到这一点，就必须遵循不偏不倚、一视同仁的原则，不表现出明显的倾向性，这样，领导的协调工作才能做出成效。古今中外一切杰出的领导人才之所以能够取得事业上的成就，能够稳固地保持着自己的领导地位，其中一个重要原因就是他们决不轻易倒向某一种势力。

（3）宏观控制，微观放手。各种势力都有维护其自身利益的本能要求，都有发展力量、扩大影响的欲望，这种要求和欲望，有些对领导者的组织管理活动可能有利，有些却可能有弊。因此，领导者的调节作用非常重要。最巧妙的调节办法就是对各种势力，在宏观上严格控制，在微观上大胆放手，使其增强活力，适度自由，从而能够更好地发挥自己的积极性和创造性。

（4）分而治之。分而治之，不仅是一种常见的领导手段，而且还是一种极其重要的驭人艺术，任何领导者都应该研究它和掌握它，但却不能滥用它，否则就会变成封建官场中惯用的邪恶手段。但是，只要用得恰当，这种方法也是比较有效的。

事实上，分而治之就是这样一种艺术：通过运用各种灵活巧妙的方法，领导者将下属划归若干个既互相联结又互相制约的单位，从而实施更有效的影响、治理和控制。在运用这种领导艺术时还应把握分治的度，达到分而有序，有条不紊，在动态中保持相对的平衡。

综上所述，维持平衡实际就是领导者通过运用各种灵活巧妙的方法，力求协调各种势力的相互关系，从而确保自己对各种势力实行有效管理的一种领导艺术。其关键在于，尽量兼顾各方面的利益，但决不搞利益均摊，更不搞数量均等。对此，应在运用这一艺术时时刻注意。

4. 典型警示

典型警示是一种选择个别典型、惩一儆百的驭人艺术。严明的纪律、有序的组织是一切领导活动得以顺利开展的根本保证。为此，就很有必要及时抓住个别害群之马，从严处理，以教育多数下属遵纪守法，服从指挥，以确保整个领导活动得以顺利进行。这是一种领导驭人的手段，有特效，但是不能滥用，否则也会变成封建官场的权术玩弄，就不再是领导艺术了。

无数事实证明，运用这种领导艺术，有助于严明法纪，镇服下属，树立领导者的威严。在改革开放和现代化建设迅速发展的今天，这种驭人艺术同样可以在人事管理、人才使用中应用。但是，这一手段只能偶尔用之，才能收到预期的效果，否则，就会有害领导形象，有损领导权威。在运用这一手段时，应注意以下四个问题：

（1）决不轻易放过第一个以身试法的下属。因为这第一个数量少，影响面大，镇住一个就等于治服了一大片。

（2）重点惩处性质最恶劣的下属。当领导者同时遇到几个违反法规的下属时，就要从中加以选择，不能一律惩戒之。对于性质最恶劣、影响最坏的一个予以重点惩处，对其他几个违反情节较轻的，则给予适当的批评教育，既减少打击面，又能收到惩一儆百的效果。

（3）惩处违法的下属，应尽量做到合情合理。这就要求领导者既要按章办事，又要适度灵活，使被惩处者和群众受到应有的教育，又让广大群众能够接受、被惩处者口服心服。

（4）辅之以必要的关心帮助和教育。惩戒的目的是“教育”。所以，在惩时辅之以必要的关心和教育，才能达到既惩处了坏人坏事，又使被惩者和群众都受到教育的目的。

总之，典型警示作为一种驭人的艺术手段，是领导驭人实践中总结出来的有效方法，运用这种方法的诀窍在于审时度势，灵活巧妙，切不可生搬硬套。同时还应辅之以其他教育手段，才能达到领导驭人的目标。

5. 确保团结

团结是领导主体将被领导者紧紧地凝聚在一起，相互合作和相互支持，协调一致，为实现领导目标而共同奋斗的组织措施和人际措施。只有团结得好，才能真正形成合力，才能夺取领导的胜利。不能团结，就意味着不能实施领导，当然就意味着不能实现领导目标。能否做到团结，就决定着是否真正善于用人，能否最终取得领导成功。可以说，在领导实践中，运用正确的方法，团结下属和周围的同志，是实现领导目标的先决条件之一。

影响团结的因素有很多，包括性格、习惯、修养、思想水平和行为方式等，但是其中影响最大的因素就是道德素质。事实上，道德高尚的领导者，就一定能够产生巨大的团结成效；如果道德素质低下，就必定产生重重矛盾而分崩离析，根本不可能取得领导的成功。

团结的方法有很多，基本的方法和具体要点主要有如下几种：

（1）公正对人处事。作为领导者，其职业道德的核心就是在处理同事关系时要公正，不偏不倚，一碗水端平。公正是领导者赢得人心的重要砝码，也是领导者树立威信、团结下属的重要手段。上级领导能够公正处事，下级就心情舒畅，工作积极性就高，就会产生亲和一致的关系。反之，就会使下级产生不满，挫伤他们的积极性，严重地影响团结，就会失去群众，失去民心。

（2）平等待人相处。平等就是要求上级与下级必须是同志式的关系。上级领导者尤需格外尊重下级的人格和尊严，不仅平等交往，还要真诚地与下级交心，关心他们的切身利益，从而形成和谐团结之风。领导者必须深知权力就是责任，权力就是服务。领导者应当在平等原则的指导下尊重、关心和爱护自己的部属，而不能因为地位优越，权力重大，就不尊重下属，甚至轻视下属。周恩来是这方面的典范。他一生以“为人民服务”

为己任，对人民群众，特别是对下属和周围的同志，关怀体贴，平等相处，深受人民的爱戴。

（3）发扬民主。发扬民主是一种最能团结人的优良作风，也是领导者必备的基本品格，其实质是要相信下属，依靠群众，走群众路线。领导者如果自以为是，轻视下属，搞一言堂，势必众叛亲离，最终失去民心，失去领导资格。在一个民主的氛围里，群体成员不仅可以畅所欲言，自觉工作和进行创造性探索，而且可以不断形成合力。所谓领导者要群策群力，就是要在民主的风气中发挥所有成员的聪明才智。没有民主就不会有领导者与群众关系的协调。因此，实行民主，摒弃专制，是团结的重要手段。

（4）率先垂范。此即要求领导者必须以身作则、自律自正。孔子说："其身正，不令而行；其身不正，虽令不行。"这就是说，领导者只有身体力行、廉洁奉公，才能真正成为一个有所作为的领导者。能不能严于律己，是否勇于接受批评和坚持自我批评是衡量领导者道德水准和领导能力的重要试金石。要做到为官一方，清正廉洁，严于律己，以身作则，一心一意，为国为民，使廉洁成为领导主体及其治下社会系统的风尚。

（5）大局为重，化解矛盾。领导者掌握团结艺术的水平首先体现为是否以大局为重，体现为是否能够及时发现矛盾，化解矛盾。由于利益关系的差异和思想水平的区别，矛盾的产生和存在是不可避免的，领导者一定要从大局和全局的利益出发，主动积极地排除干扰，化解矛盾，推进工作的顺利开展。

（6）淡泊名利，谦让大度。领导者在处理各种工作关系时一定要淡泊名利，有忍让之心，有君子之风，谦虚谨慎，豁达大度，这是维护团结、增进感情、合作共事的关键所在，也是一个领导者应该具有的高风亮节。领导者只有心境平和，沉静有序，才能团结一切可以团结的力量，顺利实现领导目标。

（7）理解支持，光明磊落。领导者要善于团结周围的人，就要充分发挥理解和支持的艺术。理解了才能信任，信任了才能支持，也只有这样才能产生凝聚力。更重要的是，领导者应该心地无私，光明磊落，要有推功揽过的精神境界，这样就会团结大家同舟共济，同心同德。

13.4 激励

13.4.1 激励的含义与实质

激励就是讲究与运用一定的方式方法和艺术，使下属乃至整个领导客体都能够自觉、积极、主动和竭尽全力地回应和支持领导，并按领导要求与愿望、事业需要与标准去优质高效地完成既定任务、达到既定目标。换言之，激励就是领导者在领导实践中采取各种有效的手段调动下属的积极性，不断地为被领导者灌注新的动力，使被领导者甘于为领导者所用，主动、自觉、积极、尽其所能地工作。

本质上，激励就是一种刺激和发掘积极性以有效实施领导的领导手段和领导活动本身，是领导用人与驭人的方法核心、艺术核心和价值核心所在。它可以运用于整个领导过程的任何一个阶段。这就是说，领导者可以根据下属在前一个阶段中的具体表现，以及在后一个阶段中承担的任务的难度，酌情给下属提供一定的激励，当然，也可以在任何时候根据需要实施激励。事实上，这些激励既是运用有效的领导方法，也是实施领导过程本身。

可以说，激励的实质包括两个层面：一是对人们内心活动状态的激发；二是领导者遵循人的心理和行为规律，运用有效的激励方法，最大限度地激发下属的积极性、主动性和创造性，以保证实现组织目标。总之，激励是最重要的领导手段之一。

人们一般都有自觉的能动性。这种能动性不仅表现在能够正确认识客观事物的本质和规律，还表现为能够通过自身的实践来改造客观世界。因此，如何调动和发挥人的这种自觉能动性，是全部控制活动的一个关键问题。要千方百计调动被领导者的积极性，使他们感到“我愿意这么干”，而不是“你要我这么干”，这就是激励的要求和艺术。

激励对于做好领导工作特别重要。可以这么说，驾驭是领导的一个支撑，是否善于驾驭，表明是否善于领导，而激励就是驾驭最重要的手段。善于激励，就善于驾驭，也就善于领导。不讲激励或者不善于激励，就是不懂领导或不善于领导。要提高领导水平，就一定要善于运用激励艺术。

13.4.2　激励的目的与功能

激励的目的主要有两个：一是激发出更大动力和才能，其中，动力包括下属的热情、忠诚、信念、耐力、积极性和进取心等，才能主要是指下属的创造性；二是既做好了工作，又带好了队伍。

激励的功能主要有三个：一是能够激发出下属的巨大潜能，提高其工作动力、效率和业绩；二是能够引导和推动下属的心理和行为，使之协调一致，为实现组织目标做出贡献；三是能够让平凡的人干不平凡的事。

哈佛大学专家威廉·詹姆斯（William James）曾经做过一个试验。这个试验表明，在没有激励措施的情况下，下属一般仅能发挥工作能力的 20%～30%，而受到激励后，其工作能力可以提升到 80%～90%，所发挥的作用相当于激励前的 3～4 倍。日本丰田公司采取激励措施鼓励下属提建议，结果仅 1983 年一年，下属就提了 165 万条建议，平均每人 31 条，借此为公司带来 900 亿日元利润，相当于当年总利润的 18%。很明显，只要采取激励措施，就能够有效激发下属的工作能力。

13.4.3　激励的手段与方法

激励的手段一般来说主要有三大方面：

1. 物质激励

以调整物质分配的量和质作为激励手段，属于物质激励。物质需要是人的基础需要，衣食住行等条件的改善，对调动人的积极性有着极为重要的意义。

物质激励通常包括颁发奖金和奖品、晋升工资、享受优厚的物质待遇等，具体则包括四种常用方法，即经济激励（也叫金钱激励或资财激励，包含薪酬激励）、实物激励、条件激励和环境激励。这些具体的物质激励都属于“正刺激”。

对于少数表现极坏的害群之马，则减少物质分配量，如扣发奖金和奖品、降低工资待遇和其他物质待遇等，也能起到“灌注”动力的效果，这些则属于“负刺激”。

两种刺激形式，当然应以前者为主。值得注意的是，物质激励不是万能的，应该和精神激励结合起来进行。此外，“灌注”物质动力，应该适量，“灌注”少了，起不到激励的作用；“灌注”多了，又容易引到“向钱看”的歪路上去。

2. 精神激励

以调整精神传递的量和质作为激励手段，属于精神激励，是一种有效的激励手段。

精神激励通常形式多样，诸如加强思想政治工作，不断提高各类人才的政治觉悟、思想道德素质，增强事业心和责任感；给予做出突出贡献者必要的精神奖励，如授予“先进模范称号”、颁发奖状、宣传报道先进事迹、晋升职务等；此外，还包括在关键时刻向下属“传递”一句打动人心的话、一个表示赞许的微笑等。这些都能收到激励下属的奇效。

具体而言，精神激励的常用方法主要有十二种，即需要激励（希望激励或动机激励）、愿景激励（目标激励）、任务激励（工作激励或事业激励）、绩效激励（结果激励或成就激励）、信心激励（信仰和勇气激励）、心智激励（认知激励或理性激励）、情感激励（感性激励，多指感情激励）、人格激励（道德激励或感化激励）、形象激励（审美激励）、荣誉激励、机会激励和信息激励（知识激励）。

与物质激励相同，精神激励也包括“正刺激”和“负刺激”两种基本形式。各级领导者在表彰先进的同时，对少数表现较差的落伍者，也应该敢于打破情面，给予必要的批评教育。唯有这样，才能分清是非，树立正气，打击邪气，有效改善一个地区、一个单位的风气，使大批优秀人才脱颖而出。

3. 行为激励

行为激励，也叫行动激励或过程激励，是通过领导者对被激励对象明确施加正面的、有积极影响的态度、措施和行为来达成激励目的的基本做法。在实践中，主要有十种常用的方法，包括政策激励、信任激励（认同激励）、赏识激励（赞许激励）、支持激励、关怀激励、辅导激励、授权激励、晋升激励、奖赏激励和贬抑激励等。

以上三大方面的激励手段和二十六种常用的激励方法，各有其特定价值和用途。在实际运用时，它们都和实绩密切相关。各级领导者应该根据不同的对象、不同的情况，从中选择最有效的一种或多种激励手段，加以灵活运用，唯有这样，才能取得最理想的激励效果。

13.4.4 若干常用激励方法介绍

常用的激励方法很多，这里只简要介绍其中最常使用的八种方法。

1. 经济激励

每个人都有自己的物质需求和经济利益，它们不仅是维持生活的基本前提，也是个人在各方面（精神、智力、娱乐等）获得发展的物质基础。经济鼓励就是通过满足个人物质利益的需求，来调动个人完成集体任务的积极性和主动性。经济激励是重要的激励方式，如果运用不当，也会有局限性。因为个人的物质利益得到适当程度的满足之后，精神方面的需求便占据了主要地位。这时如果不去满足后一类需求而一味加强经济激励，就会引起强烈不满并带来很大的副作用。

2. 任务激励

人们大都有自己的志向抱负，愿意为自己热爱的事业献身并获得成就。这是一笔非常宝贵的精神财富，个人的成长和发展有赖于此，整个社会的发展亦有赖于此。所谓任务激励，就是让个人肩负起与其才华相适应的任务，给个人提供发展和发挥才能的机会，激发其献身精神，满足其成就感。当个人为集体的事业做出贡献时，给予他应得的荣誉和奖赏。

3. 知识激励

以及时提供必要的知识和信息作为激励手段，属于知识激励。知识激励主要包括向各类人才提供必要的知识更新和获取信息的机遇，如定期输送到大专院校和各类培训机构深造，参加各种科技知识讲座，加强与各类专家、学者的接触，建立高效率的信息情报网络，到先进地区参观学习，阅读有关文件、资料和书籍，等等。另外，重视“时间投资”，积极创造条件，帮助各类人才从繁忙的事务中解脱出来，确保各类人才在从事本职工作之余有相应的时间更新知识，提高业务水平，这也是一种有效的知识激励。

4. 需要激励

需要是产生行为的原动力，是个体积极性的源泉。需要的五个层次，即生理的需要、安全的需要、社交的需要、尊重的需要、自我实现的需要，决定了根据需要来实施激励也分为五个层次。从这五个层次的需要着手实施激励是符合心理规律的，也必然能够获得显著的成效。事实上，领导者只有掌握下属的需求，并且只有针对这些不同的对象及其不同的需要，才能有针对性地满足下属的需要，才能有效调动下属的积极性，才能最终成功实现对下属的激励，做好领导工作。

5. 情感激励

情感激励也叫感性激励，多指感情激励，是指领导者与被领导者之间以感情联系为手段的激励方式，其主要目的在于通过表扬、鼓励等精神动力的“灌注”鼓舞士气，使被领导者振奋精神，发挥更大的创造力。在实践中这种激励作用的效果也是很显著的。古人云：“士为知己者死”，“感人心者，莫过于情”。有时，领导者一句亲切的问候、一番安慰的话语，都足可极大激发下属的积极性。现代领导者不仅要注意以理服人，更要强调以情感人，重视与下属的情感交流和心灵沟通，加入诸如家庭、生活、娱乐等非工作因素，变单向的工作往来为全方位的立体式互动，在广泛的信息交流中树立新的领导行为模式。领导者与下属可以也应该在无拘无束、没有心理障碍或压力的情况下进行交往，交流思想感情，增进了解信任，真诚地相互帮助、关心和爱护，由此使整个团队内部形成一种和谐的气氛和强大的凝聚力。

6. 形象激励

这主要是指领导的思想、行为、作风等诸方面的素质形象对被领导者的思想和行为能够起到明显的激励作用，从而推动各项工作的开展。领导者的一言一行往往会影响下属的精神状态。领导者形象是好是坏，下属心中自有一杆秤。如果领导者以权谋私，言行不一，要求下属遵守的，自己首先违反，要求下属做到的，自己总是做不到，他的威信和影响力就会大大降低，他的话就会失去号召力，下属就会表面上服从，而背后投以鄙夷的眼光。而领导者以身作则、公道正派、言行一致、爱岗敬业、平易近人，就会广泛得到下属的认可和支持，就能有效地督促下属恪尽职守，完成好工作任务。因而领导者应把自己的学识水平、品德修养、工作能力、个性风格贯穿处世与待人接物的活动中，此举能对下属起到激励和鼓舞的作用。

7. 赏识激励

社会心理学原理表明，社会的群体成员都有一种归属心理，希望能得到领导的承认和赏识，成为群体中不可缺少的一员。赏识激励能较好地满足这种精神需要。事实上，赏识是比表扬、赞美更进一步的精神鼓励，是任何物质奖励都无法比拟的。领导者应做到会赏识激励下属。当下属有进步时，他最需要得到的是认可，特别是来自领导的认可；当下属获得成功时，他最需要的是赞赏，特别是来自领导的赏识。这时，领导只要这样做了，就一定能产生最佳的精神激励效果。有时领导者一句赏识的话，就足以使下属铭记一生，激励终生。对那些有才干、有较高抱负的下属来说，给予物质奖励，还不如给他一个发挥其才能的机会，使其有所作为。因此，领导要知人善任，对有才干的下属，应为其实现自我价值创造尽可能好的条件。对下属的智力贡献，如提建议、批评等，也要及时地给予肯定的评价。领导者的肯定性评价也是一种赏识，同样能满足下属的精神需要，强化其团队意识。

8. 晋升激励

所谓晋升，就是指领导者将下属从现有职位提拔到新的较高的职位，同时赋予他与新职务相称的权力和责任。提拔下属是领导用人的一项重要内容。从整体事业的发展来说，提拔下属是保证党和人民的事业后继有人的一项根本措施。从下属个人的成长和前途来说，晋升是给人提供机会和前景的一条重要通道。因此，忽视或不善于适时提拔下属的领导者就不能算是成功的领导者。

13.4.5　激励的原则和要点

1. 注重实绩

注重实绩就是以下属的实绩为依据，给予适当的激励。工作实绩是人才价值的具体体现。通过它，既可以看出人才的基本素质和劳动态度，还可以看出人才创造的实际成果。而单纯的劳动态度，除了表明劳动者是否肯干外，并不能说明他付出的劳动是否能转化成有效价值。因此，根据劳动态度发“辛苦奖”“照顾奖”是难以使多数下属心悦诚服的。只有根据工作实绩发“成果奖”，才能使每个人都觉得公平合理。当然，在具体评估一个人的实绩时，情况十分复杂，要做到准确、合理地评估实绩，必须做许多艰苦细致的定量、定性分析工作。

2. 鼓励冒尖

在用人行为中，领导者对技艺超群、成就卓越的优秀人才给予必要的肯定和奖励，这一用人原则就叫鼓励冒尖原则。奖励一个冒尖人才，等于培养一批杰出人才。鼓励冒尖原则和用人战略中的实绩原则存在明显的“交叉”部分，但是，它通常只适用于正在脱颖而出的冒尖人才这一特定的被使用对象。

由于冒尖者在人数上只占少数，在精力上又一心扑在事业上，无暇顾及反击和自卫，因而他们很容易在“掐尖”歪风面前处于被动地位，甚至被小人、庸才掀起的舆论恶浪所吞没。一个地区、一个单位的工作是否能搞上去，那里的各类人才的积极性和创造性是否能得到充分发挥，在很大程度上取决于领导者是否树立了鼓励冒尖的良好风气，是否创造了人才脱颖而出的环境。

按照鼓励冒尖的原则，领导要适时地对实绩显著的冒尖者给予适度的表彰和鼓励。在精神上和物质上给冒尖者以适度的鼓励，不仅有利于鼓舞少数冒尖者的斗志，激励他们更快地成长，促使他们创造出更多更好的业绩，而且也在公众面前树立起一批具有说服力和示范作用的榜样，以此来扶植一大批有发展潜力的冒尖人才，并通过他们带动更多的下属投入到你追我赶的良性竞争中。

3. 赏罚分明

激励下属必须正确评价下属工作中的是非功过。对下属工作中的功过要赏罚分明。对成绩卓著者，要给予奖赏；对渎职失职者，要给予处罚；对违纪者，要给予纪律处分；对犯法者，要绳之以法。赏罚分明，才能明是非、知功过，扬正气、灭歪风，激励先进、鞭策后进。开展竞赛是实施和实现激励的好方法。

4. 物质激励与精神激励相结合

物质激励是基础，精神激励是根本。人不仅有物质的需要，而且还有名誉、地位和成就等方面高层次的精神需求。只有既重视物质激励，又重视精神激励，在现实工作中把两者有机地结合起来，才能真正收到良好的激励效果。王选院士曾经指出：只对下属进行物质激励，忘掉了精神激励，这是害民政策；反过来，只进行精神激励和思想激励，没有物质激励，这是愚民政策。若要不害民、不愚民，就要做到物质与精神相结合。

5. 正激励与负激励相结合

通常而言，正激励就是对下属符合组织目标的期望行为进行奖励，负激励就是对下属违背组织目的的非期望行为进行惩罚。正、负激励都是必要的和有效的，不仅直接作用于当事人，而且还会间接影响到其他人。领导者激励下属必须坚持以正面激励为主，应通过积极的、正面的激励保持下属队伍的蓬勃朝气、昂扬锐气和浩然正气，形成团结向上、奋发有为、开拓进取的良好局面。

6. 激励个体与激励群体相结合

个体是群体的组成单位，处理好激励个体与激励群体的关系有助于正确发挥个体与群体应有的作用。如果只注重对群体的激励，可能造成平均主义；如果长期把重心放在少数个体身上，又可能影响大家的积极性。因此，只有将个体激励与群体激励相结合，才能取得更大的综合性激励成效。

7. 根据个体差异实行差别激励

在制定和实施激励措施时，一定要充分考虑个体差异，做到因人而异、对症下药，只有这样才能收到良好效果。导致下属个体差异的因素有很多，既有来自其个性方面的主观因素，也有来自工作方面和社会生活方面的客观因素，具体说包括工作性质、工作条件、工作环境、工作报酬、福利待遇、工作兴趣、文化背景、性格特点、个人发展、人际关系和领导行为等。注意这些因素，将能极大减少激励的盲目性和形式主义。

8. 坚持正确的激励顺序

要实现有效激励，还必须讲究运用或实施不同激励的顺序。一般而言，在实施激励时，一定要先满足低层次的需要，然后再不断满足高层次的需要；此外，还应该做到，先激励个体，而后再激励群体；再者，可先用单一的激励方法或手段，然后再采用更多的或综合的激励方法和手段。这样实施激励就更切合人性和情理，更能产生叠加激励效应。

13.5 批评

13.5.1 批评的方式

在领导者的日常工作中，批评是领导者推动工作的重要手段。批评的方式方法很多，且包含着很强的艺术性。领导者高明的批评，能使人接受批评中传输的情感和真理，受到深刻的教育。因此，领导者必须认真研究批评的方式方法和艺术。

人们大多采用直截了当的批评方式，不管是公开批评，还是个别批评，都直接地批评错误者的过失言行。这种方式是有效的，也是主要的。作为补充，在一些比较特殊的情况下，可以变通批评的方式，采取一些比较灵活的方法，这会收到更为显著的效果。

1. 激励式批评

刘少奇曾提到，当估计或批评某个同志时，不应仅仅指出他的缺点错误，并当作他的全部，还应当指出他的成绩、功劳、长处和他的正确主张。即使他的主张只有一点或一部分是正确的，也必须替他指出，不可抹杀。这样才能给这个同志以全盘的估计与批评，才能帮助他进步，使他服气。美国的玛丽·凯（Mary Kay）是在退休以后获得巨大成功的著名企业家，她说："不要光批评而不赞美，这是我严格遵守的一个原则，不管你要批评的是什么，你必须找出对方的长处来赞美，批评前和批评后都要这么做。"这就是激励式批评，在指出错误或不足的同时注意从肯定的地方加以鼓励。

2. 建设性批评

避开具体错误事实，采用商讨方式与错误责任者探讨改正、改进的办法，这便是建设性批评。从形式上看，领导者对错误者没有任何批评，这就避开了可能是严肃的正视错误的过程，避开了双方关系微妙而可能出现的尴尬局面；而从内容上看，在商量、探讨的过程中，对方的问题会浮现出来，批评已经存在于这个过程之中。这种方法一般要建立在相互信任的基础上，即要有一定的感情基础，但也不排除虽存有隔阂，彼此并无太大问题这样一种情况。如果领导真诚相待，不直接批评，又提出切实的纠正办法，以心换心，也会得到对方的信任，达到批评的目的。这种批评方式使批评直接进入改进阶段，而且具有较强的感情色彩，所以容易收到效果。

3. 启发式批评

这是一种间接的批评，不直接批评人或事，而是针对错误用例证讲明道理，将批评寓于道理之中，让被批评者心领神会，意识到自己的问题，达到批评的目的。采用这种方式，一般是发生了带有普遍性的或倾向性的问题，不说不行，直接去说又可能引出问题，所以不得不在公开场合以这种方式批评。它的好处是，不伤人的自尊心，也不会给人造成太大的压力。但是应该注意，采用这种方式批评集体的问题一般不会产生负效应，但批评个人时，最好不要用这种方式。因为它虽然只是讲道理，但毕竟是一种公开批评。一次还好，人家会认为是给他留了面子；如果还有第二次，他就可能要想：你干什么有话不直接说，老是在会上含沙射影？

4. 开脱式批评

在错误、失误出现以后，当事者已经感到问题的严重性，在这种情况下，着重说明错误、失误的客观原因，并告之已经或将向上级或有关人员说明情况，使其放下包袱，这就是一种开脱式批评。有时候，在只有领导者和当事者两个人，或很少有人知道错误情况的时候，在公开批评之时，有意减轻错误或隐去某些情节，而着重讲明造成错误的客观原因，这也是一种开脱式的批评。自然，错误出现的主观因素不能回避，在公开场合可用“希望”之语提出改正意见，在私下场合则可诚恳指出。实践证明，对有上进心、有自觉性的人在非原则问题上，在非关键部位、环节上出现错误，采用这种方式是可行的。

5. 行动式批评

1980 年，中日美女排邀请赛在上海进行最后一场比赛。日本对中国三局都是反败为胜，第三局更是在不利情况下挽回败局。中国教练袁伟民留下队员在赛场补练到夜里 12 点，而在队员们下榻的旅馆里，许多队员的亲朋好友在翘首等待着。袁伟民不但没给这个人情，而且于第二天下午就率队返京，连在上海休息、游玩的时间也没留。这是一种行动式批评，采用的是反向激励办法。美国的麦当劳快餐店总裁雷·克罗克（Ray Kroc）因发现许多基层快餐店经理老坐在办公室里，所以发布了把所有经理的椅背锯掉的命令。这在西方也被叫作“象征管理”。这种方式不能轻易采用，只是对凝聚力很强的集体或有一定自我约束力的个人采用才有较好的效果。它充分表达领导人的意志，有很强的震慑力，也是一种强化剂，实际上是以心理压力求取效果。有时候在关键时刻能起很大的作用，可以使人们以更高的目标要求自己，增强战胜困难的勇气。然而，对于一般性的尤其是意识、心理状况都较差的集体或个人则要慎用。它常被人称为“惩罚”。有的领导者想用这种方式来好好教育一下犯错误者，却造成了强烈的对立情绪，这是要避免的。

13.5.2 批评的艺术

批评是件不容易掌握的事情，要既能使对方接受、引起警醒，又不伤感情，增进信任，除了真诚相待，批评的艺术就很重要了。从技巧上说，批评有如下十个方面的艺术要旨：

1. 批评要围绕中心工作，抓住根本性问题

无论单位大小，矛盾、问题总是很多的，领导者不可能随时随地地发表意见，批评错误，因为精力不允许，准确性也无法保证，尤其是群众会有情绪。围绕中心工作，抓住关键性的、根本性的问题进行批评则不同。在根本性问题上、关键岗位上出现的错误，关系全局，影响面大，不抓不行，抓住则可以保证中心工作的顺利进行，保证整体工作的正确方向。而且，这一类错误是非分明，利于教育群众，吸取教训。这样不是说要放任其他方面的错误，只是说一定要分清主次，突出重点。

2. 要有适宜的环境保证

公开批评可以起到震慑的作用，纠正不良行为或风气，但批评的效果在很大程度上却取决于被批评者所处的环境状况。如果这个环境正气占主导地位，人际关系和谐，那么被批评者的心理承受能力就强，反向力就小。因为被批评者所受的心理压力，不只来

自领导一方，还在相当程度上来自周围人们对他的态度。人们仍然信任他、关心他，可以减少他的失落感，缓和批评的冲击力，他便容易接受批评，改正错误。而在不良风气占主导地位、人际关系混乱的集体里，被批评者受环境的影响，其消极情绪可能会增加，有的还会造成被批评者与批评者的对立。所以在环境不利的时候，批评者要特别慎重，要注意在权衡得失的情况下采取不同的批评方式，许多时候采取单独的个别批评方式会更好些。

3. 要及时批评

这样做有两个好处：一是被批评者在犯了错误、出现过失的时候，会产生压力或负疚感，如果批评恰到好处，就容易被接受。批评不及时，时过境迁，被批评者的思想压力就可能已经减轻，负疚感也随之淡漠；如果被批评者已产生对立情绪，他便会用一种“修正心理”，对某些错误情节，甚至错误的分量、性质进行辩解。这都不利于错误的纠正和认识的提高。二是过后批评容易被误解为挑剔、算账。被批评者可能会认为：当时你不说，现在重提，我怎么会服你？而及时批评就避开了这种情况，容易收到好的效果。

4. 要区别对象，采取不同方式

对自尊心强、自觉性高的人，可采用激励式、谅解式、开脱式批评。可以用热情鼓励的话语，先肯定优点、长处，同时指出不足，鼓励对方继续努力；或者着重说明失误、错误出现的客观原因，而把主观原因说到适可而止的地步，促使当事者反省、自责；可以告诉对方，已经向上级或有关人员做了解释，让其解除顾虑、轻装前进，同时指出应该吸取的教训。当然，叫对方心领神会更好。采取这几种方式，既可达到纠正错误的目的，又可增进同志之间、上下级之间的感情。对错误后果采取一般态度的人，可在适宜场合，比如在比较随便的个别接触场合，非正式地讲几句，点到为止，让其知道领导的态度，促使其反省自己，也可以采取个别谈话的方式，有针对性地进行批评。对这一类人的批评，应注意不给他们造成过大的心理压力，使其负担过重，也不可轻描淡写，使其不加以重视而错失改正错误、吸取教训的机会。对惯犯错误者，则要郑重批评。话可多可少，但要句句砸实，让其铭记在心；哪怕他一时难以接受，也要让他心有所动，慢慢反思。这里，郑重批评不是说一定要采取公开的形式，或外在的严肃态度，用个别批评的方式，用轻松的语言，同样可以表达严肃的内容。对很不自觉、屡教不改的人，在打招呼过后，应该在公开场合给予一定严肃程度的批评，给其造成相当压力，否则很难有效果。以上是就相对较轻的失误、错误而言，重大过错的处理则另当别论了。

5. 要由领导者承担责任

应该说，下级犯错误，上级是有责任的，而且，不管是直接还是间接，总是有联系的。但在现实生活中，下级出了问题，却很少见到领导者做自我批评，因此容易出现批评“错位”的问题，即批评不到点子上，似是而非。问题就是领导者没把自己摆进去，没办法确定被批评者问题的位置，事实所在也就搞不清楚了。其实，好的领导者，完全可以通过他人的某些错误来反省自己的失误之处。如果我们把自己的失误如实地告诉被领导者，还能以真诚激发对方的感情，使对方意识到应该做自我批评；即使被批评者与领导者有些隔阂或不同看法，此时也不好发作、产生对立；而且在多数情况下，领导者作自我批评，还能使对方深化对错误的认识。这样做往往能收到很好的效果。

6. 要着重批评可以改正的错误

一些领导者不管对方能否接受，发现问题就要批评，很少考虑批评的后果，如果批评之后对方不能改正，或者连接受也很困难，那就很难取得效果了。如果在批评之前能细心地分析一下犯错者的错误原因，找到他可以接受批评和难以接受批评的地方，然后分步走，先批评他容易接受的错误，再创造条件，在适宜的时候指出他的另一些错误，那么就容易达到预想的效果。对一时不容易接受的方面，可以点一下，也可不点，使对方丢掉包袱，有利于改正错误。其实，有时，对某些人的某些错谬之处，还可以通过实践来达到教育效果。如果非让他接受不可，反而不易收到实际效果。

7. 要有轻松气氛

在重大问题、原则问题上的批评，不能不郑重其事，严肃批评处理，但多数的批评并不是在重大问题、原则问题上，在这个时候，采取一些比较缓和的批评方式，创造一点轻松的气氛是有益的。批评本身是件严肃的事情，不管批评者的态度如何，被批评者的心理一般是不会轻松的，哪怕是一次小小的批评，也会敲击他的心。所以在多数情况下，一定不要给被批评者造成过大的心理压力。这有利于被批评者解除戒备，消除抵触，消化批评。领导者语言幽默，表情愉悦，举止自然，或开门见山，或由谈工作自然转入，这都会缓解气氛，感化批评者，使其反省自责。前面讲到的激励式、谅解式、开脱式批评，也是创造轻松气氛的好形式。我们应强调动机与效果统一论，不能离开效果空谈动机。

8. 要重视语言艺术

批评语言也应讲究。在批评对方错误的时候，如果有必要叙述客观事实，那么，首先，要重客观行为，而不是主观感受。如果说“你说人家长两只眼睛，目中无人”，这是叙述客观行为。如果说“你讽刺、挖苦人家，真不像话”，这是批评者的主观感受。对客观行为的批评，对方只能顺应，也一般能够较好地接受；而主观感受的批评则容易引起逆反心理，产生对立情绪。其次，要重叙述，不重评价。过程和事实都清楚，结论不言自明，而一下结论就没了讨论、缓解的余地，容易造成僵持局面。再次，在表达批评的看法、想法时，表达要清晰，不要模棱两可、似是而非。说“你的话说得过分了”，就比说“你这话像是说得过分了”要更好。前者是真情实感，后者会引发不快。最后，在评价对方行为的时候，最好用批评者的主观认识，而不用纯客观的判定。总之，语言和缓，评价、解决问题也留有回旋余地。

9. 要有批评后的缓解措施

批评性谈话在结束前把话往回拉一拉，鼓励一番，放松一下，这是必要的。这种带有感情色彩的客观评价，往往能温热被批评者的心，使他们真心实意地接受教训。批评过后也可采取一些措施，帮助对方补救错误造成的后果，尤其是人际关系。如领导者有意找被批评者商量工作、交办事宜，或托他办点个人事情，这都可增加亲近感。又如做好错误损害对象的工作，让其主动接近犯错误的人，缓和关系。如果能给对方一个补过的机会，让其知道领导者的爱护意图，那么就会收到更好的教育效果。

10. 要适当保密

人与人之间的个人感情是不能回避的，随着社会的发展，人们之间的人情味也会越来越浓。社会越前进，社会分工越细，人们之间的感情依存越强，人的情感就愈加显得可贵。这个问题有利也有弊，作为领导者应该正视这个问题，尽力做好工作。比如一些影响不大，又不属于原则性的错误，进行了批评，达到了批评的目的，就可不再声张，甚至也不再告诉领导班子中的其他人。有时也可直接告诉被批评者，说明到此为止，不再告诉他人。这都可使对方得到人格的、尊严上的安全感，产生情感约束力。有些并非原则性又确是比较严重的错误，不能不在一定的范围内公开，但传出去又有损犯错误的人的形象，也应把事情严格限制在尽可能小的范围内。

13.5.3 提高批评效果的“十忌”

在领导实践中，批评应该是有限度、有分寸的。只有充分注意并把握好这些度，不要去冒险闯禁、侵犯被批评者的非批评禁区，才能真正取得良好的批评效果。可以说，这些度就是进行批评时的具体忌讳点。这些忌讳点有很多，但主要有如下十个方面。

1. 忌伤自尊心

人以自尊心、自信心为基础，形成自己特有的心理防卫意识。防卫意识是用自己业已形成的思想观念、思维方式，对涉及自身的他人行为进行的一种防御性思维准备。这种意识会带来相应的行为举动。自我批评就是心理防卫意识的一种表现，也是涉及自身的对他人行为的一种反应，它有助于维持人的自我印象和自我评价，有助于完善自我形象。这是一种积极的心理防卫。特别是当他人行为与自我意识相抵触时，自我批评更有助于正确分析自我，起到强化自身的作用。

另外，当人受到批评的时候，警惕、警觉他人，进而思考分析他人，产生相应对策的心理过程，也是心理防卫意识的表现。这种心理防卫可能引起对立行为，可能激化矛盾，但同时，它却强化了个人的自我意识，提高了个人的心理承受能力。心理防卫并不是完全合理的，有时甚至与自我理智相对立。在这种时候，可以改变人的心理防卫状态，但不能破坏人的心理防卫系统。这里，最重要的是不要伤害人的自尊心、自信心。越过了这个界限，激化了对立的心理防卫意识，就会造成对立情绪或过激行为，或者迫使对方减弱或丧失心理防卫能力，这都是不妥的。人的心理防卫能力减弱，人的自信心也就随之弱化，人的个性力量也就削弱了。

2. 忌究底

一般性的批评应该就事说事，不要一味追究错误根源。有的领导者为了帮助犯错误者尽快改正错误，往往好心地帮助他们分析错误形成的原因、影响、危害等。这里不是笼统地反对这种做法，而是说在这样做的时候，一定要十分讲究对方心理的成熟程度和外在环境状况。这是因为：第一，犯错误者既已造成错误，就说明他们的认识有扭曲的地方。在错误造成危害、引起反响的时候，一般来说，不可能马上认识到自己的错误根源。这种时候，硬要追根溯源，就很容易引起思想抵触或对立。第二，批评者对错误者的认识，不见得因为对方犯了错误而变得清晰可辨。认识人也要有一个过程，在犯错误之前，你可能对他不够了解。所以领导者对错误根源的认识也就很可能不尽合理。第三，究底必然重提旧事，而这是许多人忌讳的事情。尤其是在犯错误者刚刚出现错误、产生心理落差时，提及旧事必然要增加其心理压力，这常引起抵触或逆向反应。

所以，在一般情况下，是不应追根究底的。在对一个人有了较长时间的接触之后，当犯错误者对自己的错误有了正确的认识后，在犯错误者的心态比较平和的时候，采用个别谈话方式，最好是在比较随便的场合，心领神会地点出其错误根源，这往往会收到更好的效果。当然，对于犯原则性错误者，应及时指出错误根源，这有利于犯错误者深化认识，及早改正。而且这时究底，对犯错者、对群众都可起到警醒的作用。不过，对错误根源的认识，就需要集体进行讨论了。

3. 忌绕弯

在必要的语言铺垫后，在适宜的环境气氛中，批评者直话直说最好。因为直话直说能够表达人的真情实感。从被批评者的角度说，本来犯了错误心理压力就大，想的事情也多，而且，不管谁挨批评，没有人不想弄清批评他的原因是什么，甚至对批评者的语言、动作都会十分注意，但领导者明明要批评，又迟迟不入正题，绕来绕去，这就难免使人产生戒心，怀疑其批评动机，批评的效果也就很难保证了。

4. 忌纠缠

对犯有一般性错误的人，对他们的教育最好一次性完成，即集中一段时间着力去做，不可拖拖拉拉，没完没了。更不能处理之后又不时提及，让人产生算旧账的感觉。在思想方法上，联系历史分析现实是十分重要的，但拿历史的尺子量人是没有不失误的。

5. 忌强迫认错

应该说，不管出现什么情况，对待犯了错误的人要有耐心。那些一经指出就承认错误的人，对自己错误的认识并不一定都很清楚。所以，话不可不说，说到辄止。一次不行可以再次，逐渐引导，深化教育。最后达不到效果，还可适当等待。其实，如果仅进行一次教育就说能达到很好的效果，这本身就值得怀疑。

6. 忌讽刺

讥讽是对人格尊严的破坏，最伤人的感情，很容易让人产生对立情绪。而且，被讥讽的人常常耿耿于怀，刻骨铭心，一旦有机会便会表露出怨愤之情，显示出明显的倾向性。这对领导、对工作都十分不利。一些领导者并不注意批评和讽刺的界限，情绪一来，刺儿话便随口而出，这确实应该避免。

7. 忌对证

有些人很要面子，往往计较错误过程中的具体细节，寻找辩解的理由，甚至找他人对证，似欲澄清某些事实。对此，批评者最好采用模糊处理的办法，不要叫对方扯了进去。可以讲大不讲小，可以讲道理不讲过程，话也是说到为止。对方能意会的则不点明，不能接受的则暂且回避。如果对方情绪能够缓解下来，那么采取一些较为轻松的方式进行适当的批评，效果可能会更好一些。有些犯错者连最基本的错误事实也不承认，对此，领导者自然要掌握事实情况，但还是尽可能避免面对面的对证为好。对证可能达到一时的效果，但从长远看，很可能播下怨愤的种子，嘴上服输并不等于心里服气。

8. 忌提旧事

有一个曾犯过错的青年当上了部级劳模。这本是一个应该得到肯定的人，可一位领导者在这个青年出现了一个一般性错误的时候，就揭了他的短。这几乎断送了这个青年的前程，差一点使他重新走上犯罪道路。过去搞"查三代"，谁有了错误总要找阶级根源，陈年老账一起算，叫人翻不了身。这是打击人的办法，并不利于团结更多的人。旧事就是旧事，如果与现实发生的事情没有必然联系，就不能牵强附会，胡乱联系。

这里有一个思想方法的问题。当看一个人的毛病、问题时，对其长处、优点就容易视而不见。这种片面性又导致了一种情况，某人一旦犯了错误，历史问题便马上萦回脑际，新老问题缠在一起，新账老账便容易一起算了。在一个人错误虽较严重，但本人已有所认识的时候，适当地从历史角度分析其错误发展过程也是有益的和必要的，但这要十分慎重。在涉及旧事的时候，一定要调查、了解清楚，不能有一丝的谬误，而且应该本着探讨的态度帮助其分析、提高。否则，一旦出现失实，对方就会得出领导抱有成见的结论，有了这个结论就容易产生长期的对立情绪。

9. 忌比较

人的素质、水平不一样，人们所处的环境、背景也不尽相同，拿一个人同另一个人比本身就不科学。将有失误、错误的人同别人进行比较，很容易引起不快或反感。当一个人还没认识到自己错误的时候，容易拿自己的优点、成绩同别人的缺点和问题比；就是认识了自己的错误，作为一个普通人，也有一种寻找理由、为自己辩护的倾向。何况，比较只能给人造成压力，确实说不明白什么问题。

10. 忌间接批评

有的领导喜欢在下属不在场的时候讲下属的问题，对下属进行批评。以为这样做，就避免了当众批评的难堪，避免了可能发生的不愉快。实际上，话很快就会传到被批评者耳朵里。由此给相互之间的联系蒙上阴影，产生隔阂。至少下属会想，领导者连当面说话的勇气都没有，还配当领导者？问题是，这种批评达不到批评的目的，只能是一种情绪的宣泄。

应该说，批评是一种心理沟通。如果领导者确实能够体察被批评者的心理状况，又能以真情实感加以沟通，那么以上各种不恰当的批评也就可以避免了。

13.6 惩处

13.6.1 惩处的实质与必要性

惩处就是领导主体对不受约束、不够规范、常常越轨的下属运用超越一切非惩处的领导方法和措施所能调节的范围而运用强制性权力、权威予以制裁的严厉举措。它将给被惩处者带来某种损失、痛苦和强大压力，也将使被惩处者付出一定的代价，面临更大的生存危机和发展危险，直至被惩处者转回到为领导规范所认可的正常状态为止。其实质就是通过对人造成极大的现实困境和强大的心理压力来约束、引导和教育人。

应该说，惩处是一种反向的领导手段和过程，具有惩戒、警告、威慑、约束、限制、逼迫、督促、引导、教育和改造等强制性作用。这种作用可以打破不合理的满意感，使人产生必要的紧张与焦虑，由此逼迫被惩处者深刻反思，认真端正态度和改进自己，从痛苦的压力和困境中寻找正确的出路。这将最终达到纠正错误、回归正确、教人育人的目的。

事实上，要做领导工作，在极端的时候就不可避免地要实施惩处。不管愿不愿意，惩处这个手段都是需要也必然会运用的。因为在有些时候，只有运用惩处，才能进行引导、督促、控制和规范，亦即才能实施正常的领导和管理；否则，整个秩序都将被打乱或者受到破坏，领导权威和权力以及规章制度都将受到挑战而面临被削弱、贬低甚至废弃的危险。通过惩处，就可能维持秩序，破解来自可影响范围的领导危难，维护领导，实施领导。

应该说，这一步其实是领导的最后一步或无奈的一步，是在没有其他办法的情况下的最后选择。所以，美国前总统尼克松就说："总统有时候必须开除人——或者因为不称职、懒惰，或者因为违抗命令。这总是不愉快的事。但是，组织有时候就要靠这样做来使它摆脱懒散的局面。"

13.6.2 惩处的原则

（1）说服原则。惩处实际上就是施加压力，既已有了大的压力，就不能在同一方向上继续加压，而只能辅之以说服的工作，以减轻压力，轻装前进。另外，对受处分者要强调帮助，要以说服为主，以处分为辅。

邓小平曾说，"对于犯了错误的人，有的需要有适当的惩处。但不要强调惩处，要强调帮助，满腔热情地帮助他们改正错误，帮助他们进步"。

这里有一层道理：说服能够加深受处分者认知的不协调性，即加深对所犯错误深度的认识，这可增加其转变态度的压力，而说服过程中的感情力量，更是使受处分者改正错误的有效促进剂。心理学家帕克（Park）等人的研究表明，在一般情况下，单独讲清道理比单独使用惩罚效果好，而两者结合起来使用更为有效。

（2）重举轻放原则。这是松下幸之助的经验，叫“重重举起，轻轻放下”。教育批评要重，处理要轻。这和重在教育的精神是一致的，体现了“惩前毖后，治病救人”原则。

毛泽东说：“对以前的错误一定要揭发，不讲情面，要以科学的态度来分析批判过去的坏东西，以便使后来的工作慎重些，做得好些。这就是‘惩前毖后’的意思。但是我们揭发错误、批判缺点的目的，好像医生治病一样，完全是为了救人，而不是为了把人整死。”

毛泽东还说，“中央认为应使干部对于党内历史问题在思想上完全弄清楚，同时对于历史上犯过错误的同志在作结论时应取宽大的方针，以便一方面，彻底了解我党历史经验，避免重犯错误；又一方面，能够团结一切同志，共同工作”。

这里的原则就是，除了对影响很大、很坏的人或事需要严肃处理外，在一般情况下，应该从轻处理。这个原则，除了利于教育人、团结人，还有一个好处，就是真的处理错了，也便于挽回。上海市委组织部原部长周克谈道：“对犯错误的人的处理，可以冷处理的，就不要热处理。处理不足，还可以再处理，处理过头了，退回来就困难得多，即使退回来，伤痕也比较难以愈合。历史的教训太多了。”他讲的虽指对政治问题的处理，但在管理上，也是同样适用的。

（3）惩微原则。这也是防微杜渐的意思。发现事情的苗头不对，既有倾向性，又有扩大、蔓延的趋势，那么，就要抓住违纪者进行处理。这既是对人们的一种教育形式，使人们产生相应的警醒意识；也起一种“杀一儆百”的作用，处理一个、几个，以威慑其他人，使他们不敢越雷池一步。

（4）从速原则。之所以要惩处，是因为出现了严重的问题，那么，为解决已经出现的严重问题，就不能不从速进行了。这是其一。其二，处理越快，对人们的影响越大；时间拖得越长，人们对事情越淡漠。其三，对受处分者来说，时间拖得越长，他的修正心理越强，能找到更多导致犯错的客观原因，也就越不利于教育人、团结人。

（5）法制的原则。这就是说，实施惩处应该在法律规范、制度规章、方针政策所允许的范围内进行，而不能无法无天、肆无忌惮、为所欲为。这就是说，必须照章行事、依法行事。

（6）人性化原则。这是指实施惩处必须充分尊重基本的人性，包括尊重人权、人格、隐私。人的尊严为宪法和法律所保护，不得随意侵犯。也就是说，领导必须以德为治、善意为本，而非肆意胡为、滥用权威。

（7）公平公正原则。这是指惩处必须出于公心、工作标准和要求、维护大局和善意助人的需要与动机，而决不能借此假公济私、发泄私愤、打击报复，更不能成为领导者无端整人、玩弄权术的手段和途径。

（8）慎用的原则。这是指惩处是一种会给被惩处对象带来严重结果的领导手段，一旦实施就可能形成深刻于心的后果，即使予以弥补也无法真正消除这种结果及其影响。所以，在使用这一措施前，必须再三掂量，必须在确保不会造成冤假错案也没有任何私心杂念或其他恶劣性质的情况下才能采取并实施。

13.6.3 惩处的方法

惩处的方法有很多，就领导实践来看，通常使用的方法主要有如下几种：

（1）集体教育。这是一种利用集体力量对受处分者进行教育的方法。苏联著名的教育家马卡连柯称其为“平行教育法”。当一个人犯了错误的时候，并不只处分那个人，而是要对那个人所在的集体施加压力、影响，以促使该集体在内部解决那个人的问题。日本也有人称其是“集体管理方式”，把个人犯错误当作那个人所在小组的问题来对待，给小组施压。其实，所采取的“上级组织负责处分、下级组织负责教育的方式”更为科学。只是在执行过程中，受处分者所在组织对其教育的工作还没受到应有的重视。对下级组织施加一定的压力也是必要的。

（2）舆论辅助。惩罚只能阻止某些情况下的错误行为，但很难转变人的态度。一般来说，人们会对处分持抵触态度，而且单纯的处分也没有多大的实际效力，所以在处分时必须把重点放在教育上。其实，做出任何一个处分都有相当的难度，如果为此在一定程度上借助舆论力量，如造成只能坚持一致同心而不许悖逆的氛围，这样可以把群众争取到自己这面来，就能极大减少实施处理的压力和困难。在惩处这一点上，就是不能讲情面；否则，就可能会发生反抗和攻击性行为，造成不好的后果。现实生活中是有关于此类情况的深刻教训的。

（3）关联处理。这是松下幸之助的办法。第二次世界大战后，松下公司在艰难起步之时，管理十分严格。一次，松下的司机迟到十分钟，他给了司机减薪处分，又以监管不严为由，处分了与司机相关联的八个人，最后，说明自己应负最终责任，给了自己扣掉当月全部工资的处分。这种方法，在我国并不少见，也很有效果。这里的关键是把处分关联到领导者自身，实际上是要求领导者严于律己，以身作则。不过，采用这种形式，要有一定的严肃气氛，要有一些相关的管理措施，否则，领导罚了自己却不被同情，更收不到好的效果。

（4）欲擒故纵。对于个别不思悔改的人，对于有强大保护伞而为所欲为的人，如果尚未抓到确凿证据或者暂时未能找到其“七寸”要害，就暂时不予惩处，等待时机和条件成熟再行处理；否则，就会打得不疼不痒，收不到好效果，还会使领导陷入被动。当时机成熟，条件具备时，就可以击中要害，而且入情入理，使他或其保护层没有回旋的余地，只能接受惩处。

（5）劝走。对于犯了错误的人，将其调离，这也是一种方法。有的人错误严重，但人还不错，不能不处分，但处分之后在原单位工作已有困难。这样，劝其离开应该是一种比较好的办法。有的人错误虽不是很严重，但却很不得人心。处分，错误分量不太够；不处分，周围的人们难平复。再在原单位干下去，怎么说都没好处，还不如不处分他，让他去别的地方工作。这不是放任自流。他在不同的环境可以接触到新的东西，应该说，对其改变自己还是有好处的。

（6）“返奖政策”。这是指处理、处分过后，不管采取什么方法，教育工作都一定要跟上，对受处分者进行以怀柔为实质、以团结为目的的帮助教育和鼓舞激励。另外，受处分的人在后来的行动中确有突出表现，就应该大张旗鼓地给予相应的荣誉，为整个群体乃至周围人们树立正确的导向。这有利于受处分者树立信心、改过自新，尽快回到健康正常的状态，甚至成为优秀的人。

本章小结

用人与驭人是领导的基本职能，既与作为管理手段的组织人事和事关综合实力的人力资源开发直接相关，而且还与领导决策及其实施等运行性职能有关，特别是团结、激励、批评和惩处都同控制关系最密。所以，领导用人与驭人不仅是直接关系到领导权威及其施张、领导地位和领导关系、领导效能和领导效用的最重大现实领域之一，而且是最容易导致领导失败的最经常的现实领域之一。其中，用人与驭人本身既有独立目的和价值的决策及其实施的问题，同时也是为了直接组织好人力以实施以事为中心的领导决策。沟通、团结与激励具有正向动力效用，而批评和惩处则具有负向动力效用，在领导实践中，它们都是经常被使用的手段，只是必须充分讲究方式方法和分寸限度。简言之，领导重在驾驭，驾驭重在激励，激励重在行动，行动重在方法，方法重在运用，运用重在灵活。

关键术语

选人　用人　驭人　团结　激励　物质激励　精神激励　行为激励　批评　激励式批评　建设性批评　启发式批评　开脱式批评　行动式批评　惩处

复习思考题

1. 试述领导用人的目的和关键所在。
2. 驭人是什么意思？对领导有什么作用？为什么要提出“驭人”这一概念？应如何驭人？
3. 试分析驭人艺术与领导权术之间有什么实质性的差异？
4. 领导者应该怎样才能看准人、选好人和用好人？
5. 试根据人才选用原则来分析当前领导用人中的问题及其解决办法。
6. 试结合人才选用方式谈谈如何改进和完善组织人事制度和领导体制。
7. 试分析沟通与协调的关系以及它们对于做好领导工作的意义。
8. 团结对于领导具有什么重要意义？领导者应该如何在实际工作中搞好团结？
9. 为了更好地发挥领导作用，应该怎样实施激励？
10. 在现代条件下，应该怎样进行批评才能取得更好的实际效果？
11. 实施惩处应该遵循哪些原则，注意哪些问题？

案例研究

案例一

在中共七大选举中央委员时，王稼祥居然没有被选上。这事引起了毛泽东的重视。

这是因为在第二次国内革命战争时期，王稼祥确实犯过“左”倾教条主义错误，他要直接承担失票落选的结果。另外，他与王明、博古等人同属留苏学生群体，起初的意识与做法都出自同样的苏联模式，这种渊源和沾亲带故的关系使他丢了不少信任分。当时，博古等一批留苏的人，为了在中央苏区推行王明“左”倾教条主义错误政策，对实行并坚持走符合中国国情道路的领导干部坚决排斥、无情打击，发动了反“罗明路线”的斗争，实行了最典型的山头主义、宗派主义用人政策和组织路线。对此，毛泽东曾痛心疾首地说：博古同志来到苏区后，对中央苏区原来的领导人统统加以拒绝，被排斥在外的领导人竟有 24 人之多！

就中国革命的实际情况来说，干部来源不同、认识上有意见分歧是产生山头主义现象的两个直接原因。干部来源不同而产生的山头主义，是指由于革命地区不同、工作部门不同和斗争历史不同而产生的各部分同志之间互相不了解以致不服气、不团结的现象。认识上有分歧而产生的山头主义主要表现为容不得不同观点，人为地“垒山头”“搞小圈子”，以人划线，任人唯亲，甚至进行无原则的派别斗争。这样的山头主义实质是宗派主义，其政策和路线是妨碍、削弱和危害党的团结的。对此，毛泽东和党内其他高级领导都有深切的了解和痛感。

对于“山头”和山头主义，毛泽东是严加区别、分别对待的。他认为：“山头”是可以理解、应该承认的，也是在中国革命的特殊环境中必然会发生的。而山头主义却是人为造成的，一旦产生，就会严重影响党的团结，影响党的凝聚力和战斗力，甚至有分裂党、葬送革命的危险。毛泽东对山头主义是严批痛打的。

在向七大做的关于选举方针的报告中，毛泽东指出：“中国革命有许多山头，有许多部分，内战时期，有苏区有白区，在苏区之内又有这个部分那个部分，这就是中国革命的实际。”“这是好事情，不是坏事情。坏的是山头主义、宗派主义，而不是山头”，因此，“一定要认识山头”，“要承认山头”，“要了解它”，“照顾也一定要照顾，认识了以后才能照顾，照顾就能够逐步缩小，然后才能够消灭”。

为了消除山头主义，维护和增强党的团结，毛泽东始终倡导和坚持“五湖四海”的用人政策。这一政策不是平均摊派，而是看要用之人能否执行党的路线、方针、政策，是否德才兼备。对于那些曾经犯过错误的同志，要坚持团结—批评—团结的原则，当他们承认和改正了自己的错误，能够执行党的路线方针政策时，就应该给予信任和重用。只有这样，才能把各个地方、各个岗位、各种经历的优秀人才汇集到一起，组成团结的、有威信的、有力量的领导集体。此外，还要加强思想政治教育，以防止和克服山头主义的滋生蔓延。对于那些故意“垒山头”并借此谋求个人利益的人，在教育不起作用时，就有必要适当采取组织措施。

毛泽东的这一主张和政策决定了王稼祥在落选中央委员后必然还有希望。一方面，王稼祥在遵义会议上投了“关键的一票”；另一方面，王稼祥在六届六中全会上及时传达了共产国际的指示，为纠正王明“左”倾教条主义和右倾投降主义错误、确立和维护以毛泽东为代表的党中央的正确领导发挥了重要作用。王稼祥的这些个人条件符合得到重用的基本标准和要求。所以，王稼祥得到了毛泽东的推荐和支持，进而得到大多数同志的认可，终于又入选为中央委员。

事实上，毛泽东力荐王稼祥，既符合“五湖四海”的用人政策和组织路线，更符合增强党内团结这一大局的需要和期待。在毛泽东看来，王稼祥能否当选，对于团结来自不同地方、不同部门的同志，对于团结有过意见分歧甚至冲突的同志，对于团结犯过错误的同志，都有很好的示范作用。

▶ **分析与理解**

1. 试析毛泽东对待王稼祥落选问题的立场、态度和方法。
2. 试析毛泽东在选人用人上的思想原则、重要做法及其现实意义。

案例二

朱可夫和科涅夫是苏军将帅中的“双璧”。两人都以指挥大兵团诸兵种合成作战见长，苏联统帅部对他们非常信任，对他们的统率能力非常肯定，在战争后期把人数最多、最为主要的两大方面军交由他们分别率领、指挥，在重要方向上的重大军事行动都交由他们执行。在苏德战争的最后阶段，他们两个密切配合，指挥着各自的方面军协同作战，一起消灭了德国在柏林地域的重兵集团，解放了柏林，为彻底打败德国法西斯做出了重要贡献。

朱可夫对科涅夫的指挥才能十分肯定。在莫斯科会战期间，朱可夫就点名推荐科涅夫作为自己的副手，负责加里宁方向防御战斗的指挥工作，并担任后来组建的加里宁方面军司令员。他们二人的关系是有共同基础的，也是比较融洽的。但朱可夫和科涅夫之间也有很大不同。

朱可夫是职业军人出身，对政治不太敏感，直率的性格让他不喜欢隐藏自己的观点，即使冒着顶撞斯大林的危险。然而，他卓越的军事才能使他成为苏德战争期间苏军不可缺少的人物。这让斯大林既倚重他，又反感他。

战争初期，朱可夫担任苏军总参谋长，在基辅会战前，他根据当时战争的形势，提出了放弃基辅的方案，使斯大林勃然大怒。面对斯大林的伤人指责，朱可夫针锋相对，被斯大林当即免去总参谋长之职，下派去做一个只有一个集团军的预备队方面军司令员。斯大林不听从朱可夫意见，致使苏联西南方面军在基辅一役中全军覆没，司令员战死，70万人或战死或被俘。苏军全线节节败退，失败和危险笼罩了全国。

就在这时，朱可夫率领仅有的那个军和一些辅助部队，打败了德军在叶尔尼亚的突出部，收复了叶尔尼亚城，追击了溃逃的德军，取得了卫国战争以来的第一次胜利。

在德军猛攻之下，列宁格勒面临被克的危险。在此危急时刻，只有朱可夫堪当大任。于是，斯大林被迫重新起用朱可夫，急令朱可夫负责列宁格勒保卫战。朱可夫一上任，便取得了列宁格勒战役的胜利，又一次挽救了危局。

列宁格勒刚刚转危为安，莫斯科会战第一阶段就已开始，但是苏联又再次遭受失败，大批有生力量被歼灭。莫斯科正处在急待救援的危险局面。于是，斯大林又一次想到了朱可夫，并请朱可夫立刻返回莫斯科，担负起莫斯科保卫战的指挥重任。朱可夫回答斯大林说：眼下列宁格勒的局势还急需他处理，他最早也要到明天才能回去。斯大林即使再怎么着急，也只能让步，同意朱可夫次日回莫斯科。

从此之后，斯大林被迫对朱可夫让步。这使得朱可夫成为极少敢顶撞斯大林的人。

科涅夫是出身政委的杰出将帅之一，对政治的敏感度要比朱可夫强得多。他一方面在战场上锻炼、提高和发挥着自己的指挥才能；另一方面则对斯大林比较服从，知道谦让，懂得明哲保身。这使他比朱可夫更得斯大林的信任，并被斯大林树立为朱可夫的竞争对手。

在部署柏林战役时，斯大林决定，朱可夫指挥白俄罗斯第一方面军主攻柏林，科涅夫指挥乌克兰第一方面军在右翼突击柏林。但在确定两个方面军分界线时，斯大林把分界线划到柏林东南60公里的吕本就停止了。对此，朱可夫和科涅夫都有自己的理解。科涅夫下达命令，准备以自己右翼部分兵力协助朱可夫攻占柏林。

在战役发起后，朱可夫在泽罗高地被德军所阻，而科涅夫则很快突破了德军防御。这时，斯大林给科涅夫打电话，想让朱可夫的快速部队通过科涅夫的突破口进攻柏林。科涅夫不同意，还提出了让自己从南侧向柏林突击的反建议。这些都得到斯大林的接受和批准。随即，科涅夫很快将已有准备的突击集团转向柏林，和朱可夫一起合围并攻占了柏林。

二战结束后，在苏联举行的胜利阅兵式上，阅兵总指挥必须要骑马。然而，斯大林因年迈不能骑马，就向朱可夫和科涅夫征求意见。他以征求他们骑术如何为名来探查他们对担任阅兵总指挥的态度。科涅夫借口自己不会骑马推辞了。而朱可夫则以自己骑术精湛为由当仁不让，担任了阅兵总指挥。在阅兵式上，朱可夫可谓威风八面，尽显了“元帅中的元帅”风采。阅兵式结束后，朱可夫不等斯大林到来，就召集所有将帅围着自己合影留念。这些将帅也听从了朱可夫的指挥。这些照片发表后，斯大林终于忍无可忍，很快把重要性大大降低的朱可夫打入“冷宫”。而科涅夫则没有受到多大的牵连。

▶ **分析与理解**

1. 试就斯大林使用和驾驭似乎桀骜不驯的朱可夫的心理、方法、结果和经验教训进行分析、总结、归纳。

2. 从案例中是否能看出斯大林觉得科涅夫会更如意一些、更听从指挥一些？为什么？试就斯大林使用和驾驭科涅夫的做法进行分析、归纳。

3. 试析斯大林重用朱可夫和科涅夫的相同点、不同点及手法分寸。

4. 试析斯大林与朱可夫互动的特点及斯大林批评、处罚朱可夫的适当性。

案例三

2001年，S省科技厅副厅长吴某分管的信息处处长梁某比吴某还年长三岁，在科技厅的时间比吴某多十年，是名牌大学毕业的老大学生，有研究员职称，也有较多科研成果，虽然在前些年的副厅长竞任中没有成功，但也安心下来经营这个才成立两年多的信息处。

由于信息技术的发展、应用和普及速度都非常快，特别是电子商务和电子政务的发展非常快，信息科技管理的任务就非常多，单出差的事儿就让全处忙得不亦乐乎。

这个处有很多事，包括各种各样的签报、回复应答、调查研究、出台有关政策文件、预算拨款等等。梁某经常出差，跟吴某的对接不是很紧密。慢慢地，吴某就更多地找副处长来安排布置工作。有时副处长也出差了，他就直接找普通科员来安排事项。在这样一系列的工作互动中，常常出现的情况是：梁某出差回来以后不见了某科员，一问才知道是被吴某派出去了；或者是刚回来不久，就被新到任的厅长叫去，问起某某文件出台的思路和依据而感到很愕然；或者是刚刚出差到某县就看到实际是本处出台的有关规定，当地官员前来咨询或请教时却不知怎么回答才好。如此等等，这些情况使梁某很是恼火。

梁某心想，吴某简直就是本处的处长了，瞎指挥，乱调遣，不通气。于是，他就采取措施，一是与吴某多次进行沟通和交涉，二是对处里提出严厉的要求和规定，要求处里的工作必须完全经过梁某本人签字同意才能进行，否则就不认账，而且要处分违反规定的人。

吴某对此很不以为然，心里结了个大大的疙瘩，还怀疑梁某是否不服从自己的领导。在很多情况下，他的确指挥不动处里的人了，用他的话来说是“连一个科员都敢借口怕被处长处分而拒绝执行命令”。于是，他干脆找梁某来谈话。

一般情况下，吴某会克制自己的情绪，耐心地跟梁某商量。可是，梁某因为很内行，是信息技术方面的专家，所以常常会提出相反的意见，而使吴某的意见被搁置或者要重新考虑，有时重新考虑也不能成立，而上面催得又紧。这就使吴某感受到了压力、被动和难堪。

这样，吴某就觉得梁某是个会坏事、用不得的人，很厌恶他，逐渐起意不想用他，甚至还总是想为难他。梁某说好的，吴某就说是坏的；梁某说坏的，吴某就说是好的。梁某送来签报或文稿草案时，吴某或痛批一顿，大加指责；或压着不处理，一搁就是半个月；或总是挑些文字改来改去，致使稿子常常进行不必要的反复修改，其中有个文稿修改达 25 次之多。对此，吴某并不讳言，甚至在大会小会上都拿改稿子 25 次的事来点说梁某，明里暗里都在指责梁某，说梁某是一个能力不足的人。对于吴某总是给自己“穿小鞋”、压制打击，梁某也毫不示弱，当场硬顶，常常发生面对面的对抗、冲突。

这事传扬出去，全厅上下都知道了。厅里主要领导认为必须及早采取措施加以制止。所以，梁某在一次生病时，就被安排在家休息一段时间，不要管信息处的工作了。

▶ 分析与理解

1. 试析吴某与梁某各自的个性特点和优势、劣势。

2. 试析吴某驾驭梁某的做法和经验教训。

3. 领导用人与驭人可以讲也必须讲艺术，但不可用权术。试析吴某对待梁某用的是艺术还是权术？或者在艺术与权术之间哪个成分更多？为什么？

参考文献

1. 金哲，等．世界新学科总览．重庆：重庆出版社，1986.
2. 康电，等．马克思主义领导学基础．成都：四川教育出版社，1987.
3. 九院校《领导学》编写组．领导学．沈阳：辽宁人民出版社，1986.
4. 张长城．领导科学原理．长春：吉林大学出版社，1991.
5. 中共浙江省委党校理论研究所．领导科学纲要．北京：求实出版社，1985.
6. 李光炎，等．领导科学引论．南宁：广西人民出版社，1989.
7. 王乐夫．现代领导科学．广州：中山大学出版社，1992.
8. 王驰．中国领导学新论．长沙：湖南教育出版社，1993.
9. 夏禹龙，等．领导科学基础．南宁：广西人民出版社，1985.
10. 王景耀．领导科学概论．上海：上海人民出版社，1985.
11. 湖北省现代领导科学研究会．领导科学十六讲．武汉：武汉大学出版社，1985.
12. 胡彬．中国领导科学概论．天津：天津人民出版社，1987.
13. 郭涤，等．领导科学概要．西安：陕西人民出版社，1985.
14. 那仁敖其尔．中国社会主义领导学．呼和浩特：内蒙古人民出版社，1990.
15. 胡悌云．领导科学通览．北京：人民出版社，1992.
16. 张起朴．领导学．郑州：河南人民出版社，1993.
17. 庄汉山．怎样提高领导绩效．广州：暨南大学出版社，2003.
18. 萧鸣政．现代人事考评技术及其应用．北京：中国人民大学出版社，1997.
19. 朱立言．领导科学与领导艺术．北京：中国人事出版社，2004.
20. 邱霈恩，等．新世纪领导学．北京：经济科学出版社，2000.
21. 邱霈恩．领导创新．北京：中共中央党校出版社，2003.
22. 哈沃德．丘吉尔论领袖素质．海口：海南出版社，2000.
23. 菲德勒，加西亚．领导效能新论．上海：生活·读书·新知三联书店，1989.

24. 威廉姆斯. 组织绩效管理. 北京：清华大学出版社，2002.
25. 波波维奇. 创建高绩效政府组织. 北京：中国人民大学出版社，2002.
26. 钱皮. 改革管理：新领导者的使命. 上海：上海译文出版社，1998.
27. 诺斯豪斯. 领导学：理论与实践：第5版. 北京：中国人民大学出版社，2012.

人大版公共管理类教材

公共管理类专业教材——学科基础课教材

书名	作者
现代管理学原理（第三版）（“十一五”国家级规划教材）	娄成武　魏淑艳
一般管理学原理（第四版）	张康之　周　军
管理学基础（第三版）	方振邦
政治学原理（第三版）	景跃进　张小劲
现代政治学原理（第四版）	石永义　刘玉萼　张　璋
公共管理学（第二版）	陈振明
公共管理学——一种不同于传统行政学的研究途径（第二版）	陈振明
公共管理学（第三版）（数字教材版）（“十二五”国家级规划教材）	蔡立辉　王乐夫
公共管理学（精编版）	王乐夫　蔡立辉
公共管理学（第二版）	张康之　郑家昊
公共管理概论（第二版）	朱立言　谢　明
公共政策导论（第六版）（数字教材版）	谢　明
公共政策概论（第二版）	谢　明
公共政策学——政策分析的理论、方法和技术（“十一五”国家级规划教材）	陈振明
公共政策学（第二版）	杨宏山
政策科学——公共政策分析导论（第二版）	陈振明
公共经济学（第三版）（“十二五”国家级规划教材）	高培勇
公共经济学教程	秦立建
政府经济学（第四版）（“十一五”国家级规划教材）	郭小聪
政府经济学（第四版）	潘明星　韩丽华

公共管理类专业教材——方法课教材

书名	作者
公共管理研究方法	何兰萍　张俊艳
行政学研究方法与应用案例	萧鸣政　等
管理定量分析：方法与技术（第三版）	刘兰剑

公共管理类专业教材——行政管理、公共事业管理专业教材

书名	作者
行政法学导论	姜晓萍
公共部门人力资源管理（第四版）	孙柏瑛　祁凡骅
公共部门人力资源开发与管理（第五版）（“十二五”国家级规划教材）	孙柏瑛　祁凡骅
公共部门人力资源管理（第三版）	滕玉成　于　萍
公共部门人力资源管理概论（第二版）	方振邦
公共部门人力资源管理案例	周均旭
行政管理学（第五版）（数字教材版）	郭小聪
公共行政学（第五版）	彭和平
公共行政学（第二版）	张康之　张乾友
行政学导论（第三版）	齐明山
行政管理学导引与案例	陈季修

书名	作者
管理心理学（第三版）	范逢春
公共组织行为学（第三版）（“十一五”国家级规划教材）	孙 萍 张 平
公共组织学（第四版）	李传军
行政组织学（第二版）	张 昕 李 泉
公共组织理论	陆明远 冯 楠
公共事业管理概论（第三版）	朱仁显
公共组织财务管理（第三版）（“十一五”国家级规划教材）	王为民
国家公务员制度（第五版）（数字教材版）（“十二五”国家级规划教材）	舒 放 贾自欣
国家公务员制度概论（第二版）	刘碧强 郗永勤
公务员制度概论	李如海
公务员制度	温志强 王彦平 郝雅立
当代国家公务员制度：理论与实践	胡春艳
行政领导学（第三版）	朱立言 李国梁
领导学（第五版）	邱霈恩
领导学	孙 健
现代市政学（第五版）（数字教材版）	王佃利
市政管理学（第五版）（“十一五”国家级规划教材）	杨宏山
社区管理（第四版）	汪大海 魏 娜 郇建立
社区管理原理与案例	魏 娜
电子政务教程（第三版）（“十一五”国家级规划教材）	赵国俊
电子政府与电子政务（第二版）（“十一五”国家级规划教材）	张锐昕
行政伦理学教程（第四版）（“十二五”国家级规划教材）	张康之 李传军
公共危机管理概论（第二版）	王宏伟
公共危机管理	唐 钧
当代中国政府与政治（第二版）	景跃进 陈明明 肖 滨
当代中国政府与行政（第三版）	魏 娜 吴爱明
地方政府学概论（第二版）	方 雷
地方政府管理（第二版）	陈瑞莲 张紧跟
管理秘书实务（第三版）	赵锁龙
行政秘书学	唐 钧
公文写作与处理	赵国俊
机关管理的原理与方法（第三版）	赵国俊 陈幽泓
公共部门绩效管理（第二版）	方振邦
政府绩效管理（第二版）	方振邦 葛蕾蕾
政府绩效评估	蔡立辉
政府公共关系（第二版）（“十一五”国家级规划教材）	廖为建 张 宁
西方行政学理论概要（第二版）（“十一五”国家级规划教材）	丁 煌
公共行政学史（第二版）	何艳玲
西方公共管理名著导读	汪大海
文化管理学（第三版）（“十二五”国家级规划教材）	孙 萍
文化创意产业导论	魏鹏举
卫生事业管理（第二版）（“十一五”国家级规划教材）	李 鲁
现代公用事业管理	崔运武

公共管理类专业教材——劳动与社会保障专业教材

书名	作者
社会保障概论（第七版）	孙光德　董克用
社会保障学	戴卫东
劳动经济学（“十一五”国家级规划教材）	董克用　刘　昕
劳动法与社会保障法	黎建飞
社会保险学（第四版）	孙树菡　朱丽敏
社会保障基金管理	李春根
社会保障国际比较	仇雨临

公共管理类专业教材——土地资源管理专业教材

书名	作者
土地经济学（第八版）（“十一五”国家级规划教材）	毕宝德
土地法学（中国人民大学“十三五”规划教材）	严金明
土地资源学	张正峰　赵文武
土地资源管理学（第二版）	张正峰
国土空间规划学	张占录　张正峰
不动产估价（第二版）（“十一五”国家级规划教材）	叶剑平　曲卫东
土地信息系统	曲卫东　韩　琼
地籍管理（第五版）（“十一五”国家级规划教材）	谭　峻　林增杰

公共管理类专业教材——城市管理专业教材

书名	作者
城市管理学（第四版）	杨宏山
城市管理学：公共视角	陆　军　等
城市管理法	王丛虎
城市总体规划原理	郐艳丽　田　莉

公共管理类教材——应急管理专业教材

书名	作者
应急管理导论：原理与案例	李燕凌　朱正威 张海波　章文光
应急管理概论	王宏伟
应急管理理论与实践	唐　钧
突发事件风险管理	张小明
应急管理新论	王宏伟
新媒体时代的应急管理与危机公关	唐　钧
公共安全风险治理	唐　钧

公共管理硕士（MPA）教材——核心课教材

书名	作者
全国公共管理硕士（MPA）核心课程教学指导纲要	全国公共管理专业学位 研究生教育指导委员会
社会主义建设理论与实践（第三版）	李景治　蒲国良
公共管理英语（修订版）	顾建光
学术规范和论文写作	胡宏伟

书名	作者
公共管理学（第三版）（全国优秀教材二等奖）	张成福　党秀云
公共管理学原理（修订版）	陈振明
公共管理导论	竺乾威　朱春奎　李瑞昌
公共政策分析	陈振明
公共政策分析导论	陈振明
公共政策分析概论（修订版）	谢　明
公共部门经济学（第三版）	高培勇　崔　军
公共经济学	唐任伍
行政法学（修订版）	皮纯协　张成福
行政法学概论（第三版）	胡锦光
非营利组织管理概论（修订版）	王　名
非营利组织管理	王　名　王　超
公共管理伦理学（修订版）	张康之
社会研究方法	陈振明
电子政务理论与方法（第五版）	金江军
公文写作概论	高永贵

公共管理硕士（MPA）教材——专业方向必修课、选修课教材

书名	作者
公务员制度教程（第六版）	舒　放　王克良
比较政府与政治（修订版）	卓　越
当代中国政府与政治（第三版）	吴爱明　朱国斌　林　震
公共部门人力资源管理及案例教程（第三版）	陈天祥
公共部门绩效评估（修订版）	卓　越
公共部门危机管理（第三版）	张小明
应急管理通论（第二版）	李雪峰
公共部门战略管理（修订版）	陈振明
MPA 学位论文写作指南	汪大海

中国人民大学出版社　管理分社

教师教学服务说明

中国人民大学出版社管理分社以出版工商管理和公共管理类精品图书为宗旨。为更好地服务一线教师，我们着力建设了一批数字化、立体化的网络教学资源。教师可以通过以下方式获得免费下载教学资源的权限：

★ 在中国人民大学出版社网站 www.crup.com.cn 进行注册，注册后进入"会员中心"，在左侧点击"我的教师认证"，填写相关信息，提交后等待审核。我们将在一个工作日内为您开通相关资源的下载权限。

★ 如您急需教学资源或需要其他帮助，请加入教师 QQ 群或在工作时间与我们联络。

中国人民大学出版社　管理分社

教师 QQ 群：648333426（工商管理）　114970332（财会）　648117133（公共管理）
教师群仅限教师加入，入群请备注（学校＋姓名）

联系电话：010-62515735，62515987，62515782，82501048，62514760

电子邮箱：glcbfs@crup.com.cn

通讯地址：北京市海淀区中关村大街甲 59 号文化大厦 1501 室（100872）

管理书社　　人大社财会　　公共管理与政治学悦读坊